国家社会科学基金项目（05BJL052）
"宋明城乡市场的发展与货币流通格局的演进"最终成果

云南省社会科学院
中国（昆明）南亚东南亚研究院　研究文库
杨正权　主编

宋金元明时期的
市场发展与货币流通研究

SONGJINYUANMINGSHIQI DE
SHICHANGFAZHAN YU HUOBILIUTONGYANJIU

王文成　赵小平　刘欣　丁琼　著

中国社会科学出版社

图书在版编目 (CIP) 数据

宋金元明时期的市场发展与货币流通研究 / 王文成等著 .—北京：中国社会
科学出版社，2021.10
ISBN 978-7-5203-8025-6

Ⅰ.①宋… Ⅱ.①王… Ⅲ.①城市市场—研究—中国—宋代—明代②农村
市场—研究—中国—宋代—明代③货币流通—研究—中国—宋代—明代
Ⅳ.①F713.581②F713.582③F820.4

中国版本图书馆 CIP 数据核字 (2021) 第 038340 号

出 版 人　赵剑英
责任编辑　任　明　周慧敏
责任校对　闫　萃
责任印制　郝美娜

出　　　版　中国社会科学出版社
社　　　址　北京鼓楼西大街甲 158 号
邮　　　编　100720
网　　　址　http://www.csspw.cn
发 行 部　010-84083685
门 市 部　010-84029450
经　　　销　新华书店及其他书店

印刷装订　北京君升印刷有限公司
版　　　次　2021 年 10 月第 1 版
印　　　次　2021 年 10 月第 1 次印刷

开　　　本　710×1000　1/16
印　　　张　23.5
插　　　页　2
字　　　数　393 千字
定　　　价　158.00 元

目　　录

插图目录

表格目录

序

钱之为言泉也，百姓日用，其源不匮，无远不往，无深不至。……钱能转祸为福，因败为成，危者得安，死者得生。性命长短，相禄贵贱，皆在于钱。——鲁褒

将人和动物区分开来的正是货币。——格特鲁德·斯泰因（Gertrude Stein）

"金钱万能"，因为金钱是象征，是转让凭证，是桥梁。——马歇尔·麦克卢汉（Marshall McLuhan）

货币是人类最为成功的发明之一，英文单词"铸币"（coin）还含有"发明"的意思也绝非巧合。——戴维·欧瑞尔（David Orrell）和罗曼·克鲁帕提（Roman Chlupaty）

一

在人类历史上，货币的发明是一件具有划时代意义的大事。而中国在世界货币发展史上，又占有显要的地位。我在一个会议上提出，中国在世界货币史上有两项伟大发明，第一项是铜钱，第二项是纸钞。到了经济全球化时代开始后，又出现了一个新变化，即弃钞用银。这个独特的演变经历，使得中国在世界货币史上表现出一种与众不同的特色，即货币史的"中国特色"。

我国最早的货币是海贝。汉字中有关财物的文字如财、货、买、卖、费、贸、资、赁、质、贿、赂、赎、赃、……均从贝，就是证明。这是一种商品货币，流行于商周时期。到春秋战国之时，由于交换发展，才开始有金属的铸造货币。首先出现的金属铸币是"布"和"刀"。布的形状类似后世的农具铲子，所以人们又称之为铲币。刀的形状略似后世的朴刀，是农业林业的生产工具和战争用的兵器。此外，

还有蚁鼻钱等。这些形式的金属铸币，各有自己的使用地域，跨地域的贸易所使用的货币，大约是作为称量货币的黄金。这个时期，是多形式的金属铸币相互竞争的时代。在这些形式中，到底哪一种形式最好，尚未确定。

公元前336年，僻处西垂的秦国开始铸造方孔"半两"圜钱。这时的"半两钱"的中孔，有的方，有的圆，还有的半方半圆。后来秦始皇统一全国，即把"半两钱"统一定制为外圆内方的样式，再推行到全国，"以秦法同天下之法，以秦币同天下之币"。这是中国货币发展史上的一个里程碑。千家驹和郭彦岗指出："实践证明，这种圆形方孔钱，使用时可以减少钱身的回转磨损，贯穿便利。"不仅如此，这种铜钱还便于携带，易于数数，因此是当时各种铸币形式中最好的一种。因此之故，这种铸币的形式，很快就被东亚各国采用，成为东亚地区通用的形式，一直到20世纪初还如此。在日本，甚至到了今天，小额辅币还采用圆形圆孔的形式。在西亚的波斯，伊利汗国时期也抛弃了西亚长期使用的铸币形式，仿照中国的铸币形式铸造自己的货币。此外，由于中国的影响，东亚各国自行铸造的铜钱，在形制、重量、成色等方面也以中国铜钱（特别是开元通宝）为范本，各国铜钱都大同小异，因此开元钱彼此通用，从而成为一种广大地域通用的国际货币。

这种形式的铜铸币——铜钱——不仅有上述优点，更重要的是，它非常符合中国古代的经济特点。李埏先生指出："铜钱的特点，一言以蔽之，是一种贱金属的、细小单位的货币。……铜钱的细小单位的特征，是由小生产者的交换来规定的。由于生产规模的狭小，不仅购买是零碎的，其出卖产品也是零碎的。这就使得要通过市场交换迁就他们，使用那细小的货币——铜钱。"过去许多人把小生产视为一种落后的生产，因此迁就小生产者的货币也是一种落后的货币形式。但在近代以前，这种卷入市场的小生产却具有非常重要的意义。年鉴学派大师布罗代尔说："市场经济或商品经济这两个概念的核心是市场。初级市场是市场经济的基础和门槛。留在市场之外的一切产品只有使用价值，进入市场大门的一切产品具有交换价值。……近代以前，在初级市场这个阶梯上，最完善的经济组织是中国。"千千万万的中国小农和小手工业者被卷入市场，这在近代以前的世界上罕有其匹，是中国经济史的一大亮点。因此为这些小生产者服务的铜钱，在世界经济史上自然也具有非常重要的历史地位。

在中国以外的世界上，古代主要的铸币形式是各国铸造的带有人像或者其他图像的金属货币，其中数量最大、使用地域最广和使用时期最长的是罗马帝国以及其继承者拜占庭帝国的铸币，以及波斯、阿拉伯帝国的铸币。这些货币以金、银、铜为币材，而以金、银为多。有学者据此认为这些货币优于中国以铜为币材的货币，但如果仔细分析，情况并不然。

首先，这些货币由不同的政权铸造，因此在形状、大小、重量乃至成色方面，都颇不相同。一旦跨出该政权所管辖地域或者其势力范围，这些货币的价值就受到怀疑。因此，如所言，"货币的价值牢牢地盯住金属价格，而非采用灵活汇率。不过产生了一个意想不到的结果——这就是格雷欣定律（Gresham's Law），哥白尼、奥雷斯姆（Oresme）等人称之为'劣币驱逐良币'。此处的'良币'指的可能是金属的重量，也可能是货币的外观。货币短缺，加上货币标准的灵活多变，带来了通缩灾难，直到发行纸币和低面值铸币可以用于日常交易时才慢慢得到缓解。"由于货币价格牢牢盯住金属价格，因此这种贵金属铸币实际上仍然是一种变相的称量货币，并非严格意义上的铸币。不仅如此，由于单个贵金属铸币价格昂贵，因此在铸币时使用减重、掺假、偷工减料、降低成色、粗制滥造等方法，就有大利可图。不仅民间盗铸者如此，就是政府也往往不能自我控制而这样做。与此相对照，铜钱单个价格低微，虽然铸币时使用上述方法也有利可图，但获利要小得多，因此在正常时期，上述情况较少发生。

其次，贵金属铸币单个价值很大，标准的罗马——拜占庭金币，一枚通常重 4 克左右，按照 2021 年 10 月份我国的黄金基础价格大约在370 元人民币/克上下，4 克约合 1500 元人民币；白银价格大约在 3—5元人民币/克之间，以中数计为 4 元，4 克约合人民币 16 元。这样的金币如果用于小额交易，就英雄无用武之地了。我们不能想象，一个工匠手持一枚银币向农民买一颗白菜，或者一个农民手持一枚金币向一个商贩买一个吃饭用的普通陶碗。因此在使用贵金属铸币的地区，小生产者很难使用这种铸币。这种货币是贵族、大地产所有者、领主等群体使用的交易工具，与普通民众关系不大。在一个社会中，如果没有适合大多数人使用的货币，那么这个社会和市场经济之间的距离当然就很大。为了解决这一问题，到了中世纪后期，欧洲出现了一种薄片币（bracteate）。这是 12、13 世纪，在包括德国、奥地利和斯堪的纳维亚在内的欧洲北部大部分地区使用的主要铸币类型。这种铸币往往用极薄的银片制成，加盖印记时需要将其置于柔软的表面上，由于银币过薄，背面往往会留下相反的印记；由于薄片币过于脆弱，可供使用的时间不长，因此每年都会集中召回一两次，换成新币，因此这是一种专门用来重铸的铸币。和这种货币比较起来，中国的铜钱无疑更加结实耐用，也更加便于使用。

然而，铜钱也有其天生的缺陷，即单位价值低，因此只适合小额交易用，但不适合大额交易。南朝梁代的《殷芸小说》"吴蜀人"篇中有"腰缠十万贯，骑鹤上扬州"之句，为后世广泛传颂。如果以五铢钱（每枚重约 3.25 克）计算，10 万贯重达 325 吨。当今世界上载重量最大的美国 C-130 大力神运输机的最大载重量为 35.9 吨，尚不及 36 吨，因此这 10 万贯铜钱需要至少九架 C-130 运输机才能运送。宋代话本《错斩崔宁》说南宋首都临安（今杭州）有个小商贩刘贵从丈人处借得 15 贯钱，"驮了钱，一径出门"；又说到后来有个小商贩崔宁，"是村里人，因往城中卖了丝帐，讨得些钱，……搭膊中，恰好是十五贯钱，一文也不多，一文也不少"。以宋钱通常重量计，15 贯重 62 公斤，一个人是很难背驮得动的。另外，由于单位价值低，商业运作所需铜钱总量就很大。全球史学家斯塔夫里阿诺斯在《全球通史》中写道："宋朝值得注意的是发生了一场名副其实的商业革命，这对整个欧亚大陆都具有重大意义。"这个被称为"商业革命"的商业大发展，对货币的需求量剧增。因此宋朝政府铸钱之多，史无前例。据宫崎市定先生估计，宋朝铸钱总重量达 75 万吨之多，超过以前各个朝代铸钱总量的许多倍，但宋朝人仍然总感到钱不够。但是中国内地铜矿资源有限，铜矿附近的薪炭资源也经多年消耗而日益减少，因此无法再扩大铸钱规模。

为了解决大额交易所需，唐代采取了一个"钱帛兼行"的双轨货币制度，即小额交易用铜钱，大额交易用绢帛，作为支付手段。李埏先生对这个制度的产生和实施，都做了精辟的论述。但是绢帛终归不是理想的币材，因此随着商业进一步发展，人们需要找到一种更为方便使用的货币形式。在此背景下，宋代中国做出了一项具有世界意义的伟大创新——发明了纸币。

关于纸币的产生，早在 1930 年，日本汉学大师加藤繁先生首先关注到了。他发表了一系列文章，论述纸币的产生和发展。在那个中日学界隔绝的时期，李埏先生在中国首先关注到了这个问题，自 1940 年开始，也发表了一系列论著。通过这两位先驱的启迪，纸币史研究逐渐扩展开来。这个历史过程，本书也已做了很好的论述。

纸币的发明的确是世界货币史上的革命。元代时，马可·波罗来到中国，看到了这一新奇事物，说道："发行的所有纸钞好像都具有像纯金或纯银一样庄严的权威……所有人都乐意接受。纸钞在大可汗国境内通用，不管是谁都可以用纸钞进行货物的买卖交易，就好像纸钞和纯金的铸币没有什么两样。"随后，纸币在中国内地之外的一些地区开始流行。1979 年甘肃省文物部门在黑城内曾采集到一张残抄本；1983—1984 年内蒙古文物考古所等在黑水城考古发掘出土一大批纸币；1985 年额济纳旗吉日格郎图苏木牧民发现被风刮出埋在沙土中的一批纸币，这些纸币中主要是元代晚期印造的至元钞和至正交钞。

西亚的伊利汗国在乞合都汗统治时，大臣萨都拉丁建议仿元朝发行纸币。乞合都汗对纸币的性质不很了解，于是询问元世祖忽必烈派往伊利汗国的丞相孛罗关于元朝印刷发行纸币的情况，孛罗说："纸币是盖有大汗印的纸，纸币代替金属铸币可在元朝四处流通，元帝国所有的硬币巴里失（银锭）便被送入国库存储。"乞合都汗意识到纸币的生产成本低，却可累积金银，世上的金银对其而言永远不够，于是赞成在伊利汗国印刷发行纸币。另一大臣失克秃儿那颜劝阻乞合都汗印刷发行纸币，预言印刷发行纸币将使伊利汗国经济崩溃，并引发人民与军队暴乱。萨都拉丁诬陷失克秃儿那颜因喜爱金银阻挠印刷发行纸币，致使失克秃儿那颜的谏言未得到乞合都汗的重视。1294 年 7 月 23 日，乞合都汗宣布印刷纸币的诏令，开始印刷纸币。伊利汗国印刷发行的纸币在形式上仿元朝纸币，纸币上印有纸币印刷的时间、币值及伪造纸币的惩罚措施等，纸币上还印有汉字"钞"及其音译，钤印官印。研究者认为伊利汗国印刷发行的纸币为木刻版印刷，印版刻字及纸币印刷由当地的汉人进行，穆斯林工匠参与合作完成印刷纸币。1294 年 9 月 12 日，乞合都汗在帖必力思城颁布流通纸币的诏令，规定拒绝使用纸币者立即处死，并开始了推行纸币。

欧洲人虽然从马可·波罗等人的记述中得知中国使用纸币的信息，

但一直要到 17 世纪，才真正认识到纸币的优越性。英国经济学家、财政金融家约翰·罗（John Law, 1671—1729）在其《论货币与贸易》（1705 年出版）中写道："人们一直采用各种方法来保存和增加货币，一些国家采用的方法正好和另一些国家采用的方法相反，即使同一国家也往往采用截然不同的方法，它们这样做并不是因为各自的条件不同。……某些国家增大货币的单位，而另一些国家则缩小货币的单位；某些国家降低货币的成色，而另一些国家降低货币成色后又恢复其成色；某些国家严厉禁止输出货币，而另一些国家则明文允许输出货币；某些国家一心想增加货币，迫使其商人在输入货物的同时，要带回贵金属。大多数国家都采用过其中的某些或全部方法，或采用过其他与此相类似的方法。它们有时采用这种方法，有时采用那种方法，是出于这样一种想法，既然已经采用的方法不奏效，那么相反的方法也许会奏效；可是人们发现，这些方法当中没有一种能够保存或增加货币，有些方法甚至起了相反的作用。……利用银行来增加货币，是迄今所采用的最好的方法。"接着，他追溯了纸币在欧洲出现的历史："在意大利，银行已有很长的历史了，但就我所知，最早建立银行的却是瑞典。当初瑞典把铜当作货币，由于铜很笨重，因而使用起来很不方便；于是便建立起了银行，人们可以把货币抵押在银行，从而获得信用，以信用作为支付手段，由此而便利了贸易。荷兰人由于同一原因建立了阿姆斯特丹银行。他们把白银当作货币，但他们的贸易额如此之大，以致用白银付款也感到很不方便。阿姆斯特丹银行和瑞典银行一样，是个安全的地方，商人把货币抵押在那里，从而获得借以进行贸易的信用。银行除了使付款更方便、更迅速外，还使人节省了兑换费、保管费和运输费，人们再不会因货币质量低劣而遭受损失，而且把钱存入银行比放在自己家里更为安全，因为银行采取了必要的防火、防盗措施。"

虽然纸币的理念已经多次付诸实施，在欧洲由国家背书的纸币却出现很晚。1694 年，由英格兰银行发行。当时英国在比奇角战役当中被法国击败，英王威廉三世（William Ⅲ）迫切需要 1200 万英镑重建海军。为了筹集这笔资金，他采取的主要方法就是开一家类似荷兰和瑞典国家银行的银行，不过有一点不同：这家银行实行公私合营制度，由商人出资，给政府提供黄金借贷，并获得债务的票据。英王最初给予该银行许可当中并没有提到钞票，但结果是钞票成为英格兰银行最成功的地方。和其他银行一样，这家公司发放储蓄票据、放贷生息，票据由出纳手书，承诺即期支付持票人票据上的数额，因此任何人都可以将票据全部或部分兑换为铸币（在票据拥有恰当背书的情况下）。由于这些票据得到了皇室的许可和支持，所以很快就作为货币开始流通。这是欧洲最早出现的由国家背书的纸币。

然而，纸币一个与生俱来的弱点，是政府在发现纸币时，是否能够有效地自我控制。如果不能就不可避免地导致通货膨胀。虽然金属铸币也存在同样的问题，但由于纸币制作成本低得几乎可以忽略不计，因此导致的通货膨胀也是金属铸币导致的通货膨胀所难以相比的。世界史上最早的纸币导致的通货膨胀就在北宋时期。金朝、南宋、元朝、明朝也经历了恶性通胀，之后，虽然纸币并未被完全放弃，但中国不再进行纸币的创新实验，而转向贵金属，以解决大额交易所需的货币形式。15、16世纪日本、西属美洲等地银矿的发现和开发，使得白银的供给出现了爆发式的增长。大量白银流入中国，为中国货币的白银化提供了物质条件。

中国货币的白银化，并未采用铸币的形式，而采用称量货币的形式。这一点，颇为许多学者诟病，认为这是一种落后的货币形式。但是，在无法严格控制铸币的质量（重量、成色、制作工艺水平）的条件下，称量货币是杜绝劣币泛滥的有效手段。清代中国基本上没有出现由货币供应导致的大规模的通货膨胀，白银作为称量货币的使用是功不可没的。

除了白银外，其他形式的货币在明清时期仍然在使用，这也是帝制晚期中国货币制度饱受诟病的现象之一。伊懋可（Mark Elvin）指出："危害中国传统后期金融制度的弊端之一，是多种形式的银锭、铜钱和票据同时流通。这需要大批的人来从事这些通货的鉴别和兑换。但是如果与此相较，采用其他的办法所引起的流通手段的短缺，却更为严重。虽然一种管理妥善的统一纸币无疑更加可取，但是我们并没有很令人信服的理由去批评中国政府，说它没有朝此方向努力。维持这样一种通货十分困难，因此在货币政策方面采取自由放任当然是更加明智的抉择。"

总之，中国货币形式的演变历程，在人类历史上具有非常重要的地位，也是世界经济史中"中国特色"的一个重要方面。对这个历程进行深入研究，也就是我们探索"中国特色"的一项重要工作。我们面前的《宋金元明时期的市场发展与货币流通研究》一书，正是学界在这个探索中取得的一个重要成果。

北宋淳化（990—994）年间，川蜀地区在继续铸行铁钱的同时，率先发明了交子，即世界上最早的纸币，确立了"钱楮并用"的货币流通格局。此后的数百年间，虽然宋金元明诸朝先后更替，但纸币无视改朝换代仍长期持续行用，甚至不止一次成为官方允许的唯一交易媒介。然而延至明代中叶，纸币却不顾政府的强力挽留，最终退出流通，铜钱和白银成了上下通行的货币。中国古代货币流通格局，完成了从宋代的"钱楮并用"到明中叶以后"银钱兼行"的历史性转变。"钱楮并用"究竟是如何演进到"银钱兼行"的？铁钱、铜钱、纸币和白银如何、为何消涨进退，演绎出这样的纷繁复杂的篇章？这显然是中国货币史上颇值得深入探究的重要课题。

文成教授早年师从先父李埏先生治宋代货币史，完成了博士论文《宋代白银货币化研究》，对中国古代白银何时、如何、为什么从商品变成货币诸问题进行了深入的研究。自此以后，他继续这项研究，把研究的时段延伸到金、元、明时期，探讨铜（铁）钱、白银和纸币的相互关系，从城乡市场的发展变迁中，阐释货币流通格局演进的逻辑，先后发表了一系列学术论文。近年来，他约请赵小平、刘欣、丁琼三位学者，共同完成了这本新作。这里谈谈对这本新作的几点看法。

二

本书从货币"源于市场，主要在市场上使用，当然也反映市场发展状况，并影响市场发展"的基本观点出发，着眼于从市场变迁的角度探究货币问题。因此，书中首先分时段对宋金元明时期的区域市场、跨区域、跨政权市场以及全国市场发展情况进行了梳理，重点从市场空间布局和层级结构两个方面，阐述了这一时期城乡市场体系变迁的轨迹。其中，对北宋时期市场的区域性特点、不同区域市场之间的整合问题，特别是对金元之际市场空间布局向蒙古高原迁移以及市场层级的萎缩、元朝统一后市场体系的整合完善、明代前期市场的曲折发展诸问题的探究，展现了由宋金元明市场发展的总体趋势和不同时段急剧变动的时代特征，为探究货币流通格局演进过程中的"市场—货币"关系奠定了基础。

也正是基于货币"源于市场，主要在市场上使用，当然也反映市场发展状况，并影响市场发展"的基本观点，本书着眼于铜铁钱适宜于零散细碎的小商品交易、白银适宜于大宗贸易和远距离贸易、纸币是金属货币的价值符号的特点，阐述市场变迁与三种货币消长进退的关系及其发展趋势：

首先，与北宋时期区域市场网络和乡土信用的发展相适应，区域性的"钱楮并用"货币流通格局率先在川蜀市场上形成；而宋金时期跨区域、跨政权的批量贸易，孕育、促成了白银货币化。

继此之后，金元之际市场结构急剧变动，导致了货币流通格局从"钱楮并用"进入了"银钞相权"时期。其中，市场层级的萎缩和北方小农参与交易程度的衰退，使铜铁钱退出流通成为可能；而蒙古贵族—汉人世侯—斡脱商人为主体的大宗跨区域贸易，不仅多次将白银变成了合法的流通货币，而且促成了"银钞相权"货币流通格局的形成。

最后，元朝统一后的市场整合、市场体系的健全完善，以及明前期市场历经曲折恢复发展，不仅持续呼唤铜钱重回市场，而且总是将官府集中入库用作纸币价值保障、禁止民间行用的白银拽入市场。官府以白银"平准"钞价难以为继，纸币在铜钱和白银的双重挤压下，退出流通之势已不可避免。"银钱并用"最终取代了"银钞相权"货币流通格局。

本书在集中探究"市场—货币"关系时，基于货币所具有的社会性、公共性，把货币政策作为一个不可或缺的重要变量，纳入了分析研究的视野。不仅通过官方货币政策的制定和实施，阐述货币流通格局的演变情况，揭示市场机制的实现途径，而且结合货币流通格局演进的轨迹，分析、检验货币政策的有效性。特别是对官府借助货币政策的公共性，提升纸币信用、扩大纸币流通的积极作用，以及官府借此聚敛财富、失信于民，促使货币体系崩溃、加速纸币退出流通等问题，作了较为深入的探讨。

三

货币作为价值尺度，在市场交易中用作计量商品价值的工具。单一货币通行于市场各层级各领域，是充分发挥其价值尺度职能最理想的状态。然而，宋金元明时期的市场上，却总是多种货币同时并存，不仅金银铜铁乃至绢帛等曾充当币材，纸币也长期流通。本书针对这种现象，对不同货币之间的相互关系进行了探究：

金属（金、银、铜、铁）作为货币，不仅其自身具有使用价值，而且在频繁的交易中获得了市场共同认可的交换价值。交换价值是金属用作货币的根本标志，但金属币材所具有的使用价值，仍可以在一定程度上保障市场币值。更重要的是，不同金属货币通过适时变动的比价联系在一起，构成了相互关联的多元货币体系，共同履行价值尺度职能。而宋金元明时期的多元货币体系中，铜钱和白银此退彼进，依次发挥了基准货币的作用。史料中关于银钱比价从南宋的1两兑3300文到明朝弘治年间1两兑700文的记载，不仅是两者关系变动的重要标志，而且体现了白银从不适小用到"朝野率用银"的重大变化。

纸币与金属货币不同，其自身几乎没有价值。但以宋金元明时期商业信用的快速发展为基础，借助强大的官府信用，纸币与金属货币的价值联系在了一起。金属货币的交换价值，通过信用关系投射、转移到了纸币上，纸币成为了能够在市场上流通的货币。相应地，在铜钱与白银此退彼进的过程中，纸币也由铜铁钱的价值符号变成了白银的价值符号。其在多元货币体系中的功能，随之从浓缩铁钱、铜钱价值的手段，变成了等分白银的便捷工具。

宋金元明时期的多元货币体系中，白银货币地位的确立和变动是一个引人瞩目的重要问题。本书在作者所著《宋代白银货币化研究》的基础上，继续在"货币化"指的是"商品怎样、为什么、通过什么成为货币"的前提下，进一步阐述了宋代白银通过与铜钱建立兑换关系、"兑银计值"实现货币化的观点。继而着眼于白银在多元货币体系中地位的变动，系统展现了货币白银化——白银逐步成为主要货币的曲折进程，阐述了金元时期不止一次提升白银的地位，使之成为唯一合法货币的史实。对所提出的从"白银货币化"到"货币白银化"这一对逻辑上相互关联、时间上前后交替的概念，进行了系统阐释，为厘清白银货币化、货币白银化与财政货币化、财政白银化的关系，奠定了史实基础。

四

宋金元明时期的市场发展与货币流通，所涵盖的时间跨度较大，涉及市场、货币诸领域。其中不少史实，此前学界或关注不多，或存在不少误解。诸如传统中国信用关系中的"乡土信用"的发展、"交子"最初是作为交付铁钱的凭据、宋金之间贸易所具有的跨区域、跨政权的"双跨"特点，金朝铸造"承安宝货"银锭的背景和目的是"比以军储调发，支出交钞数多。遂铸宝货，与钱兼用，以代钞本"等等。而对于蒙元广泛用银的原因，学术界流行着受中亚影响的看法。在这本书中，综合运用汉译波斯文献、回鹘文书以及西方传教士的记载等，对蒙元时期用银的源流以及货币流通格局演变进程的研究，着墨颇多，提出了一些不同的看法。

书中认为：蒙古初兴时没有货币，也不用银。蒙古西征前后，与中亚地区的经济联系有所加强，而回鹘文、波斯文、拉丁文中都出现了关于用银的记载。但综合分析前人研究成果，所用银两波斯文写作بالش，音 Balish，汉语音译"巴里失"或"把力失"；回鹘文转写为 yastuq，拉丁文据此转写为 iastoc，汉语音译"雅斯特科"。而"巴里失""雅斯特科"的意译乃是"垫子"或"枕头"。其形制实际上就是宋金两朝行用的"枕头"状银锭。其使用方式也是以"锭""两""钱"为单位切割秤量使用。蒙古初兴时用银，以及此前回鹘文书中记载的白银，不是中亚地区传统的以枚计数的打制银币"第纳尔"，而是宋金时期称量使用的银锭。这从一个侧面说明，蒙古用银并非受中亚影响的结果，而是继承宋金白银货币化的结果。

不仅如此，蒙古西征的战火也对中亚地区的经济发展造成了重大破坏。人口减少，工匠迁移，中亚地区持续向外输出商品、吸纳白银的能力随之减弱。而穿越草原、戈壁沙漠艰辛遥远的路途，单次往返耗时成年累月，商品贸易的规模始终受到较大限制，与蒙古草原的经济联系不宜估计过高。加之蒙古帝国的分裂以及元朝与察合台汗国、窝阔台汗国之间的战争，还不时使丝绸之路的贸易陷入停顿。

相反，蒙古帝国建立前后，跨越长城沿线的农牧区经济交流更加活跃，往来也更为便利。宋金两朝辖区与蒙古高原之间的经济联系，远非中亚地区可比。因此，蒙古兴起前后使用的货币，更多继承了金朝的历史遗产。蒙古帝国时期不仅广泛用银，而且在 1234 年灭金之后不到 2年，仿效金朝发行了以"锭"为单位的纸币——交钞。萌发于金朝时期的"银钞相权"货币流通格局，最终以中统元年（1260）发行中统钞、中统四年（1263）设平准库为标志，在蒙元辖区全面确立。也正因为如此，蒙元纸币的面额虽然仍以贯文为单位，但实际价值与白银相联系，货币单位以"锭－两－钱－分－厘"计，最小面额的纸币"厘钞"，所对应的也正是流通中白银的最小单位"厘"。

此外，书中结合市场发展状况分析至元十九年（1282）整治钞法的性质，认为其实质是禁止市场上的白银流通。元廷的货币政策，与其说钞法整治，不如说整治市场上已广为流通的白银。而书中还指出，至元十九年三月辛酉（1282 年 4 月 10 日）阿合马已死，四月乙巳（1282 年 5 月 24 日）元廷才下令考核平准库、要求各地把平准库金银运送大都。元代文献中关于阿合马下令运各地平准库金银到大都"以邀功能"的通行说法，仍有进一步考证的必要。

总之，本书按时间顺序系统梳理宋金元明市场发展与货币流通格局演进的历史脉络，着眼于贯通宋金元明四朝，集中探究市场—货币关系、多元货币之间的相互关系，提出了较为系统的新看法，澄清了市场—货币史研究中的一些流行的误解，对丰富和深化经济史的研究，有重要学术参考价值。对深深植根于中国传统的市场史、货币史及货币政策史的分析，展现了传统市场发展、货币流通格局的中国特色，在一定程度上反映了传统中国经济政策、经济思想的智慧，对于进一步丰富和发展货币理论，提供了丰富、生动的材料。对思考、认识当前经济全球化、区域经济一体化以及相应的货币问题，也可提供一些具有启发意义的借鉴和参考。

李伯重

2021 年 10 月

前　言

一

中国经济史、市场与货币史，以其丰富而精彩的内容，吸引了不少经济史专家的眼光。特别是从唐宋以至明清这一段，上承盛唐，下启清朝与民国。似乎对我们来说既亲切又陌生，在时间隧道中保持着不远不近的朦胧和张力，更显得有些扑朔迷离。

吾师李埏先生对唐宋商品经济史、从"钱帛兼行"到"钱楮并用"的不刊之论，傅衣凌、吴承明、梁方仲、漆侠先生对宋元明清区域市场、全国市场及货币流通的精湛分析，对开拓和发展货币史、市场史研究，建立市场—货币史的分析框架，形成兼采百家而又深深植根于中国的经济史研究的理论与方法，具有不可替代的里程碑意义。在他们的引领下，中国大陆学者关于宋元明清时期经济史、市场史、货币史的研究蓬勃发展，成果蔚为大观。近年来，吴承明先生主持的多卷本《中国经济通史》，吴承明、陈争平、龙登高、李埏、李伯重、邓亦兵诸先生主编的《中国市场通史》，汇集各断代领域的专家，系统总结近代以来的研究成果，按时间顺序完成了贯通古今、统分结合的中国经济史、市场史，对经济史研究的繁荣和发展，具有十分重要的承前启后意义。

直接研究宋元明清时期市场史、货币史的重要著作，近年有李伯重《多视角看历史：南宋后期至清代中期的江南经济》《江南的城市工业与地方文化（960—1850年）》、叶世昌《中国金融通史》（第一卷）、龙登高《中国传统市场发展史》《江南市场史——十一至十九世纪的变迁》等前后贯通的研究著作出版。钱币学界规模浩大的《中国钱币大辞典》宋辽金卷、元明卷及《考古资料编》《中国历代货币大系·元明卷》也相继出版。与本课题时间段密切相关的综合性研究、专题性研究，有傅宗文《宋代草市镇研究》、林文勋《宋代四川商品经济史研究》、樊树志、陈学文、许檀、任放、范金明、张商英、陈国灿等学者关于明清市镇史、城市史的研究①，韩大成关于宋辽金元城市史的系列研究并出版《明代城市研究》，高聪明《宋代货币与货币流通研究》、汪圣铎《两宋货币史》、葛金芳《宋辽夏金经济史研析》、李幹《元代民族经济史》等一系列著作出版。而中国大陆之外，钱汉昇关于宋明时期市场与货币的研究，杨联陞关于中国信用与货币的研究，王业键宋元货币史的研究，梁庚尧宋代农村的研究，刘石吉明清市镇的研究，成就颇为可观。施坚雅（G. William Skinner）关于中国城市史与市场中心地的理论②及中外学者围绕这一理论对中国市场史、城市史的研究，影响持久而深入，2005 年又有约翰逊（L. C. Johnson）主编的《帝国晚期的江南城市》汉译本（成一农译）出版；日本学者关于中国近世时代的划分、从"唐宋变革论"到"宋代商业革命论"的深入阐述、蒙古史和元代史的精细考订，近年又有宫泽知之的《中国铜钱的世界》、黑田明伸《货币制度的世界史：解读非对称性》（何平译）、高桥弘臣的《宋金元货币史研究》（林松涛译），无论数量、影响、深度都不容忽视；而"加州学派"以明清为重点向宋元拓展的系列研究③，以及贡德·弗兰克（Andre Gunder Frank）《白银资本：重视经济全球化中的东方》（刘北成译），万志英（Richard von Glahn）*Fountain of Fortune：money and monetary polisy in China*，1000—1700 出版，从理论框架到研究视野的转换，再开市场—货币史研究的新风。与此同时，考古发现、出土文献、域外文献的发现，总是不断丰富着最基础的研究资料。与本课题直接相关的，不仅有黑城文书、回鹘文书、西夏文献、徽州文书的释读、整理、出版及由此形成的系列专门研究，有韩国新发现的《至正条格》等多种韩国文献中的中国史料的整理发布，还有 2004 年南京一次

---

① 王卫平、董强：《江南城市史研究的回顾与思考（1979—2009）》，《苏州大学学报》2010 年第 4 期。

② ［美］施坚雅主编：《中华帝国晚期的城市》，叶光庭等译、陈桥驿校，中华书局 2000 年版。

③ 龙登高：《中西经济史比较的新探索——兼谈加州学派在研究范式上的创新》，《江西师范大学学报》2004 年第 1 期；瞿商：《加州学派的中国经济史研究述评》，《史学理论研究》2008 年第 1 期。

出土 1000 件以上的南宋金银铤资料①，等等。

　　学术界如此丰富的研究成果，以简短的文献综述的方式来进行概括是不可能甚至是不负责任的。但我们仍可深刻地感受到，近年来的中国经济史、市场—货币史研究，呈现了三个明显的趋势：

　　一是旨在避免由于缺乏必要的知识基础和前后观照，轻率做出"前不见古人""后不见来者"一类结论或王朝机械周期论的弊病，严格按时间顺序，在一个较长的时段中，对历史发展的来龙去脉进行梳理考察，深入分析研究传统经济及市场与货币问题。

　　二是旨在打破学术研究中的封闭性，克服从西方中心论或天朝中心论出发导致的弊病，越来越多地把特定区域内的研究与区域外的相关领域关联起来，更充分考虑在全球化的视野中，研究中国传统经济及市场与货币问题。

　　三是旨在消除草率地用简单的逻辑关系剪裁历史，或天马行空、议论空泛的弊病，发挥专、精、深的优势，综合运用多学科方法，深化传统经济及市场与货币问题中某一领域的研究。

　　上述三个方面中，按一维时间的顺序梳理、探究某个专题或某一方面、某一地区前后发展变化情况，是三个方面共同的基本要求，更具有基础性的作用。因为从逻辑的完整性上来看，点和面之间存在差异、区分主次，乃至出现例外，都是允许的，甚至是难免的。但一维时间中的先与后，却是不应该错位的。关于历史的知识，按照历史的时间序列进行必要的前后观照，这至少可以避免、减少那些由于我们知识的局限，甚至连李伯重批评的"精选""集萃"式的经济史研究方法②，都没认真去做而犯常识性的错误。

二

　　顺应中国经济史、市场—货币史上述三个方面的发展趋势，我在李埏先生指导下完成并出版了博士论文《宋代白银货币化研究》后，不揣浅陋，提出了"宋明城乡市场发展与货币流通格局的演进"课题。

---

　　①　参见李小萍《南宋金银货币新发现新探索》，中国钱币学会编《中国钱币论文集》第5辑，中国金融出版社 2010 年版。

　　②　参见李伯重《"精选"、"集萃"与"宋代江南农业革命"》，见《理论、方法、发展趋势——中国经济史研究新探》，清华大学出版社 2002 年版。

并在"选题"中写下了如下的文字：

从唐宋到明清，中国古代城乡市场获得了长足发展。货币流通也经历了"钱帛兼行""钱楮并用""银钞相权"后，在明代确立了"银钱兼行"的货币流通格局。国内外经济史学界对唐宋和明清时期市场、货币问题进行了卓有成效的分区、分类、分期研究，下述问题日益凸显在商品经济史、货币史研究的学术前沿：

（1）北宋城乡市场发展的特点是什么？市场为什么选择了纸币而没选择白银作货币？

（2）南宋、金朝市场是否有新的发展？为什么市场在此时正式把白银变成了货币？同时仍保留纸币？

（3）元代城乡市场、区域市场发展的特点是什么？市场发育程度如何估价？货币流通格局何以由"钱楮并用"变为"银钞相权"？

（4）明代城乡市场、区域市场如何整合？为什么纸币退出流通，确立"银钱兼行"的货币流通格局？

（5）宋明货币流通格局的演变，宋、元、明政府的经济（货币）政策，对城乡市场发展产生了什么影响？

该课题获得国家社科基金批准立项后，笔者带着这5个问题开始着手开展研究。除了广泛阅读前贤论著、收集整理史料、按计划只身赴西夏和元朝时期的黑城等地实地考察、与几位同行专家建立了学术联系外，研究工作中的逻辑起点，仍是一个需要反复思考的问题。经过一段艰难的思考，最后试图返璞归真，对为数不多但必不可少的三个概念——市场、货币与货币政策，约略划出一个边界。主要目的是设法避免在历史长河中迷失方向，走到一个本来没有打算进入的房间中去。当然也希望避免随身携带的太多，把释读文献认识历史，变成用今天的概念改造历史。这三个概念的边界大致可描述如下。

一是，关于市场。尽管人们对市场的含义可能有不同的看法，但无论如何定义，其最初始、最基本的含义是交换场所。也就是说，无论人们做出的界定和阐释有多么不同，都不能忽视市场所包含的两种维度：交换关系与空间关系——"市"与"场"。或者说，没有交换关系的空间，与市场无关；反之，没有特定的空间，交换活动难以进行。交换关系与空间关系，是市场必不可少的两个方面，二者不可或缺。

二是，关于货币。定义货币远比定义市场更复杂。但货币起源于市场，起源于交换、借贷，主要用来计算商品的价格（或价值）并用来购买商品，以及清偿债务，应当是人们共同的看法。也就是说，无论如何定义货币，货币都与市场密切相关。它源于市场，在市场上使用，当然也反映市场发展状况，并影响市场发展。因此之故，没有市场无以言货币，失去了市场的货币也将不再是货币。

显然，这样的描述更侧重于从外部给货币划一个边界，以确定货币与非货币的区别。然而，货币与市场的关系却因此而凸显了出来。这意味着，对货币进行研究已不能就货币论货币，而须从市场看货币。相应地，反过来看，货币既是市场发展的产物，当然也反映市场发展的状况。透过货币也应当能够从一个侧面，看到市场发展的情况。但需要说明的是，由于本课题设定的问题主要是解释货币流通格局变动的原因，因此货币流通对市场发展的影响，暂不在探究的主要问题之列，因此被划在了本书所说的"货币"概念的范围之外。这并不意味着笔者是一个完全的货币中性论、工具论者。

三是，关于货币政策。基于对市场、货币两个概念边界的考虑，货币政策随之成为第三个不可少的概念。因为市场与货币的关系却从来不是一种简单的、一一对应的因果关系。特别是货币的发行和流通，没有也不可能忽视公共权力的作用。因为货币持有人通常是不用自己的货币购买自己的商品的。这决定了货币的社会性、公共性。因此，在公共权力机构产生后，人们总是针对具体的市场情况和货币情况，通过公共权力机关制定货币政策，发行货币，调整货币流通中的各种经济关系，甚至可以"宣布废除"特定的某种货币。而公共权力由具体代理人行使的特点，还为行使人借机把公共权力转化为具体的、局部的乃至个人的经济收益提供了可能。

然而市场机制的作用又是无形的，它能够通过人们的活动形成自生自发的秩序。它不仅给公共权力提供制定货币政策的机会，提供货币政策发挥作用的空间，同时又赋予公共权力机构履行公共职能的责任和义务，并限定着公共政策制定和发挥作用的边界，甚至对超越市场边界的货币政策给予惩罚。因此我们不仅看到了一次又一次成功的货币政策，也看到了很多滞后、无效以及失败的货币政策。显然，作为历史研究，在领略各种成功货币政策所体现的人类智慧的同时，却没有必要把朝廷滞后出台，或没有成效、甚至失败的政策，误当作当时货币流通格局演进的标志。

除上述三个概念外，与本课题相关，且近年来学术界常常被人写入各种论著、有相互联系的概念，也有三个。那就是"白银货币化""货币白银化"与"财政白银化"。但是，这样三个从文字上就有着明显区别的概念，这里就不再专门划定其边界。在本书中当然也使用了这三个概念，并且这样的概念一旦进入史实中去，三者的联系与区别就更清楚了。

三

上述三个概念的边界及其相互关系的逻辑，决定了宋金元明时期市场—货币史的研究，首先应当从市场史开始。而在这段历史上，草市镇的兴起与坊市制度的终结，则是公认的市场史最具标志性的内容，当然地构成了本课题研究的历史起点。

课题成果首先从草市镇兴起与坊市制度的终结开始，按时间顺序大致分为宋金时期、金元之际、元朝统一时期、明朝初期四个阶段，逐一阐述市场空间结构和交换的层级结构变动所体现的市场发展状况，结合市场交换行为、市场主体与商品流通等情况，探究城乡市场、区域市场与全国市场体系发展演变的脉络。为探究货币流通格局的演进、货币政策的制定与执行，提供一个基本的背景平台，同时也便于从叙述的顺序上，体现市场在货币流通与货币政策交互作用中的基础性、决定性作用。

继每个阶段市场发展状况的分析、阐述之后，分别用一定的篇幅，对同一时期市场发展中货币流通的问题、货币政策的制定与实行、在市场与朝廷政策交互作用下的货币流通格局，进行具体探究。努力既充分考虑不同时期、不同阶段之间的前后衔接与历史传承，又立足于不同阶段的时代特征和货币流通中需要解决的具体问题展开阐述。相应地，货币政策的情况及其成败得失，也就在其中不言自明了。

于是，经过课题组4名执笔人的共同努力，本书最终形成了按时间顺序排列的4章市场研究与5章货币研究，相互交织为9个章节。最后作一些简要的归纳总结，写成了不属于任何一章的"结语"。

诚然，在9个章节及"结语"中，基本没有涉及历朝各政权辖区以外的情况。对此，笔者有两点初步的考虑，也有些无奈。主要的考虑是：

　　笔者认为当时中国传统经济的状况，特别是市场发展的状况对货币流通格局的影响，居于主导地位。尽管这一时期也是传统中国经济与域外经济联系快速发展的重要时期，但内外两个方面相比较，内部因素的作用更为突出。因为即使是地跨欧亚的蒙古帝国境内，没有了因政权分隔导致的商贸往来限制，但穿越草原和沙漠的艰辛，已足以将商贸活动限制在一个较为有限的范围。往来东西方的使者们，对当时东西方之间的陆路交通、行程已有详细的记载。他们每个人完成一次往返旅行，都差不多须耗时二年左右。驮载商品、沿途交易的商队，无论一次单向贩运或多次接力转手，其商品流通所耗费的时间和成本由此可以想见。更何况蒙古帝国很快分裂，元朝与窝阔台汗国、察合台汗国先后发生了激烈且为时不短的军事冲突，甚至钦察汗国、伊利汗国也不同程度卷入。蒙古帝国时期的草原交通，并非始终通畅。不仅如此，在蒙古帝国分裂前，无论经济较为发达的河中地区，还是更远的其他地区，我们都很难想象，在遭受战火之后不久，反而具有了比此前更强的商品输出能力。

　　确实，白银单位价值含量大，重量轻，便于长途贩运。但是，比白银更便于搬运的黄金我们姑且不说，就白银的搬运而言，无论在草原、沙漠，还是在平原、山地，甚至内河、海上，应该没有太大的差别。在贩运贸易达到一定距离后，把货币搬来搬去的经济效益，显然不如回货贸易的收益高。在北宋初年及以前的市场上，白银还没有成为货币时，人们把白银作为回货贩运，原因之一就是可以利用巨大的地区差价获得贩运贸易的利润。而白银成为货币后，人们却不再那么乐意搬运白银，而宁愿借助各种票据实现白银价值的跨地区转移。甚至元廷"银钞相权"的钞法崩溃后，特别是大明宝钞终结后，商人们却自己又设置票号，采用信用手段完成白银价值的跨地区转移，其主要原因也在于此。

　　基于以上两点考虑，笔者在没有充分依据的情况下，暂未专门探究域外市场与宋元明（前期）时期传统市场之间的市场联系与白银流动。不仅如此，笔者限于时间和学力，虽然看到了一些相关研究成果，但却发现有关成果及当前所能获得的材料充满矛盾，甚至中亚地区到底在哪个时间段获得了大量白银，何时又开始缺银，仍旧是一个需要进一步考证的问题。① 显然，这一问题远非笔者短期内可涉足，即使勉力而为之，也尚无写成文字的把握。这也就是笔者无奈，当前只有把这一问题暂时搁置的原因之一。

尽管我们历时多年，对这一课题进行了认真研究。但是，毕竟课题涉及的任务十分艰巨，面临的问题很多。因此，本课题研究成果肯定存在不少不足和缺憾，还希望学界同人不吝批评指正。

王文成

2021 年 10 月

---

① 参见 ［俄］ E. A. Davidovich《中亚的钱币和货币制度》，华涛、陆烨译，《新疆师范大学学报》2007 年第 2 期；王治来《中亚通史·古代卷》（下册），第 4 章《蒙古征服中亚》、第 5 章《察合台汗国与蒙古统治下的中亚》、第 6 章《元朝时期的中亚》。

第一章

宋金时期的城乡市场、
区域市场与全国市场

唐宋时期，我国传统商品经济的发展进入了第二个高峰期。特别是宋代市场的发展十分引人瞩目，甚至中外学者据此提出了"宋代商业革命论"。学术界关于宋代市场发展的研究成果，亦可谓汗牛充栋。这里试图在前人研究的基础上，对宋辽金三朝市场的空间关系和层级结构作一些整理和归纳，以期为分析和研究宋金元明时期市场发展与货币流通，提供一个基本的逻辑起点。

第一节 宋金时期区域市场的形成与发展

一 城乡"交相生养"与两宋辖区的区域市场

中唐以降中国传统市场发生的深刻变化，入宋后进一步持续推进。以草市镇的兴起和城市坊市制度的终结为标志，商品生产与商品交换的深度和广度齐头并进，把城市和乡村更加紧密地联系在一起。其中，草市镇的勃兴和持续发展，标志着越来越多的小生产者广泛卷入市场，成为两宋城乡市场发展中，具有革命性意义的重要经济现象。因此，草市镇的兴起与发展，当然地成为研究这一时期市场史的重要内容，也是探究唐宋以降市场与货币流通格局演进的历史起点和基本的逻辑前提。

"草市"一词，始见于南北朝文献。最早的草市出现于江淮流域。对此，李埏先生曾明确指出："像草市、墟市这类初级市场，不是唐宋才有的。依据社会经济发展规律，只要生产力带上个体性质，个体经济初有发展之后，就可能出现了。……不过，直到唐、宋时期，这种市场才多见于载籍，则说明它此时有了很大发展。"更重要的是，"假若在这种集市上，只有附近的小生产者彼此进行交换，对以外的世界并无什么联系，那么，它不过是些孤立的点，还没有很大的意义。反之，假如它和外界有了较密切的联系，它的商品由此进入外界的商品流通，那么，它的意义就不可同日而语了。唐代中叶以降，在江南、西川等最发达的经济区内，这种与外界商品流通有联系的集市，已经不少"①。

入宋后，这种乡间商品小市场的草市，更有所发展。太祖建隆三年（962）三月禁私曲诏书，已将"乡村道店有场务处"列为量罪科罚地点②，这说明某些道店内已经设立官酒坊，草市的居民点达到一定的数量。仁宗、神宗时期，草市有了较大的增长。据郭正忠考证：《宋会要》所载嘉祐间商税场务计 1867 个，商税额以铜钱计 716 万余贯。熙宁十年（1077）商税场务增至 2060 个，商税额在 752 万—768 万贯之间③。草市经济日趋繁荣，已然成为朝廷赋税猎取的对象。以往太祖、太宗和真宗三朝（大部分时间），草市是不征商税的，随着草市交易的不断扩大，真宗末年才开始对草市征税。仁宗即位后，天圣二年（1024）正月，曾在诏书中禁止县令经常由转运司差出"于县镇、道店场务比较课利"④，这显然就是商税。收税标准以年额 500—1000 贯为界，以下的听人买扑，以上的差人监税。草市既已收税，又有监税专官，无疑说明草市规模的扩大。神宗朝王安石以理财为变法的核心，这一时期将草市升格为镇市以期攫取更多的盐酒税成为一种趋势。

不仅如此，北宋以前以镇戍为目的的军镇，入宋后相当一部分失去了镇戍的意义。但其中地处交通要道的地方，因商旅往来形成了一批商品交换的场所。而一些建立于山野险阻无人烟之地用于军事目的军镇，则逐步被"省罢"⑤。还有的因不适应于经济发展而被淘汰。仁宗天圣四年（1026）根据部分转运司的建议并准许将镇市、道店依商税年额 1000 贯为界，普遍实行及界派官监管，否则许人买扑的做法⑥，标志着这一转变的完成。至此，"镇"已完全失去了镇戍的意义，是否聚集人户，是否有"市"可供征税，成为决定"市镇"存废的根本条件。因

---

① 李埏：《从钱帛兼行到钱楮并用》，见《不自小斋文存》，第 281—282 页。

② 《宋会要辑稿》，《食货》二之二。

③ 郭正忠：《两宋城乡商品货币经济考略》，第 193、211—212 页。

④ 李焘：《续资治通鉴长编》卷 102。

⑤ 谈钥：嘉泰《吴兴志》卷 10《管镇》。

⑥ 《宋会要辑稿》，《食货》五四之三。

此，时人高承指出："地要不成州而当津会者，则为军，以县兼军使；民聚不成县而有税课者，则为镇，或以官监之。"①

在市场机制的作用下，宋代出现了许多依靠自身特产及专门化、集中化的商品生产的专业市镇。例如，产盐的广南东路广州东莞县象山镇、福建路漳州漳浦县敦赵镇等；产茶的永康军唐兴镇、新渠镇和广州子安镇、商城镇等；产糖的江西长江县凤台镇、福建路兴化军仙游县的龙华、石壁潭镇等；还有专业生产陶瓷的龙泉镇、景德镇，等等。这些发达的镇，其规模与市场发育，不但超过了落后地区的县，甚至都超过自己所属的县城。这表明政治性治所与经济性城镇的分异，立足于市场基础而发展起来的经济性城镇，已突破了政治隶属关系与行政等级，甚至导致"较为分散、独立的农户间，在封建专制主义的政治联系之外，市场开始在一定程度上成为维系其经济活动的又一条重要纽带"②。

在草市镇兴起与发展的同时，宋代城市市场也在发生着几乎同样深刻的变化。如果说"在农村，是市场去相就产品，出现了草市、墟市"的话，"在城市，则是产品去相就市场，出现了行肆邸店"③。入宋以后，城市市场空间布局发生根本改变，最明显的变化是"城"中按朝廷意图规划设计的交易空间"市"区，越来越难以容纳持续、快速发展的商品交易。不仅市场交易从固定的商业区"市"，渗透居民区"坊"，传统的市坊界线被突破；在坊市之间的侵街总是屡禁而不止。商人、牙人、坊郭户，干脆走出城外，与周边的小农、远来的商贾一道，在城墙之外立市交易。全国各地"人多散在城外，谓之草市者甚众"④。在此交易者，除了郭外农户外，城内及外地的商人也活跃其中。附郭被纳入城市建置之中，不少附郭草市，改变了以乡、都、里为体系的乡村管辖制度，并入以坊、厢管辖的城市。这在大城市尤为突出。北宋东京开封分为旧城、新城、新外城，其中新、旧城10厢，新外城9厢。宋真宗时因城外居民数量颇多，于是在新城外置八厢，特置厢吏以统之。至此，附郭草市之名逐渐为厢所代替，从而城乡分界线不复以城垣、沟壕为标志，而代之以草市与村落之间模糊不清的交界。城乡之间

① 高承：《事物纪原》，卷7。

② 王文成：《宋代白银货币化研究》，第348页。

③ 李埏：《从钱帛兼行到钱楮并用》，见《不自小斋文存》，第282页。

④ 《苏东坡全集》卷62，《乞罢宿州修城状》。

的经济联系，越过威武庄严的城墙，把"城"内外联系在了一起。

广大农村草市镇的兴起和持续发展，从"城"中设"市"到随市扩城，市场交换分别从城、乡两个不同的方向，把城乡连接在了一起。于是，宋人孙升称："城郭乡村之民，交相生养。城郭财有余，则百货有所售，乡村力有余则百货无所乏。"而城市对于维系日益扩大的城乡交流发挥了重要的作用，"城郭之民，日夜经营不息，流通财货，以售百货，以养乡村"①。所谓"养乡村"是城市对农产品商品的消费，亦即城市的商贸流通，为农产品打开了销路，开辟了市场，从而带动了农业的商品化和农村商品经济的发展；而乡村通过商品交换获得的收益，又可以反过来投入农业生产中去，继续再生产或改善条件扩大再生产。正是这种"交相生养"的关系使以粮食、丝绸、茶叶为代表的小农产品找到市场，以盐铁为代表的城市商品又得以贩入农村。在小农、坊郭户、行人、商贩之间形成以牙人、揽户为中介的商品交易网。

显然，城乡之间的市场联系，没有也不可能单一地按照行政隶属关系，局限于某一城市附近的乡村。因为无论在城、在乡，市场首先遵从的是利润最大化的原则。商品按照这一原则，在众多走村串乡的商贩、携巨资的大贾的经营下，必然突破行政区划的界线，在不同县界、甚至不同府州之间的市场上流通。相应地，一些城市凭借优良的自然条件，商品聚散能力更强，在本区域内的市场发展更快，辐射范围更广。而一些相邻的城市之间，市场之间的贸易往来更为频繁，逐步形成了相互联系的卫星城市。而北宋时期以川西平原为中心的城乡市场，首先连点成线，连线成面，在城乡"交相生养"的市场互动中，率先形成了较为成熟的城乡市场，通过层级清晰的市场网络，整合成为了相对独立的区域市场②。

四川汉代以来号称"天府之国"，唐宋时期，成都、梓州以锦为代表的纺织品、彭州茶叶、阆中生丝，在全国都占有重要地位。蜀中井盐在宋代进入了一个新的发展阶段，大型盐井普遍增多，卓筒小井兴起。四川酿酒和制糖业也非常发达，在全国制糖业中，四川不仅是著名的甘蔗产地和制糖中心，也是糖霜（冰糖）生产的发源地，遂宁糖霜的产

---

① 李焘：《续资治通鉴长编》卷394。

② 参见林文勋《宋代四川商品经济研究》，云南大学出版社1994年版；龙登高《中国传统市场发展史》，第291—296页。

量和质量都居全国之冠。四川还是宋代的造纸和印刷中心。蜀中麻纸，历史悠久，质量优良，是印书的好材料。蜀笺品种繁多，质量精美，为四方所贵。雕版印刷则久负盛名。

不仅如此，成都平原作为该区域的核心带，是宋代全国人口密度最高的地区。成都府路每平方千米户数元丰年间为 17 户，南宋时成都府、蜀州、彭州的人口密度每平方千米户数更分别高达 67.5 户、77.2 户、77.5 户，即每平方千米人数为 337.7 人、386.2 人、387.7 人。这比临安府咸淳年间每平方千米 49.5 户还高①。从人口的角度而言，成都平原毫无疑问是全国人口最密集的地区。北宋时期草市镇已在四川地区大量出现。郭正忠将《宋会要辑稿》与《宋会要辑稿补编》所载四川四路铁钱"旧额"统计，北宋时川峡四路已经开征商税并确定过"旧额"的场务总数已达 246 个，"旧额"商税 65 万贯左右。而同期全国 4 京 19 路场务总数也不过 1621 个，与川峡四路合计 1867 个。川峡四路场务数占宋境总数的 13.2%。② 四川草市镇的数量、密集度及所反映的市场发育情况，由此可见一斑。

龙登高还对川西府州的商税额，区分在城和州府总额进行了排序，制成了《川西平原等地商税额分布及其在今四川全境的序位》表③。此据该表可绘成下图：

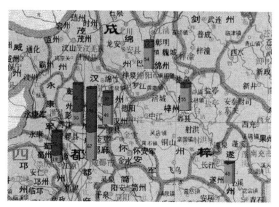

图 1-1　熙宁十年川峡四路商税前七名府州区位图

（王文成绘）

①　参见胡道修《宋代人口的分布与变迁》，载《宋辽金史论丛》第 2 辑，中华书局 1991 年版；韩茂莉《宋代农业地理》，山西古籍出版社 1993 年版，第 159 页。

②　郭正忠：《两宋城乡商品货币经济考略》，第 188—191 页。

③　龙登高：《中国传统市场发展史》，第 292 页。

图 1-1 中最值得注意的：一是，成都府作为川峡四路中经济发展水平最高的地区，成都城作为市场最发达的城市，无论府州商税总额还是在城商税额，都位居四路之首。但是，在府州总额 17.1 万贯中，成都在城只有 6.7 万贯，仅占 39.18%。也就是说，如果商税税率及征收范围出入不大，成都"在城"的商品交易量只占整个成都府的 39.18%，仅 1/3 强。成都府城之外的城乡市场活跃程度，已超过了城内。二是，成都城的交易额不仅位居川峡四路各城之首，而且与其他府州在城商税的差距巨大，相当于绵州、梓州之类全州的商税总额。即使与在城商税位居第二、处于交通要道上的梓州相比，也高出 21.82%。因此，成都在城商税中，应该还包括了经成都转运其他城市商品的过税。特别是对照成都附近彭州、蜀州在城商税占全州商税比例不高（31.25%—24.32%）的情况来看，当有不少商品没有经两州州城，而是直接通过成都转运到了两州行政辖区中的其他市镇。成都与附近的蜀州、彭州、汉州一道，相互联系，相互依存，共同形成了辐射川西平原的市镇市场。三是，在 7 个府州中，绵州、遂州、梓州在城所占比很高，达到了 78.26%—85.94%。这与成都府的情况刚好相反。它们地处川西平原边缘，州境内市镇发育程度比川西平原低，但作为联系成都与周边地区乃至川蜀之外的市场中转地，成为了成都的周边卫星城市市场。

以上分析与川峡四路 264 个有商税旧额的场务点结合起来，我们可以清楚地看到，川峡四路实际上形成了以 264 个场务为基础，市镇、县镇为中继，以上述 7 个府州城市为依托，以成都为中心，层次分明、相互交织、紧密联系的区域性市场体系。这也充分说明，如果没有周边地区草市镇和其他府州城市的支撑，如果没有与其他地区的市场互动，也就没有成都的商业都会地位。"城乡交相生养"的关系，所体现的已不仅仅是单一城市市场与周边农村集市之间的经济联系，同时也反映了四川区域市场内部不同城市之间日益紧密的市场联系。也就是说，四川地区密集分布的草市镇，并非各自独立、互不相关。一方面，在同一府州范围内，我们看到具有一定专业化意义的纺织、井盐生产中心，而且与周边山区以茶叶为主体的农村经济，形成了紧密的山坝互动、城乡互动。另一方面，在不同府州之间、不同的城市市场之间也发生了明显的市场联系。以草市镇兴起和坊市制的终结为标志，诸如四川之类市场发育程度较高的地区，已在一定区域范围内，形成了"城乡交相生养"

的区域市场体系。

承袭北宋时期市场发展的趋势，南宋时期市镇经济获得了新的发展契机。南宋时期，在长江中游、下游、岭南等广大地区，草市镇由点及线再到面，在更广阔的区域内逐步成片出现。尤为突出的是，江南地区的市镇数量商税税额加速增长，与府州城市市场"交相生养"，形成了较为发达的江南区域市场。

龙登高在《江南市场史：十一至十九世纪的变迁》中对江南地区市场发展情况进行了全面深入研究。他指出：江南地区的杭州、嘉兴、湖州、镇江、江宁、常州、苏州、松江、太仓9个府州从北宋到南宋，市镇数量无一例外地全面增加，平均增长幅度达到80%。其中除太仓州之外，松江增长幅度最高，达到240%，最低的江宁府，也由14个增加到16个，增长14%。尤为重要的是，在市镇数量不断增长的同时，商品交易量进一步增加，商税随之明显增长。也就是说，在一定区域之内，并没有因为市镇数量的增加而稀释了同一市镇上的商品交易量。因此，从两宋之际部分可比的市镇商税发展情况来看，常州湖濮镇、张渚、万岁、青城、湖州乌墩镇、新市、临安府浙江场、江涨桥、龙山场9个镇市，北宋熙宁间商税总额31508贯，南宋时期增长至214690贯，增长了6.8倍①。

以草市镇数量持续增加、市镇商品交易量持续增长为前提，市镇较为集中的地区，府州城市市场在与市镇、草市的互动中，发展成为府州中心城市。其中，南宋绍定二年（1229）勒石的平江府图碑，为我们留下了一幅十分具体、形象的府州城市布局图，从一个侧面向我们展示了这类府州城市的发展面貌（如图1-2）。该图以城垣为范围，中央为子城，即平江府治所。整个城中有大街20条，里弄24条，坊61个，巷264条。南北贯通的河道6条，东西14条，桥梁359座。②全面展示了南宋时期平江府城内部发达的市场状貌，及通过廉价的水运系统沟通周边城乡、形成城乡交相生养的区域市场中心的状况。

更进一步，以府州城市为中心，以县镇为次级中心地，以村市为基层市场，构成了宋代区域性的府州市场体系。而在南宋时期发展程度最

---

① 龙登高：《江南市场史：十一至十九世纪的变迁》，第60、62页。

② 参见国家文物局主编《中国文物精华大辞典·金银玉石卷》，第346页。

图1-2　平江府城碑

图片来源：国家文物局主编《中国文物精华大辞典·金银玉石卷》，图239。

高的江南地区，这样的府州城市除平江府治苏州外，还包括了镇江、嘉兴、松江、常州、集庆、湖州等，而且还有作为特大城市的南宋都城杭州。以商业都会杭州为首位城市，通过江南水网与周边卫星城市、府州城市及市镇市场连为一体，在各府州市场体系的基础上，进一步整合形成了层次分明、规模宏大的东南区域市场。

南宋选择杭州为都前，该地已是"东眄巨浸，辕闽粤之舟橹，北倚郭邑，通商旅之宝货"区域性的商业都会①。这正是南宋选择杭州为都的重要经济基础。南宋在此定都后，消费性人口激增，全国各地奢侈品、日用消费品大量涌入，无疑把临安的消费性推向顶峰，使它们成为宋境内最大的消费城市。但是，南宋定都临安后，突然增强的消费性及某些政策对市场发展的制约，并未使其商业都会的地位受到动摇。反之，杭州在全国商品集散中的地位有较大提高，面向全国各地区域市场的辐射功能进一步增强②。附郭卫星市镇如众星捧月，配合杭州实现市场辐射功能与吸纳功能。两翼则有苏州、绍兴次级中心地，江南及浙东地区被整合为一个有机的区域市场。

杭州城外众星捧月般环立着市镇群，它们接纳、储存四方汇聚而来的物产，同时分销城内，或将城内外的本地、外地的商品中转运销四方。临安府几个卫星镇，亦分溢出新的市，如府城30里外的汤村镇，又在距之11里处形成了汤村镇市；45里外的临平镇，又在距之12里

---

① 罗隐：《杭州罗城记》，《文苑英华》卷811。

② 参见王文成《宋代白银货币化研究》，第295页。

处新形成临平镇市；府城 2 里外有范浦镇，4 里外有范浦镇市；府城 18 里外有江涨桥镇市，府城 8 里外有江涨桥镇市，府城 7 里外还有江涨桥头市。后人据宋代方志解释说：江涨桥"镇市两载，其地相去者十有一里，端拱置镇，设有镇官，官署所有，去府十八里。而市起自县北七里。由市至镇，列肆连络不断，故虽相去远而同以桥名"①。作为区域中心城市的杭州其远距离商品运销的规模也逐渐增长，商品粮也通过官方和籴、私商贩运等流通渠道源自运河北上。纺织品、瓷器、茶叶、文化用品向四方市场流布者亦不在少数。上述各类商品都有一定数量卷入海外贸易。广州、泉州的香料等进口物资、福建铁器、荔枝及四川附子等商品则形成长年不断的流通。

以杭州为中心的两浙区域与外界的联系，则主要通过南部的衢州与北部的镇江府城展开。杭州南部与西部，崇山峻岭阻隔了两浙与外部的交通，唯钱塘江上游谷地，西与信江谷地相通联系鄱阳湖流域，南距建溪不远联系八闽，"自衢、睦、处、婺、宣、歙、饶、信及福建路八州往来者，皆出入龙门，沿溯此江"②。衢州正位于上游两溪合流处，是两浙西通鄱阳湖流域，南达福建的重要陆路交通要道，地当东南两大陆路商道之交，所谓"衢为州，当东南孔道，闽越之交，舟车往来之都会"③。衢州亦因此而得名。与此遥相呼应，北端则有镇江府，这是江南运河入长江的重要口岸。南宋时，长江中游及上游沿线的官运物资和商品由此进入浙西转运杭州，同时，"自来闽广客船并海南蕃船，转海至镇江府买卖至多"，因此"商贾盛集，百货阜通"④。通过衢州与镇江的分析，可以看到两浙市场与外界的联系不是分散的而是集中的。也就是说，两浙是作为一个区域性整体与外部市场发生往来，这是两浙区域市场形成的又一佐证。

概言之，两浙路南以衢州、北以镇江为界，至南宋已形成以杭州为中心、苏州（平江府）及越州（绍兴府）为北南两翼的展翅状区域市场体系。作为本区域最大城市的杭州，具备了强大的经济中心功能，并以此为枢纽，有效地组织着区域内的商品流通与资源配置，两浙各地城

---

① 乾隆《杭州府志》卷 5。

② 《苏东坡全集》，《奏议集》卷 9，《乞相度开石门河状》。

③ 祝穆：《方舆胜揽》卷 7。

④ 《宋会要辑稿》，《食货》五〇之一一。

乡遂成为一个紧密联系的有机整体①。

二　辽金辖区的城、市、镇与城乡市场

在两宋辖区草市镇兴起、坊市制度终结的同时，契丹兴起于松漠，并建立了辽朝。辽朝建立后，实现了我国北方和东北地区的统一，其辖区范围"东至于海，西至金山，暨于流沙，北至胪朐河，南至白沟，幅员万里"②。辽朝境内市场的发展，构成了 10—12 世纪中国北方市场发展的重要组成部分，为后来金、元市场发展奠定了十分重要的基础。

首先，由于辽朝地跨中国古代游牧和农耕两大区域，成为中国历史上兼具"行国"和"城国"特点的典型政权。辽朝皇帝继承契丹人四时迁徙的传统，实行四时捺钵——一年中按四季分别驻 4 个行宫。跟随皇帝进行四时捺钵的除后妃、公主、皇子及其承应人和护卫军之外，还有"契丹大小内外臣僚并应役次人，及汉人宣徽院所管百司皆从。汉人枢密院、中书省唯摘宰相一员，枢密院都副承旨二员，令史十人，中书令史一人、御史台、大理寺选摘一人扈从"③。同时，四帐皇族、遥辇九帐族和大国舅司所管五国舅帐族作为行宫部落成员也跟随皇帝四时捺钵。为适应四季迁移的需要，辽朝在四大行宫设置了"市"，并设官对行宫市场进行管理，目前已知有行宫市场巡检使、巡检都监等职。其中，巡检使的职责是防止"损贫奉富"④维护市场秩序。行宫市场商品种类丰富，除酒、布、帛、绢外，还有薪、炭等生火、御寒之物品和治病疗伤之药⑤。形成了有颇具游牧民族特点的流动市场（行市）。行市对商人进入松漠、了解松漠地区，把市场和交换活动向北推进，产生了重要作用。

除了设在行宫附近的市，辽朝境内固定市场有了较大发展。《辽史》从辽朝商税征收的角度，对此进行了简明扼要的记述⑥：

①　参见龙登高《江南市场史》，第 48—53 页。

②　《辽史》卷 37，《地理》一。

③　脱脱：《辽史》卷 32，《营卫》中。

④　向南：《辽代石刻文编》，第 113 页。

⑤　厉鹗：《辽史拾遗》，影印文渊阁四库全书本。

⑥　《辽史》卷 60，《食货》下。

征商之法，则自太祖置羊城于炭山北，起榷务以通诸道市易。太宗得燕，置南京，城北有市，百物山偫，命有司治其征；余四京及它州县货产懋迁之地，置亦如之。东平郡城中置看楼，分南、北市，禺中交易市北，午漏下交易市南。雄州、高昌、渤海亦立互市，以通南宋、西北诸部、高丽之货，故女直以金帛、布、蜜、蜡诸药材及铁离、靺鞨、于厥等部以蛤珠、青鼠、貂鼠、胶鱼之皮、牛羊驼马、毳罽等物，来易于辽者，道路绳属。圣宗统和初燕京留守司言，民艰食，请弛居庸关税，以通山西籴易。又令有司谕诸行宫，布帛短狭不中尺度者，不鬻于市。明年，诏以南、北府市场人少，宜率当部车百乘赴集。开奇峰路以通易州贸易。二十三年，振武军及保州并置榷场。时北院大王耶律室鲁以俸羊多阙，部人贫乏，请以羸老之羊及皮毛易南中之绢，上下为便。

这段文字较为明确地记载了辽朝市场的发展情况及特点。辽朝自太祖开始置城通诸道贸易。取得燕云之地后，辽朝辖区有了规模较大的城市市场。尽管南北府城市市场设置后，贸易并不兴盛，但辽境内的远距离贸易、契丹与周边部族之间的贸易"道路绳属"。特别是宋辽之间的榷场贸易，以"羸老之羊及皮毛易南中之绢"为特征的农牧区交往，在辽朝的市场发展中具有十分重要的地位。形成了以上京、南京为中心，四京联动，以特产贸易、跨地区远距离贸易特别是农牧区交流为主的市场。这尽管与长城以南的市场发展相比，无论交易规模、市场层级结构都难以相提并论，但其市场的辐射范围和可拓展空间，却更为广阔。

不仅如此，在辽朝广阔的辖区内，随农牧区经济交流的发展，农耕经济开始逐步渗入草原。尽管辽朝时期为数不多，但对单一性的草原经济来说，却有着十分重要的作用，大大增强了草原经济发展的韧性，为草原从游牧到定居、建立固定居民点和城市奠定了不可或缺的物质基础。于是，辽朝开始在辖区内筑城，把军事镇戍性质的城市，从南向北推进草原深处。辽太祖耶律阿保机的三伯父耶律释鲁时，"始兴版筑，置城邑"①。"以遥辇氏于越之官，占据潢河沃壤，始置城邑。"② 辽上京祖州附近的于越王城，就是释鲁以西伐党项、吐浑所俘人口建立的，此可以说是契丹辖境出现的第一座城郭。阿保机称帝之前，已经建立了大批城邑，其中很多命名为汉城，将俘获的各族人民安插在这些城邑中。

在新筑城邑的同时，辽朝还对以往曾在草原上兴筑过的城市进行了修复。如草原上原有城市柳城，原为隋"炀帝废州县柳城郡"治所。辽"太祖平奚及俘燕民，将建城，命韩知方择其处，乃完葺柳城，号霸州彰武军"。"松山州……升泰中置……统县一。松山县。本汉文成县地，边松漠，商贸会冲，开泰二年置县。"③ 松山州在辽代之能够置州，在于该地是"商贸要冲"。正是适应草原上交换、贸易日益发展这一客观要求的结果。辽的中京与东京辽阳的建立，更加适应了这一需求。

从整个10—12世纪市场发展的情况来看，辽朝草原筑城本身的交换水平并不高。但随筑城而来的固定居民点，为商品交换提供了明确、固定场所，为辽朝后期及后来的金朝、蒙古市场的发展奠定了基础。

继辽而兴起于东北的女真人，很快接过了辽朝市场发展与草原筑城的接力棒，并重点把筑城区域向东北拓展。在海陵王执政前，东北金源地一直是金国政治、军事、经济重心所在，并被视为内地而着意经营。金太祖在会宁称帝建都，太宗即位后，开始营造扩建，至熙宗时已发展成较为完备的城市。金朝灭辽并继而南下灭北宋，取得了市场发育程度较高的华北地区。中原农耕区市场与长城以北长期以畜牧为主的草原市场，整合到了同一政权辖区。以中原网络化、层级化的市场体系为基础，以金朝五京为中心，同时辐射农牧两大区域的市场，在金朝治理下快速发展。

在上京会宁府，1153年海陵王迁都燕京后，统治中心虽然转移，但上京会宁府仍然是五京之一，许多宗室贵族聚居于此。除了官署和驻军以外，还有许多寺院、学校，有冶铁、铸造金银器物以及陶窑等官私手工业作坊，到金中后期有居民三万多户④，俨然一个新兴的大都市

---

① 《辽史》卷2，《太祖本纪》。

② 《辽史》卷56，《仪卫》二。

③ 《辽史》卷39，《地理》三。

④ 《金史》卷24，《地理》上。

了。此外，女真统治者出于边防目的，在今黑龙江、松花江流域建立了许多边堡，这也为商业活动提供了极好的场所。现代考古在松花江两岸、黑龙江流域，以及辽宁的绥中县、大连的金县等出土的金代文物中，有河北定窑的瓷器、福建龙泉以及均州、磁州等地的瓷器，还有许多来自中原的铁器等生产、生活用具，以及大量的两宋铜钱。

在中都燕京，据韩光辉研究，金天会三年（1125），燕京城市户口约为 1.7 万户计 8.2 万人。自金太宗至世宗时期，迁入中都地区的人口累计约 4 万户计 3 万人，其中迁入中都城市者约 15 万人。金泰和七年（1207）中都城市总人口有 40 万人左右[1]。燕京是北方地区的交通枢纽，以此为中心，联系中原地区和东北地区、蒙古高原的水陆交通线快速发展，处于该区域的城市如通州、宝坻都成为中都路地区重要的水陆枢纽城市。

在以南京开封府为中心的华北地区，金朝灭宋的战争曾一度摧残了以汴梁为中心的华北市场。但战火后市场得到了较快恢复，部分地区还有了新的发展，如富有鱼盐之利的"大盐泺"自金廷"于大盐泺设官榷盐，听民以米贸易，民成聚落"[2]，逐步发展成为华北地区最重要的盐业生产、销售中心。金朝海陵王执政后，大力修复汴梁等辽宋著名都会，并积极营建各路府州首善之地，使之成为既是政治中心又是商业、文化中心。随着各中心城市的恢复，以贸易交换为目的的城镇、墟市也陆续恢复起来。

以华北城乡市场体系的恢复发展、跨越长城的农牧区经济交流为依托，金朝城市管理体制取得了重大突破。据韩光辉研究，金代在继承辽代都市警巡院制度的基础之上，还创建了城市录事司、司候司，首次系统地建立了中国历史上有别于乡村管理的城市管理体制[3]。他认为金代结合路府、州、县三级制，以不同行政等级和户口规模的为依据，将城市按行政建制与等级规模也划分为三级：警巡院城市、录事司城市和司候司城市。六京府均置有警巡院，十三个总管府和所辖诸府节镇置有录事司，防刺州则置有司候司。按《金史·地理志》记载，金朝共有警

---

① 韩光辉：《北京历史人口地理》，第 242、148、67 页。

② 《金史》卷 92，《曹望之传》。

③ 韩光辉、林玉军、王长松：《宋辽金元建制城市的出现与城市体系的形成》，《历史研究》2007 年第 4 期。

巡院城市 6 个，录事司城市 66 个，司候司城市 112 个，形成了表 1-1
所示的 3 个等级的城市建制体系。

表 1-1　　　　金代警巡院、录事司、司候司三级建制城市体系表

	京县—乡镇—里社
6 个京警巡院城市	警巡院—（厢隅）—坊
	州—县—乡镇—里社（坊）
	县—乡镇—里社（坊）
66 个诸府节镇 录事司城市	附郭县—乡镇—里社
	录事司—（厢隅）—坊
	县—镇—里社（坊）
112 个防刺史州 司候司城市	附郭县—乡镇—里社
	司候司—（厢隅）—坊
	县—镇—里社（坊）

资料来源：《金史》卷 24、25《地理志》；韩光辉等：《宋辽金元城市行政建制与区域行
政区划体系的演变》，《北京大学学报》（哲学社会科学版）2008 年第 2 期。

　　需要强调的是，金朝的上述城市管理层级，不仅仅是单纯的行政管
理体系，而是与城市人口规模密切相关。因此这三级 184 个建置城市，
不仅在中国城市管理体制上有重要意义，而且从一个侧面反映了金朝城
市市场内部的层级结构关系，标志着金朝城市市场继宋以来，获得了新
的发展。

　　此外，在 184 个三级城市市场之外，金朝进一步认可了北宋时期市
镇发展的成果，对上述城市以外的更下一级"镇"，也进行了进一步全
面规范，建立了系统的建置镇体系。有学者据《金史·地理志》统计，
金代共有建制镇 518 个，除咸平路无镇外，分布在全国 19 个路中的 18
路。其分布极为不平衡，按辖区内镇的数量排序，18 路中南京路居首，
上京路居末，具体顺序为：南京路 96 个，山东东路 83 个，山东西路 48
个，河东北路 40 个，京兆府路 39 个，河北东路 38 个，河北西路 32
个，河东南路 30 个，庆原路 24 个，大名府路 23 个，凤翔路 16 个，北
京路 14 个，西京路 9 个，中都路 7 个，鄜延路、临洮路都为 6 个，东
京路 5 个，上京路 2 个。① 从以上数字可看出，金代镇的分布有着明显

————————

① 林玉军、韩光辉：《金代镇的若干问题研究》，《中国历史地理论丛》2009 年第 2 辑。

的规律性，即原来属于北宋所辖区域内镇的分布较多，尤其是在今河南、河北、山东、山西地区。这些地区，镇不但多，而且密集，很多县拥有几个镇，其中河北东路献州的交河县甚至有景城、南大树、刘解、槐家、参军、贯河、北望、夹滩、策河、沙涡 10 镇。金朝建置镇与北宋和辽朝市镇市场发展的关系昭然若揭。

　　不仅如此，金朝还根据市镇发展的具体情况，将部分唐宋以来发展水平较高的镇升置为县。宝坻县的创建就是一个很好的例子。宝坻在隋唐时不过是滨海小镇，名新仓镇。海陵王天德年间，以其盛产海盐，加之水上交通便利而快速兴旺起来。时人刘晞颜在《创建宝坻县碑》中记载："于时居人市易，并肆连络，阛阓杂沓。……加之河渠运漕，通于海峤，篙师舟子，鼓楫扬帆。懋迁有无，泛历海岱青兖之间，虽数百千里之远，徽之便风，亦不浃旬日而可至。……其富商大贾，货置丛繁，既迁既引，隐隐展展然，鳞萃鸟集，粥者兼赢，求者不匮，大率资鱼盐之利。"于是，金世宗大定十一年（1171）至此巡视后，下诏升格为县。"谓盐乃国之宝，取如坻如京之义，命之曰宝坻，列为上县。"①

　　在金朝的建置镇以下，草市镇也得到了继续发展。章宗明昌元年（1190）"敕尚书省定院务课商额，诸路使司院务千六百一十六处"②。金朝设置场务征收商税的院务，总量达到了 1616 个，是 518 个建制镇的 3 倍多。这意味着建制镇以下还有相当一批设置院务征收商税的草市镇。位于金代信州与隆州之间的南阳堡金代遗址，交通方便，遗址面积 2000 多平方米，应当是较大的集市，甚至是建制镇。并且出土了铜钱③。相应地，金朝大量把铜钱运送北方，支持市镇小额交易的发展。现代考古在会宁府以西百千米的肇东八里城旧址出土了 79 枚钱币，抚顺唐力村 10 多户人的乡村，也出土不少铜钱④。

　　此外，现代考古在松花江两岸、黑龙江流域，以及辽宁的绥中县、大连的金县等出土的金代文物中，不仅出土有河北定窑的瓷器、福建龙

---

　　① 刘晞颜：《创建宝坻县碑》，《金文最》，卷 69。

　　② 《金史》卷 49，《食货》四。

　　③ 吉林省文物考古研究所：《长春市郊南阳堡金代村落址发掘》，《北方文物》1998 年第 4 期。

　　④ 王维臣、温秀荣：《辽宁抚顺千金乡唐力村金代遗址发掘简报》，《北方文物》2000 年第 4 期。

泉以及均州、磁州等地的瓷器，还有许多来自中原地区的铁器等生产、生活用具，以及大量的两宋铜钱。1960 年夏，在苏联滨海边疆区基洛夫区阿发纳西耶夫卡村（以下简称阿村）发现一处古钱遗藏。除相当数量铜钱失散外，阿尔谢尼耶夫博物馆收藏了其中的 132 枚。在这 132 枚铜钱中，除一枚"正隆通宝"外，其余均为北宋钱。据苏联学者 M. B. 沃罗比约夫研究，这批铜钱应该是金朝官员出行携带遗失的旅费。与 20 世纪 20 年代托尔马乔夫在吉林省白城（金上京）收集的 700 多枚唐宋铜钱相比，它反映出"当时，在繁荣的城市'上京'，十二世纪后半期的中国铜币已被女真交钞所排挤（主要是减少了新发行的中国铜币的流入）；而在金国的边远地区，女真交钞的流通则极为有限，继续留在流通过程中使用的时代较晚的中国铜币，不是早已在繁荣城市消失的，就是完全未曾进入繁荣城市的流通领域的"[1]。由此可知，商业活动已从发达的农耕文明地区扩展至金朝遥远的边疆地区了。

这样，从巡警院城市、录事司城市、司侯司城市、建制镇到草市，金朝形成了五级市场体系。城乡市场在北宋基础上得到了恢复、发展。特别是以农耕区层次分明、结构复杂的城乡市场体系为基础，在长城以北的草原和东北地区，市场从南向北扩散，同时把长城内外市场、农牧区市场，整合到了一起。

第二节　宋金时期跨区域的市场互动与全国市场

一　两宋辖区内区域市场的互动

宋金时期，以草市镇的兴起和坊市制度的终结为起点，不同地区城乡市场的地域性特点日益凸显。市镇市场与城市市场发育程度较高的地区，在城乡市场互动中出现了明显的区域化趋势，逐步形成了联系紧密的区域市场体系。然而，不同区域之间的经济联系没有也不可能因为区域市场的形成而减弱。相反，在区域市场形成过程中，不同区域之间的

---

① ［苏］M. B. 沃罗比约夫：《滨海地区的女真遗藏铜币》，那炎译自《东方国家与民族》，1968 年第 5 册。见王承礼主编《辽金契丹女真史译文集》，第 216—227 页。

市场联系同步加强。跨区域的市场联系，把宋金两朝内部不同区域市场以及宋金之间的市场，联系在了一起。唐代业已萌发的漫画式全国市场，在历时数百年、地域广袤的宋金两朝，平添了更多的浓墨重彩，脉络和骨架日益凸显，逐步变成了一幅酣畅淋漓的水墨画。

北宋时期不同区域市场之间的经济联系，在汴京与四川之间的贸易中得到了充分体现。全汉昇、林文勋分别从汴京的输出入贸易、四川与汴京之间的贸易两个方面，进行了深入研究①。其中，从四川输入汴京的商品不仅有批量的纺织品、药材、书籍图画、纸张等，而且也有绒毛、茶酒、黄银等特产。北宋从汴京输入四川的商品种类不多，白银在其中占了很大比重。宋代川峡素不产银，但官府在这一地区经常行赋税折银之政，加之市场上白银的货币化趋势日渐发展，这样，四川白银需求量就相当大。在这样一种情况下，"贩者趋京师及陕西市银以归"②。

诚然，从两个区域市场贸易的特点来看，四川与汴京的贸易是建立在四川经济的高度发展和汴京的庞大消费的基础上。从四川输入汴京的商品，以消费品为主，而且两地贸易差额较大。对此，林文勋认为：就四川地区来说，其内部资源丰富，产业部门的分化较为齐全，各产业部门的生产能力都较强，有大批产品可作为商品外销。也正是在这样一种经济条件下，四川地区的经济自给性很强，不待外地商品的输入就能保证各种消费的供给。就汴京来说，它是一个典型的消费城市，加之汴京所处北方广大地区，该区的各种生产品，除满足本地及首都需要外，几乎没有多少能提供外销，即或有的产品可部分外销，但与四川地区或东南地区的相比，就显得没有竞争力。这样，北方广大地区的商品几乎不可能在四川地区找到市场。因而，四川地区的商品大量输往汴京，而汴京乃至北方广大地区则很少有商品输往四川。于是，双方间的贸易差额就相当悬殊。③最后，两地贸易间，商品转销现象十分明显。汴京为当时全国最大的商业都会，商品的集中和扩散功能都较强。四川输往汴京的商品，有不少转贩到北方广大地区以至边疆少数民族地区，如在契丹

---

① 全汉昇：《北宋汴梁的输出入贸易》，"中央研究院"《历史语言研究所集刊》第八本第二分册；林文勋：《宋代四川商品经济研究》，第149—152页。

② 《宋史》卷138，《食货》下七。

③ 林文勋：《宋代四川商品经济史研究》，第156—157页。

辽朝就有来自四川的蜀锦，这很可能就是由汴京转销出去的。汴京输往四川的商品虽然很少，但从白银大量入川的情况来看，它是由全国各地汇集而来，然后再转销四川。

四川地区的大量商品输入汴京，促进了汴京城市的繁荣和发展。而对于四川地区来说，大量商品的输出，无疑会刺激生产的发展。更要说明的是，四川与汴京贸易的发展，还直接带动了这两个地区与其他地区间贸易的发展。诸如汴京与荆南的贸易，汴京与陕西的贸易。还有四川与东南地区的贸易，四川与西北地区的贸易。反过来，这些地区贸易的发展，又会促进四川与汴京贸易的发展。所以，四川与汴京的贸易，是全国长距离商业贸易网的一个重要组成部分，它直接促进了全国商业贸易的繁荣和发展。

汴京与四川之间尚且克服蜀道之难形成密切的贸易往来，在东南与汴京之间，则借助优良的水运条件，跨区域的远距离批量贸易获得了更大发展。宋廷定都汴京，最重要的原因之一就是汴河具有良好的水运条件，能够"横亘中国，首承大河，利尽南海，半天下之财赋，并山泽百货，悉由此路而进"①。北宋时期宋廷进一步整治河道，改进河船，极大地提高了水运的效率。其中，"天圣中，监真州排岸司、右侍禁陶晋鉴始议为复闸节水，以省舟船过埭之劳"。建真州闸后，起到了"岁省冗卒五百人，杂费百二十五万"贯的效果。与舟载米不过三百石的"运舟旧法"相比，"闸成，始为四百石。其后所载浸多，官船至七百石，私船受米八百余囊，囊二石"。在真州建闸取得成效后，"北神、召伯、龙舟、茱萸诸埭，相次废革，至今为利"②。

两宋时期，汴河、运河、长江水运低廉的成本优势得到进一步发挥。有的一家人"悉居船中，往来兴贩"，也有"不亲自经营，而是雇人经营"者。出现了依船为生的水运专业户——船户。他们自己并不一定从事商业贸易，运送的商品也非自己经营，而是受雇于人，代人运输，专以运输为业。例如，官府雇募舟船③、"市客舟为起纲之用"④以

---

① 李焘：《续资治通鉴长编》卷38。
② 沈括：《梦溪笔谈》卷12，《官政》二，《真州复闸》。
③ 《宋会要辑稿》，《食货》二六之二二；李心传：《建炎以来系年要录》卷90。
④ 李心传：《建炎以来系年要录》卷87。

及《夷坚志》中记载的商人"买舟"① 等。

　　依托水运优势，北宋时期汴京与东南地区的商品贸易达到了相当规模。龙登高在《宋代东南市场研究》一书中，以远距离贸易为重点，系统地从"东南向汴京、淮南市场的商品粮输出""纺织品的输出中心""果品产地及其销售""生产资料的远距离贸易""专卖品的长途贩运""文化用品的输出"等方面，进行了系统研究②。特别是东南地区的茶盐贸易，调动了大批茶盐商人往来于东南—汴京乃至北方市场之间，从事贩运贸易。其中仅茶叶一项，"仁宗时茶法极弊，岁犹得九十余万贯"③。据黄纯艳研究，崇宁以后宋廷茶利有很大增长，仅茶场卖引钱即在120万贯，加上茶税钱和茶租钱，应在200万贯左右④。

　　南宋时期，长江水运的作用得到进一步发挥，成为把川蜀与东南两个发达的区域市场紧密联系在一起的重要商贸交通线。而位于长江中游、联系川蜀和东南市场的中转地鄂州，也随之兴起。从北宋开始，鄂州已逐步兴起，南宋时成长为荆湖地区的市场中心地。熙宁间广铸铜钱，鄂州地望位列"紧"，曾置有宝泉监铸钱⑤。南宋初，北方人口大量流入，绍兴五年（1135）仅江夏县的人口数就从2753户增至5560户⑥；以荆湖地区农业生产的长足发展和四方通达的便利条件为依托，商业更渐繁盛：嘉泰间（1201—1204）更是"江湖连接，无地不通，一舟出门，万里惟意，靡有碍隔。民计每岁种食之外，余米尽以贸易。大商则聚小家之所有，小舟亦附大舰而同营。辗转贩籴，以规厚利。父子相袭，老于风波，以为常俗"⑦。而乾道六年（1170）八月中旬陆游经此，不仅记下了当时贾船客舫衔尾不绝者数里、"民居市肆数里不绝，其间复有巷陌往来，憧憧如织"的繁盛，记下了"回望堤上楼阁重复，灯火歌呼，夜分乃已"的景观。陆游综合从沿长江逆流而上一路亲见亲

---

①　《夷坚志》，《夷坚甲志》卷15，《晁安宅妻》；《郑畯妻》卷16，《夷坚三志》辛卷第8，《申师孟银》等。

②　龙登高：《宋代东南市场研究》，第110—129页。

③　章如愚：《群书考索》，《后集》，卷56，《财赋门》。

④　黄纯艳：《宋代茶法研究》，第263页。

⑤　《宋史》卷88，《地理》，四。

⑥　李心传：《建炎以来系年要录》卷90。

⑦　叶适：《叶适集》，《水心文集》卷1，《上宁宗皇帝札子》，二。

闻，得出了"自京口以西，皆不及"，"虽钱塘、建康不能过，隐然一大都会也"的结论①。7 年后范成大从成都出发，沿长江顺流而下经过鄂州，得出的结论也与此无异："南市在城外，沿江数万家，廛闬甚盛，列肆如栉，酒垆楼栏尤壮丽，外郡未见其比。盖川广荆襄淮浙贸迁之会，物货之至者无不售。且不问多少，一日可尽，其盛壮如此。"② 20 年后，尽管叶适觉得汉阳"独力渔勤稼"，但鄂州却是"今之巨镇"，"通阛大衢，商贾之会，物货之交也"③。因此，"由于地处四川、西北、东南、北方几大区域之中点，鄂州成为全国性的一个重要转运中心，市场辐射力强劲，流通渠道畅达"④，又一个全国性的商业都会正在崛起。

　　以各区域市场之间的商贸往来为基础，南宋杭州在作为江南地区区域性中心城市的基础上，逐步获得了全国商业都会的市场地位，以其通江达海的区位优势全面辐射荆湖、川蜀、两淮、福建及南海。国内外学者对此已有相当充分的研究⑤。这里需要补充说明的是，杭州与两浙乃至东南以外地区的贸易，还超出了区域性商品贸易中心的意义，对全国商品贸易网形成了较强的辐射作用。在粮食贸易方面，据《梦粱录》记载，杭州城内外消费每日不下一二千石，所消费的粮食广泛来源于"苏、湖、常、秀、淮、广等处"。集中于湖州市米市桥、黑桥等米行，零售米铺则散布城内外。批发商"接客打发，分表铺家"⑥。形成了完整的外地远距离贩运到杭、分层次分销的市场网络。在绢帛、药材、香料及海外市舶商品方面，杭州更发挥了强大的集散作用。重量轻价值高的药材，近自绍兴药市，远自广东罗浮山药市、衡州药市、成都等药市，以及南海舶来品香料，汇集杭州。婺罗、湖绢、越绫等著名纺织品，浙西南地区的木材与林产品，浙东滨海诸州的海产品，都以杭州为最大市场，向杭州集聚，并通过杭州分销。于是在咸淳《临安志》中，为我们留下了一幅体现"通江达海"的全国性商业都会——临安及其与

---

① 陆游：《入蜀记》卷 3、卷 4。

② 范成大：《吴船录》卷下。

③ 叶适：《叶适集》，《水心文集》卷 9，《汉阳军新修学记》。

④ 龙登高：《中国传统市场发展史》，第 298 页。

⑤ 其中代表性的著述有徐吉军《南宋都城临安》，杭州出版社 2008 年版；［日］斯波义信《宋都杭州的商业》，见《日本学者研究中国史论著选译》第 5 卷，第 311 页。

⑥ 吴自牧：《梦粱录》卷 16《米铺》。

钱塘江（浙江）繁盛的商贸关系图。

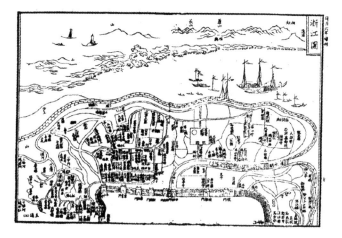

图 1-3　"通江达海"的商业都会——杭州

图片来源：（咸淳）《临安志》,《浙江图》。引自《宋元方志丛刊》第 4 册，第 3355 页。

因此，杭州作为既内通运河又外濒大海的城市，辐射东南乃至南宋全境的商品转运、集散功能进一步发展，其规模远远凌驾于其他区域市场中心地之上：建于水边的铺席、停塌再次出现在杭州城。这其中有"平津桥沿河，布铺、扇铺、温州漆器铺、青白碗器铺之类"，也有白洋湖上数万间"四维皆水""以寄藏都城店铺及客旅物货"的塌坊①；在繁盛的瓦肆、勾栏和豪华的酒楼中，南来北往的商人们不期而至，享乐之余交换着各自的商业信息；闽人的圣妃庙、徽州人的灵顺庙、袁州人的仰山祠在临安落户。而徽州人定期举行盛大的庙会②，还揭开了传统中国商业信息依托会馆交流的序幕。

二　跨区、跨界的"双跨"贸易与全国市场

两宋辖区内不同区域市场之间的互动不断加强的同时，宋辽金之间及其与周边政权间的贸易关系，则跨越了不同政权的辖区。其中，部分地区因为政权辖区分割了区域市场，双方之间的跨界贸易实际上仍属于区域市场的范围。其中较为典型的如宋夏之间的青白盐贸易、宋金之间

① 耐得翁：《都城纪胜》,《铺席》《坊院》；吴自牧：《梦粱录》。
② 吴自牧：《梦粱录》,《铺席》《外郡行祠》。

淮河两岸的短途走私贸易。但相当一部分跨界贸易，同时具有突出的远距离市场互动的特点，构成了既跨朝廷边界又跨区域市场的"双跨"贸易。宋辽夏金之间从榷场贸易、贡使贸易到走私贸易及未名为榷场的"开市"贸易，相当一部分都属于这种"双跨"性质的贸易。而其中尤以榷场贸易最为发达，影响深远。

10—12世纪宋辽夏金之间的榷场贸易，首先在宋辽之间展开。《宋史·食货志下》曾有一段比较概括的记载[①]：

> 契丹在太祖时，虽听沿边市易，而未有官署。太平兴国二年，始令镇、易、雄、霸、沧州，各置榷务，辇香药犀象及茶与交易。后有范阳之师，罢不与通。雍熙三年，禁河北商民与之贸易。……端拱元年诏曰："……至于幽蓟之民，皆吾赤子，宜许边疆互相市易。自今缘之戍兵，不得辄恣侵略。"未几复禁，违者抵死。北界商旅辄入内地贩易，所在捕斩之。淳化二年，令雄、霸州、静戎军、代州雁门砦，置榷场如旧制，所鬻物增苏木，寻复罢。咸平五年，契丹求复置署，朝议以其翻覆，不许。知雄州何承矩继请，乃听置于雄州；六年，罢。景德初，复通好，请商贾即新城贸易。诏北商赍物货至境上则许之。二年，令雄、霸州、安肃军置三榷场，北商趋他路者，勿与为市。遣都官员外郎孔揆等乘传诣三榷场，与转运使刘综并所在长吏平互市物价，稍优其直予之。又于广信军置场，皆廷臣专掌，通判兼领焉。三年，诏民以书籍赴沿边榷场博易者，非《九经》书疏悉禁之。凡官鬻物如旧，而增缯帛、漆器、粳糯，所入者有银钱、布、羊马、橐驼，岁获四十余万。

也就是说，在宋辽交恶之前，双方的"沿边市易"沿传统市场发展的要求自发进行。但宋辽交恶后，双方互相视为敌国，跨界贸易遭到禁止。然而，在双边市场发展已达到难以按朝廷辖区划界、中断经济往来的情况下，特别是辽朝主动要求下，双方朝廷以官方在指定地点设场、直接管理的方式，恢复了市场联系。其中，从宋境销往辽朝的除明确禁止的书籍外，主要有犀象、香药、茶叶、苏木、绢帛、漆

---

①　《宋史》卷186，《食货》下八。

器、粮食，而从辽境输往宋境的主要是银钱、布、羊马、橐驼，每年交易量在40万贯左右。宋辽之间的榷场贸易，除少量海外舶来的奢侈品外，大量是日常民用生商品，明显具有农牧区商品互补的特征，是典型的跨两朝边界、跨农牧经济区的批量商品贸易。景德元年（1004）澶渊之盟以后，双方的榷场贸易进一步走上正规化。宋方较为固定地在雄、霸两州及安肃、广信两军置4榷场，成为北宋对辽的贸易中心。不仅"终仁宗、英宗之世，契丹固守盟好，互市不绝"①。实际上延至北宋末，宋辽之间都主要通过榷场贸易，维护和巩固着双方的友好经济往来。

此后，辽朝还努力通过各种方式，扩大榷场贸易的规模，促进双边双跨贸易的发展。大中祥符三年（1010），河北缘边安抚司言："契丹于朔州南，再置榷场"②。朔州成为宋辽之间的又一"双跨贸易"点。从重熙八年（1039）正月辽朝曾禁止"朔州鬻羊于宋"③，咸雍五年（1069）又禁止"朔州路羊马入宋"④ 的情况来看，朔州榷场存在的时间不短，而且多方面保持着与北宋的贸易关系。

宋辽之外，宋与西夏之间也先后置场贸易。景德四年（1007）应西夏请求，宋朝在保安军置榷场，拉开了宋夏榷场贸易的帷幕。1046年夏宋议和成功后，除恢复保安军榷场外，又在镇戎军高平寨新设置了一处榷场。此外，在延州、麟州也置有榷场，但规模比保安军与镇戎军高平寨榷场小，属于次一级的"和市"⑤。

不仅如此，除宋辽、宋夏之间设榷场贸易外，辽夏之间在"云中西北过腰带上石楞坡、天德、云内、银瓮口数处"置市场，与西夏贸易，"惟铁禁甚严，夏国与鞑靼人不得夹带交易"⑥。在10—12世纪宋朝辖区部分地区率先形成区域市场体系的同时，宋辽夏之间、三个政权与周边政权之间，都在不同程度上开展了有相当规模的贸易。跨越宋辽、宋夏、辽夏边界的贸易，与跨区域贸易以及区域市场的形成，呈现出同步

---

① 张亮采：《辽宋间的榷场贸易》，《东北师范大学科学集刊》1957年第3期。

② 李焘：《续资治通鉴长编》卷74。

③ 《辽史》卷18，《兴宗本纪》一。

④ 《辽史》卷60，《食货》下。

⑤ 杜建录：《宋夏商业贸易初探》，《宁夏社会科学》1988年第3期。

⑥ 戴锡章编，罗矛昆校点：《西夏纪》，宁夏人民出版社1988年版，第575页。

推进、互动发展的态势。

南宋时期，宋、夏、金之间的跨界贸易不仅没有中断，而且更进一步发展。特别是宋金之间，原同属北宋辖区的淮河两岸，经贸往来不可能因分属宋金两个政权而中断。金朝天辅七年（1123），双方就议定"于稳便场所起置榷场"①。1142 年"绍兴和议"签订，南北对峙格局形成之后，双方在已经划定的边境上正式开始了榷场贸易。"熙宗皇统二年五月，许宋人之请，遂各置于两界。九月，命寿州、邓州、凤翔府等处皆置"②。据靳华整理，宋金两朝榷场设置及开放时间见表 1-2 所示。

表 1-2　　　　　　　　　宋、金榷场建置地点及开放时间统计

	建置地点	开放时间
宋方	盱眙军场	1142—1161　　1164—1206　　1208—1234
	光州光山县中渡市场	1151—1159　　1165—1206　　1208—1234
	安丰军花靥镇场	1151—1159　　1165—1206　　1208—1234
	随州枣阳县场	1142—1159
	襄阳邓城镇场	1165—1203　　1208—1234
	天水军场	1142—1159　　1164（1165）—1206　　1208—1234
	泗州场	1142—1161　　1164—1206　　1208—1234
	寿州场	1142—1159　　1164—1206　　1208—1234
	颍州场	1142—1159　　1164—1206　　1208—1234
金方	息州场	1208—1234
	蔡州场	1142—1159　　1164—1206
	唐州场	1142—1159　　1164—1206　　1208—1234
	邓州场	1142—1159　　1164—1206　　1208—1234
	凤翔场	1142—1159　　1164—1177　　1208—1234

---

① 徐梦莘：《三朝北盟会编》政宣上帙上。

② 《金史》卷50，《食货》五。

续表

	建置地点	开放时间
金方	秦州西子城场	1142—1159　1164—1206　1208—1234
	巩州场	1142—1159　1164—1177
	洮州场	1142—1159　1164—1177
	密州胶西县场	1142—1159　1164—1206

资料来源：靳华《宋、金榷场贸易的特点》，《华中师范大学学报》1990 年第 4 期。

从表 1-2 可知，南宋自始至终有五榷场。1165 年以后，襄阳邓城镇场取代了随州枣阳县场。而金的榷场院数，在 1206 年以前倍于宋，1208 年以后减少到八处。表 1-2 还明显地反映了榷场贸易的三个阶段：1142—1161 年；1164—1206 年；1208—1234 年。其中第三阶段蒙古已经兴起，蒙金战争随即爆发，榷场贸易受政治军事的影响而萎缩。

宋金建立榷场贸易的同时，西夏与金朝也建立了榷场贸易。天会二年（1124），西夏请"自今已后，凡于岁时朝贺、贡表进章、使人往复等事，一切永依臣事辽国旧例"。熙宗皇统元年（1141），西夏"请置榷场，许之"①。双方在辽夏榷场贸易旧地云中西北的"过腰带、上石楞坡、天德、云内、银瓮口"数处置场，并弛"铁禁"②。由于金朝占领了北宋与西夏交界的地区，宋夏之间的榷场贸易终止，因此金朝与西夏之间还在原北宋与西夏之间的榷场附近，进一步增加榷场，开展互市。见于《金史·食货志》的夏金榷场先后置于东胜、净、环、庆、兰、绥德、保安等州及来远军等处③。

如前所述，宋辽之间设置榷场开展的互市贸易，有着十分突出的跨越区域市场贸易的特点。而除前揭文献中提到的商品外，在辽朝的一些城市遗址中，还发现了许多宋朝定窑、汝窑、景德镇窑、均窑、磁州窑等的瓷器残片④。这些瓷器除部分源于宋辽之间的贡使贸易外，相当一部分应当为榷场贸易的商品。又如，香药、犀象、苏木等，实际都是宋

① 《金史》卷 134，《西夏传》。

② 《大金国志》卷 13，《熙宗孝成皇帝》；戴锡章编，罗矛昆校点《西夏纪》，第 575 页。

③ 《金史》卷 50，《食货》五。

④ ［日］田村实造：《辽宋间的交通及辽国内经济的发展》，《满蒙史论丛》第二册。

廷从海外贸易中获得的市舶商品。熙宁八年（1075），"都提举市易司官乞借奉宸库象牙、犀角、真珠直总二十万缗，于榷场交易，等明年终偿见钱，从之"①。榷场贸易中有不少商品直接跨越了两个以上的经济区，把北方市场与海外市舶贸易联系在了一起。

此后宋金之间的榷场贸易中，金向南宋输出的主要有解盐、马、丝、绵、绢、药材和少量的粮食、猪羊等，南宋向金输出的有茶（包括茶叶、茶子、茶苗）、米、牛、绢、丝、麻、虔布、生姜、陈皮、兵器、书籍，甚至还有略卖的人口，而以茶和米麦为大宗。其中从北宋时期就作为大宗商品从江淮贩运而北、直入宋辽榷场的茶叶，当然继续在宋金贸易中占重要地位。对金朝来说，虽然茶叶不过是"饮食之余，非必用之物"。但在实际生活中却"比岁下上竞啜，农民尤甚，市井茶肆相属"。甚至泰和六年（1206）十一月曾有官员因"商旅多以丝绢易茶，岁费不下百万，是以有用之物而易无用之物也"，提请禁止贸易。金廷也不含糊，"遂命七品以上官，其家方许食茶，仍不得卖及馈献。不应留者，以斤两立罪赏"。第二年"更定食茶制"②。可"更定食茶之制"后，金朝茶叶消费量仍十分可观。元光二年（1223），仍旧是"今河南、陕西凡五十余郡，郡日食茶率二十袋"③。仅河南、陕西每天的茶叶消费就有千袋以上，从宋境销往金境的茶叶数量可见一斑。此外，宋金之间的粮食贸易、绢帛与食盐贸易，同样呈现出了十分明显的"双跨"贸易的特点，而且其批量、规模和日常生活消费品的性质更为突出。

值得注意的是，西夏地处传统丝绸之路要冲，始终把获取丝路贸易控制权作为立国的重要政策，甚至为此不惜与宋、辽之间兵戎相见。因此，西夏与宋金之间榷场贸易的商品不仅有西夏境内生产的羊、马、牛、驼及皮毛制品毡毯、毛褐、裘衣，有药物类麝香、鞭、羚角、甘草、大黄、柴胡、苁蓉、红花，还有出自西域的玉石、硇砂及从西方运来的犀象香药，等等。西夏则从宋输入绢帛、茶叶、缗钱、瓷器、漆器、图书等④。特别是北宋初中期，宋夏贸易中，西夏还设法从宋境获

① 李焘：《续资治通鉴长编》卷260。
② 《金史》卷49，《食货》四。
③ 《金史》卷49，《食货》四。
④ 李华瑞：《宋夏关系史》，河北人民出版社1998年版，第318—319页。

取白银，贩运西域。甚至一度引起北宋京城银价波动，并在一定程度上
构成了这一时期白银货币化的组成部分①。

　　除宋辽夏金之间官方设置榷场开展贸易外，贡使贸易构成了跨政
权、跨地区贸易的重要组成部分。西夏是宋、辽、金的藩属国，与三国
都有贡使贸易。宋夏的贡使贸易主要由西夏派出使臣，携带大量货物，
在宋朝境内进行贸易。贡使先在都亭西驿与官方交易，然后听与牙侩市
人交易。因为夏宋之间货物差价的缘故，西夏有巨额利润可赚。苏轼就
明确指出：“每一使赐予、贸易无虑得绢五万余匹，归鬻之其民，匹五、
六千，民大悦，一使所获率不下二十万缗。”② 在夏辽之间，西夏每年
都按例八节贡献。辽统和八年（990）三月，李继迁遣使向辽朝进献的
贡品有“细马二十匹，龊马二百匹，驼二百头，锦绮三百匹，织成锦褥
被五匹，苁蓉、甜石、井盐各一千斤，沙狐皮一千张，兔鹘五只，犬子
十只”③。以后遂为定制，只是在个别物品和数目上有所变化。④ 辽朝回
赐的物品计有金腰带二条，细衣二袭，金涂鞍辔马二匹，素鞍辔马五
匹，散马 20 匹，弓箭、器仗二副，细花绮罗绫 200 匹，衣著绢 1000
匹，以及酒果食品。金灭辽后，西夏上誓表表示“自今已后，凡于岁时
朝贺、贡表进章、使人往复等事，一切永依臣事辽国旧例”。⑤《北行日
记》卷上有“天会议和”后西夏与辽贡使贸易品种。西夏贡品有“礼
物十二床，马二十四，海东青七，细狗五”。金朝对夏使的赐赠计有银、
绢帛、绫罗、布衣、貂裘、金带、渡金银带、鞍辔、书匣等，其中以绢
帛、绫罗的量最大⑥。

　　西夏之外，宋辽澶渊之盟后双方使团来往频繁。不少官方使团除在
交聘、贺生辰、告哀中获得赐物完成“贡”“赐”外，还在双方的都城
或往来驿路附近进行一些采购或贩卖商品的活动。辽使常常在往来途中
大量收购物品，使沿途的地方官和搬运夫穷于应付。到了汴京后，他们

---

① 参见王文成《丝路贸易与北宋白银货币化》，《云南社会科学》1998 年第 2 期。

② 苏轼：《因擒果庄论西羌夏人事宜札子》，《东坡全集》卷 54。

③ 叶隆礼：《契丹国志》卷 21，《西夏国贡进物件》。

④ 《辽史》卷 60，《食货》下。

⑤ 《金史》卷 134，《西夏传》。

⑥ 转引自杜建录《西夏与周边民族关系史》，第 194 页。

还可以提出"买物倒子"①，亲自到行辅里去收买货物，并且同负责接待的北宋官员作种种贸易活动。他们每次来往还把辽国的大批特产作为礼品与宋朝官员互相赠送，如辽使郑撷很佩服苏颂之才识，"私靓礼物，皆异常时"②。宋使入辽也常以茶"二团易蕃罗一匹"③。

当然，除榷场贸易、贡使贸易外，宋辽夏金间还存在更为广泛的走私贸易。宋辽之间的走私贸易，以澶渊之盟为界可以分为前后两个阶段。在第一阶段，由于榷场的设置不稳定，走私贸易充当了宋辽经济交流的主要形式。在第二个阶段，榷场设置稳定，但是由于双方规定了许多的违禁物品，严禁这些物品出关，同时双方对于这些物品的需求量又非常大，走私违禁物品于是变得十分猖獗。宋夏间的走私贸易，持续时间长、交易量大，是宋夏之间经济交流的主要形式，且具有两个突出特点：一是西夏向宋的走私的最大宗物品就是青白盐；二是北宋向西夏的走私主要是银钱的走私。

在宋辽夏金之间，走私贸易最为繁盛的当数宋金之间。南宋与金虽然以淮河为界，但实际上淮河两岸长期属于同一区域市场范围，两岸语言、风俗相同，道路交通十分方便，走私贸易防不胜防。对此，钱汉昇早在20世纪40年代就有专文进行了探究。他不仅具体列举了从粮食、茶叶、食盐、姜、军需品到金银铜钱及其他物品的走私贸易情况，而且最后指出：宋金之间"走私贸易的商品，种类甚多"，"走私的路线，以淮河流域为最盛"，走私的"主要动机是巨额利润的赚取。当日南北货运因政治对立而不能畅通，两方的物品每因供需失调而价格相差很远，故走私犯往可得巨额的利润。由于重利的吸引，经营这种买卖的人很多，除来往南北的商人外，边境的官吏，出使的外交人员，以及驻防边境的军人，都利用他们特有的机会，大规模地从事走私贸易"。而之所以产生如此大规模走私的原因，最根本的是中国南北经济的区域差异和商品的互补性，导致商品的交换发达，互相依赖。而唐宋以来运河的开通及物产更加丰富，"南北经济上的联系便较以前加倍密切，差不多构成一体"。而宋金的对立，"南北分裂的政治组织既不能满足全国经

① 苏辙：《栾城集》卷45。
② 李焘：《续资治通鉴长编》卷339。
③ 厉鹗：《辽史拾遗》卷10。

济密切联系的要求，自然要另谋所以补救之道了"①。

　　至此，当我们把视野拓展开来，把宋辽夏金几个主要政权辖区作为一个整体来看待的时候，一幅疏密有致、水墨画式的全国市场发展景观呈现在我们面前：以中原农耕区、草原牧区为主要特征的两大经济区之间，通过市场交换发生的经济联系日益紧密，形成了以长江水运线、汴河及运河水运线、榷场贸易线、驿路贸易线为骨架，以遍布各地的草市、市镇和大大小小的城市为基础，以重要商业都会（成都、鄂州、杭州、开封、燕京及各地榷场）为支点，以茶盐、粮食、瓷器、畜牧产品为主要内容的批量日用消费品，在这一市场上聚而复散，广泛流通。其中，南北市场又具有各自的特点。北方市场以广阔的市场空间布局为依托，远距离长途贩运贸易特点更为突出，市场的广度更加气势恢宏；南方市场以草市镇为根基，层级关系更为复杂、精细，多样化特点更鲜明，市场发展的深度更深入。传统中国市场发展进入了一个新的时期。正是在这样的市场上，宋辽金时期的货币应市场发展需要而生，随市场发展而变，以交易成本的最小化暨利润的最大化为原则，通过朝廷适当的货币政策，适时推进、发展。

---

　　① 钱汉昇：《宋金间走私贸易》，"中央研究院"《历史语言研究所集刊》，第11本，1943年，第443—444页。

第二章

宋金"钱楮并用"与白银货币化

从唐至宋，以草市镇的兴起、城市坊市制度的终结为起点，在城乡市场互动中形成了层级结构复杂的区域市场。而以区域市场之间互动为主体，包括转运贸易以及既跨区域又跨边界的"双跨"贸易的发展，使全国市场从漫画式市场发展到了水墨画式全国市场的阶段。特别值得注意的是，与川蜀、东南、华北三个较为成熟的区域市场相对应，宋金时期先后形成了"铁钱与交子""铜钱与会子""铜钱与交钞"三个区域性的钱楮并用货币区；而在区域市场间互动的推动下，转运贸易、批量贸易特别是"双跨"贸易中，白银的使用日益普及，逐步取得了货币资格，成为钱楮之外的又一种货币。货币流通格局在宋金市场上发展的强劲推动下，发生了新的变化。

第一节　"钱楮并用"的确立、发展与局限

一　货币的区域性与"钱楮并用"货币区

关于唐宋时期市场发展与货币流通，特别是市场发展导致货币流通格局从"钱帛兼行"到"钱楮并用"的转变，吾师李埏先生已进行了精辟分析。他深刻阐述了小生产者卷入市场，小生产者的货币——铜钱需求大增、排挤绢帛，独立承担唐宋之际市场上唯一合法货币职能，并由此引发钱荒、铸行铁钱以及人们借助信用手段发行楮币，率先在区域市场体系发育程度较高的川蜀地区，形成钱楮并用货币流通格局的历史[①]。

---

① 李埏：《略论唐代的"钱帛兼行"》，《从钱帛兼行到钱楮并用》，《北宋楮币起源考》《北宋楮币史述论》《论南宋东南会子的起源》，见《不自小斋文存》，第236—391页。

　　同时，李埏先生还深入研究了两宋楮币的发展史，明确指出了其所具有的区域性特点：北宋时期的交子"是不能越出四川的。统治者一再要在河陕推行它，可是每次都造成很大混乱，总以失败而告终"。其根本原因"四川交子是在商品经济的土壤里长出来的，陕西交子则是人工仿造的，二者貌似而实异"①。反之，与北宋时期的陕西交子、绍圣政和间的交子和钱引不同，南宋初年东南地区又循四川之路，发行东南会子，在东南地区形成了钱楮并用的货币流通格局。东南会子的产生，同样是"宋代东南地区商品经济的发展与铜钱不便交换矛盾的产物"②。

　　显然，就两宋而言，无论最早在四川确立的钱楮并用，还是东南地区随会子行用而形成的钱楮并用，都具有十分突出的区域性特点。金朝取得黄河流域后发行的交钞也不能不划区流通，限定在特定区域内与铜钱相权而行。而结合前述市场空间关系与层级结构来看，北宋四川与南宋东南，金朝的长城以南，恰好是这一时期本区域内市场体系发育最完善的地区。或者说，正是四川区域市场体系的形成，决定了钱楮并用首先在四川确立；而东南区域市场体系的形成，同样决定了钱楮并用货币区在东南的形成；华北形成了区域市场体系，才有了金朝的钱楮并用。综观宋金辖区内，分布于各地大大小小的钱楮并用货币区中，举凡非朝廷强制、能够长期持续的钱楮并用货币区，似乎均概莫能外。对此，笔者拟沿着李埏先生的论述，妄作续貂，对两者之间何以形成这样的对应关系，作一简要分析。

　　在前述的区域市场体系中，小额商品交易、城乡交相生养的区域市场，决定了所使用的货币主要是铜钱、铁钱，如"嘉州渔人黄甲"，"每日与妻子棹小舟，往来数里间，网罟所得，仅足以给食"，一家人"从父祖以来，渔钓为活，极不过日得百钱"③。都昌妇吴氏"为乡邻纺绩、浣濯、缝补、炊爨、扫除之役，日获数十百钱，悉以付姑，为薪米费"④。特别是小农季节性、周期性地把农产品销往市场，所换来的货币却要支持一年四季连续性的生产生活消费，更需要有金属价值保证的铜钱。因此，绍熙二年春金溪民吴二九将种稻，已没有了上一年度出售

　　① 李埏：《北宋楮币史述论》，《不自小斋文存》，第 365 页。

　　② 李埏：《论南宋东南会子的起源》，《不自小斋文存》，第 387 页。

　　③ 洪迈：《夷坚志》，《夷坚支戊》卷 9，《嘉州江中镜》。

　　④ 洪迈：《夷坚志》，《夷坚志补》卷 1，《都昌吴孝妇》。

农产品换来的铜钱，只能"从其母假所著早绨袍，曰：明日插秧，要典钱，与雇夫工食费"①。铜铁钱不仅满足了零碎交易、大额交易中的找零需要，而且以其金属体的价值，能够担负起跨年度的货币价值保证作用，能够在履行货币价值尺度、流通手段职能的同时，同样能够圆满地履行贮藏手段职能。

然而，铜钱的铸行却也存在诸多不便。首先，基于铜钱的上述特点，宋金朝廷铸造的巨额铜钱，散入了小生产者的汪洋大海，广泛出现了积而不用的问题。相应地，在广大小生产者需要铜钱、贮藏铜钱、不愿轻易使用铜钱的情况下，龙登高博士指出的马歇尔式钱荒随之出现②。在"民间难得见钱""街市交易无钱"的同时，不仅"豪猾兼并之家，居物逐利，多蓄缗钱至三五十万以上，少者不减三五万，滞泉货使不流通"③。而宋金朝廷也随时把铜钱藏于府库而不用。北宋元祐间仅"常平、坊场、免役积剩钱共五千余万贯，散在天下州县，贯朽不用，利不及物"④。金世宗大定十年（1170）甚至因"官钱积而不散，则民间钱重，贸易必艰，宜令市金银及诸物"⑤。

其次，铜钱毕竟单位价值含量不高，在积少成多的市镇、县镇、府州以上的市场上，以及宋廷的财政收支中，又面临着搬运困难、交易不便的问题。宋太祖准备赏赐周仁美时，问这位曾任贝州骁捷军队长、因在宋辽边境立军功提拔到"殿前班"当侍卫的军人："力能负钱几许?"周仁美自认为"臣可胜七八万"。太祖却曰："可惜压死!""止命负四万五千，因赐之"。⑥宋金时期无论将士、官员，抑或小农、行商、牙人，坊廓铺户、富商大贾，力能胜周仁美的恐怕没几个。可是，宋廷财政收支用钱，赏赐用钱，民间交易用钱，超过周仁美担负能力的用钱量，却比比皆是。宋廷除不止一次赐钱达千万贯外，一次赐钱百万贯的

---

① 洪迈：《夷坚志》，《夷坚支丁》卷4，《吴二九》。

② 龙登高《中国传统市场发展史》第246页："马歇尔在《货币、信用与商业》第一编第一章中指出：'恰恰在最需要货币来执行其职能的时候，它的实际数量反而有减少的危险。'对流通手段量迫切需求的宋代，这种潜在的危险变成了现实，并且日趋严重。"

③ 宋祁：《景文集》卷28，《乞损豪强优力农札子》。

④ 李焘：《续资治通鉴长编》卷384。

⑤ 《金史》卷48，《食货》三。

⑥ 《宋史》卷279，《周仁美传》。

已不少。像太平兴国七年（982）五月己酉赐定难军留后李继捧"钱百万"①、庆历四年（1044）二月丙午赐陕西四路招讨使韩琦、范仲淹、庞籍钱各一百万②等。而曾任太子少师的石中立"家产岁入百万钱"③，抚州一名姓李的普通医生，应约到崇仁县给富民治病，富民也"约以钱五百万为谢"④。搬运、贮藏百万铜钱，却不是一件容易的事。北宋初年宋廷也深感"东南诸路岁以见钱上供，不知其几百万，水陆津运，劳费不少"⑤。

"钱荒"与"钱重"所反映的铜钱流通与贮藏的矛盾，即"商业资本和高利贷资本要聚集运转大量货币，而小商品生产者又限定市场上只能流通如此笨重的货币"形成的尖锐矛盾，早在唐代中后期即已发生。因此，柜坊、寄铺、飞钱、便换因之而生，信用工具随之成为铜铁钱的价值符号，在人们手中代表铜铁钱流通⑥。宋金时期，随着区域市场体系的形成和发展，乡土社会人际信用与市场上的商业信用，在城乡交相生养的市场整合与互动中，更加紧密地相互交织在了一起：在乡土社会中，不仅"房族、亲戚、邻居，其贫者才有所阙，必请假焉"。甚至"虽米、盐、酒、醋计钱不多，然朝夕频频，令人厌烦"⑦。在市镇、县镇、府州市场上，以贩布起家的抚州民陈泰，"每岁辄出捐本钱，贷崇仁、乐安、金溪诸债户，达于吉之属邑，各有驵主其事。至六月，自往敛索，率暮秋乃归，如是久矣"⑧。"乘马从徒"的"大客"一次把5000匹布贩到市场，只须"访好铺户赊与之"，可持"契约""复来索钱"⑨；"枣阳申师孟，以善商贩著干声于江湖间。富室裴氏访求得之，相与欢甚，付与本钱十万缗，听其所为。居三年，获息一倍，往输之主

---

① 李焘：《续资治通鉴长编》卷23。

② 李焘：《续资治通鉴长编》卷139。

③ 李焘：《续资治通鉴长编》卷167。

④ 洪迈：《夷坚志》，《夷坚甲志》卷8，《王李二医》。

⑤ 李焘：《续资治通鉴长编》卷344。

⑥ 李埏：《从钱帛兼行到钱楮并用》，《不自小斋文存》，第290—292页。

⑦ 袁采：《袁氏世范》，《亲戚不宜频假贷》。

⑧ 洪迈：《夷坚志》，《夷坚支癸》卷5，《陈泰冤梦》。

⑨ 洪迈：《夷坚志》，《夷坚乙志》卷7，《布张家》。

家，又益三十万缗"①。

于是，以富室商贾藏钱、柜坊邸店存钱为价值保证，以纸张为载体，通过书填"钱贯"使之与一定量的铜钱价值相对应，借贷收据、存放凭证变成了"契券""交子"。而"契券""交子"在商人之间转手、流通，已能通过账目清算，便捷地解决区域市场上铁钱、铜钱流通与贮藏的矛盾。于是，他们没费任何心思，就成功地通过信用关系解决了区域内的货币流通问题。甚至在直接使用价值含量高的白银也面临拆零不便、银钱市场价格波动等问题的情况下，特别是在能够以"两""钱""分""厘"的十进制单位，方便地秤量和等分白银的"等秤"还没有发明之前②，他们当然宁可发行交子，而不愿意直接用白银做货币。

也就是说，区域市场体系形成的同时，区域市场内的铜铁钱生命力更加旺盛，但也更多地被贮藏、被委托存放；而乡土社会信用关系与商业信用的交织，及其与铜铁钱价值的等量关系，决定了区域市场上商人能够、愿意甚至乐意将手中"券契"用于支付、交易。因此，益州的16户富民、杭州的豪右，顺理成章地发明楮币的前身——益州交子、杭州便钱会子。而宋廷收归官营，在交子、会子上加盖了朝廷的印章，把朝廷的信誉与铜铁钱的价值保证结合起来，使之变成了纸币。金朝则继承了北宋华北市场上铜钱与便钱钞等多种信用票据并用的遗产，借鉴宋朝的交会之法，成功发明交钞、发行纸币，在黄河流域确立了钱楮并用的货币流通格局。

二　"钱楮并用"货币流通格局的局限

如前所述，楮币的发行和流通，是铁钱、铜钱的特点与大额资金运动矛盾的产物。显然，钱楮并用货币流通格局的确立，对解决这一矛盾发挥了重要作用，并进一步促进了当时区域市场的发展。但是，钱楮并用货币流通格局的局限也是十分明显的。

首先，就钱楮并用的货币流通格局本身来说，钱楮并用货币区内不

---

①　洪迈：《夷坚志》，《夷坚三志》卷8，《申师孟银》。

②　参见郭正忠《等子的创制与行用——古代秤衡的精密化发展》，云南大学历史系编《纪念李埏教授从事学术活动五十周年史学论文集》，云南大学出版社1992年版。

时发生各种问题，直接影响钱楮并用以及便钱钞等信用票据的正常运行。其中最重要、最严重的问题有三：一是朝廷信誉把"契券"变成纸币后，不守信用超额发行，将给楮币的流通带来严重危机，而朝廷的覆亡则将直接把楮币化为弊楮。即使是运用范围最广、宋人认为"自祖宗以来行于诸路、公私为便"的信用手段——便钱，也不免出现"比年有司奉行不务经久，致失信于民"的问题①；二是技术含量并不高的楮币，伪造十分严重。这必将危害楮币的信用，加剧楮币的贬值。甚至传至今天的2块钞版，可能都是当年伪造楮币的钞版②；三是随着楮币流通的普及和楮币发行超量和伪钞泛滥带来的楮币贬值，使之失去与铜钱的价值对应关系后，人们拒绝楮币，更加珍藏铜钱，出现严重的钱与楮俱弊、市场货币流通秩序混乱的情况。即楮币一旦离开所依存的区域市场信用，将面临"小民"疑惑不用的问题；一旦超越铜铁钱的金属价值保证，就将面临"折阅"贬值的问题；一旦朝廷信誉崩溃甚至朝廷不复存在，则将一夜间变为"弊楮"，连作为普通楮纸使用的价值都将丧失。

更进一步，结合第一章所述这一时期的市场发展状况来看，钱楮并用反映了区域市场发展的趋势和方向，但没有也不可能短时间内全面覆盖市场的每一个角落，没有也不可能圆满地担负起两宋市场通用货币，特别是跨区域、跨边界贸易中的货币职能。

首先，由于市镇的兴起及随之而来的区域市场体系发展情况，在两宋辖区内并非均匀、同步推进，而是首先在经济发展条件和市场发展条件较好的区域展开，并在以草市市镇为代表的市场交易点比较密集的地区，通过点与点之间的互动，连点成线、扩展到面，形成了层级分明的市场体系。因此，区域内的市场层级结构萌发，形成既有中心、有结点，又有边缘市镇的区域市场体系的地区，适时形成了钱楮并用的货币流通格局。它首先在区域市场体系已经形成，由于专用铁钱激化了货币贮藏与流通矛盾的川蜀地区率先确立。此后在同样的条件下，方才出现以东南会子为代表的江南钱楮并用区和以交钞为代表的金朝华北钱钞并用区。

---

① 李心传：《建炎以来系年要录》卷48。

② 刘森：《宋金纸币史》，第171—177页。

　　其次，从区域市场体系的空间布局来看，除了上述区域市场体系较为健全、确立了钱楮并用货币流通格局的地区之外，区域市场体系发育程度较低的地区，乡土社会信用与商业信用没有紧密结合在一起，难以支撑楮币的流通；农副产品的"求心运动"与手工业品的"辐射运动"①，城乡之间交相生养的经济联系，还没有达到使用和贮藏铜铁钱均感到不便的地区，既没有足够的民间藏钱、坊市存钱作保证，也没有必要用楮币代表铜铁钱流通。人为地发明楮币、甚至用朝廷权威强制流通楮币，都不免遭到市场的冷遇。于是，在这一时期发育程度参差不齐的城乡市场上，与区域市场体系发育程度相适应的货币区，及依托信用关系甚至通过朝廷信誉发行了楮币的钱楮并用货币区，朝廷借助专卖制度和官营便钱克服铜铁钱局限的地区，均呈现出了较为突出的独立发展的特征。换句话说，正是区域市场发育程度的差异，以及部分地区的区域市场体系率先形成，从根本上导致了宋金时期的货币流通中，出现了龙登高所说的"币制的复杂性和割据性"②、高聪明所说的"宋代货币的不统一"问题③。

　　在此基础上，我们把宋金时期钱楮并用货币区与宋辽夏金时期整个市场空间进行比对，二者之间的差异随之凸显出来。

　　首先，即使在宋朝同一政权辖区之内，不同地区间的经济联系已经十分密切，但相互之间并不属于同一钱楮并用区，如北宋时期汴京到四川，南宋时期四川到两湖、江浙，金朝黄河以南到长城以北，等等。甚至北宋时期的华北市场，因为便钱及茶盐钞在跨地区商品流通中发挥了重要的财富转移、让渡作用，没有也不需要形成一个独立的钱楮并用货币区。在这种跨越钱楮并用货币区、便钱区的贸易中，当然也无法使用楮币，不能"便钱"，也不适宜搬运铜钱。尽管像北宋直属京师管辖的三泉县④这类跨区域贸易的转运点，从地理上已属于川蜀钱楮并用区的辐射范围，但由于主要承担区域市场体系内外的跨区域转运贸易，钱楮

---

① 漆侠：《宋代经济史》下册，第984—985页。
② 龙登高：《中国传统市场发展史》，第244页。
③ 高聪明：《宋代货币与货币流通研究》，第104页。
④ 《宋史》卷89，《地理》五载："大安军，中，本三泉县。旧属兴元府。乾德三年，平蜀，以县直属京。至道二年，建为大安军。三年，军废，县仍旧属京。绍兴三年，复升军。崇宁户六千七十五，口一万八百九十一。领镇二：金牛，青乌。南渡后，复置三泉县，隶军。"

并用仍不能解决所面临的货币问题。

其次，在宋辽夏金相互之间、甚至金朝与蒙古之间的榷场上，远距离批量贸易特点突出，可是以朝廷信誉为保证的楮币，却不可能得到对方的认可。楮币以及便钱、茶盐钞及各种官方信用工具，在此不能代表金属货币的价值，实现财富的转移与让渡，甚至不能与金属货币相"权"而行。

最后，在地方性、区域性市场发育程度相对滞后、没有形成区域市场体系的地区，特别是位于交通要道的城市，城市市场与当地城市、市镇乃至草市没有形成密切的"城乡交相生养"关系，但其中一些主要的城市市场，没有也不可能拒绝批量商品的流通。但这里由于缺乏区域性的市场体系的支撑，钱楮并用的货币流通格局并未形成。这其中最典型的当数西夏的兴庆府和辽朝的上京、燕京。

因此，从全国市场的角度来看，入宋以后跨区域的市场联系持续增强，"漫画式的全国市场，变形和夸张的色彩日益淡化，内部结构开始凸显出来"，"变成了一幅浓淡相间的水墨画"[1]。可钱楮并用的货币流通格局却没有也无法适应全国市场发展的新要求。于是，孕育形成通行全国甚至跨越宋辽夏金乃至通达广袤的草原市场的货币，能够跨越市场与货币的区域限制，按统一标准计量商品价值、核算经营成本的价值尺度，既是支撑市场发展的必然要求，也将是市场进一步发展的必然结果。

第二节 "回货""折博"与白银货币化

一 "回货"贸易与白银的跨区流通

在唐宋时期市场发展的进程中，区域性钱楮并用存在的局限和问题，很快在两宋市场上显现出来。于是，市场上的白银在数量增加、商品化全面完成的情况下，更广泛、更频繁地用于市场交换，用于解决钱楮并用所不能解决的问题，甚至用于解决钱楮并用出现危机时的货币问

---

① 王文成：《宋代白银货币化研究》，第348—350页。

题。特别是区域市场体系相互之间整合与互动形成的水墨画式全国市场的发展，白银货币化——白银从商品变成货币的过程，至迟在北宋神宗时期已然展开。延至南宋绍兴、乾道间，货币化初步完成。唐代以来市场上频繁流通的商品银，取得了货币的资格，在当时的商品—货币关系中，成为一种新的货币。

对此，笔者所著《宋代白银货币化研究》一书，从价值尺度和流通手段两个方面，按时间顺序逐一排比史料，阐述了这个过程，并对其与市场发展的关系，进行了深入探究。这里主要从中选取白银货币化的两种重要途径——用于回货贸易、折博交易，结合近年来研究形成的一些新的看法，对之作一简要补充阐述①，以进一步明晰城乡市场发展进程中，白银由商品变成货币的两条具体途径。

回货贸易的历史悠久。物物交换一旦发生，交换双方当然带着各自的商品入市，交易成功后，又将换得的商品带回去。商人带回的商品被转手卖给其他消费者，这种商品就被称为"回货"。唐宋时期以草市镇的发展和小农卷入交换的程度加深为基础，批量民生商品的长途贩运贸易，业已取得了相当重要的地位。而在钱荒与钱重、货币划区流通的困扰下，回货贸易更属于一种十分普遍的远距离批量贸易模式。而唐宋时期市场上广泛流通的商品银，随即成为了商人们首选的主要回货之一②。

高聪明指出："宋代商业中的长途贩运很活跃，数量很大，在这里同样遇到铜钱携运困难的问题"。银的使用则是解决这一问题的"一种有效手段"。宋代"行路携带银两在当时是很普遍的"；关于金银纳税的规定则"反映出商人资本在流转过程中要借助于金银，特别是银"③。因此，面对宋代货币的不统一问题，"银在宋代既是一种特殊的商品，又是普遍流通的货币，它对免除钱币运输的劳费和克服货币不统一的障碍起着重要作用"。特别是在四川，商人和官府都纷纷从四川把丝织品等商品运销内地及陕西，然后买银回四川，大大增加

---

① 需要说明的是，与回货贸易、折博交易外，白银用于便钱及兑便、直接用于解决钱荒等，也属白银货币化实现的主要途径，甚至所反映的情况更直接、更明确。但基于篇幅考虑且笔者在《宋代白银货币化研究》中已作了较为详尽的阐述，此不再赘述。

② 参见王文成《宋代白银货币化研究》，第316—318页。

③ 高聪明：《论白银在宋代货币经济中的地位》，《河北大学学报》1994年第3期。

了四川市场上的白银量①，以致宋廷从四川征收的赋税，相当一部分是银绢。早在太平兴国五年（980）转运使张谔即提出"民租当输钱者，许且输银绢"。四川地区用银已得到朝廷法令认可，具备了法定纳税物的资格。此后，宋廷一度尝试在四川赋税征收中实行一半输银帛之外二分输金的政策。可输金的情况并不理想，被迫于景德二年（1005）取消了二分输金的规定，但"半输银绢"的规定却沿袭了下来②。

　　在四川之外，宋廷针对各地赋税用铜钱搬运入京得不偿费的问题，更多地仿效商人把白银作为回货的办法，要求各地赋税改买白银上供。至道（995—997）末，上供银数量达到"三十七万六千两"，而坑冶课利银仅"十四万五千余两"。上供银一项即已是坑冶银课的 2.3 倍③。大中祥符元年（1008）立上供年额后，宋廷进一步要求更多地区将上供钱粮改市白银送纳。如夔州④、四川利州、益州、广南东西路⑤、江南东西路、福建路⑥等。治平三年（1066）又令发运司将原计划上供的谷出售，改市金帛送纳⑦。收市的白银，逐步成为上供白银中的主要部分。而上供银在宋廷通过财政渠道取得的白银中的比重，至徽宗时达到了最高点⑧。

　　有趣的是，宋廷通过各地采买上供的白银，实际上相当一部分又

---

①　高聪明：《宋代货币与货币流通研究》，第 106 页。

②　徐松辑，陈志超整理：《宋会要辑稿补编》六七四；李焘：《续资治通鉴长编》卷 63。

③　李焘：《续资治通鉴长编》卷 97。

④　《宋会要辑稿》，《食货》一七之一八；徐松辑、陈志超整理：《宋会要辑稿补编》，六七五。

⑤　《宋会要辑稿》，《食货》三七之一〇。

⑥　《宋会要辑稿》《食货》三七之一三。

⑦　李焘《续资治通鉴长编》卷 209，《文献通考》卷 25，《国用考》三，均称所市金帛"储榷货务以给三路军需"。但《宋会要辑稿》，《食货》三九之二〇、食货六四之二四；徐松辑、陈志超整理《宋会要辑稿补编》卷 604 均记作"却令买金银绢帛上京。候约支不及四年，即添三十二万硕，将上件钱帛于榷货务封桩，分与三路以备军需。候充美即留在京"。疑《长编》与《通考》均因所记过略而致文意有误。

⑧　王菱菱：《论宋代金银矿业发展的社会因素》，见漆侠、胡昭曦主编《宋史研究论文集》。

反过来投向市场①，成为商人们贩运的回货。其中不少被宋廷用于在西北支给军费，购买粮草。早在宝元二年（1039）正月丁酉，"陕西都转运使张存请留川峡等路上贡银绢于永兴军、凤翔府，以备边费，从之"②。从四川上供的白银就直接留在了西北供军费。庆历元年（1041）十一月范仲淹提出西北拟备"银绢钱二十万，以赏有功将吏及归降蕃部，并就籴刍粮粟，亦稍足用"③；次年六月甲戌宋廷即从内藏库中拨给了 100 万两白银"以给边费"④。庆历四年（1044）二月丙申，又"遣内侍赍奉宸库银三万两下陕西，博籴谷麦以济饥民"⑤。宋夏战争结束后，张方平于庆历七年（1047）总结战争期间的西北边费时称："每年常将内藏银绢近三百万缗，供助三司经费。"⑥显然宋廷付西北的这些军费，大多变成了前往西北入中粮草的东南、川蜀商人的回货。此后的熙宁元丰间，范纯粹所见"关陕以西至沿边诸路，颇有东南商贾，内如永兴军、凤翔府数处尤多。自来患在卖到见钱别无回货"⑦。元符二年（1099）吕惠卿针对西北铁钱贬值提出的救弊建议之一，则明确提出在西北"官中出卖度牒、银绢之类，亦约铜钱估价，毋过求利，令商旅皆有回货，则铁钱流通，此救钱轻之法"⑧。相应地，熙丰年间及以后，宋廷当然又拨出了更多的上供银投放西北，使之成为商人们的回货⑨。再追踪商人们从西北取得的回货银，

---

① 当然，包括课税银、上供银、折博银、市舶银等，无论宋廷财政取得白银的方式如何，一旦进入宋廷府库，已然分不清。但由于上供银在北宋比例不低，此仅以上供银为例予以阐述。

② 李焘：《续资治通鉴长编》卷 122。

③ 李焘：《续资治通鉴长编》卷 134。

④ 章如愚：《群书考索》，《后集》卷 43；李焘：《续资治通鉴长编》卷 137。

⑤ 《宋会要辑稿》，《食货》五二之一七；李焘：《续资治通鉴长编》卷 146。

⑥ 李焘：《续资治通鉴长编》卷 161。

⑦ 李焘：《续资治通鉴长编》卷 344。

⑧ 李焘：《续资治通鉴长编》卷 512。

⑨ 如熙宁四年（1071）正月诏"河东军费不足，其令三司借内藏库银二十万两付本路，更不令商人入中见钱"（李焘《续资治通鉴长编》卷 219）；五月"十五日，诏给榷货务封桩银十二万七千两，绢一万七千匹，赴陕西转运司籴军储"。（《宋会要辑稿》，《食货》三九之二三。）熙宁五年（1072）仅陕西一路用兵半年，所费就已达"钱、粮、银、绅、绢共千二百万贯匹"（李焘《续资治通鉴长编》卷 231）。

我们将发现更为有趣的现象:商人们把白银带到四川、汴京乃至东南,或到金银铺换成钱,或到榷货务、茶盐场购买茶盐香药犀象等专卖商品,或又把它卖给了官府。而咸平五年(1002)七月,宋廷还针对入川白银收之不尽的情况,"诏川陕商旅齎银者,听诣官中卖,每两添铁钱一千,递内藏库收掌"①。白银的流通已通过回货贸易,全面发展起来。

这里需要强调的是,北宋很长一段时期,回货贸易中的白银虽然已广泛流通,或者说白银的货币化已通过回货贸易展开,但实际使用中仍需对钱折价,或者换成铜钱后使用。如嘉祐五年(1060)八月相度牧马所曾称:"三司所支银绢又许于陕西转运使(司?)兑换见钱。"②宣和七年(1125)三月十三日,宋廷为鼓励商人入纳金银算请茶盐钞,明确规定:"许诸路客人召壮保出长引,从本州本县赍带到金银,前来都下,当官验号及元封斤重,给付客人从便货卖见钱,入中盐钞。仍免沿路商税,其沿路不得阻节。"③银钱兑换关系还没有形成,因此还不是货币。而一旦白银不再需要兑换就能直接购买商品,作为回货流通的白银,当然就顺理成章地成为货币银的流通了。

二 "折博"交易中白银与钱物的价值比较

追踪白银这种"回货"的来源和到达目的地后的去向,我们还进一步看到:相当一部分被商人用作回货的白银,其起点和终点都是市场——形形色色的"折博"市场。商人们通过"折博"交易从市场上取得白银,到目的地后又通过"折博"交易,把白银还之于市场。"折博"交易构成了与"回货"贸易密切相关,且对白银货币化来说意义更为重要的另一途径。

"折博"一词是宋代文献之中与商品交换活动、城乡市场发展情况密切相关的常见词语之一。戴裔煊、郭正忠、袁一堂、吴丽娱、李晓等学者在论及唐宋专卖制度时都曾或多或少提及"折博",日本学者加藤

① 《宋会要辑稿》,《食货》五一之一。

② 《宋会要辑稿》,《兵》二二之四。

③ 《宋会要辑稿》,《食货》二五之二六;徐松辑、陈志超整理:《宋会要辑稿补编》七七五。

繁、斯波义信也在相关研究中，论及了宋代的折博[①]。笔者在《宋代白银货币化研究》中，进一步指出：晚唐时期的市场上，已出现了"商品在'两换'时，就已经用铜钱分别计算过它们的价值"的折价交易现象，即每一次讨价还价，都要经历这样三个步骤：（1）以铜钱为标准，对自己持有的商品进行估价；（2）以铜钱为标准，对别人持有的商品进行估价；（3）交易双方以铜钱为基准，就两种商品互换的数量达成交易协议。

此后，交易双方互换自己的商品，完成了通过铜钱计价的"折博"交易。

追根溯源，9世纪中叶尤其是9世纪末，白银商品化和各种折价交易均有了进一步发展之后，白银已开始穿着器饰的服装，悄悄地介入了折价交易中来，如江淮"茶熟之际，四远商人，皆将锦绣、缯缬、金钗、银钏入山交易"[②]。商人带来的是包含银钏在内的多种商品，换回的是茶叶。且在银钏与茶叶互换时，既不可能用银钏的支数来计算茶叶的价格，也不可能用茶叶来计算包含银钏在内的诸种商品的价格。锦绣、缯缬及金银首饰和茶叶一样，只能对当时通行的货币——铜钱作价，通过对铜钱折价后互换。

笔者与程震完成的《从〈长编〉看北宋"折博"的多样性》一文，则以《长编》中关于"折博"的记载为例，简要阐述了"折博"及相关机构的多样性、"折博"交易时空范围的广泛性及"折博"交易中的钱物及其结算方式的多样性。[③] 也就是说，"折博"是一种以铜钱计价、用两种商品互换的交易方式。是唐宋时期持续钱荒的情况

① 戴裔煊：《宋代钞盐制度研究·序言》，第1页；郭正忠：《宋代盐业经济史》，第472—473页；李晓：《北宋时期陕西折博务的政府购买职能》，云南大学中国经济史研究所、云南大学历史系编《李埏教授九十华诞纪念文集》，第303页；袁一堂：《宋代市籴制度研究》，《中国经济史研究》1994年第3期；吴丽娱：《食盐的货币作用与折博制的发展——兼论钞引制的起源》，《中国经济史研究》1994年第4期；[日] 加藤繁：《中国经济史考证》第2卷，吴杰译，第234页；[日] 斯波义信：《宋代江南经济史研究》，方健、何忠礼译，第265页。

② 杜牧：《樊川文集》卷8，《上李太尉论江贼书》。

③ 王文成、程震：《从〈长编〉看北宋"折博"的多样性》，《宋史研究论文集》，云南大学出版社2009年版。

下，不用铜钱出场仅用铜钱计价，两种商品通过对铜钱作价——"折"价之后，完成的交易方式。宋代"随着专卖制度的发展，官府也开始用手中的专卖物资为筹码，寓税于博，以小博大，通过铜钱折价换取其他商品。一种具有典型意义的折价交易方式——'折博'应运而生"①。其最典型的形式包括宋廷出售茶盐、犀象、香药，商人用金银绢帛乃至粮草等博买；宋廷付出银钱绢帛，向商人、牙人、揽户乃至坊廓户籴买粮草。

在宋廷的禁榷物资专卖中，诸如矾、茶、盐、香药之类与白银进行"折博"交易的记载，先后出现在了宋代文献中：

矾：建隆时（960—962）"命晋州制置矾务，许商人输金帛、丝绵、茶及缗钱，官以矾偿。凡岁增课八十万贯"。"淳化初，有司言，国家以见钱酬矾直，商客以陈茶入博，有利豪商，无资国用，请今后惟以金银见钱入博。从之。"②

茶：乾德二年（964）"诸州民有茶附折税外，官悉市之，许民于京师输金银钱帛，官给券就榷务以茶偿之"③。

盐：太平兴国八年（983）"三月，金部员外郎奚屿言：奉诏相度泉、福、建、剑、汀州、兴化、邵武军盐货，请许通商。官为置场，听商旅以金银钱帛博买，每斤二十五钱，可省盘盐脚钱，溪岭散失。从之"④。此后，雍熙二年（985）"三月，令河东北商人如要折博茶盐，令所在纳银赴京请领交引"⑤，则标志着以银博盐进一步扩大。

香药：太平兴国二年（977）也正式纳入官府专卖之列⑥，三月壬申"香药库使高唐、张逊建议，请置榷易局，大出官库香药、宝货，稍增其价，许商人入金帛买之，岁可得钱五十万贯以济国用，使外国物有所泄。上然之，一岁中果得三十万贯"⑦。

---

① 王文成：《宋代白银货币化研究》，第83—84页。

② 《文献通考》卷15，《征榷考》二。

③ 章如愚：《群书考索》，《后集》卷56。

④ 《宋会要辑稿》，《食货》二三之二一；徐松辑、陈志超整理：《宋会要辑稿补编》七三九。

⑤ 《文献通考》卷15，《征榷考》二。

⑥ 这类商品为舶来品，从域外进入宋境时的交易中是否用银，属白银跨界流动的范围，不在此讨论。这里仅从国内市场上香药等商品的折价交易情况中，讨论其与白银进行的价值比较。

⑦ 李焘：《续资治通鉴长编》卷18；《宋会要辑稿》，《食货》五五之二二。

宋廷在沿边购买粮草用银从宋初即已开始。吕大防曾说："国初辇运香药、茶、帛、犀象、金银等物赴陕西变易粮草，岁计率不下二百四十万贯。"① 景德元年（1004）闰九月"丁巳，内出银三十万两付河北转运司贸易军粮"②。这为笔者所见专门用银付河北籴买粮草最早的例子。此后的仁宗朝，类似情况又获得了较大发展③。不仅如此，嘉祐元年（1056）七月"己丑，出内藏库绢二十万匹、银十万两，赈贷河北水灾州军"④。显然，银饥不可食，寒不可衣，以银赈灾，同样只能以某种方式与粮食等商品互换后，才可能发挥赈济的作用。

显然，无论禁榷物资专卖还是宋廷的政府采购，"折博"交易中的白银，与茶盐、香矾、绢帛、粮草没有太大区别，都需要对铜钱作价，与铜钱相"折"，还是商品。但同时我们也看到：互换的商品之间直接展开了广泛的价值比较，通过铜钱互相表现价值。在折价交易中，折价时没有铜钱不行。可是，在用铜钱完成了折价之后，其结果是 X 量的某种商品 = Y 量另一种商品，即一定量的某种商品与一定量的另一种商品等值。交易中最后实现的也是不同数量的两种商品，按铜钱表示的价格进行等值互换。于是，折价交易中的铜钱变成了两种商品比较价值的工具，变成了两种商品互相表现价值的中介。折价交易实质上是两种商品通过铜钱进行价值比较，确定两者间的价值比例，然后完成互换。

更重要的是，与白银一道参与折博交易的钱物中，除铜钱外绝大多数都是有特定使用价值的商品。它们在与铜钱、与白银完成一次价值比较后，离市场而去，被用于消费。白银却不同，在每次价值比较完成之后，却与铜钱一道再次回到市场，继续与其他商品展开价值比较。相应地，每一种商品与另一种商品互换，均至少经过了一次价值比较。而折

---

① 李焘：《续资治通鉴长编》卷 471。

② 李焘：《续资治通鉴长编》卷 57；《宋会要辑稿》，《食货》三九之四；徐松辑、陈志超整理：《宋会要辑稿补编》六〇〇；《文献通考》卷 21，《市籴考》二。《宋史》，《食货志》上三记："咸平中，尝出内府绫、罗、锦、绮计直缗钱百八十万、银三十万两，付河北转运使籴粟实边。"但据梁太济、包伟民引《长编》考证，出绫罗锦绮当为咸平六年事，而出银籴买则为景德间的事。见《宋史食货志考证》，第 236 页。

③ 李焘：《续资治通鉴长编》卷 120、146；《宋会要辑稿》，《食货》五二之一七。

④ 李焘：《续资治通鉴长编》卷 183。

价交易中增加一种新的商品，价值比较的频率就同比提高，进行价值比较的商品链就同比延伸。白银的价值在与各种商品的频繁比较中，在与各种商品的"博易"中，与铜钱价值的反复比较和"折算"中，逐步成为各种批量商品价值共同的表现形式。

不仅如此，由于白银与铜钱在折博交易中的共同性，还决定了当白银与铜钱的价值比较相对固定在一个价格上的时候，银钱之间就从商品与货币关系，变成了货币与货币之间的兑换关系。简单地说，无论禁榷商品的种类、数量如何，它们对铜钱作价与对白银作价，结果都一样。而绍兴末年白银对铜钱的作价开始稳定下来，银钱兑换价格的随之形成，并通过朝廷的认定，确定了法定的官方兑换价——"省则"。至迟在孝宗隆兴元年（1163）宋廷已将银一两兑3300文的价格用于官府间的银钱兑换，并称为"省则"①。此后在银钱同用、银会同用时，已免不了要注明其间的兑换价"省则"。例如，淳熙二年（1175）九月"二十二日，诏于建康府桩管银会子内，中半支二万贯，付池州都统制鲁安仁本军犒设。内银依省则纽折"②。在"省则"面前，商品同时具有了两个价格，一个用铜钱表示的价格，一个用白银表示的价格，两个价格之间按"省则"通约，按"省则"兑换。在"商品—货币—商品"的流通中，白银离商品越来越远，与铜钱越来越近，最终形成了如图2-1所示的多种商品同时与铜钱和白银的价值通约关系。

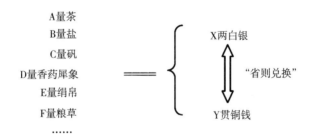

图2-1　宋代"折博"商品与银钱价值关系示意图

至此，我们仅仅从宋代的回货贸易、折博交易两个方面就已清楚地看到，被商人们用作回货的白银，与跨地区的批量商品贸易相对应，不

---

① 《宋会要辑稿》，《职官》四一之五一。

② 《宋会要辑稿》，《兵》二〇之二九。

断在各地商人、官府之间转手，逐步成为跨地区、跨区域市场中广为通行的流通手段；折博交易中的白银则与铜钱反复进行价值比较——"折"，与各种批量商品展开价值比较和互换——"博"，在经历了上百年的反复"折博"中，逐步成为与铜钱具有较为稳定的比值、能够体现各种商品价值的尺度。而从白银流通的全过程来看，实际上在频繁的、周而复始的折博—回货—折博循环中，通过与各种商品及铜钱进行价值比较和交换，从市场中自发地结晶出了新的货币——白银。

第三节　"以银计价"与"兑银计值"

一　白银对商品价值的计量

宋代白银在市场上从商品变成了货币，但它自己却不会告诉我们，它已经是货币了。于是，作为货币标志的以银计价，当然地成为我们研判的银货币化的重要依据。而其最直接的具体表现就是"用银表示物价"。但是此前有关学者不无疑惑地看到，宋代史料中"用银表示物价"的例子不多。[①] 这里拟在进一步收集有关材料的基础上，集中就两

---

① 较早从货币职能出发，探究中国古代史上以银计价问题的，是日本学者加藤繁博士。他在"《宋会要》还没有影印，其中的食货部分的抄本也还没有带到日本来"，"《四库珍本初集》和《四部丛刊续编》等也没有出版，宋人文集类的利用很是不便"，资料的收集"调查也很不够"的情况下（《南宋时代银的流通以及银和会子的关系》，《中国经济史考证》第2册，第88页），出版了《唐宋时代金银之研究》。文中就宋代以银计价方面，举出了3条用白银表示物价的例子，并据此得出了唐宋时期金银均发挥了货币的作用、但毕竟用以表示物价的例子不多的结论。此后，他"等到这些文献出版，就加反复地检查考察，结果，往往发现往年的研究有不完备不彻底的地方"。为"补充前著的不足，并且尝试更深入一步的发掘工作"，于1944年撰写了《南宋时代银的流通以及银和会子的关系》一文（《中国经济史考证》第2册，第88页）。但遗憾的是，在该文中加氏没有再按货币职能展开论述，也没有再就以银计价的问题进行补充。国内学者中的相关研究，见彭信威《中国货币史》（第334页）；马力《论宋代白银货币化问题》，《宋辽金史论丛》第1辑；近年汪圣铎出版了《两宋货币史料汇编》（第458页），于第五编第二章专列"金银用为价值尺度"一目，共收录了5条史料，其中4条已见于加藤繁和马力的论述，另外一条为黄金，并省去了上述马力使用过的南宋隆兴初镇江以银算钞的材料。

宋"以银计价"的史料做进一步索考、阐释。

据笔者所见，在一定程度上把白银作为财富计量标准的记载，较早的事例出现在熙宁元丰间。元丰三年（1080）六月癸卯，三司在言及河北籴便粮草时称：河北籴便粮草改行见钱法后，又曾"别立草料钱，以银䌷绢及茶本钱折"。但由于商人无利，"遂增草料虚钱"，并曾一度"以银、䌷、绢估直"①。这里所增的草料虚钱，似乎与通过铜钱计价、以"银䌷绢及茶本钱"折价支付的草料钱有所不同。而且因为"䌷绢本非河北商人所须"，实际用于"估直"——计量草料价值的，已有可能是白银。当然，在这里仍难以排除白银与草料均用铜钱"估直"的可能。

北宋末年金人围开封，宋廷被迫承诺以巨额金银犒军。李若水在札子中记录了宋臣对犒军金银的议论，称："城下所许金银，臣等初不知其的数。既见馆伴说，乃知如此之多，遂痛言当初使人不量朝廷有无，胡乱许耳。今库藏已竭，那里得来？"在这样的情况下，金人曾有言："若果是无时，以他物准折。"②从这条记载的情况看，似乎金人已将白银置于价值尺度的位置上，把白银的数量作为计算标准，允许用其他商品折价充抵白银。而当开封确实难以括出足够的白银时，金人的主张正式付诸实施：宋廷"又以象、玉、珠、犀、脑、麝、沉、檀之属，准折金帛之数"③。李若水所记不虚，而"金帛"之数成为标准也确实发生了，白银似乎在一定程度上发挥了价值尺度的作用。

南宋时期，宋廷对马的需求剧增，广马交易空前繁盛，马价大幅度上涨，金银用量相应增加④。但南宋初年市马所用钱物，遍及钱、帛、金、银、食盐等，既未专用白银，也未明确以白银计价。可绍兴七年（1137）后，买马仍用金、银、锦、绮、盐，而计量马价者已主要是白

---

① 李焘：《续资治通鉴长编》卷305。
② 李焘著，黄以周等辑补：《续资治通鉴长编拾补》卷55。
③ 李焘著，黄以周等辑补：《续资治通鉴长编拾补》卷59。
④ 广马之外有川马，其来源有二，一为从西北购买的"阔壮马"，一为从黎州等地购买的"羁縻马"。与川马交换的有绢有茶等，但也大量用银，甚至乾道间市马"茶马司专用银币"（留正《皇宋中兴两朝圣政》卷51）、淳熙间记及与马交换的也只提到银两（《宋会要辑稿》，《兵》二三之一九），而川中主要货币钱引显然不如卖马者所欲，川陕间相当长时期中用银会子又以银为本，用银度量其价值当属情理中的事。但文献记载不如广马突出，此从略。

银。此时每年虽用"黄金五镒，中金二百五十镒，锦四百端，绮四百疋，廉州盐二百万斤，而得马千五百匹"。但"马必四尺二寸以上乃市之，其直为银四十两，每高一寸增银十两，有至六七十两者。土人云其尤驵骏者，在其出处或博黄金二十两"①。至绍兴二十一年（1151）"朝廷命广西帅臣即横山寨市马于罗殿、自杞、大理诸蛮，岁捐黄金五十镒，白金三百斤，锦二百，绹四千，廉州盐二百万斤，而得马千有五百匹，良马高五尺，率直中金五镒，他以是为差"②。不仅市马数量不减，马价不减③，只用银计马价。而且据周去非记载："盐锦彩缯"等，也全部"以银定价"④。

　　绍兴三十二年（1162）广西市马发生了一些变化，且弊病不少。但其主要变化和弊病是：原来"每与蕃蛮博易，则支与铤银。或要器皿，以铤银打造。今者多集银匠以铤银钣销，夹入赤铜。元（原）法每盐一箩，计一百五斤，算银五两折与蕃蛮；今则以二箩分作三箩，折银壹拾伍两。元（原）每马四尺一寸算银三十六两，每高一寸加一十两；今市马作两样赤（尺）度等量，每银一两折钱二贯文足"⑤。这说明，广马仍用银钱锦盐等交换，并以银计价，实际支付盐时，也统一以银计盐价。相应地，随马从大理国贩运而来的"长鸣鸡"，也出现了以银计价的记载，"一鸡直银一两"⑥。不仅如此，这条材料还说明，以银易马及由之而来的用银度量和表现马的价值，并非宋人从蕃部习得，不是宋朝辖区以外的影响所致，而是宋朝内部买马者率先用银计算马值及买马诸物之值。因此，宋廷买马用的是初具货币形式的"铤银"，而大理国的卖马者要的却是商品形式的银器，卖马所得的铤银常常要销铸为器。为此，大理国的马役所还干脆用铜铸成银铤形的"南部马市金一

---

① 李心传：《建炎以来朝野杂记》甲集卷18，《广马》；《宋史》卷198，《马政》。

② 李心传：《建炎以来系年要录》卷162。

③ 银（中金）1镒以24两计，5镒为120两。绍兴七年（1137）4尺2寸马值40两，每加1寸增10两，五尺亦为120两。

④ 周去非：《岭外代答》卷5，《财计门·经略司买马》。

⑤ 《宋会要辑稿》，《兵》二二之二七。

⑥ 周去非：《岭外代答》卷9，《禽兽门》。

两"，用于度量卖马所得的金银的重量①。

　　除广马交易中持续用银计多种商品价格外，南宋时期还出现了用银计粮价的记载。淳熙间（1174—1189）"均州岁进贡银七百两，缘极边本非产地，往往运米麦于金州回易起发。每米一斛得银一两，岁以千斛为一纲，足充进贡"。可是，知均州张昌诗两年之间起四纲，用米麦五千斛，也只是完成了上供七百两的任务。于是言者奏论，使张昌诗降一官②。显然，这里所说的卖米麦一斛得银一两，并不是记述一次具体的银粮互换，而是说每年都进贡白银，正常年景下一斛粮的价格为银一两。以此计之，售千斛粮可得银千两，进贡700两当然应该足够了。

　　铸钱用的铜是一种较为特殊的商品，宋廷至迟在哲宗时已用白银买铜，南宋时又有了进一步发展③。甚至将才从坑冶中炼出来的白银用于买铜，已成为南宋提点坑冶铸钱司增铜铸钱的经常性措施。在白银与铜的频繁交换中，用银计铜价已不可避免。乾道九年（1173）正月二十六日，权发遣处州姚述尧被旨措置银铜坑冶。他上任后，对处州民自备工本开采的铜矿，实行了"铜以工价收买"的办法。其办法是收买铜时官府付出白银，并规定坑户"将净铜就官卖，约计工费"，"纳铜四斤，请官银一两"④。这里所说的显然不是一次具体的交换，不是一次4斤铜换1两银的具体事件，而是一条适用于收购所有铜料的规定，是宋廷向坑户正式公布的铜料收购牌价：收4斤铜，付"工费"银1两。银铜交换中，白银以一般等价物的身份，计量铜料的成本价格。更进一步，在铜钱仍旧是货币的情况下，白银与铜钱业已形成了兑换关系。因此，在银钱兑换中，甚至出现了用银计量铜钱的记载。如绍兴末年，宋廷曾批准湖广总领所"于二十九年四川发赴行在银内，截拨钱五十万贯，计银一十五万余两"⑤。宋廷须拨湖广总领的50万贯是钱，但用银计量，相当于白银15万余两。

　　此外，民间用白银计价的事也更多地见于记载。如周密记载"长沙

　　①　参见汪江汀《马市通货，风格独特》，《中国文物报》1995年5月23日第四版；钱伯泉《大理国铸发的宋朝"南部马市金一两"代用币》，《新疆钱币》2000年第1期。

　　②　《宋会要辑稿》，《职官》七二之四五。

　　③　李焘：《续资治通鉴长编》卷472；章如愚：《群书考索》，《续集》卷37。

　　④　《宋会要辑稿》，《职官》四三之一六八。

　　⑤　王之望：《汉滨集》卷9，《与徐左司论军须钱书》。

茶具精妙甲天下，每副用白金三百星或五百星，凡茶具之悉备”；宋人造海船，“柂梢之木曰铁棱，或用乌婪木，出钦州，凡一合直银五百两”①。又如“宜兴段承务，医术精妙”。他看一次病开价是“五百千”，且不含药费。看完病后患者“别奉银五十两为药资，段益索至百两，乃出药为治，数日愈”②。显然，段承务的药用银计价，他与患者还就用银计量的药价，进行了讨价还价。

更为重要的是，南宋时期白银还用于总计多种商品的价值。马力在《论宋代白银货币化问题》一文中，曾引用了南宋接待金使的各种饭食折银的例子，正属于这种情况。周密在言及绍兴间（1131—1162）宋朝向金人交岁币时也称：“自初交至结局，通支金人交币官吏靡费银一千三百余两；金三十五两，木绵三十六疋，白布六十二疋，酒三百四十石，共折银六百二十两。”③ 至少周密已在这里用银的重量来计量金、木棉、白布和酒的总价。无独有偶，当周密记及金朝使臣入宋后，宋廷支赐例物时，又一次称：“赐茶酒名果，又赐使副衣各七事，幞头牙笏一副，共折银五十两。”④ 而从文意来看，将茶、酒、名果及衣服、牙笏“折”为银者，不是周密，而是宋廷。此外，《宋会要辑稿》中的类似记载，也进一步说明用银两计量多种商品的价值，已是南宋时期的定制，而非一时之举。而折为银的物资，包括了属于常赐的衣服、例物，有属于别赐的红锦、绫罗、透背、鞍辔、马、散马、绢、杂色裹绢、盖碗，等等。⑤

同样，宋朝民间也出现了类似的情况，如“绍兴二十二年，僧若冲住泉［州］之西山广福院。中夜有僧求见，冲讶其非时。僧曰：某贫甚，衣钵才有银数两，为人盗去”⑥。这里的衣钵本不一定是银器，尤其是与“某贫甚”相连用，其意所指当是云游僧人的财产。可是，其随身携带的衣食之资及生活用具——衣钵，可用银计价，值“数两”。在《袁氏世范》中，袁采也告诫人们：“人有兄弟子侄同居，而私财独

---

① 周密：《癸辛杂识》，前集，《长沙茶具》；续集上，《海蛆》。
② 洪迈：《夷坚志》，《夷坚志补》卷第18，《段承务》。
③ 周密：《齐东野语》卷12，《淳绍岁币》。
④ 周密：《武林旧事》卷8，《人使到阙》。
⑤ 《宋会要辑稿》，《职官》五一之三五。
⑥ 洪迈：《夷坚志》，《夷坚甲志》卷19，《秽迹金刚》。

厚，虑有分析之患者，则买金银之属而深藏之，此为大愚。若以百千金银计之，用以买产，岁收必十千……"① 在这里，"若以百千金银计之"，似乎不仅仅是用银度量、表现家产的总值，甚至是用银计量铜钱一类"浮财"的价值。

　　显然，进入南宋以后，直接"以银计价"的现象已不再是个别零星的偶然情况。需要强调的是，从两宋时期"以银计价"的史料中我们还看到，北宋时期"以银计价"的记载较少，且含义较为模糊。南宋以后，不仅有关记载的数量大幅度增加，涉及面明显拓展，含义更加清晰明确。这从一个侧面说明，宋代"以银计价"的出现，并非一蹴而就，而是经历了一个漫长的由微至显的过程②。

二　钱银计价中的"兑银计值"

　　更进一步，我们从宋代货币史的具体情况来看，以银计价由微至显、日益发展之时，铜钱却并没有退出流通。也就是说，白银取得货币资格之时，铜钱仍旧是宋代通行的基准计价货币。于是，在银钱同时出现在市场上，而宋廷还力图维持银钱兑换价的情况下③，商品的标价形式随之变得较为复杂。除了确有必要用两种货币分别对同一商品计价，出现同一商品的两种价格外，更多的物价表示方式是：主要用一种货币标价，但同时公布两种货币之间的兑换价格。也就是说，在铜钱仍旧是基准计价货币的情况下，"以银计价"并非白银作为货币唯一的表现形式，甚至刚好不是白银表示物价的主要形式。因此，宋代用铜钱计价并同时标明银钱兑换价的情况，构成了"以银计价"的另一种方式，这里权称为"兑银计值"。

　　马力在《论宋代白银货币化问题》一文中，引用隆兴年间"客人于镇江算请钞一袋，合纳正钱通货钱一十七贯六百文足，只用银五两三钱，每两官价三贯三百文入中"④ 的史料，显然是属于这方面的一个典型例子。而检索宋人文献，类似情况至迟在北宋熙宁年间既已出现：

---

　　① 袁采：《袁氏世范》卷上，《睦亲》。

　　② 王文成：《两宋"以银计价"史料考释——宋代白银价值尺度职能补论之一》，《云南社会科学》2009 年第 5 期。

　　③ 参见王文成《宋代白银货币化研究》，第 173—208 页。

　　④ 《宋会要辑稿》，《食货》二七之九。

熙宁十年（1077）吕陶称：宋廷榷蜀茶，茶叶"今来既被官中尽数收买，价直一定。若将银色准折，每两须高抬四五百文（原注：臣窃闻，蜀州熙宁八年银每两官折二贯三百文足，市价一贯六百文；九年银每两官折二贯二百文足，市价一贯四百文）。或多支交子，少用现钱（原注：茶场司指挥，成贯并支交子，余零方支现钱）。交子所支既多，钱陌又须亏折，则园户所收茶货，只得避罪纳官，安敢更求余利。一旦失业，何以为生，臣恐户口逃移、赋役失陷渐由此起"①。

从吕陶的奏书中可看出，熙宁年间宋廷榷蜀茶时，向园户收购茶叶的价格以铁钱计算，交易时宋廷主要用交子和白银付茶价，并同时公布了银钱兑换的官定牌价。由于银钱兑换价存在官价高于市价的情况，宋廷买入园户的茶叶，按官定兑换价每两 2 贯 200—300 文足计，比市价"高抬四五百文"，实际付银量要比按市场价给付的少 1/4 以上。即如果收购价值 2 贯 300 文的茶，按官价宋廷只付银 1 两。但这 1 两银在市场上只值钱 1 贯 600 文。园户所得钱陌"亏折"了四五百文。这里的茶叶没有标出白银价格，但在铜钱计茶价的同时，宋廷明文公布了官方的银钱兑换价格。白银通过银钱兑换价格，计量了茶叶的价值。而吕陶提出的问题，正是两种金属货币流通中官方兑换价与市场兑换价背离而出现的问题。

此外，靖康元年（1126）六月五日，徽宗有诏："籍到在外田宅房廊，令逐路转运司召人承买，其价许兼用金帛，随处实价估折。"② 这道诏令也包含了用"金帛""兑钱计值"的内容。诏令虽未言田宅的计价标准，从"许兼用金帛"来看，其主要计价标准应该是铜钱。但同时明确规定可用"金帛"，且用"金帛"计价的标准是当时的市场价。这意味着，在"随处实价"之外，曾有通行的官定价格。由于此时官价与各地市价背离，因此不再按官价兑换。但放弃官价，并不等于无价，而是明确了宋廷出售田宅房廊以钱计价的同时，银钱比价按各地市场价兑换计算。白银通过银钱市场兑换价，计量了田宅房廊的价值。

以铜钱计价但同时标明银钱兑换价的情况，在南宋时期的文献中有了进一步增加。如绍兴三年（1133）四月十一日，宋廷下令在江浙、

---

① 吕陶：《净德集》卷 1，《奏具置场买茶旋行出卖远方不便事状》。

② 《宋会要辑稿》，《食货》五二之一五。

荆湖、广南、福建籴粮米马料，"不足钱三千贯，并以银折支，每两作二贯二百"①。绍兴三十一年（1161）十一月十八日，宋廷曾诏：各地出卖官告"许用金银米斛，依市价准折，并令本州书填"②。

特别值得注意的是，从绍兴末年开始，银钱兑换价格在每两3300文左右稳定了下来，宋廷按这一比价公布了此后保持了近百年基本不变的官定兑换价——"省则"。相应地，此后在以铜钱计价的同时，通常同时注明的是官定银钱兑换价——"省则"，甚至已不用标明兑换价的具体数字：

——淳熙二年（1175）九月"二十二日，诏于建康府桩管银、会子内，中半支二万贯，付池州都统制鲁安仁本军犒设。内银依省则纽折"③。

——淳熙六年（1179）三月"二十八日，诏岳建寿差权马军司职事，令南库以银依省则纽支钱一千五百贯犒军"④。

前述隆兴年间"客人于镇江算请钞一袋，合纳正钱通货钱一十七贯六百文足，只用银五两三钱，每两官价三贯三百文入中"⑤。在表明铜钱价格的同时，所公布的银钱兑换价，也正是1两白银兑3300文的"省则"。

此外，"广东路奉行钞法，自绍兴间客铺赴广州卖钞库入纳，皆是用银，每两价钱三贯五十文九十八陌算钞，以示优润"。宋廷面对"今二广盐通行客钞，以逐州在市实价折钱请钞，缘边逐州市价各不同，无一定之论，难以关防情弊"的情况，于淳熙十年（1183）十二月决定以广东价为准，统一两广出卖盐钞时的银钱兑换价："将客人入纳算买广西钞引，每箩钞面正钱五贯省，一例作每两价钱三贯五十文九十八陌折银。"⑥其中广东盐价标明了银钱兑换价，但实际比价未按"省则"执行，因此专门说明"以示优润。"而两广其他地方曾按市场价兑换，

---

① 《宋会要辑稿》，《食货》四〇之一七。又见徐松辑、陈志超整理：《宋会要辑稿补编》六二三。

② 《宋会要辑稿》，《职官》五五之四七。

③ 《宋会要辑稿》，《兵》二〇之二九。

④ 《宋会要辑稿》，《兵》二〇之三一。

⑤ 《宋会要辑稿》，《食货》二七之九。

⑥ 《宋会要辑稿》，《食货》二八之二二。

虽然不是"省则",但大凡公布了盐引价的同时,也给出了银钱兑换的"实价"。而淳熙十年(1183)宋廷还专门统一两广食盐专卖中的银钱兑换价,使之与广东一致、固定下来,成为参考"省则"但"以示优润"的官方牌价。自绍兴年间以来,两广出售盐钞时似乎始终坚持了以铜钱计价、同时标明银钱兑换价的办法。两广盐钞同样通过银钱兑换,相应获得了一个用白银表示的价格。

更有趣的是,前述广西市马曾长期以银计价。但由于宋境内铜钱仍是计价基准货币,故绍兴末年在以银计价之外,还出现兼用铜钱计价的情况。因此,前引绍兴末宋人述及市马之弊时称:"元(原)每马四尺一寸算银三十六两,每高一寸加一十两;今市马作两样赤(尺)度等量,每银一两折钱二贯文足。"[1] 马的价值同时用白银和铜钱两种尺度计量,马的价格同时出现了白银价格和铜钱价格。而在两种价格同时出现的情况下,也标明了银钱兑换价格:银1两兑钱2贯。

显然,只要我们回到宋代铜钱仍是基准定价货币的具体历史情况,从市场上流通两种金属货币的角度,分析"白银表示物价"的问题,将看到大量"兑银计值"的记载,而且在南宋时期出现了十分典型的银钱两种价格、以钱计价但同时标注银钱兑换价格,甚至政府长期规定官方兑换价的现象。相应地,由朝廷明确规定两种货币兑换价而导致的问题,也已频繁发生。这充分说明,"兑银计值"构成了银钱两种货币并行条件下,白银履行价值尺度职能、"表示物价"的又一重要途径。它与"以银计价"一道,共同向我们表明,白银至迟在南宋初年,已完成了从商品向货币的转变,白银货币化已初步实现。宋境内钱楮并用货币流通格局,逐步完成了向银钱楮并用的转变。

第四节　金朝白银货币化与货币白银化

一　金朝市场上的白银货币化

回朔宋金时期的全国市场我们不难发现,南宋政权辖区没有也不可

---

[1] 《宋会要辑稿》,《兵》二二之二七。

能囊括整个水墨画式的全国市场。金朝入主中原后，承接了北宋时期北方市场的发展趋势，并把长城内外纳入了同一个政权辖区，促进了北方市场与长城以北牧区市场的交流。不仅北中国也孕育形成着类似的市场等级网络，而且跨地区的批量商品流通，还跨过了宋金间的政权分界，使南北中国纳入了同一个全国市场。也就是说，金朝辖区不仅形成了以华北为中心的区域市场，而且跨越宋金、跨越淮河流域，以及跨越长城沿线农牧区的贸易，获得了突破性的进展。这不仅是金朝确立钱楮并用货币流通格局的基础，而且使钱楮并用存在的局限日益显现。对此，乔幼梅曾指出：金朝统一北方后，"随着商品流通量的增加，流通区域的扩大，对货币的需求也就随之增加。尤其是金代的转运商业特别是长途贩运相当兴盛"，对货币量的需求更大。但"恰恰在这个问题上，金国发生了一个极为尖锐的矛盾，这就是货币流通需要量大而货币短绌，造成通货的异常不足，即所谓'钱荒'"①。这充分说明，金朝的市场发展及宋金间的跨区域批量商品流通，以差不多同样的方式推动着货币流通格局的演变，呼唤着白银货币化。也正因为如此，不仅金朝辖区的泗州榷场"广将北绢"易银，所导致的结果是南宋辖区的镇江缺银算请禁榷物资②。而金朝"国蹙财竭"时"省臣"提出的解决办法，也竟然是禁止用白银向宋境买茶③。于是，在12世纪交换突破地域限制，尤其是突破宋金分界线的条件下，仅仅铸行铜钱、发行交钞，确立钱楮并用的货币流通格局，已不能适应市场发展的需要，白银货币化在至少涵盖宋金两朝政权辖区的全国市场上同步展开。

就金朝白银货币化的情况来说，我们首先看到，金朝商品——货币关系的二元结构中，白银与铜钱间的界限也日益消失，逐步形成了较为稳定的兑换关系。在此基础上，白银开始担负起了履行价值尺度职能的重任，至迟在世宗大定年间（1161—1189）初步实现了货币化。

在银钱关系方面，世宗大定十二年（1172）正月，金廷"以铜少，命尚书省遣使诸路，规措铜货"时，世宗曾"与宰臣议鼓铸之术"。有宰臣称："有言所在金银坑冶，皆可采以铸钱。"世宗也认为："金银山

① 乔幼梅：《辽夏金经济史》，第十八章、十九章、第357页。
② 《宋会要辑稿》，《食货》三八之四三。
③ 《金史》卷49，《食货》四。

泽之利，当与民。惟钱不当私铸。今国家财用丰盈，若流四方，与在官何异。所费虽多，俱在民间，而新钱日增尔。其遣能吏经营之。左丞相石琚进曰：臣闻天子之富，藏在天下，钱货如泉，正欲流通。上复问琚曰：古亦有民自铸钱者乎。琚对曰：民若自铸，则小人图利，钱益薄恶。此古所以禁也。"①

这首先说明，为铸钱"规措铜货"时，有人想到了白银，市场已在认可了白银与铜钱的同等地位②。有言及金银者，并非环顾左右而言他。而是市场需要白银、认可并接纳白银的事实，已反映到了宰臣的观念中。

另外，世宗在藏富于民、鼓励货币流通的思想指导下，不仅同意任民开采金银，投入流通。甚至对朝廷垄断铸币权的必要性也不无怀疑。他试图放弃铸币权，使铜钱与白银一样，无须官府亏本鼓铸，即可直接进入流通。只是白银与铜钱分别作为称量货币和铸币的差异，才使民间自铸货币的设想未付诸实施。

在这样的情况下，白银与铜钱逐步形成了兑换价并稳定下来。在用银表现商品价值之时，出现了一个法定的银钱兑换价，用以通约两种货币所代表的价值。章宗承安（1196—1200）以前，"所给官兵俸及边戍军须［需］，皆以银钞相兼"。支付的标准是沿用已久的"旧例"："银每铤五十两，其直百贯。"③ 银1两兑钱2贯的"旧例"，实际上正是金适认可的法定兑换价。至承安二年（1197）金廷铸"承安宝货"，同样明确规定："每两折钱二贯，公私同见钱用。"承安五年（1200），"宝货"因以铸币形式投放量过大、盗铸蜂起、夹入铅锡等原因被废止后，市场上白银与铜钱的兑换价一度降低到了每铤"八万"。但"官之所定"，仍旧是"每铤以十万"④。此后，每两银兑钱二贯的价格，一直保持到金末。兴定三年（1219）十月、兴定四年（1220）三月，省臣奏论犯赃计罪时均称：受赃"以银为则，每两为钱二贯"⑤。

　　① 《金史》卷48，《食货》三。

　　② 甚至《金史》卷48，《食货》三载：大定通宝"字文肉好又胜正隆之制，世传其钱料微用银云"。

　　③ 《金史》卷48，《食货》三。

　　④ 《金史》卷48，《食货》三。

　　⑤ 《金史》卷15，《宣宗本纪》中；卷48，《食货》三。

更重要的是，由于金朝大定以后很少铸钱，铜钱窖藏、外流十分严重，楮币逐步成为投入流通的主要货币。可是，章宗以后滥发楮币，币制混乱，又把楮币推上了绝路①。因此，金朝的白银更广泛地直接用于表示物价，直接度量和表现商品的价值。如宣宗兴定元年（1217）"定民间收溃军亡马之法，及以马送官酬直之格"时，就明确规定以马送官者"上等马一匹银五十两，中下递减十两"②。金廷本身也直接用银表示马价。金末河北观、沧等州及汴京等地，也出现了用银表示粮价的记载③。兴定三年（1219）甚至因"兴定通宝"贬值幅度过大、速度过快，无法用于计赃定罪。兴定通宝与各种赃物一道，均按兑换价折成银后计赃。④ 甚至怀州"赎铜计赃"干脆"皆以银价为准"⑤。白银成为计量兴定通宝和铜的价值的尺度。而宣宗元光二年（1223）三月省臣奏称："河南、陕西凡五十余郡，郡日食茶率二十袋，袋直银二两。是一岁之中妄费民银三十余万也。"⑥ 在"省臣"的观念中，白银的重量既是计量茶叶价值的工具，也是衡量一年食茶所费的尺度。不仅如此，省臣在这里专门阐述了一年耗费白银"三十万"两的危害，请求禁止商人用银从宋境买茶。实际上是通过白银的计量，比较食茶所费白银与其他消费用银的得失。这意味着，形形色色的商品和劳务的价值，共同地表现在了一定量的白银身上，白银开始成为抽象价值、社会价值的物质表现形式。在它面前，其他商品失去了自己的各种物理特性，在质上相同，在量上可以比较。白银被赋予并切实成功地履行了价值尺度的职能。于是，当金朝的楮币走向崩溃之时，"银价日贵，宝泉日贱，民但以银论价"⑦ 的现象随之出现。

---

① 乔幼梅：《辽夏金经济史》，第356—370页；刘森：《宋金纸币史》，第241—250页；王禹丰、王禹浪：《金代货币制度初探》，《学习与探索》1988年第3期。

② 《金史》卷44，《兵》。

③ 《金史》卷50，《食货》五；卷115，《完颜奴申传》。

④ 《金史》卷48，《食货》三。

⑤ 《金史》卷48，《食货》三。

⑥ 《金史》卷49，《食货》四。中华书局校注："袋直银二两是一岁之中妄费民银三十余万也按上文「五十余郡，郡日食茶二十袋」，是每日千袋，袋直银二两则一岁妄费七十余万，如袋直银一两则一岁妄费三十余万，「二」字或「三」字必有一误。"

⑦ 《金史》卷48，《食货》三。

在白银履行价值尺度职能的同时，用银计价的商品，在两个不同的所有者间转手，而获得商品的人则付出了白银。于是，金朝的白银在交换中担负起了履行流通手段职能的重任。

与银钱兑换关系的建立相适应，金朝也出现了银与钱楮品搭行使的现象。明昌四年（1193）八月，为解决陕西交钞壅滞的问题，金廷令"榷税及诸名色钱折支交钞，官兵俸许钱绢银钞各半。若钱银数少，即全给交钞"。这其中已包含了钱银楮品搭行使的意义。此后，逐步形成了"官俸、军须（需）皆以银、钞兼给"的定制。此外，前述用银表示价格的粮食、马匹、茶叶等，甚至食盐、油等商品①，也是可用银购买的商品。贞祐初，"中都围急，粮运道绝"，金廷"搜括民间积粟，存两月食用，悉令输官，酬以银钞或僧道戒牒"②。在粮食用白银计价的情况下，金廷也用银向民间购买粮食。同样，在洮州，买马官平凉府判官乌古论桓端"以银百铤"买到了数千匹马。而且陕右一带，金廷买马还"常患银少"，卖马人在收成不好之际，又"鬻马得银辄以易粟"③。这说明用白银买马并非偶然。而在马匹、白银、粮食的交换中，白银显然不是交换双方直接用于消费的商品，而是实现交换的手段。延至金末，在楮币走向崩溃的情况下，不仅"民间但以银市易"④，而且金廷也被迫"除市易用银及银与宝泉私相易之禁"⑤。白银似乎已经成为主要的流通手段了。

至此我们看到，金朝的白银，不仅同样获得了价值尺度和流通手段的职能，完成了从商品向货币的演变。而且在一定程度上还更多地表现出了单独履行货币职能、甚至成为主要流通手段楮币之本的倾向。在交换的发展突破地域限制的强劲推动下，白银货币化突破了宋金两朝的政区分界，在北中国同步展开。相应地，货币银流通的地域范围也超越了南宋的政区，与涵盖宋金两朝辖区的水墨画式全国市场相适应。宋金两

---

①《金史》卷48，《食货》三载：承安四年（1199）金廷令"榷货所鬻盐引，收纳宝货与钞相半，银每两止折钞两贯"。泰和七年（1207）户部颁行钞法条约亦规定："榷盐许用银绢"。

②《金史》卷104，《奥屯忠孝牙哥传》。

③《金史》卷107，《张行信传》。

④《金史》卷48，《食货》三。

⑤《金史》卷16，《宣宗本纪》下。

朝，共同揭开了古代中国白银货币史的第一章。

二　铜钱的废罢与金朝货币的白银化

在金朝承续北宋市场发展、市场上白银从商品变成货币之时，铜钱却经历了前所未有的钱荒。金朝入主中原后，曾在长达 40 多年的时间中未曾铸钱，境内主要流通历代旧钱。金代中叶市镇经济的恢复和发展，曾一度出现了严重的钱荒，宋金之间因此展开了激烈的铜钱争夺战①。但是，金朝面对钱荒的恶化，在先后采取大力采铜恢复铸钱、实行短陌、改铸大钱、禁铜禁藏钱、允许民间铸钱、济以铁钱等政策均宣告失败后②，贞祐三年（1215）四月，河东宣抚使胥鼎上言曰："今之物重，其弊在于钞窒，有出而无入也。虽院务税增收数倍，而所纳皆十贯例大钞，此何益哉？今十贯例者民间甚多，以无所归，故市易多用见钱，而钞每贯仅直一钱，曾不及工墨之费。臣愚谓，宜权禁见钱，且令计司以军须为名，量民力征敛，则泉货流通，而物价平矣。"③ 金廷"遂罢铜钱，专用交钞、银货"④。在巨额交钞信誉崩溃的情况下，以"市易多用见钱"危害钞法，废止了铜钱的法定货币地位。金朝因此成为中国货币史上，两个明令废除铜钱的朝代之一。此后，金朝未再铸钱，而贞祐年间铸行的贞祐通宝钱，也成了金朝最后的铸币。

诚然，在"市易多用见钱"的情况下强制废除铜钱，其效果不难想象。更何况倡议者河东宣抚使胥鼎的最初意图，也只是权宜之计。民间市易多用见钱的情况，没有也不可能因一纸诏令而终结。但在金朝银钱楮并行流通的条件下，废钱令对铜钱流通产生的影响，却超出了倡议者和金廷的预期，出现了交钞继续贬值而铜钱逃离市场的情况，金朝货币史进入了宫泽知之所说的 1217 年以后铜钱废罢、银钞并行时期⑤。

一方面，在废钱令发布后，金廷放弃了鼓铸、发行铜钱，停止赋税征收铜钱，也不再采取与铜钱有关的货币政策调控铜钱流通。民间铜钱的流通，进入一种随行就市的状态。而在宋金时期南北普遍存在严重钱

① 乔幼梅：《宋金贸易中争夺铜币的斗争》，《历史研究》1982 年第 4 期。

② 王德朋：《金朝铜钱及铜钱制度的演变》，《博物馆研究》2008 年第 3 期。

③ 《金史》卷 48，《食货》三。

④ 《金史》卷 46，《食货》一。

⑤ ［日］宫泽知之：《中国铜钱的世界》，第 262 页。

荒的情况下，铜钱开始流入其他继续用钱的地区。"自是，钱货不用，富家内困藏镪之限，外弊交钞屡变，皆至窘败，谓之'坐化'。商人往往舟运贸易于江淮，钱多入于宋矣。宋人以为喜，而金人不禁也，识者惜其既不能重无用之楮，而又弃自古流行之宝焉。"① 金朝本来铸行不多的铜钱及宋代以前的旧钱，相当一部分流入了宋境。在考古发现中，江西安吉、湖南祁东出土的窖藏铜钱中，出现了金代铸行的"正隆元宝""大定通宝"②。

另一方面，由于金朝在废罢铜钱的同时，明确专用交钞、银货，其首要目的实际上是为了挽救钞法。然而，金廷在实行这一政策的同时，却迫于财政压力，在贞祐三年（1215）更加疯狂地滥发以铜钱为单位的"贞祐宝券"，兴定元年（1217）发行"贞祐通宝"，元光元年（1222）发行"兴定宝泉"。所发交钞数额巨大，贬值更不可避免。不仅如此，现存的钞版还表明："贞祐宝券"上明确印有"并同见钱行用、不限年月"的字样；"兴定宝泉"不仅绘有两贯钱的图形，面额以贯、闻（文）计，同样强调"并同见钱行用，不限年月流转通行"③。显然，金廷的这一办法只能进一步加剧交钞的贬值。因为交钞名义上仍与铜钱相联系，但交钞之"母"——铜钱，却已经不再是金廷承认的货币。交钞陷入了被强制与铜钱价值挂钩、但铜钱却已被禁止流通的尴尬境地。

在铜钱废罢、巨额交钞又继续以铜钱为单位发行的情况下，无论金廷如何变换钞法，交钞都不可避免地更激烈更全面贬值。而民间面对交钞贬值，更加珍视铜钱，大量搜集贮藏，使铜钱藏而不用。贞祐四年（1216）濮王守纯即上言："向朝廷以小钞殊轻，权更宝券，而复禁用钱。小民浅虑，谓楮币易坏，不若钱可久，于是得钱则珍藏，而券则亟用之，惟恐破裂而至于废也。"④ 考古材料也清楚地反映了这一时期金朝铜钱藏而不用的情况。张新斌、蔡玉海结合河南辉县出土30余千克窖藏铜钱的情况，综合分析研究了金代铜钱窖藏。从他列举的情况来

---

① 《金史》卷46，《食货》一。

② 安吉县博物馆：《浙江省安吉县出土一罐钱币》，《考古》1982年第1期；唐先华：《湖南祁东出土窖藏钱币》，《考古》1985年第8期。

③ 彭信威：《中国货币史》，第551—553页。

④ 《金史》卷48，《食货》三。

看，属于金朝大定十八年（1178）后埋藏的铜钱有吉林桦甸、九台、河南辉县、鲁山、息县、邓县、临汝，河北定兴、山东微山，陕西岐山等出土的窖藏铜钱。已进入金朝末年但尚未被蒙军占领的这一时期，正是金代窖藏铜钱发现最集中的时段。其中，辉县窖藏为 30 余千克，而山东微山、河北定兴、吉林九台、桦甸各为 100 余千克，河南汝临为 500 余千克，河南息县、陕西岐山为 600 余千克，邓县更高达 1500 多千克。而且"一般 500 千克以上者均有特制的地窖"，"河南邓县、息县的地窖底部和周围均用砖垒砌，临汝、鲁山的铜钱则放在陶瓮中，定兴、绥德的铜钱放置于陶罐内。辉县、九台的铜钱发现于铁盆中"。"铜钱放置有序"，多数出土时仍能确证曾用绳穿系，成串放置①。因此，在金朝废钱不用、交钞全面贬值的双重压力下，民间不仅没有对铜钱丧失信心，反而更加珍惜铜钱，把铜钱贮藏起来而不投入流通。虽然藏钱者仍旧期望着有一天能够重新使用铜钱，但实际结果却是铜钱逐步从市场上消失。

　　然而，金末的河患，特别是蒙古军队的快速入侵，却使藏钱的金人恢复用钱的希望化为了泡影。金代中后期黄河频繁决堤，危害十分严重。金代的河患"世宗以后尤为严重；就地域而言，今日的河北、山东、河南三省以及江苏、安徽两省的淮水以北，即当时的河北东、西，山东东、西，大名府、南京等路均受其害"。其中除南京路的中南部地广人稀外，"都是金国的汉族人口稠密地区"②。这对于以小农为主体的金朝市镇经济来说，无疑是一个沉重的打击。而蒙金战争爆发后，社会秩序陷入混乱，无法进行正常的市场交易。贞祐三年（1215）"大河之北，民失稼穑，官无奉给，上下不安，皆欲逃窜。加以溃散军卒还相剽掠，以致平民愈不聊生"③。特别是蒙古军队对各地的掳掠，更使传统市镇市场走向崩溃。因此，贞祐四年（1216）"十二月，镇南军节度使温迪罕思敬上书言：钱之为泉也，贵流通而不可塞，积于官而不散则病民，散于民而不敛则阙用，必多寡轻重与物相权而后可。大定之世，民间钱多而钞少，故贵而易行。军兴以来，在官殊少，民亦无几，军旅调

---

① 张新斌、蔡玉海：《辉县金代窖藏铜钱及其相关问题》，《中原文物》1991 年第4 期。

② ［日］外山军治：《金朝史研究》，李东源译，第 392 页。

③ 《金史》卷 108，《侯挚传》。

度悉仰于钞，日之所出动以万计，至于填委市肆，能无轻乎？"① 即使部分民众仍持有铜钱，却也无济于事，无物可买，甚至无市可用。传统小农的货币——铜钱，随着市场结构的重组，失去了存在的依据，至此已基本消失。

这样，从金朝中期钱荒加剧，铜钱开始积而不用。贞祐三年（1215）正式"罢铜钱"，中原市场上的铜钱开始退出流通。历经灾害和战争的摧残，金朝旧地流通铜钱的市镇市场，随着市场主体的更替，全面衰落。铜钱的铸行和流通失去了基本的市场需求。中国货币史上出现了铜钱产生以来的第二次全面废罢的现象，进入了又一次废钱不用时期。

从货币流通格局的角度看，在铜钱日渐消亡的同时，白银在初步实现货币化后，使用范围和领域迅速发展，在由铜钱、白银和楮币构成的金朝货币流通格局中，呈现出了明显的钱退银进趋势。覆盖蒙金辖区的农牧区市场的货币体系中，白银开始取代铜钱的基准货币地位，货币的白银化由此全面展开。

金朝铜钱的废罢和停用，与中国历史上第一次彻底废罢铜钱——曹魏时期废止五铢钱相比，二者异同互见，各有千秋。两者之间确有一个明显的共同之处，即铜钱所赖以存在的小农市场遭到重创，全面衰微。市场已不再需要铜钱，甚至有钱也没有市场可用。但同时我们也可清楚地看到，这次铜钱罢而不用，与曹魏时期又有着明显的不同，并非曹魏时期的简单再现。从整个货币流通格局的角度看，曹魏以前铜钱差不多是当时市场上唯一的货币，或者说汉晋间的货币就是铜钱。因此，曹魏时期明确"废钱不用"，其结果只能是以谷帛交易。废除铜钱就意味着废除货币，商品经济的发展水平退回到物物交换的时代。当然，这倒不是说曹魏政权有能力取消市场、取消交换，废钱之举，不过是当时市场已经全面萎缩，已不再需要货币的结果。而金朝罢铜钱，则"专用交钞、银货"。宋朝以来不依赖于国家权威、不需要政府信誉担保的白银，与铜铁钱几近消失的现象截然相反，随着农牧区市场的整合与重组，更加广泛地投入市场，用于大宗商品的远距离批量贸易。

如前所述，金朝时期的白银使用，已取得了突破性的进展。承安二

---

① 《金史》卷48，《食货》三。

年（1197）"遂改铸银名'承安宝货'，一两至十两分五等，每两折钱二贯，公私同见钱用，仍定销铸及接受稽留罪赏格"①。承安宝货虽然因以铸币形式出现而失败，但铸行承安宝货所反映的金朝白银货币化程度已达到了一个新的高度。此后，在铜钱禁而不用、交钞全面崩溃的情况下，白银在货币中的地位，进一步全面提升。

贞祐三年（1215）五月，"时有司轻罪议罚，率以铁赎，而当罪不平，遂命赎铜计赃皆以银价为准"②。元光元年（1222）造兴定宝泉，次年五月，"更造每贯当通宝五十，又以绫印制'元光珍货'，同银钞及余钞行之。行之未久，银价日贵，宝泉日贱，民但以银论价。至元光二年，宝泉几于不用，乃定法，银一两不得过宝泉三百贯，凡物可直银三两以下者不许用银，以上者三分为率，一分用银，二分用宝泉及珍货、重宝。京师及州郡置平准务，以宝泉银相易，其私易及违法而能告者罪赏有差。是令既下，市肆昼闭，商旅不行，朝廷患之，乃除市易用银及银宝泉私相易之法。然上有限用之名，而下无从令之实，有司虽知，莫能制矣。义宗正大间，民间但以银市易。天兴二年十月印'天兴宝会'于蔡州，自一钱至四钱四等，同见银流转，不数月国亡"③。

这样，在铜钱被禁、大量被窖藏或南流宋境，意味着交钞所赖以流通的基准货币铜钱大量退出市场，铜钱与交钞的市场联系被截断，交钞如断线的风筝，快速贬值。而交钞的贬值，反过来更进一步排挤铜钱，加剧了铜钱从市场上逃匿。而金廷上下则在铜钱退出之际，广泛使用白银，并在民间大量流通，先后出现了元光珍货与银钞并行、"民但以银论价"的现象。最后金廷也不得不承认现实，"除市易用银及银宝泉私相贸易之法"，最终"民间但以银市易"④。白银成为金朝货币中，取得了基准定价地位的主要货币。

不仅如此，在金朝末年"专用交钞、银货"的货币流通格局中，白银与交钞的关系也开始发生了明显变化。如前所述，金朝先行交钞后铸钱，早在海陵王贞元二年（1154）就设置交钞库，发行交钞，以铜钱的贯文为单位，与辽宋旧钱并行。此后历贞祐宝券、贞祐通宝、兴定泉

① 《金史》卷48，《食货》三。
② 《金史》卷48，《食货》三。
③ 《金史》卷48，《食货》三。
④ 《金史》卷48，《食货》三。

宝、元光珍货、元光重宝，至天兴二年（1233）发行"天兴宝会"后亡国，先后发行了6种纸币。这里需要强调的是，其中至少贞祐通宝、兴定泉宝两种纸币，已在继续用铜钱的贯文作货币单位的同时，出现了明确与白银相联系的记载。

贞祐通宝：《金史》载，贞祐四年（1216）"宝券未久更作通宝，准银并用"（实际于兴定元年发行）。其具体标准是："通宝四贯为银一两。"① 贞祐通宝发行之初，不仅名称开始改"钞"为"通宝"，而且把白银作为"通宝"的价值基准，建立了"通宝" 4 贯为银 1 两的兑换关系；

兴定宝泉：兴定五年（1220）宰臣奏"更造'兴定宝泉'，子母相权，与通宝兼行，每贯当通宝四百贯，以二贯为银一两，随处置库，许人以通宝易之"。元光元年（1222）二月"诏行之"。显然兴定宝泉从宰臣提议，就明确了与白银的联系，每 2 贯为银 1 两。

诚然，贞祐通宝、兴定泉宝仍旧以铜钱的贯文为单位，但正如白银通过与铜钱的兑换价履行价值尺度职能一样，贞祐通宝、兴定泉宝也通过与贯文的兑换价，与白银发生了联系。不仅如此，金朝天兴二年（1233）"十月戊寅，更造'天兴宝会'"②。金廷在最后灭亡之际，似乎发现了在废罢铜钱的同时发行以铜钱为单位的交钞，把行将灭亡的政府信誉作为纸币唯一的信用支撑的错误，开始改弦更张，试图通过改变交钞的单位，使之脱离业已废罢的铜钱，而把白银与楮币联系起来，印行"天兴宝会"。"天兴宝会"以银两为计算单位，并明确规定"同见银流转"③。白银已然成为楮币的基准货币，成为银钞并行中的"钞本"。只是这时金哀宗已逃出了开封，金朝大势已去，所发行的以银为本的"天兴宝会"，不仅已来不及挽救金朝的钞法，而且也只能随金朝的灭亡而不了了之。但这对蒙古帝国来说，当全面占领金朝故地之时，铜钱或流往南宋，或藏之地窖，业已从混乱而无序的市场上消失。当地的货币流通格局实际上已基本完成了从银钱钞并行流通，到以银为主、以银为钞本，钞与银密切联系的转变，为蒙古帝国占领金朝旧地后确立

---

① 《金史》卷 46，《食货》一；卷 48，《食货》三。

② 《金史》卷 18，《哀宗本纪》下。

③ 《金史》卷 48，《食货》三。

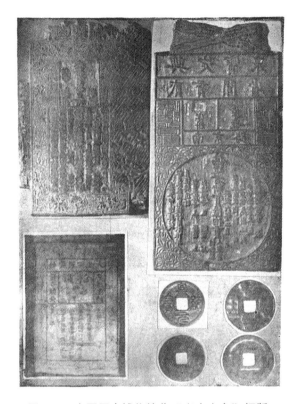

图 2-2　中国历史博物馆藏"兴定宝泉"铜版

图片来源：郑思淮《浅谈中国历史博物馆收藏的金代货币》，《北方文物》1986 年第 10 期。

银钞相权奠定了基础。

而从货币流通格局的角度看，铜钱废罢与白银流通的退进消涨，实质上是与市场结构重组相适应的货币流通格局的结构性调整。铜钱流通的消亡，显然不能用刘秉忠的阴阳学说来解释，也不能简单地归结为商品经济全面衰退，进入黑暗时代。因为这时的市场交换不仅仍旧存在，而且仍旧用银钞作货币。因此，当我们从货币史的角度来看时，货币并没有消亡，只是货币中主要币材的地位发生了重大变化。在铜钱退出流通、失去法定货币资格的同时，轻便易于携带、单位价值含量高，适应远距离批量商品贸易的白银，取代了小生产者货币铜钱在货币中的地位，成为金元之际纸币的价值基准。中国货币史在白银货币化初步实现之后，在整合农牧区市场、重组市场结构的金元之际，市场上又率先出

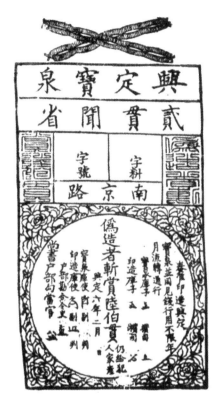

图 2-3　"兴定宝泉"版拓片

图片来源：内蒙古钱币研究会、《中国钱币》编辑部合编《中国古钞图辑》，第
32 页。

现了货币的白银化：白银在货币中的地位不断提高，已经在这一时期成
为具有基准定价地位的主要货币。北宋以来的钱楮并用货币流通格局，
已逐步向银钞相权过渡。

第三章

蒙古诸部的兴起与北方
市场结构的重组

12 世纪末 13 世纪初，在宋、辽、夏、金各地市场空间不断拓展、区域市场之间的互动日益加强的同时，以游牧经济为主体的蒙古诸部在大漠南北迅速崛起。1206 年，铁木真率蒙古乞颜部统一蒙古诸部，建立了蒙古帝国。蒙古帝国建立后，先后南下侵西夏，攻金朝，征中亚，袭东欧，平大理，并南宋，最终于 1279 年实现了对中国全境的统一。蒙古帝国迅速推进、不断扩大的军事征服，与日益加强的农牧区经济交流相伴随，把这些地区快速发展的区域市场，纳入了同一个政权的辖区，对传统城乡市场的发展和货币流通格局的演进，产生了深刻的影响。其中，从蒙古诸部统一（1206）到蒙古平宋实现全国统一（1279）前的半个多世纪，在传统市场结构与货币流通格局的变迁中，具有十分重要的承续与转折性意义。

第一节　蒙元市场发展的历史基础与外部环境

一　蒙元市场发展的历史基础

蒙古诸部统一之前，社会分工发育程度较低，部落内部的商品交换处于萌芽状态。较为单一的畜牧经济，主导着蒙古草原的经济生活。但是，蒙古部落内部分工和交换的落后，并不意味着蒙古诸部与市场无缘。反之，以畜牧为主、产业单一而脆弱的特点，决定了蒙古部落与外界进行交换的需求更加强烈，对商贸活动更加重视，并逐渐积累形成了较为突出的重商传统①。蒙古帝国建立后，特别是随着蒙古帝国统治范围的扩大，蒙元大力改善交通运输条件，继续实行重商政策，为市场发展奠定了必要的政策环境。

早在南北朝时期，生活在蒙古高原的蒙古先民室韦诸部，已出现在了中原地区的汉文史籍中。隋唐时期，室韦诸部与中原地区的交流和联系加强，在《旧唐书》中留下了不少关于"蒙兀室韦"的记载。契丹建国前后，漠北的于厥、达打、蒙古里等部常以牛羊驼马等畜产品"与契丹为交易"②，并建立了稳定的贡赐贸易关系。1052年5月，"阻卜酋长兀里得遣使（至西夏）请附，不纳。阻卜久臣契丹，其王屯秃古斯及酋长豁得剌、喘只葛拨里思常以马、驼、毡、玉贡献，兀里得与豁得剌弟斡得构隙，虑其侵掠，遣使至夏国请附，没藏氏惧契丹兵威，不敢受"③。阻卜不仅与辽建立了经常性的贡赐贸易关系，而且主动提出内附西夏。只是西夏担心因此影响辽夏关系，没敢接受阻卜的请求。

金朝建立之后，辽朝契丹皇族耶律大石率部西迁，在中亚建立了西辽政权。蒙古诸部分别与金朝、西夏和西辽地域相连，经济贸易关系有了进一步发展。其中，"蒙古高原各部相继被金朝征服或降附于金。金置东北、西北、西南二路招讨司以管辖北方属部和防卫边境。……各属部首领接受金朝封号，每年纳贡，并为金朝守边"④。加之金朝辖区是当时蒙古草原周边地区中，经济发展水平较高的地区，蒙金之间的经贸

---

① 甚至《剑桥中国辽夏金元史》认为，尽管蒙古地区对农业经济并不陌生，但由于农业不是游牧家庭经济的一个独立部门，游牧社会实际上不可能完全自给自足，"对所供给的冬季食物和牲畜饲料的需要，以及对茶和丝料之类奢侈物品的渴求，也曾在游牧部落中出现。由于他们自身的经济永远不能彻底满足对这些物质的需求，所以游牧部落必须被迫转向他们的定居邻居索取农业产品。就蒙古地区的部落而言，这就意味着要承认和中国保持不断的经济联系。得到所需产品最好的方法是以皮、毛、马或其他东西向汉人'进贡'来换回诸如谷物、金属制品和奢侈品之类的'赠品'。如果自给自足的中国人拒绝交易的话，那些游牧部落就会以武力相威胁。简言之，草原居民用战争和战争威胁来强行索求向中原王朝交纳贡物的权力"。见该书第381—382页。

② 叶隆礼（旧题），林贵荣点校：《契丹国志》卷22，《四至邻国地里远近》，第214页。

③ 《西夏书事》卷19。

④ 韩儒林：《元朝史》，第13—14页。

关系更为密切①。

　　在贡赐贸易方面，蒙古诸部统一之前，铁木真也曾被金朝封为"札兀惕忽里"，"贡岁币于金，金主使卫王允济受贡于净州"②。《金史》中关于蒙古与金朝的贡赐的记载，最早出现在大定十五年（1175）。这年"北边款塞贡献，诏公（乌古论元忠）往领之"③。但从《金史》记载正隆元年（1156）"诸将巡边，诏子敬监战……其后诏子敬宴赐北部……"④ 的情况来看，金朝进行宴赐，蒙古诸部亦当已有贡纳。"且其国每岁朝贡，则于塞外受其礼币而遣之"⑤，说明贡赐已形成了每年一贡的制度。金章宗明昌年间，蒙古诸部的入贡数量为数不少，以致李愈随曹王宴赐北部返回后，先后两次上表请求"诸部所贡之马，止可委招讨司受于界上，量给回赐，务省费以广边储"。章宗最终接受了他的建议，将对蒙古诸部的"宴赐"改为五年一次⑥。明昌二年（1191）正月戊寅，金朝还单方面"诏赐拖括里部米三万石，重币五百端，绢二千匹，以振其乏"⑦。帮助拖括里部缓解灾荒。

　　除官方正式的"贡赐"关系外，金朝设于西北的三路招讨使，还形成了新任招讨史上任，收纳沿边蒙古诸部贡献的"故事"。大定间移剌道"改西北路招讨使。……故事，招讨使到官，诸部皆献驼马，多至数百。道皆

---

　　① 宝音德力根：《成吉思汗建国前的金与蒙古诸部》，《内蒙古社会科学》1990 年第 4 期。刘迎胜先生曾在《西北民族史与察合台汗国史研究》一书中，深入研究了汉唐以至元代北方民族的迁徙问题，认为不仅汉魏时代东胡系统的鲜卑、柔然先后占据蒙古草原，"唐代甚至更早的时候，已有鞑靼、蒙古部落沿今色楞格河下游及贝加尔湖南岸，向今唐努山方向迁移"。从近千年来欧亚连接地带游牧部落自东向西迁移的历史背景中看，"成吉思汗所出的这一支唐代居于望建河（今额尔古纳河）的蒙古部，迁移到三河之源"，正是许多游牧部落类似迁移运动的组成部分之一。（第 72 页）在具体分析属于蒙古部落之一的伯吾岳氏族等的情况中，也认为，之所以《蒙古秘史》不再提及这一部落，"反映出草原蒙古人与其他融入突厥部落的同族之间，因地理距离遥远而关系淡化的趋向"。（第 70 页）。

　　② 《元史》卷 1，《世祖本纪》一。

　　③ 《金史》卷 120，《乌古论元忠传》。

　　④ 《金史》卷 89，《移剌子敬传》。

　　⑤ 孟珙：《蒙鞑备录》，《续修四库全书》第 423 册，第 525 页。

　　⑥ 《金史》卷 96，《李愈传》。

　　⑦ 《金史》卷 9，《章宗本纪》一。

却之，数月皆服贡职"①。边臣以个人名义接受贡献，此时已直接影响到了一年一度的官方"贡职"，给蒙古诸部造成了很大的经济负担。

在榷场贸易方面，金朝置榷场为"与敌国互市之所"。凡榷场"皆设场官，严厉禁，广屋宇以通二国之货，岁之所获亦大有助于经用焉"②。蒙金边境地区，"国初于西北招讨司之燕子城、北羊城之间尝置之，以易北方牧畜"③。据贾敬颜、周清澍考证，金朝在金蒙边界庆州、抚州、净州、东胜州等地设立榷场，建立了榷场贸易关系，并发展到了相当规模④。

同时，蒙古诸部与周边其他地区的经贸关系也有了新的发展。1203年铁木真在与怯烈部王罕的战争中战败后迁移到巴勒渚纳湖。此时，"有一个回回（撒儿塔兀勒）人阿三，从汪古惕部的阿剌忽失·的吉惕·忽里那里来，他骑着白骆驼，赶着一千只羯羊，想顺着额儿古涅河而下，去收购貂鼠和灰鼠。他在巴勒渚纳湖饮羊时，遇见了（铁木真）"⑤。远道而来的回回商人，已深入蒙古诸部，加入了从汪古部贩羊至额尔古纳河下游的贸易中。而位于西辽与金朝之间的西夏，北境直接与克烈部、乃蛮部接界，王汗的叔父古儿罕被也速该和王罕联合进攻时，曾逃入西夏。后来王罕遭到乃蛮部的袭击，逃入畏兀儿后，又从畏兀儿绕道西夏，返回本部。成吉思汗统一蒙古诸部时，向王罕发动进攻，王罕之子桑昆再次逃入西夏。双方间的经贸关系虽不见于记载，但王罕家族多次进出西夏，意味着这一时期双方也应当有密切的经济往来。

二　蒙元的重商政策与站赤系统的建立

1206 年成吉思汗统一蒙古诸部，正式建立蒙古帝国。蒙古诸部的

---

① 《金史》卷88，《移剌道传》。

② 《金史》卷50，《食货》五。

③ 《金史》卷24，《地理志》。

④ 贾敬颜：《从金朝的北征、界壕、榷场和宴赐看蒙古的兴起》，《元史及北方民族史研究辑刊》第9辑；周清澍主编：《内蒙古历史地理》，第107—108页，内蒙古大学出版社1993年版。其中，贾敬颜认为，蝦蟆山市场可能是燕赐城市场或火庵市场的异称，即金朝在金蒙边境设置的榷场可能为5个。

⑤ 《蒙古秘史》，余大钧译，第269页。

统一，没有也不可能立即改变蒙古高原经济的单一性和脆弱性。蒙古高原与周边地区经济交往的需求，没有也不可能因蒙古诸部的统一而消退。统一后的蒙古帝国，承袭历史上的重商传统，积极谋求发展与周边地区的贸易关系，大力保护商业，支持贸易，优待商人。

首先，蒙古帝国建立后，成吉思汗把通往中亚的商路视为"黄金绳索"，并颁布札撒："凡进入他的国土内的商人，应一律发给凭照，而值得汗受纳的财物，应连同物主一起遣送给汗。"① 首次以"札撒"的方式，明确了支持商人贩运贸易的政策。蒙古诸部时期的重商传统，获得了强大的法律保障。同时，成吉思汗积极拓展与周边地区的友好关系，为商业贸易的发展营造良好环境。1207 年"遣按弹、不兀剌二人使乞力吉思。既而野牒亦纳里部、阿里替也儿部，皆通使来献名鹰"② 。1209 年，依附于西辽的畏兀儿杀西辽少监，主动臣服于蒙古。成吉思汗接受亦都护巴而术朝见，许以女嫁，"呼第五子，与诸皇子约为兄弟，宠异冠诸国"③ 。并遣使招降哈剌鲁。1211 年"西域哈剌鲁部主阿昔兰罕来降"④ 。1214 年又接见花剌子模来使，明确表示："朕为东方的统治者，沙（花剌子模沙——国王）就成为西方的统治者吧。我们双方保持和平友好的关系，要让商人自由通行。"并于 1216 年派出使臣和商队，回访花剌子模沙，着手建立官方贡使贸易关系。⑤ 只是后来由于成吉思汗派出的商队，在花剌子模沙处被害，才使双方关系发生了逆转，贡使贸易关系因而中断。

窝阔台汗时期，对商人"运来的货物，不管好坏，他会下令一律全价收买"，"不管价钱多少，他的官吏应把它增加百分之十，把这笔钱付给商人"。即使是在贵由汗时期，蒙古帝国内部皇权争夺激烈，政局不稳，但优待商人的政策却并未改变。"当商人从这世界上远近各地集中，并且携来奇珍异宝时，他（贵由）下令依照其父在位时所采用的

---

① ［伊朗］志费尼:《世界征服者史》上册，何高济、陆峻岭译，第 90 页。

② 《元史》卷 1，《太祖本纪》一。

③ 赵孟頫:《开府仪同三司上柱国追封赵国公谥文定全公神道碑》铭，《松雪斋集》卷 7。

④ 《元史》卷 1，《太祖本纪》一。

⑤ 参见［日］小林高四郎《成吉思汗》，阿奇尔译，内蒙古人民出版社 1982 年版，第 143—144 页。

办法估价。"① 此外，针对"国初盗贼充斥，商贾不能行"的状况，蒙廷"则下令凡有失盗去处，周岁不获正贼，令本路民户代偿其物"②。"自古由（贵由）皇帝至今，僧道、也里可温、答失蛮，地税、商税不曾出纳。"③ 其中相当一部分商人，以宗教徒的名义，获得了经营商业而免纳商税的待遇。甚至前苏联史家认为："成吉思汗的继承者蒙古诸汗所规定的苛捐杂税沉重的徭役，全部重担正是落在纳税阶层剌亦牙惕即定居农民和中下层市民身上，然而，封建贵族和大商人阶层，特别是大批发商斡脱商人，他们归降于蒙古征服者，获得了各种优待和特权。"④

不仅如此，蒙古帝国通过连续多年大规模西征、南伐，至 1279 年平宋以前，已把西夏、金朝以及中亚、西亚直至多瑙河—巴尔干一线的欧洲地区，纳入了蒙古帝国的范围。在地跨欧亚的广阔范围内，不同地区之间的政权界限被打破，特别是以站赤制度为核心的陆路交通运输系统快速发展，极大地便利了汉地、蒙古高原、西域及西亚、欧洲之间的商贸往来，直接为横跨欧亚的远距离商业贸易的发展，提供了前所未有的交通条件。

早在成吉思汗时期，为满足军事征伐的需要，蒙廷对部分传统的商路进行了修治、拓展，蒙古高原与周边的交通条件得到了进一步改善。1219 年成吉思汗"大举西伐，道过金山，时方盛夏，冰凝雪积，斩冰为道"⑤。而从天池（今赛里木湖）南下至阿里马城的驿路，亦为"二太子扈从西征，始凿石理道，刊木为四十八桥，桥可并车"⑥。在蒙古军队已征服的地区，成吉思汗时也开展了一些修治道路的活动。回鹘人岳璘帖穆尔从太祖平河南，授河南等处军民都达鲁花赤后返回故里，"道出河西，所过榛莽，或时乏水，为之凿井置堠，居民使客相庆称便"⑦。此后，经河西走廊通西域的道路修复，山西通往察合台汗国、

---

① ［伊朗］志费尼：《世界征服者史》上册，何高济、陆峻岭译，第 294、302 页。

② 苏天爵：《元文类》，《中书令耶律公神道碑》。

③ 方龄贵校注：《通志条格校注》卷 29，《僧道商税地税》。

④ ［苏］彼特鲁舍夫斯基：《拉施特及其历史著作》。见《史集》第 1 卷（上册），第 77 页。

⑤ 耶律楚材：《西游录》，向达点校本，第 1 页。

⑥ 李志常著、侯仁之审校：《长春真人西游记》上卷，第 76 页。

⑦ 《元史》卷 124，《岳璘帖穆尔传》。

云南经川藏和甘肃通漠北的驿道等先后开辟,蒙古帝国辖区内逐步形成了覆盖全境的道路交通网①。

在此基础上,成吉思汗时期蒙廷即已开始着手建立驿站制度。太祖十六年(1221)孟珙出使,所见鞑靼"奉使曰宣差……凡见马则换易,并一行人从悉可换马,谓之乘铺马,亦古乘传之意"②。至窝阔台时期,"为使我们的使臣在路上疾驰,以及搬运所需用的东西,设置了驿站"③。而且从察合台汗国到钦帐汗国,也派出专使,"在所有各地区和国家,按照地区的广袤,建立了驿站"④,并专门命阿剌浅、脱忽察儿掌管全国站赤。⑤ 这成为窝阔台始终感到自豪的四件大事之一⑥。各地的交通线上,通过设立驿站、签发站户、置办马驼车船、提供首思祗应,形成了有组织的运输保障系统。显然,各地商人沿驿路开展商贸活动,获得了难得的安全和便利。

尤为值得注意的是,蒙古帝国的重商政策,畏兀儿第五帝国的特殊地位及蒙古贵族与西域商人结成的斡脱关系,决定了站赤系统与色目商人的商贸活动密切相关。尽管太宗元年(1229)圣旨称:"商贾做客之人,勿骑驿马。违者断按答奚罪"⑦,明令规定商人不能使用驿站。但是,也就是"在[窝阔台]合罕时,商人们经常骑着驿马往来于蒙古斯坦各地","在贵由汗[死]后,许多后妃和宗王们,颁发了无数玺书和牌子给人,向全国各地派出使者,并庇护若干庶民和贵族,为的是与他们合伙经商,或出于其他原因"⑧。不少商人,特别是直接服务于黄金家族的斡脱商人,实际上取得了使用驿站系统的特权。甚至商人以

---

① 参见周清澍《蒙元时期的中西陆路交通》,党宝海《蒙元驿站交通研究》,第59页。

② 孟珙:《蒙鞑备录》,《续修四库全书》,第423册,第529页。

③ 余大均译:《蒙古秘史》第281节,第493页。

④ [波斯]拉施特主编:《史集》第2卷,余大钧、周建奇译,第60—61页。

⑤ 余大均译:《蒙古秘史》第279—280节,第489—492页。

⑥ 余大钧译:《蒙古秘史》第281节,第619—620页。"斡歌歹皇帝说:'自坐我父亲大位之后,添了四件勾当:一件平了金国;一件立了站赤,一件无水处教穿了井,一件各城池内立探马赤镇守了。'"

⑦ 《永乐大典》(残本)卷19416,第8册。

⑧ [波斯]拉施特主编:《史集》第2卷,第259页。[伊朗]志费尼《世界征服者史》也称:"贵由汗死后,诸王滥发札儿黑;他们经商营利,把额勒赤派到世界各地去。而且贵人和贱民通过充当斡脱以求得保护,子民逃避沉重的负担。"第70页。

进奉名义送达诸物，没有牌符也可享受驿站供应和服务。太宗元年（1229）蒙廷明确规定："如有送丝线、颜色、物料，并外国使臣将礼物段匹及有急速勾当来者，应付铺马。"[1] 太宗四年（1232）圣旨："若军情急速事件及进纳颜色、丝线、酒食、米粟、段匹、鹰隼，但系御用诸物，虽无牌面文字，亦仰验数应付铺马牛车。"[2]

蒙古帝国重商政策的实施，有力地鼓励和支持了商业的发展。而驿站交通系统的建立，还为商业的发展创造了前所未有的良好条件。"成吉思汗统治后期，他造成一片和平安定的环境，实现繁荣富强；道路安全，骚乱止息。因此，凡有利可图之地，哪怕远在西极和东鄙，商人都向那里进发。"[3] 蒙古帝国辖区之内，形成了"适千里者入在户庭，知万里者如出邻家"[4] 的商贸环境。

第二节　草原财富的聚集与市场空间布局的迁移

一　草原财富的聚集与市场需求的扩大

成吉思汗统一蒙古诸部后，蒙古草原经济也进入了一个快速发展的新时期。无论是传统的主导产业畜牧业，还是新兴的手工业，乃至屯垦农业，都获得了明显发展，社会财富总量有了明显增加。而在持续半个世纪的军事扩张中，蒙古贵族大肆掠夺周边各地的人口和财富，转输蒙古草原，使蒙古草原与周边地区的人口、财富分布状况发生了重大变化。蒙古草原本身经济的快速发展，与通过战争输入的人口和财富一道，使蒙古草原成为13世纪时期重要的财富聚集区，对蒙古帝国辖区市场的空间布局，产生了重要影响。

首先，蒙古统一前后，蒙古草原传统的畜牧业快速发展。孟珙出使蒙古时看到，蒙古军人"凡出师，人有数马"[5]。约翰·普兰诺·加宾

---

① 《永乐大典》（残本）卷 19416，第 8 册。

② 《永乐大典》（残本）卷 19416，第 8 册。

③ ［伊朗］志费尼：《世界征服者史》，第 90 页。

④ 王礼：《麟原前集》卷 6，《义冢记》。

⑤ 孟珙：《蒙鞑备忘录》，《续修四库全书》第 423 册，第 525 页。

尼则说：蒙古人"他们拥有牲畜极多：骆驼、牛、绵羊、山羊；他们拥有如此之多的公马和母马，以致我不相信在世界的其余地方能有这样多的马"①。阿岩、乌恩在《蒙古族经济发展史》中，结合蒙古诸部统一时的千户组织情况，推算当时"全社会马匹的拥有量最低应在百万匹之上，实际数字可能要远远超出此"②。

在手工业方面，蒙古地区历史悠久、富于特色的畜产品加工涉及牧民生活的方方面面。这一时期蒙古草原的手工业也取得了多方面的技术进步，生产技术和产量大幅度提高。按 13 世纪初 9.5 万个蒙古包（9.5万户），每个蒙古包用毡 210 平方米计算，全部需近 2000 万平方米。而每年更新 10%，需求量就达 200 万平方米。同时，这一时期毡制品明显多样化，具备了较高的制作工艺，还已经采用了毛毡防腐技术③。乳制品的加工更是技高一筹，徐霆出使蒙古，"鞑主饮以马奶，色清而味甜"④，别有风味。在冶铁、金属器械制造等领域，也取得了新发展。金朝灭宋后，北宋时期在河东、陕西铸行的大量铁钱弃置不用，被蒙古诸部大量搜集运入草原⑤，也从一个侧面反映了蒙古地区金属加工能力达到了一个新的高度。畜牧、游猎中使用的各种金属工具、弓箭等，成为能大量生产的手工业品。

蒙古草原的自然条件，不太适宜于农业生产。辽朝时期在蒙古草原上开展了相当规模的屯田，取得了一定的成效，促进了蒙古草原农业的发展。金朝时期，"鞑靼……其近汉地者谓之'熟鞑靼'，尚能种秋，以平底瓦煮而食之"⑥。农耕经济已逐步在宜农地区发展起来。特别需要强调的是，虽然蒙古草原的农业发展较为有限，但农耕经济向草原地区的推进，不仅为农牧交错地区从游牧向定居转变奠定了基础，而且对增强畜牧经济应对自然灾害的能力，起到了十分重要的作用。以畜牧为主，以农补牧，强有力地推动了牧区和农牧交错地区经济的发展。

在对外征战方面，早在 1205 年，蒙古诸部刚完成统一，立即发

---

① ［意］约翰·普兰诺·加宾尼：《蒙古史》，道森《出使蒙古记》，第 9 页。

② 阿岩、乌恩：《蒙古族经济发展史》，第 77 页。

③ 阿岩、乌恩：《蒙古族经济发展史》，第 92 页。

④ 彭大雅撰，徐霆疏证：《黑鞑事略》，第 13 页。

⑤ 李心传：《建炎以来朝野杂记》乙集卷 19。

⑥ 《大金国志》卷 22。

动了第一次攻击西夏的战争。发动这次战争的原因之一，即是把西夏作为重要军需供给地，"缓解蒙古建国之初经济生活的困境"①。这次侵夏的初步尝试，"拔力吉里寨，经落思城，大掠人民及其橐驼而还"②。1213 年蒙古军兵分三路，大举进攻金朝，"凡破九十余郡，所过无不残灭。两河、山东数千里，人民杀戮几尽，金帛、子女牛羊马皆席卷而去……"③ 1220 年蒙古进兵中亚攻克撒麻耳干后，蒙军"清点刀下余生者，三万有手艺的人被挑选出来，成吉思汗把他们分给他的诸子和族人；又从青壮中挑出同样的人，编为一支签军。其余允回城者……成吉思汗向这些乞命者征收二十万的那〔的赎金〕"。攻占花剌子模后，"他们把百姓赶到城外，把为数超过十万的工匠艺人跟其余的人分开来，孩童和妇孺被夷为奴婢，驱掠而去"④。"剩下的人则分配给军队屠杀。据人们确定的说法，五万多蒙古兵每人分配到二十四人。简单说来，〔蒙古〕军将所有的人杀死后，便川流不息地入城任意洗劫。剩下的房屋和街区一下子全被毁掉了。"⑤ 继而哲别、速不台、拖雷等"犹如一股旋风，横扫呼罗珊大部土地，几乎没有不被他们军旅穿越的县分。……可是，无论何地，百姓只要拒绝纳款投诚，当地又易于攻打，便于袭击，那他们毫不留情，攻占城镇，杀戮居民"⑥。而"在蒙古贵族发动大规模的西征前，就有大量西域人通过商业贸易、归降等途径"，进入蒙古草原乃至中原地区。在三次大规模的西征中，无论中亚、俄南，还是西亚地区，都有大量人口被掳掠、签发到了蒙古草原，"特别是蒙古第一次西征后，被裹胁东迁的西域诸族军士、工匠、驱口等高达数十万"⑦。

继大规模的军事征服之后，蒙古帝国逐步改变杀戮政策，开始设官置吏，通过征收赋税，继续搜刮、聚敛财富，并将其中的相当一部分继

---

① 陈育宁、汤晓芳：《成吉思汗与西夏》，《蒙古史研究》第 8 辑。

② 《元史》卷 1，《太祖本纪》一。

③ 李心传：《建炎以来朝野杂记》卷 19，《鞑靼款塞》。

④ 〔伊朗〕志费尼：《世界征服者史》上册，何高济译，翁独健校订，第 140、148 页。

⑤ 《史集》第 1 卷第 2 分册，第 298 页。

⑥ 〔伊朗〕志费尼：《世界征服者史》上册，何高济译，翁独健校订，第 178 页。

⑦ 马建春：《元代东迁西域人及其文化研究》，第 58、62 页。

续转输蒙古草原。窝阔台时期，"合罕把全部汉地授予了撒希卜马合木·牙剌洼赤管理；把从畏兀儿斯坦领地别失八里和哈剌火者，［从］忽炭、合失合儿、阿力麻里、海押立、撒麻耳干和不花剌，［一直］到质浑河岸［的地区］，授予牙剌洼赤的儿子马思忽惕—伯；从呼罗珊到鲁木和迪牙别克儿边境的［地区］，则授予异密阔儿古思。凡从所有这些地区征收的全部赋税，他们每年都送到国库来"①。在呼罗珊，甚至还专门授予阔儿吉思一道札撒，"派他去查实（呼罗珊）多年来的产量，及每人逋欠的数字，还让他去清查户籍，不许人打扰他"。阔儿吉思到达呼罗珊后，"从四方征集值得进献皇上的贡礼。他实施新的户口调查，重征赋税"②。1246年普兰诺·加宾尼出使蒙古，途经金帐汗国，"在斡罗思的时候，一个萨拉森人被派到那里"，"代表贵由汗和拔都"把当地人口"按照他们的风俗编入户籍，并发出命令：每一个人，不论老幼，甚至是出生只有一天的婴儿，不论贫富"，都要缴纳白熊皮等贡品③。蒙哥1251年即汗位后，进一步统一上述地区的赋税征收标准，改按牙剌洼赤在河中的办法，"每人一年的缴纳是按他的财富和交纳能力来决定，并且在缴结了这个规定的数目后，在同一年内不得再找他，也不得给他别的摊派"④。

这样，蒙古贵族通过四处掠夺和赋税征收，把大量财富集中到了蒙古草原。窝阔台继任后，当他"下诏把多年来为成吉思汗从东西各国征集来的国库贮藏打开，其总数量账簿的肚子都容纳不下"⑤。正是基于"大海和矿场送上自己的财富"，"强大的君主就有了慷慨的倾向和可能"。窝阔台因此成为蒙古帝国史上以富有和慷慨著称的大汗，"在赏赐财物中，他胜过了他的一切前辈"⑥。当他进入哈拉和林的国库，"看见约有两万巴里失，他于是说：'我们积蓄这些有什么用？经常都要看守着，去宣布，让那些渴望［取得］巴里失的人来领取吧'。于是城中

---

① ［波斯］拉施特主编：《史集》第2卷，第111页。

② ［伊朗］志费尼著，翁独健校订：《世界征服者史》下册，何高济译，第589页。

③ ［意］约翰·普兰诺·加宾尼：《蒙古史》。见［英］克里斯托弗·道森编，周良霄注：《出使蒙古记》，吕浦译，第38页。

④ ［伊朗］志费尼著，翁独健校订：《世界征服者史》下册，何高济译，第615页。

⑤ ［伊朗］志费尼著，翁独健校订：《世界征服者史》下册，何高济译，第219页。

⑥ ［伊朗］志费尼著，翁独健校订：《世界征服者史》下册，何高济译，第238页。

的居民，贵族和平民，富人和穷人，［都］向国库走来，每人都得到了丰富的一份"①。在《史集》记载的 48 条窝阔台逸事中，绝大多数是这类体现大汗慷慨的记载。至贵由汗时，他同样"毫无限制地慷慨、挥霍，想使他的名声超过他的父亲，但是时间不容许他［这样做，不久他就去世了］"②。

各类人口剧增，使蒙古草原对粮食、布帛等日常生活必需品的需求更加强烈。特别是大批工匠被掳掠到蒙古高原，不仅增加了对生活必需品的需求，而且全面扩大了对各种手工业原料的生产性需求。蒙古草原基于畜牧经济单一性、脆弱性形成的强烈的交换需求，不仅总量呈几何级数增长，而且多样性全面增强。同时，蒙古草原财富的聚集，则使草原上快速增长的交换需求，获得了强大的财富支撑，转化为强烈的有效需求，驱动着蒙古草原市场的发展。蒙古草原出现了商贸繁荣的景象：

"花剌子模王在位的晚年……一群群商人到可能获取利润的任何边陲地区去。由于蒙古部落是游牧民，远离城市，他们十分珍视各种织物和垫子，关于同他们通商可以赚钱的消息便远播开去了。"③ 大批商人涌到了蒙古高原。1218 年成吉思汗招募商人前往花剌子模时，一次就能集中起 450 名商人，结成庞大的商队前往④。

蒙古帝国迫切需要的小麦等粮食，虽然产地"出阴山之后二千余里"，但却可通过"西域贾胡以橐驼负至也"。宋宁宗嘉定十四年（1221），孟珙奉命出使蒙古，至燕京见到的情况是，蒙古"其俗既朴，则有回鹘为邻，每于两河博易贩卖于其国"⑤。

当一个穷人"把几片铁磨得像针一样，把它们装上柄"献给窝阔台时，尽管"那些针微不足道，并且质量低劣"，但窝阔台却"对每一棵不值一札兀的针，他都赏给了一银巴里失"⑥。"有个人献给合罕一只合列卜碗。……合罕说：'带来碗的那个人，费了不少事才把这样一件易

---

① ［波斯］拉施特主编：《史集》第 2 卷，第 93 页。
② ［波斯］拉施特主编：《史集》第 2 卷，第 224 页。
③ ［波斯］拉施特主编：《史集》第 1 卷第 2 分册，第 258 页。
④ ［伊朗］志费尼：《世界征服者史》，第 90 页。
⑤ 孟珙：《蒙鞑备录》，《续修四库全书》第 423 册，第 517 页。
⑥ ［波斯］拉施特主编：《史集》第 2 卷第 89 页。故事又见志费尼著，翁独健校订《世界征服者史》上册，何高济译，第 244 页。

碎的贵重物品送到这里，给他二百巴里失吧’。”①

至贵由汗时，“他命令象在［窝阔台］合罕时代那样，对四周国家来的商人们的货物估价之后，就照价偿付。有一次，［价格］超过了七万巴里失，为此［不得不］向各地开出支票。各地的货物堆积如山，以致搬动都有困难”②。

二　草原城市的兴起与市场空间的北移

在蒙古草原商品交换迅猛发展的推动下，蒙古帝国承袭辽、金以来城市建设从中原向蒙古草原北向发展的趋势，大力新建、扩建、修筑城市，使草原深处部分地区蒙古人“远离城市”③“没有定居于任何城镇”④ 的状况发生了明显改变，市场空间布局进一步北移。

契丹兴起于蒙古高原边缘，建国前，“始兴版筑，置城邑”⑤。神册三年（918）开始兴建上京，统和二十五年（1007）建中京大定府，揭开了塞外草原上建设都城的历史。契丹建国后，适应军事镇戍、经济社会发展和经贸往来的需要，在草原地带建立了大批的居民点和城市，给契丹社会经济生产带来了重大影响⑥。其中圣宗统和二十一年（1003）六月，又修可敦城⑦（镇州），“选诸部族二万余骑充屯军，专捍御室韦、羽厥等国，凡有征讨，不得抽移。渤海、女直、汉人配流之家七百余户，分居镇、防、维三州。东南至上京三千余里”⑧。成为辽朝通往西域的商路上的重要城镇。辽末耶律大石西迁，即由黑水至此，然后西行到达北庭⑨。金朝兴起后，虽然漠北未直接纳入其控制区域，但大漠南北的定居点和城镇仍有所发展，出现了“于土城内住的百姓”“有板

---

① ［波斯］拉施特主编：《史集》第2卷，第100页。

② ［波斯］拉施特主编：《史集》第2卷，第220—221页。

③ ［波斯］拉施特主编：《史集》第1卷第2分册，第258页。

④ ［伊朗］志费尼：《世界征服者史》，第90页。

⑤ 《辽史》卷2，《太祖本纪》。

⑥ 乔幼梅：《辽夏金经济史》，第92、90页。

⑦ 《辽史》卷14，《圣宗本纪》五。

⑧ 《辽史》卷37，《地理志》一。

⑨ 《辽史》卷30，《天祚皇帝本纪》四记载：保大二年（1122）耶律大石自立为王，“率铁骑二百宵遁。北行三日，过黑水，见白达大详稳床古儿。床古儿献马四百，驼二十，羊

门的百姓"。特别是商路沿线的一些居民点，已与金朝城市市场联系在了一起。

铁木真统一蒙古诸部后，于 1206 年在斡难河源头召开忽里台大会，正式称成吉思汗，太祖十五年（1220）定都和林①。随着人口、财富向和林的集中，窝阔台于太宗七年（1235）"乙未春，城和林，作万安宫"②。在回鹘汗国不可汗修建的卯危巴里遗址上，兴建和林城③。《史集》则称："因为他（窝阔台）过去就曾从汉地带回来各种工匠和各行各业的技师，所以他下令在［自己的］禹儿惕哈剌和林，他大部分时间的驻留地，修建一座有高台基和柱子，与这位君主的宏图相称的宫殿。那座宫殿的每一方面各长一箭之距，中间有一巍峨的殿堂耸立，殿堂被加以精致的装饰，描以彩绘和图画，并被称之为'合儿失'。……接着他又下令，命［他的］兄弟、儿子以及在他身边的其他宗王们，各在宫的四周建立华丽的住宅。他们全部遵命照办。当那些建筑完成并彼此毗连时，［它们］就成为整整一大群建筑"④。此后经过扩建⑤，形成了外城周长 5200 米，规模宏大的都城。据 1995—1996 年联合国教科文组织《蒙古国哈拉和林都城遗址的保存和修整计划》调查组调查、勘测，并根据城市建设用砖等情况，绘制了不同时期哈拉和林遗址图。其中，属于第一期（1235—1240）和第二期（1240—1299）的遗址如图 3-1 所示：

哈拉和林兴建后，窝阔台通过驿站建设，沟通了哈拉和林与外部的

（接上页）若干。西至可敦城，驻北庭都护府，会威武、崇德、会蕃、新、大林、紫河、驼等七州及大黄室韦、敌剌、王纪剌、茶赤剌、也喜、鼻古德、尼剌、达剌乖、达密里、密儿纪、合主、乌古里、阻卜、普速完、唐古、忽母思、奚的、纠而毕十八部王众"。

  ① 《元史·地理志》载："和宁路，始名和林，以西有哈剌和林河，因以名城。太祖十五年，定河北诸郡，建都于此。"

  ② 《元史》卷 2，《太宗本纪》。

  ③ ［伊朗］志费尼称：哈拉和林"在斡耳寒河和哈剌和林诸山的地方，有一堵叫做斡耳朵八里的颓垣，此地的兴建者是不可汗，蒙古人把它叫做卯危巴里，合汗就命令在它上面构筑一座城镇，他们称之为斡耳朵八里，尽管它更以哈剌和林而知名"。《世界征服者史》上册，第 277 页。

  ④ ［波斯］拉施特主编：《史集》第 2 卷，第 68—69 页

  ⑤ 《元史》卷 3，《宪宗本纪》载：宪宗元年（1251）"罢筑和林城役千五百人"说明。至少至蒙哥继任时，哈拉和林仍在进行扩建。

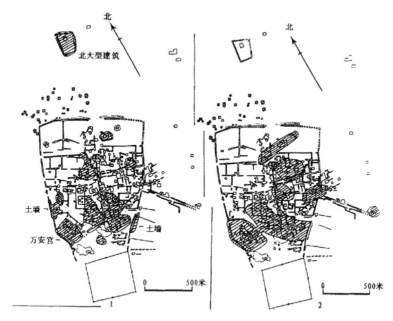

图 3-1　哈拉和林遗址图

1. 第一期（1235—1240）　2. 第二期（1240—1299）

图片来源：［日］白石典之：《日蒙合作调查蒙古国哈拉和林都城遗址的收获》，袁靖译，《考古》1999 年第 8 期。

联系。他"从乞台国到该城（哈拉和林），除伯颜站以外，还置了一些站，被称为'纳邻站'。每隔五程就［有］一站，共 37 站。在每一驿程上，置一千户，以守卫那些站。他建立制度，让每天有五百辆载着食物和饮料的大车，从各方到达该处［哈拉和林］；把［它们］储于仓中，以便取用。为［运送］谷物和酒建造了［一种］庞大的大车，每辆要用八头牛运送"[①]。哈拉和林很快成为漠北商业繁盛的城市。贵由汗时，曾经一次向商人付款 7 万巴里失后，"接受那些商人的货物，以及同天来自东方和西方，从契丹到鲁木的商品，连同各地各族的物货，堆积如上，分门别类地放"[②]。据 1254 年鲁不鲁乞所见，哈剌和林"城里有两个地区，一个是萨拉森人区，市场就在这区里。许多商人聚集在这里……另一个是契丹人区，这些契丹人都是工匠"。"城的周围环绕

---

① ［波斯］拉施特主编：《史集》第 2 卷，第 69 页。

② ［伊朗］志费尼：《世界征服者史》上册，第 302 页。

着土墙，并有四个城门。东门出售小米和其他谷物，不过，那里难得有这些谷物出售；西门出售绵羊和山羊；南门出售牛和车辆；北门出售马匹"①。而《史集》中还记载了这样一个故事："一个木速蛮在市场上买了一头羊牵回家，他关上了门，在屋中高诵'必思迷剌'之后，就把它宰了。"② 这说明，哈拉和林除了蒙古贵族与斡脱商人的批量贸易外，还出现了个体自由人从市场上购买商品的情况，商品交换活动已开始向民间开放，纵深发展。此外，哈拉和林城市商业的布局，还得到了考古学的验证。1948—1949 年，苏联与蒙古联合考察队进行的考古发掘表明："在发掘过程中发现多处遗迹都与鲁不鲁乞的描述相符。考察队发掘了著名的窝阔台汗宫殿遗址，挖掘出整座整座的手工业作坊、贸易货栈及行政衙署等建筑遗址。"③ "外城东、南、西三面关厢地带为平民居住及商贸活动区。其东关长约 800 米、南关长约 600 米、西关长约 1000 米，多存小型建筑遗址。西关外南马市当是为南来商旅以粮食、布匹等与此地皮毛牲畜产品交易而设，时人有'西关轮舆多似雨'的描述。另在东关外有广济仓、西关外有万盈仓、城北有行殿等遗迹。"④

然而，蒙古草原的自然条件和产业单一的状况，难以在短期发生根本性的改变。多样化的巨额需求，没有也不可能从当地草原获得。特别是粮食、绢帛等生活必需品，必须从周边地区转运而来。黄金家族推选大汗召开忽里台大会时，把分散在各地的诸王们集中到哈拉和林，所形成的粮食需求已足以挑战市场供给的底线。1246 年春的忽里台大会，更是"由于人多，大帐四周已无地可供停驻。饮食大大涨 [价]，而且 [找不到]"⑤。而窝阔台时，当"所有各国商人都争相来到他的宫廷。合罕吩咐收下他们的 [全部] 货物，不管好坏，全部如数付酬。多数情况是，未看到 [货物] 就给了 [报酬]，而且他们 [商人们] 定出了重利十倍的高价，因而获利甚巨"。甚至对商人随意定出的价格，"都

---

① ［法］鲁不鲁乞：《东游记》，载 ［英］道森编，周良霄注《出使蒙古记》，吕浦译，第203 页。

② 《史集》第 2 卷，第 86 页。

③ ［苏］H. H. 捷列霍娃：《古代蒙古城市的铁器制作业》，皓古译，《蒙古学资料与情报》1986 年第 1 期。

④ 曲英杰：《20 世纪中国文物考古发现与研究丛书·古代城市》，第 227 页。

⑤ ［波斯］拉施特主编：《史集》第 2 卷，第 216—217 页。

按十［加］一付款"。当有人进行劝阻时，他道："与官家交易，获利多些才对商人有利。因为他们必然对你们，必阇赤们，有些开支。我这是在为你们的大圆面包付钱，免得他们从朕处受损失而去。"① 也就是说，蒙古贵族在面临严峻的粮食问题时，不仅高价难免，甚至有所损失也在所不辞。

值得注意的是，蒙古草原与周边地区的商贸往来主要沿畏吾儿、中亚和汉地三个方向展开。而从南方汉地农业区贩运粮食、绢帛到蒙古草原，是商人们首选且可行的主要货源地。

畏兀儿地区由于亦都护率先主动归附，并始终忠诚地跟随蒙古军队东征西讨，所辖地区成为蒙古帝国内部，仅次于窝阔台、察合台、金帐、伊利汗国的"第五汗国"。畏兀儿地区虽然也向蒙古纳贡纳质，发兵从征，但终究未遭到兵火的摧残，并享有一系列其他被征服地区没有的特权。因此，在察合台汗国与忽必烈反目成仇、在畏兀儿地区展开拉锯战之前，这一地区保持了近半个世纪的和平和繁荣。畏兀儿亦都护带领所属将士跟从蒙古军队出征，也曾将其他地区的部分财富、人口迁入该地，促进了当地经济的发展。于是，畏兀儿地区成为蒙古帝国平宋前，仅次于蒙古高原的重要财富聚集区。但毕竟畏兀儿地区路途遥远，商品种类、数量相对有限。因此畏兀儿人、回回人主要从那里贩运珍稀异物、奢侈品到蒙古草原。两地珍稀奢侈品市场联系更加紧密，但两地之间的批量生活必需品特别是粮食、绢帛等的贸易，难以与汉地相比。

至于与中亚及以西的贸易，虽然交通畅达，但受战争破坏，商品供给能力受到重创。特别是路途遥远，极大地增加了商贸风险，推高成本，从这一带向蒙古草原贩运粮食等生活必需商品，将得不偿费。志费尼指出："鞑靼人的家乡，他们的起源和发祥地，是一个广大的盆地，其疆域在广袤方面要走七、八个月的路程。"② 而普兰诺·加宾尼1246年4月4日在伏尔加河拔都帐下，一路乘驿马飞驰，至1246年7月22日方才赶到离哈拉和林半日程的昔剌斡耳朵（Sira-Ordo）③。未运送任何商品的驰传，单程尚且需3个多月。商人从事的贸易活动，不仅其艰

---

① ［波斯］拉施特主编：《史集》第2卷，第94页。
② ［伊朗］志费尼：《世界征服者史》，何高济、陆峻岭译，第23页。
③ ［意］约翰·普兰诺·加宾尼：《蒙古史》，见《出使蒙古记》，第50、59页。

辛可想而知，而且在这样交通条件下的商品流通量和流通速度，当然难以与畏兀儿地区和汉地相提并论。如果贩运粮食的话，那可能还没走完一半路程，粮食就已经无法食用了。至于忽必烈与察合台汗国之间的战争爆发后，双方长期敌对，以致伊利汗国与元朝之间的往来也受此影响而改走海路，中亚及以西地区与蒙古草原和东方的贸易，就更艰难了。

汉地则不同，不仅早在契丹、金朝时期就与长城以北的牧区以及蒙古草原建立了密切的商贸往来关系，而且战争破坏之余，仍具有供给粮食、食盐、纺织品、瓷器、金属产品等能力，且距离蒙古草原较近，交通更为方便。因此，以大规模的粮食、绢帛贩运为依托，在哈拉和林与中原之间，又兴起了另一个重要的转运贸易城市——开平。

开平城址位于滦河上游的金莲川，金代属桓州，距桓州城仅 20 多千米。桓州曾是金朝与蒙古之间榷场贸易的主要场所，在沟通农牧区经济交流中，发挥了重要作用。成吉思汗统一蒙古诸部后，首先从这里发动对金朝的进攻，金莲川一带既是蒙军南下灭金的主要根据地，又是蒙古草原与汉地之间往来的要冲之地。1220 年邱处机北上，1232 年彭大雅出使，1247 年张德辉受忽必烈召北上和林，都由此而行。1251 年蒙哥继汗位后，把这里封给了忽必烈，忽必烈在此开府，"征天下名士而用之"，同时承担着从汉地向哈拉和林转运粮食的重任。也就是这一年，忽必烈命刘秉忠在金莲川兴建城市，作为幕府驻地。经过三年多的兴建，开平城已粗具规模①。时值蒙哥战死，忽必烈从鄂州赶回开平，在开平即汗位，并以开平为中心，与在哈拉和林继汗位的阿里不哥展开了激烈的汗位争夺战。战争中进一步体现了开平城在漠北粮食供给中的关键作用，"哈拉和林的饮食，通常是用大车从汉地运来。忽必烈合罕封锁了运输，那里便开始了大饥荒，物价上涨。阿里—不哥陷入了绝境"②。最终在汗位的争夺中归于失败。此后，中统二年（1261）忽必烈"初立宫殿府，秩正四品，专职营缮"，进一步加强城市建设。中统四年（1263），升开平城为上都，并逐步把它变成了联系大漠南北商贸往来的枢纽，并依托上都的这种经济地位，把它建设成了兼具草原、汉地双重特色，政治地位仅次于大都的都城。

---

① 参见陈高华、史卫民《元上都》，第 12—29 页。

② ［波斯］拉施特主编：《史集》第 2 卷，第 296 页。

　　除哈拉和林、开平城外，蒙古草原上还兴起了一系列新城市。张文平依据考古资料，整理了今天内蒙古区域内蒙元时期的 85 个城镇遗址材料，列出了《内蒙古地区蒙元城镇一览表》，并对这 85 个城镇标明了建置时代。其中，除明确标明属于"元代"的 24 个古城外，建置属于金朝及以前、"大朝""蒙元"时期的共 61 个，其基本情况见表 3-1。

表 3-1　　　　　　　　　内蒙古地区蒙元时期城镇遗址统计

时代	名称	合计
金朝及以前	四郎城古城、城子古城、台基庙古城、白塔古城、淤泥滩古城、城卜子古城、白塔古城（呼和浩特）、土城子古城（和林格尔县）、土城子古城（卓资县）、西白塔古城、什泥板古城、下城湾古城、城卜子古城、集宁路遗址、大庙古城、新忽热古城、黑城古城（额济纳旗）、文德布勒格古城、马圈古城、大明古城、黑城古城（宁城县）、白塔古城、高州古城、五十家子古城、巴格陶利古城、康家渠古城、甘珠尔花古城	27
大朝	敖伦毛都古城、大土古城、鄂伦苏木古城、北土城古城	4
蒙元	元上都、哈音海尔瓦古城、应昌路遗址、应昌县故城遗址、白城古城（巴林右旗）、西八家古城、干草胡洞古城、六苏木古城、沙尔沁古城、西营子古城、木胡儿索卜嘎古城、小城壕古城、沙贝库仑古城、沙罗板升古城、希拉哈达古城、东麻黄洼古城、乌兰牧场古城、罗坝古城、三间茅庵古城、曹不罕古城、大文古城、泉子沟古城、西井子古城、公主城古城、大圪达古城、腰伯吐古城、黑山头古城、巴音乌拉古城、大浩特罕古城、布哈陶拉盖古城、团结村古城	31

　　资料来源：本表以张文平《内蒙古地区蒙元城镇一览表》（内蒙古大学博士学位论文《内蒙古地区蒙元城镇研究》101—124 页）为基础，从中排除属于"元代"的建置城市遗址，选取建置时间属于"金代及以前""大朝""蒙元"三个时期的城镇遗址名称制成。

　　表 3-1 从一个侧面表明：第一，今天内蒙古地区的城市，在金代及以前已有所发展，而且其中不少城镇在金元之际仍然存在，尚未荒废。这类城镇在金元之际内蒙古地区的城镇总数中，占 40% 左右。蒙古灭金前后，在对金朝辖地造成严重破坏的同时，还是有一些城市保留了下来。蒙元继承了辽金以来城市逐步向北发展的相当一部分成果。

　　第二，从蒙古帝国建立到蒙元时期，如果分为"大朝"和"蒙元"两个阶段，则"大朝"时期可能由于战争的原因及市场发育程度的关系，内蒙古地区城市建置为数很少，表 3-1 所列仅 4 个，占 62 个的6.4%。而"蒙元"时期战事较少，城市建置进入了全面推进、快速发展的阶段。在金朝以前的城市继续保留或恢复的同时，新建置的城市数量达到了 31 个，占金元之际内蒙古地区 61 个城市的 50%。超过了金代以前旧城及"大朝"时期新城的总和。蒙古帝国不仅继承了辽金城市北向发展的总趋势，而且把这种趋势进一步推到了一个新的阶段。

第三，蒙元时期内蒙古地区的军事活动不多，特别是在蒙古灭夏、灭金之后，这一带多数地区既不属于战争前线，也不属于新征服和占领的地区，新建城市的功能应该以驻守、驻地、驿站交通为主，军事镇戍估计不是建城的首要目的。因此，这些城市或多或少萌发商品交换，发挥商品转运功能，应是情理中事。

在上述城镇中，应昌城的兴建，有明确时间记载。应昌城建于至元七年（1270），"斡罗陈万户及其妃囊加真公主请于朝曰：'本藩所受农土，在上都东北三百里，答儿海子实本藩驻夏之地，可建城邑以居。'帝从之，遂名其城为应昌府。二十二年改为应昌路"①。元代应昌路城址及主要建筑分布情况如图3-2。

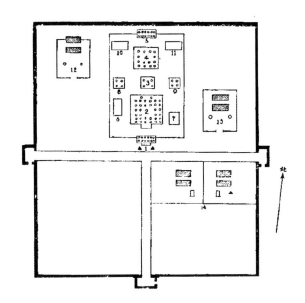

图3-2　元应昌路城址及主要建筑示意图

图片来源：李逸友《元应昌路故城调查记》，《考古》1961年第10期。

根据考古调查，应昌故城址呈正方形，东、西、南三面正中各设一门。20世纪60年代还可清楚地看出街道坊市。"城内东西门间有横街，阔约10米。南门内有长街一条，至城中部与横街相交，宽约20米。城市之南部，为坊市所在，长街两侧，有市肆建筑。城内西南部分多为民

---

① 《元史》卷118，《特薛禅传》。

居，有小巷相通，地表遗露很多石臼、石磨盘等石制工具，可能为手工业作坊所用物。"① 显然这正是蒙元时期在上都以北兴建的又一座具有明显市场功能的城市。

这样，蒙古帝国建立后，以便捷的驿路交通为基础，以哈拉和林、开平及蒙古草原上一大批城市的兴建为依托，市场辐射的空间范围全面拓展，市场的空间布局大幅度北移。传统中国北方农牧经济分界的重要标志——长城，已不再具有了明显的市场分界意义。草原市场与长城沿线农耕区市场，在强大的供求关系推动下，更密切地连成了一片。宋代以来的城乡市场空间布局，进一步向北移动、拓展，发生了新的重大变化。

第三节　北方市场主体的兴替与
市场层级结构的萎缩

一　北方市场上的投下、斡脱商人与汉人世侯

在蒙古草原经济快速发展、周边人口和财富向草原聚集的同时，蒙古帝国内部社会财富占有关系也发生着重大变化。绝大多数财富为极少数人占有，贫富之间的差距全面扩大。特别是蒙古灭金前后，蒙古投下、斡脱商人与汉人世侯，不仅占有了社会财富的主要部分，而且携巨资全面参与市场交换，从事商业贸易，成为蒙元时期最重要的市场主体。而蒙古高原的普通牧民和汉地传统小农，却更多地离开市场，甚至失去了参与市场交换的机会、资格和能力。市场主体的上述变化，直接导致了市场层级结构的萎缩。

首先，成吉思汗统一蒙古诸部后，"哥哥弟弟每商量定：取天下了呵，各分土地，共享富贵"②。按照这一原则，成吉思汗将统一后的蒙古土地、人民，作为黄金家族的家产，以分封的方式在亲族中进行了分配。除黄金家族成员外，弘吉刺、亦乞列思、汪古、斡亦刺等姻族和部

---

① 李逸友：《元应昌路故城调查记》，《考古》1961 年第 10 期。
② 陈高华等点校：《元典章》卷 9，《吏部》三，《改正投下达鲁花赤》，第 296 页。

分勋臣也得到了分封，"受封的贵戚和勋臣都称为投下"①。韩儒林先生对此进行了专门研究，根据《蒙古秘史》和《史集》的记载，列出了金黄金家族主要成员获得的人户分配，少则 1500 户，多则上万户。②

此后，窝阔台和蒙哥时期，还根据蒙古分封制度，进行过两次大规模的分封。其中，窝阔台灭金后的丙申分封，一次就给拖雷位下真定路 8 万多户。分封民户总量达到 76 万多户。宪宗七年（1257）的丁巳分封虽然总量大幅度减少，可旭烈兀大王位在彰德路的封户也有 25000 多户。可由于汉地情况与草原完全不同，窝阔台和蒙哥时期对封户全部征收科差：每二户出丝一斤输于政府；五户出丝一斤输于投下。而且各投下只设分地达鲁花赤监临，由朝廷置官征赋，按其应得份额颁给（五户丝），因此封户也被称为五户丝户。据《元史》记载，两次五户丝封户的分封情况见表 3-2 和表 3-3③。

表 3-2　　　　　　　　太宗丙申分封五户丝情况统计

投下	投下类别	地点	封户
太祖弟搠只哈撒儿子淄川王位	诸王	般阳路	二万四千四百九十三户
太祖第三子太宗子定宗位	诸王	大名	六万八千五百九十三户
太宗子阔端太子位	诸王	东平路	四万七千七百四十一户
太祖弟孛罗古鹏子广宁王位	诸王	恩州	一万一千六百三户
太祖第六子阔列坚河间王位	诸王	河间路	四万五千九百三十户
太祖弟哈赤温大王子济南王位	诸王	济南路	五万五千二百户
太祖叔答里真官人位	诸王	宁海州	一万户
太祖长子术赤大王位	诸王	平阳	四万一千三百二户
太祖次子茶合鹏大王位	诸王	太原	四万七千三百三十户

---

① 韩儒林：《元朝史》上册，第 194 页。据李治安先生研究，投下"可分为两大类，即军队投下和分封投下"。军队投下是蒙古中央兀鲁思下属的近百个千户，是大汗的"份子"和"产业"。分封投下又包括诸王兀鲁思投下、五户丝食邑投下、私属投下三种形式。其中，诸王兀鲁思投下即成吉思汗把 3 万余户及蒙古国东、西两翼之地分授给诸子诸弟；窝阔台灭金后，又将 70 余万中原州县民户分赐诸王贵戚功臣，形成了五户丝食邑投下；在草原诸王兀鲁思、直属千户投下之外，又直接附属于诸投下或投下直接另派官管理的诸王驸马怯怜口民匠总管府等管辖下的私属，则属于私属投下。李治安：《元代政治制度研究》，第 364—366 页。

② 韩儒林：《元朝史》上册，第 194 页。

③ 《元史》卷 95，《食货》三。

续表

投下	投下类别	地点	封户
太祖弟斡真那颜位	诸王	益都路等处	六万二千一百五十六户
太祖第四子睿宗子阿里不哥位	诸王	真定路	八万户
赵国公主位	后妃公主	高唐州	二万户
鲁国公主位	后妃公主	济宁路	三万户
郓国公主位	后妃公主	濮州	三万户
火雷公主位	后妃公主	延安府	九千七百九十六户
昌国公主位	后妃公主	缺	一万二千六百五十二户
和斜温两投下	勋臣	曹州	一万户
迭哥官人	勋臣	大名清丰县	一千七百一十三户
行丑儿	勋臣	大名	一百户
术赤台郡王	勋臣	德州	二万户
带孙郡王	勋臣	东平东阿县	一万户
木华黎国王	勋臣	东平	三万九千一十九户
乞里歹拔都	勋臣	东平	一百户
笑乃带先锋	勋臣	东平	一百户
灭古赤	勋臣	凤翔府	一百三十户
孛罗先锋	勋臣	广平等处	一百户
忒木台驸马	勋臣	广平路磁州	九千四百五十七户
右手万户三投下孛罗台万户	勋臣	广平路洺水	一万七千三百三十三户
斡阔烈阇里必	勋臣	广平路	一万五千八百七户
帖柳乌涂千户	勋臣	河间路临邑	一千四百五十户
也速不花等四千户	勋臣	河间路陵州	一千三百一十七户
也速兀儿等三千户	勋臣	河间路宁津	一千七百七十五户
左手九千户合丹大息千户	勋臣	河间路齐东县	一千二十三户
折米思拔都儿	勋臣	怀孟等处	一百户
黄兀儿塔海	勋臣	平阳	一百四十四户
八答子	勋臣	顺德路	一万四千八十七户
愠里答儿薛禅	勋臣	泰安州	二万户
孛哥帖木儿	勋臣	真定等处	五十八户
孛鲁古妻佟氏	勋臣	真定	一百户
塔思火儿赤	勋臣	东平	六百八十户

资料来源：《元史》卷95,《食货》三。

表 3-3　　　　　　　　　　　宪宗丁巳分封五户丝人户情况统计

投下	投下类别	受封地点	人户	备注
子合失大王位	诸王	汴梁路在城	不详	至元三年，改拨蔡州三千八百一十六户
阔出太子位	诸王	汴梁路在城	不详	至元三年，改拨睢州五千二百一十四户
灭里大王位	诸王	汴梁在城	不详	至元三年，改拨钧州一千五百八十四户
合丹大王位	诸王	汴梁在城	不详	至元三年改拨郑州
霍里极大王	诸王	广平等处	一百五十户	
阿鲁浑察大王	诸王	广平	三十户	
阿里不哥大王位	诸王	河南府	五千五百五十二户	
武宗	诸王	怀孟	一万一千二百七十三户	
旭烈大王位	诸王	彰德路	二万五千五十六户	
拨绰大王位	诸王	真定蠡州	三千三百四十七户	
太祖第二斡耳朵	后妃公主	河间青城县	二千九百户	
独木干公主位	后妃公主	平阳	一千一百户	
速不台官人	勋臣	汴梁等处	一千一百户	
也苦千户	勋臣	东平等处	一千一百户	
猱虎官人	勋臣	平阳	一千户	
伯八千户	勋臣	太原	一千一百户	
孛罗浑官人	勋臣	卫辉路淇州	一千一百户	
秃薛官人	勋臣	兴元等	六百户	
宿敦官人	勋臣	真定	一千一百户	

资料来源：《元史》卷 95，《食货》三。

通过三次分封，加上诸投下利用所属各类投下户从事的经济活动及通过战争掠夺等途径，诸投下获得了大量财富，成为蒙古帝国最富有的人。特别是分封制的实施，开辟了诸投下长期、持续获取财富的一条重要渠道。约翰·普兰诺·迦宾尼入蒙古所见，普通民众只是有各种牲畜，而"皇帝、贵族和其他显要人物拥有大量的金、银、丝绸、宝石和珠宝"①。可是，诸投下"鞑人只是撒花（贡献、送礼——引注），无一人理会得贾贩"②，对所占有的财富缺乏有效的经营管理。加之他们绝大多数情况下，没有也难以亲临封地，直接取得并消费所占有的财富。即使少数宗王，如察合台曾孙阿只吉大王（驻管州，治今山西静乐县）、贵由后人大名王（驻大名）、窝阔台后王小薛大王（驻汴梁等地）、别里古台后王霍历极（驻恩州，治今山东恩城）等，能够一度留驻位下封地，但多次受封在名下的封地又分散在不同地方。正如李治安先生所言，在山东、河北等地，投下封邑"往往因若干汉世侯辖区的存在或在同一路内'众统寡，大临小'，互相交织混杂；或同一投下封户分处两三个路"，从而使诸王勋贵的中原食邑具有分散、混杂两大特点③。因此，绝大多数投下，实际上又面临着与属于自己的财富分离的问题④。如何经营所占有的财富，充分发挥其作用，如何消除地理空间上的障碍，让属于自己的财富以适当方式保值增值，或满足消费需求，成为摆在黄金家族、姻亲及勋臣面前的一项现实课题⑤。拔都为将所属封地平阳路的财富制成银器专程远输亚欧地区，甚至与平阳"一道课银独高天下"不无关系⑥。

　　然而，如前所述，早在蒙古诸部兴起之时，就有大量商人往来于蒙古草原。蒙古投下在财富急需专业化经营，远离驻地的财富急剧增加而自身缺乏经营经验的情况下，进一步发现了早已穿梭于蒙古草原、特别擅长经商的西域商人的特殊价值。而畏兀儿的诚心归附和第五子的特殊

---

①　［意］约翰·普兰诺·加宾尼：《蒙古史》。见道森《出使蒙古记》，第9页。

②　彭大雅撰，徐霆疏证：《黑鞑事略》，第8页。彭大雅言："自鞑主以至伪太子、伪公主等，皆付回回以银，或贷之民而行其息。一锭之本，辗转十年后，其息一千二十四锭；或市百货而贸迁……"

③　李治安：《元代政治制度研究》，第372页。

④　忽必烈行汉法，通过迁转官吏、废州县官世袭等方式，削夺了汉人世侯的地位，同时对投下食邑实行了分置路州，诸投下除了委派达鲁花赤监临和收取五户丝外，食邑基本由元廷管理。这一问题才通过元廷统一征收、中央直接以钞支给的方式，得到了部分解决。

⑤　入元后元廷在削弱投下势力的同时，采取了五户丝由官府代征代输，由中央直接以钞拨付等方式，投下与封地之间的财富分离，才找到了一种新的解决办法，这一问题得到了明显缓解。

⑥　郝经：《陵川集》卷32，《河东罪言》。

地位，更全面提升了畏兀儿人及往来于西域与蒙古草原的外来商人的信誉。于是，"自鞑主以下，只以银与回回，令其自去贾贩以纳息。回回自转贷与人，或多方贾贩……"①。诸投下找到了经营财富、实现财富地域转移的途径，与西域商人之间，结成了亲密的斡脱关系。以畏兀儿、回回为主体的色目人，成为蒙古帝国最信任、最富有、特别擅长财富经营管理的伙伴，斡脱商人在很大程度上扮演了投下产业的代理人、经营者的角色②。也许正因为如此，在张正平博士统计的内蒙古地区属于蒙元时期的城市遗址中，诸投下建置的城市计有木胡儿索卜嘎古城、小城壕古城、沙贝库仑古城、沙罗板升古城、希拉哈达古城、东麻黄洼古城、乌兰牧场古城、罗坝古城、三间茅庵古城、曹不罕古城、大文古城、泉子沟古城、西井子古城、公主城古城、大圪达古城、腰伯吐古城、黑山头古城、巴音乌拉古城、大浩特罕古城、布哈陶拉盖古城、团结村古城21个，是非投下城市的2倍还多③。所建城市除供投下驻留统治之外，也为斡脱商人从事产业经营、商贸活动提供了必要的场所。

也正因为斡脱商人所经营的商业，从资本来源到商品购销，都与投下的利益密切相关，蒙古帝国才如此维护斡脱商人的利益。因此，诸投下纷纷把自己有权使用的驿传、铺马，交给斡脱商人使用；斡脱商人代诸投下兴贩商品、转运物资，当然不可避免地倚仗诸投下的势力，享受站赤、铺马的便利。这正是从蒙古帝国兴起到元朝灭亡，商人使用站赤铺马屡禁不止的主要原因。

相应地，斡脱商人也充分利用投下的信任和委托代理关系，借助蒙古军队和政权的权威，全面推进斡脱经营，并发明了羊羔儿息：将银子借贷与人，年息一倍，如无力偿还，次年连息再翻一倍。斡脱商人在确保向诸投下提供足够息钱的同时，又借助投下提供的资金，获取自己的转贷利息。诸投下和斡脱商人还借蒙廷赋税征银、百姓和地方官吏无力用银完纳赋税之机，提高利息放贷白银，扩大经营规模。如蒙哥时期磁

---

① 彭大雅撰，徐霆疏证：《黑鞑事略》，第8页。

② 斡脱一词，据考证，"乃专指突厥语之 ortaq。在突厥语中，'斡脱'词义颇广，其原意为同伙、伙伴，或商业组合"。因此，《元典章·户部》把"斡脱户"释为"见奉圣旨、诸王令旨随路做买卖之人"。

③ 以张文平《内蒙古地区蒙元城镇一览表》，内蒙古大学博士学位论文《内蒙古地区蒙元城镇研究》第101—124页。

州人民无力交纳包银，斡脱便乘机以年息借额为条件，出母钱"代输"。来年磁州无法如期偿还，又"易子为母"。不到十年，斡脱钱债"阖郡委积，数盈百万。令长逃债，多委印去"①。

斡脱商人在造就了一大批受害者的同时，在代理经营方面取得了成功。窝阔台甚至把斡脱代理经营的方式推广到了赋税征收之中。不仅同意回回商人奥都剌合蛮以上年中原课税 110 万两为基数，增加 2 倍的定额"扑买"中原课税，而且同意刘忽笃马以银 10 万两的定额"扑买"天下差发，涉猎发丁以银 25 万两扑买天下系官廊房、地基、水利、猪鸡，刘廷玉和一回鹘人以银 5 万两和 100 万两扑买燕京（大都）酒课和葡萄酒课。扑买对象甚至包括了天下河泊、桥梁、渡口的课税②。至元初年，还有西域商人"以增岁课为辞"，甚至企图买进国库钞本③。

除诸投下与斡脱商人外，蒙古灭金过程中，在汉地形成了一批汉人世侯。蒙军侵入之初，充分发挥"他们的机动骑兵队得利于蹂躏不设防的乡村和堡镇"的优势，实行了扫荡乡镇、围攻城市的战术。但"他们在相当长的时期内却不知道如何夺取由中国技师所防御的要塞的艺术。而且，他们在中国作战是像在草原上一样，用继续不断的抢掠方式以获取战利品后撤退，在其后方却又让金国人重新占据城镇，扶起坍塌，修补缺口，重建防御工事"。因此，"在定居人民地方，尤其是在这汉族聚集之地，尽管是经过了屠杀，那里还是有居民，像死者们又重新站起来了"④。实际上，相当数量的汉地民众，面对蒙古军队反复抄掠的威胁，大量聚族而居，结寨自保。金廷迁都汴京后，各地"拥兵者万焉，建侯者万焉，甲者戈者、骑者、徒者各万焉；鸠民者、保家者、聚而为盗者，又各万焉；积粟帛金具子女以为己有者，断阡陌、占屋宅，跨连州郡以为己业者，又各万焉"⑤。

对此，蒙古采取了招降、承认诸路豪杰自主治理汉地，招集流亡，组织军队随蒙军征伐的政策，并对"凡纳土及始命之臣，咸令世守"⑥。

① 《元史》卷 170，《尚文传》。

② 宋子贞：《中书令耶律公神道碑》，见《元文类》，卷 57。

③ 《元史》卷 163，《马亨传》。

④ ［法］勒尼·格鲁塞著：《草原帝国》，魏英邦译，第 255—256 页。

⑤ 郝经：《陵川集》卷 25，《万卷楼记》。

⑥ 苏天爵：《元朝名臣事略》卷 6，《平章廉文正王》。

1229 年"太宗即位，始立三万户，以（刘）黑马为首，重喜、史天泽次之……总管汉军"。此后，又"增立七万户"①。据黄时鉴考证，窝阔台时期实际封委的万户已达到 9 家②。而据张金铣考证，"中原地区世侯约有百余家，势力较强的有十数家"。其中，分布在山东、河北、河东、陕西、河南的著名的世侯就有近 30 家（未包括藁城董俊等 10 余家）③。

汉人世侯在各地召集流亡、聚族而居，"父死子继、兄终弟及"，世守其官④，在蒙古贵族的监督下，对汉地实施管理。他们"擅生杀祸福，取敛封植之权，故一方愚民不知有朝廷之尊，而知有诸侯也"⑤。他们接纳各地流亡人口、被俘掠人口的同时，甚至也参与俘掠人民。各地驱口"往往寄留诸郡，几居天下之半"⑥。严实在东平，所属将校"占民为部曲户，谓之脚寨，擅其赋役，凡四百所"⑦。因此，在战乱中大量平民失去生命财产的同时，以汉人世侯为代表的部分权豪势要之家，却占有了相当可观的财富。太宗时，真定岁饥，民间假贷回鹘银充贡赋，"积银至一万三千锭"。可史天泽"倾家赀，率族属官吏"即可"代偿之"，可见其家赀之富⑧。董文炳为藁城令时，因"县贫，重以旱蝗，而征敛日暴，民不聊生"。董文炳竟能"以私谷数千石与县，县得以宽民"。该县以军兴称贷于民，"县以民蚕麦偿之"。可董文炳则称："'民困矣，吾为令，义不忍视也，吾当为代偿。'乃以田庐若干亩计直与贷家"⑨。又如宪宗丙辰（1256），"征京兆军需布万匹、米三千石、帛三千段，械器称是"。郡人大恐，宣抚副使商挺也认为"他易集也，运米千里，妨我蚕麦"。可平凉人王某却可为商挺解忧，称："不烦官

---

① 《元史》卷 149，《刘黑马传》。

② 黄时鉴：《关于汉军万户设置的若干问题》，《元史论丛》第 2 辑，第 49 页。

③ 张金铣：《汉人世侯的兴起及其同蒙古汗廷的关系》，第 27 页。其中山东有张荣等 4 家，河北有史天泽等 11 家，河东有李守贤等 4 家，陕西有田雄等 6 家，河南有刘福等 4 家，尚不及。

④ 姚燧：《牧庵集》卷 24，《谭公神道碑》。

⑤ 胡祇遹：《论并州县》，《紫山大全集》卷 23。

⑥ 宋子贞：《耶律楚材神道碑》，《元文类》卷 57。

⑦ 《元史》卷 159，《宋子贞传》。

⑧ 《元史》卷 155，《史天泽传》。

⑨ 《元史》卷 156，《董文炳传》。

运，仆家有积谷，请以代输。"最终商挺"载价与之，他输亦如期"①。事实证明王某不仅富藏谷，而且布帛亦当称是，其财产之多足以想见。因此，在一段时期内，中原地区出现了"官吏多聚敛自私，资至巨万"的局面②。由于世侯的特殊地位，不可避免地以本地权豪、蒙军鹰犬、地方官员等多重身份参与商业活动，甚至被迫代人偿还斡脱商人债务，成为又一类有相当实力的市场主体。

不仅如此，汉人世侯在占有大量财富，乃至人口的同时，注重保护、修复城市，恢复和发展商业贸易。而大批逃亡人口、降军和财富，向汉人世侯控制下的城市聚集。刘黑马的父亲、金朝威宁防城千户刘伯林降蒙后，"在威宁十余年，务农积谷，与民休息，邻境凋瘵，而威宁独为乐土"③。史秉直更聚族而谋，"率里中老稚数千人"降蒙，受命"管领降人家属，屯霸州。秉直抚循有方，远近闻而附者十余万家"④。1227 年张柔治保州，"立市井，通商贩，招流亡"，使该地不久就成为"燕南一大都会"⑤。1255 年周德辅治淇州，"设驿站，立市廛"，使当地"商通工易，货委阛阓，余粮畜栖，烟火连甍"⑥。

甚至在汉人世侯所辖的城市中，出现了一批实力雄厚的大商人。曾经在云中以"财雄边"著称的高德荣，在燕云失守后迁居汴梁，金亡后再徙卫。其子高信、高祐针对"卫居天中，实通都剧邑，百物夥繁，合散于此"的地缘优势，"遂主货殖为业"。逐步"商贩舆集其门"，"故远服贾者，虽千万里外，念宽原饶裕，独以高氏为让"⑦。无独有偶，河间高氏当蒙古"略地河朔"时，"携家往依信安张侯。侯营砦固守，父子常在行间。贞祐南播，举家渡河，客陈、蔡间。金亡北还，贩粥于冀。居南宫，复迁静海，卒葬独流村。（高）庆寻徙东安，后家清州。……在东安时，日浮舟往来，逐盐鹾之利。……在清州，岁饥，籴于大名。舟次宋家口，老稚数百遮拜曰：不食数日矣。幸全活，散其半

---

① 《元史》卷 159，《商挺传》。

② 《元史》卷 146，《耶律楚材传》。

③ 《元史》卷 149，《刘伯林传》。

④ 《元史》卷 147，《史天倪传》。

⑤ 苏天爵：《元名臣事略》卷 6，《万户张忠武王》。

⑥ 王恽：《秋涧集》卷 54，《周德辅祠堂碑》。

⑦ 王恽：《秋涧集》卷 61，《故云中高君墓碣铭》。

而去"。高庆之子高仁认为"长芦当燕齐之交，天下之要区也，盐盬之利，半中州之赋。豪商大贾车击舟连，可废著为业。乃从张运使徙居焉，中市而立，权天下之货，四方贩负日受指画……"① 高氏一家三代，连续经商，先后贩运于冀鲁诸地，除经营粮食贸易外，从第二代高庆开始涉足盐业，其子干脆迁至长芦，最后成为富甲一方的盐商。

二　城乡市场关系的变动与市场层级的萎缩

蒙古灭金前后，以诸投下为后盾，以斡脱商人和汉地富商和世侯为主体，大宗商品贸易不仅仍旧延续，而且还在某些方面得到了发展。但同时，我们也看到，宋金时期重要的市场主体——小生产者，这时却大量退出了市场，甚至失去了参与交换的机会、资格、能力。市场主体的结构性调整，对市场的地域空间分布及层级结构，产生了深刻影响。

在蒙古草原的投下封地，普通牧民很少有机会、有能力参与市场交换。而投下的封户则有很强的人身依附关系。"蒙古草原的投下，依旧是蒙古奴隶主贵族的私属。投下人户为主人服劳役、兵役，牲畜由主人'抽分'征税。投下户不准离开本投下。他们实际上还没有摆脱奴隶的地位，是由奴隶转化而来的牧奴。"② 特别是诸投下下属的驱口，不仅自己缺乏独立的财富所有权，而且常常被作为商品买卖。《通志条格》记载："不论达达、回回女真汉儿人等，如是军前掳到人口，在家住坐，做驱口，因而在外住坐，于随处附籍，便系是皇帝民户，应当随处差发，主人见，更不得识认。"③ 这说明在诸投下的驱口中，不仅包含有从汉地掳掠到的驱口，而且其中仍旧也包括不少"达达、回回、女真"在内。他们的产品更多地通过分配进入消费，或为诸投下所占有。他们必需的食盐或其他衣食所需的消费品，则主要通过投下分配获得。因此，他们失去了小生产者的独立性，显然很难参与当时的商品交易中来。前述内蒙古地区蒙元时期诸投下所辖城市的增加，却没有与当地普通牧民、投下户及投下所属驱口发生联系，仅仅是服务于投下主的市场而已。

---

① 程钜夫：《清州高氏先德之碑》，《雪楼集》卷 19。
② 李幹：《元代民族经济史》上册，第 104 页。
③ 方龄贵：《通制条格校注》，第 19 页。

在汉地，早期蒙古军队的掳掠烧杀，造成了巨大的破坏。"凡城邑以兵得者悉坑之"①；凡是遇到武装抵抗的地方一旦"城破，不问老幼妍丑贫富逆顺皆诛之，略不少恕"②。大批民众和金朝士兵在战争中被杀戮，有幸能活的，又大量被作为驱口强制迁移到漠北。有学者估计，蒙古进攻金和西夏前的 1208 年，北方金、夏辖境的人口总数在5500 万—6000 万人。经过 26 年的战乱，人口只剩下 1050 万人，即原来的 18%—19%，平均每年下降 66%—69%③。反之，南宋使臣彭大雅绍定五年（1232）出使蒙古，所见却是"牧者谓之兀剌赤，回回居其三，汉人居其七"④。西夏、畏吾儿和金朝旧地的大量人口，成为蒙古草原上失去自由的"牧者"。

更为严重的是，汉地的工匠成为蒙古军队掳掠的主要目标。蒙军每下一城，首先把工匠集中起来，没为工奴，迁往漠北。因此，谦州虽然"去大都九千里"，却"有工匠数局，盖国初所徙汉人也"⑤。即使是完成了对金朝辖区的占领后，蒙元仍旧采取了拘刷工匠等办法，把大量民间手工业者集中起来，或迁移漠北，或押入官营作坊，从事官府手工业生产。陈福"既依里帅于平阳，籍织工于太原，复被徙哈拉和卓"⑥。窝阔台时，"由诸侯王及功臣家争遣使十出括匠天下，刘某以大丞相行尚书省事于燕，亦遣公括祁、蠡、深三州匠为局，使公监之"⑦。

此外，在部分汉人世侯辖区，城市市场虽然得以部分延续、恢复，但城市及附近的小生产者或迁入世侯城市，或寻求世侯保护，或已被掳掠为奴。因此，著名汉人世侯张柔有家奴数千，李伯佑曾"存奴婢三千人"⑧。这类奴婢、家奴显然已难有参加市场交换的条件。在汉人世侯辖区仍旧保留自由身份的小生产者，即使没有很强的人身关系，在兵荒马乱的岁月，也失去了参与市场交易的和平环境，交易机会大大减少。

---

① 姚燧：《牧庵集》卷 4，《序江汉先生事实》。

② 孟珙：《蒙鞑备录》，《续修四库全书》第 423 册，第 524 页。

③ 葛剑雄：《中国人口发展史》，第 211、216 页。

④ 彭大雅撰，徐霆疏证：《黑鞑事略》，第 11 页。

⑤ 《元史》卷 63，《地理》六。

⑥ 同恕：《榘庵集》卷 7，《陈君墓志铭》。

⑦ 姚燧：《牧庵集》卷 21，《怀远大将军招抚使王公神道碑》。

⑧ 姚燧：《牧庵集》卷 19，《侍卫亲军都指挥使李公神道碑》。

唐宋以来北方兴起的农村基层市场，已是人去市空，大量消亡。

综合上述情况，当我们从市场层级关系的角度进行市场结构分析时，已清晰地看到，蒙古灭金前后的北方市场，在市场空间拓展并明显北移的同时，宋辽时期逐步兴起、在金代各有进退的市场层级中，以草市镇为代表的最下一级的基层市场，受到了战争和社会财富占有关系变动的重创。城乡小生产者广泛参与的零碎贸易为分配所取代，出现了严重萎缩的情况。蒙古灭金前后的商品流通，已不再通过小生产者—市镇—城市（榷场）—市镇—小生产者的方式进行，转而为诸投下—城市—斡脱与汉地商人—城市—汉人世侯为主体的批量远距离贩运贸易取代。正因为如此，金代不仅有"以五京为中心的警巡院城市，以诸府节镇治所为中心的录事司城市，以防刺州治所为中心的司候司城市"计184个，而且"这184个建制城市，分别领属了若干个县治和建制镇等城镇，形成了金代较完善的城市体系"。而蒙古灭金后，虽然曾一度保留司候司的城市建置，但大多已有名无实，城市人口已没有了专门建置乡村相区别的建制进行管理的必要。因此，至元二年（1265）忽必烈根据州县司户口凋敝、多寡不均的状况，诏令省并州县司："诸路州府，若自古名郡，户数繁庶，且当冲要者，不须改并。其户不满千者，可并则并之。各投下者，并入所隶州城。其散府州郡户少者，不须更设录事司及司候司。附郭县止令州府官兼领。"最后"省并州县凡二百二十余所"，城市司候司的市政建制完全废除。除了大都、上都、杭州外，"一般录事司城市作为路府治所，是路府区域政治、经济、文化的中心"。但其总数已减少为127个，只有97个属于发展稳定的录事司城市[1]。而金代就不属于建制城市，在《金史》地理志中列于"城寨堡关"之后的"镇四百八十八"[2]，蒙古帝国已不再提起。

---

[1]　韩光辉、林玉军、王长松：《宋辽金元建制城市的出现与城市体系的形成》，《历史研究》2007年第4期。

[2]　《金史》卷24，《地理》上。

第四章

北方市场的白银流通与"银钞相权"

蒙古诸部统一前，很难找到明确的使用货币的记载。但是，在农牧区市场整合过程中，在蒙古诸部对周边各族特别是金朝使用的货币已有所了解和接触。而蒙古诸部统一前后，长城内外市场的整合，市场空间布局和层级结构急剧而深刻变化，在一定程度上改变了原有货币流通格局的市场基础。于是，整合、重组中的农牧区市场上，金朝末年被废罢不用的铜钱，在很大程度上失去了赖以存在的市场基础；白银在初步实现货币化后，在货币中的地位全面提升，成为基准计价货币；金朝"银钞相权"萌发后，虽然楮币随着两朝政权的崩溃而终结，但行用楮币的商业信用与白银的价值对应关系延续下来，与蒙古帝国时期复杂的社会信用相结合，继续与白银结成互为表里的"子母相权"关系。金朝时期粗具雏形的"银钞相权"货币流通格局，在蒙元市场上延续下来，并得到了进一步的完善和发展。

第一节　金银"巴里失"与"雅思特科"

一　草原市场上的金银与"织物"

蒙古草原上的使用金属货币的历史，经过了一个从无到有的过程。早在 10 世纪，蒙古草原上的室韦人已有坑冶，"其地产铜、铁、金、银，其人善作铅、铁器"。呼伦贝尔盟陈巴尔虎旗的考古发现中，也有铜铁、金银器皿出土。蒙古诸部对金银铜铁已不陌生。然而，使用金银铜铁却不一定把它们用作货币。虽然"从 10 世纪以来，蒙古人已有了相当数量的剩余牲畜和畜产品。因当时在蒙古还没有货币流行，主要用牲畜或畜产品交换中原地区和中亚的丝绸、布匹和金银饰品"①。蒙古诸部在相当长的时期中，金、银主要用作装饰品，而非货币。《史集》记载：塔塔儿部"那里到处都是白银……居民的一切器皿用具都是银制的"②。而宋人出使蒙古所见，也是"鞑靼所积货财，初无所用，至以银为马槽，金为酒杺，大者重数千两"③。但不可否认的是，对于初兴的蒙古诸部来说，对于快速整合、不断拓展的草原市场来说，白银却与黄金和绢帛等商品一样，不仅适宜于远距离长途贸易，而且无论装饰、消费，还是转而换取其他商品，都具有较为广泛的用途。蒙古诸部统一后，特别是在与西夏、金朝和畏兀儿地区的交往和征战中，更多地接触到了金银绢帛。《史集》中记载："成吉思汗的伟大札撒在实质上也与此相符：它规定一个木速蛮的血的价值为四十个金巴里失，而一个汉人仅值一头驴。"④蒙古古老的命价赔偿规定，似乎在成吉思汗时期刚统一蒙古诸部时颁布的札撒中，已明确用金巴里失进行赔偿。黄金获得了用于偿付命价的能力。1209年成吉思汗第三次攻西夏，蒙古迫使西夏纳贡而还。在西夏所纳贡物中，虽然是否有银绢已不得而知，但按宋、辽、夏、金之间的故事，所纳贡物或许就是银绢。此后，成吉思汗于1211年先后接受了阿儿厮兰和畏兀儿亦都护的入贡。"亦都护打开金库的门，取出那些认为适宜的财物，动身到成吉思汗陛下处来。"⑤二月，成吉思汗又发动了进攻金朝的战争，次年"河北郡县尽拔"。太祖九年（1214）围金中都，"金主遂遣使求和，奉卫绍王女岐国公主及金帛、童男女五百、马三千以献"⑥。"金帛"已成为金朝定期向蒙古输送重要贡物。"秋八月，鞑兵复围燕京，分兵下中原州郡，又遣使至开封索犒军金银等，（完颜）珣皆予之。"⑦蒙军继而于1215年占领中都，1216年下山东，1217年尽有山西。金朝能够完全控制的地区，只剩下河淮之间至陕西的狭小范围。此后，蒙古与金边战边和，并继续向金朝索取

①《蒙古族通史》上卷，第21页。
② ［波斯］拉施特主编：《史集》第1卷第1分册，第165页。
③ 李心传撰，徐规点校：《建炎以来朝野杂记》下册，第852页。
④ ［波斯］拉施特主编：《史集》第2卷，第87页。
⑤ ［波斯］拉施特主编：《史集》第1卷，第2分册，第213页。
⑥《元史》卷1，《太祖本纪》。
⑦ 李心传撰，徐规点校：《建炎以来朝野杂记》下册，第845页。

金银。正大二年（1225）正月，"天使复来讲和，且索金银、缯帛岁赂"①。而"金主珣南迁之后，累遣使求和，虽未听从，而赂遗不辍"②。

　　这样，1218 年前蒙古西征以前，业已通过本地生产、与周边的贸易及对夏、金的战争，更广泛地接触、使用金银，并积累和取得了不少金银绢帛。与此同时，在南方，蒙古帝国控制的市场拓展到了黄河流域，直接而全面地进入了原属于金朝的货币区。蒙古贵族、斡脱商人及汉地商人，承袭金朝货币白银化的成果，广泛参与了白银使用中来。在西方，"成吉思汗已经将叛贼、歹徒从［哈剌］契丹和突厥斯坦的大部分地区上肃清了。他在路上设置了岗哨，使得商人能平安通过，商人和他们［带来］的那些合用的织物、布匹被送到成吉思汗处去了"③。于是，《史集》中记载了这样一个故事：

　　　　"有三个不花剌商人带着各种织物，包括咱儿巴甫场、曾答纳赤、客儿巴思等织物及蒙古人需用的其他物品来到了那里。……那三个商人也被带到了成吉思汗处。当他们来到［他那里］时，其中一个商人拿出了自己的织物。凡是值十底纳儿或二十底纳儿的东西，他都索价二巴里失或三巴里失。"另外商人则"不对衣服要价，只说道：'我们是奉国王之命送这些织物来的！'成吉思汗［听了］他们的话很喜欢，他下令每匹'咱儿巴甫场'给一个金巴里失，每匹'客儿巴思'或'曾答纳赤'给一个银巴里失"。并"吩咐后妃、宗王们和每个异密［各］派两、三名亲信带着金银巴里失跟随（穆斯林商人）前去，到算端国内去进行贸易，［换］取当地的珍品。［后妃、诸王、异密们］遂奉命每个人从自己的下述中指派了一、二个人；［当时］集合起了四百五十个伊斯兰教徒"。④

　　这是一条较早的关于成吉思汗及蒙古贵族用金银巴里失购买商品的记载。不仅商人们的要价是"金银巴里失"，而且成吉思汗和蒙古诸王、后妃及异密们，用来换取商品的也是"金银巴里失"。金银巴里失

---

① 宇文懋昭撰，李西宁点校：《大金国志》卷 26，第 191 页。
② 李心传撰，徐规点校：《建炎以来朝野杂记》下册，第 852 页。
③ ［波斯］拉施特主编：《史集》第 1 卷第 2 分册，第 258 页。
④ ［波斯］拉施特主编：《史集》第 1 卷第 2 分册，第 258—259 页。

显然已经成为当时的金属货币。在蒙古草原与中原和畏兀儿地区市场空间快速拓展，财富和商品大量向蒙古草原聚集的过程中，金银已经成为蒙古市场中的货币。

不仅如此，上述这段文字中还出现了三个十分有趣的名词："织物""底纳儿"和"巴里失"。细绎这三者之间的关系，特别是"巴里失"的意义，不失为深入认识草原市场上的货币流通，及由之而来的货币白银化的一个可行途径。为便于说明问题，这里先就"织物"与"底纳儿"相关的问题，作一简要分析，"巴里失"留待下文专门探讨。

文中的"织物"，即纺织品。其中包括了"咱儿巴甫场、曾答纳赤、客儿巴思"等多种。《史集》的译者余大钧、周建奇先生在文下进行了注解：

> 咱儿巴甫场（直译："织金"）——锦缎；曾答纳赤：彩色印花棉布，由不花剌曾答纳村而得名，该村几乎直到最近还生产棉布；客儿巴思：素白棉布。

也就是说，这些织物是商人从中亚地区贩运到蒙古草原的纺织品。它与中原地区出产、贩往蒙古草原的绢帛一样，很受蒙古人欢迎，是蒙古草原重要的生活必需品，是中亚输往蒙古草原的重要商品。在这一意义上，中亚的各种织物（包括棉布）与中原的丝麻绢帛一样，蒙古人需要用货币购买。对于蒙古人来说，它不是货币。

结合蒙古草原市场与周边市场的关系来看，这条材料还表明：畏兀儿及中亚地区出产上述各种"织物"，而且主要用于制作服装，是人们日常生活消费中"衣食"之需的重要组成部分，与中原市场上的绢帛一样。因此，商品流通呈现出从畏兀儿及中亚、从中原汉地单向输往蒙古草原，供蒙古草原消费的特点。不同的是，金银则并非纯粹的消费品，它不仅可以像"织物"一样，从周边地区流往草原，而且又通过向周边地区购买商品，反向流回到周边地区。也就是说，出现在蒙古草原的汉地丝麻绢帛，中亚"织物"，主要是供草原民众消费的商品，而金银则更主要被用作货币。"织物"与金银相比并不具备用作货币的优势。

文中的另一个词"底纳儿"，即 Dinar 的音译，汉文又写作第纳尔、第那尔、迪那尔等，是中亚地区长期流通的金币。早在 8 世纪，阿拉伯帝国的阿拔斯王朝时期，就以打造的方式发行了金银铜三种货币，"在铭文中，金币被称作'第纳尔'，铜币称作'法尔斯'，银币则称作'迪拉姆'。这三种面额名称分别源于拉丁文的钱币名第纳流斯、福利斯和希腊文的德拉克姆"①。耶律大石进入河中地区建立西辽后，使用的也是这种阿拉伯铸币，并且"主要实行汉族的按户征税制度：每户征一个迪纳尔"②。蒙古占领中亚地区前后，当地使用的货币仍未发生根本性改变。丘处机应成吉思汗之约赴中亚，见到的是"市用金钱，无轮孔，两面凿回纥字"③。耶律楚材在撒马尔罕所见，也是"用金铜钱，无孔郭"④。他们所见到的金质钱币，应该就是不花剌商人熟悉的货币——第纳尔。

图 4-1　1964 年西安市郊出土的阿拉伯金币

2355　花剌子模摩柯末沙　　金质　4.1克

2356　花剌子模摩柯末沙　　银质　3.9克

图 4-2　上海博物馆藏花剌子模金银币

（奥梅雅王朝，702—747 年）

图片来源：上海博物馆青铜器研究部编《上海博物馆藏钱币·外国钱币》，1994 年，第 642 页。

---

① ［英］乔·克里希等：《世界各国铸币史》，刘森译、万永彬校译，中华书局 2005 年版，第 295 页。

② 《巴尔托里德文集》第 2 卷第 1 分册，莫斯科东方文献出版社 1965 年俄文版，第 133 页。转引自王治来《中亚通史》古代卷下册，第 118 页。

③ 李志常、党宝海译注：《长春真人西游记》，第 76 页。

④ 耶律楚材著，向达点校：《西游录》，第 3 页。

　　值得注意的是，蒙古军队占领中亚地区后，尽管这一地区的货币铸造和发行也发生了重大变化，但除不使用货币的情况外，铸行的货币仍旧采取了第纳尔、迪拉姆的名称和形制。俄国学者对此进行了富有成效的研究。Davidovich 认为，1225—1250 年中亚地区货币的"主要特点是铸造数量的锐减，钱币发行的无规律和货币流通的危机"①：

　　　　撒麻耳干钱币展示了危机的发展及其特性的异常生动的画面。在撒麻耳干，首先铸造了金第纳尔（有的不具名，有的刻有成吉思汗的名字）和银衣铜迪儿罕——这一制度来自蒙古以前时期。但是钱币的语言文字和铭文的内容发生了改变。特大的银衣铜迪儿罕（约重 6 克）开始带有波斯文的不规则铭文。首先，它们向撒麻耳干的居民保证钱币是专门为他们铸造的，所以值得信赖。我们发现 1125 年（希吉拉历 622 年）的钱币上说，"本钱币是为撒麻耳干及该地区流通的"。1226— 1127 年（希吉拉历 624 年）的钱币上反复声明，钱币是为了在当地流通，但铭文还附加了心理压力的内容，如"成吉思币"，"汗"或者还有可怕的征服者的名字"成吉思汗"。不过这种"提示"显然完全无用，1232—1233 年和 1233—1234 年，钱币上的铭文变成了警告："在撒麻耳干及该地区不接受本钱币即为犯罪。"结果，通货膨胀是没有，但如果民众根本无事可用钱币，那钱币的危机更深。不过威胁并不起作用，结果是撒麻耳干的银衣铜迪儿罕的铸造被迫停止。1236—1237 年小银币的铸造也未能改变这种情况，自己却迅速消失。撒麻耳干进入了它的无币时期。在不花剌，小银衣迪儿罕的铸造也中断了。河中其他城市没有发行任何钱币，这首先意味着城市和地区的贸易主要是以货易货，贸易量也必然下降。成吉思汗之子察合台属地的东部情况有所不同，但原因特殊。蒙古人从河中带走了大批匠人，察合台的夏宫在贸易繁荣的阿力麻里城附近。阿力麻里定期铸造纯度高的银迪儿罕和铜辅鲁。

---

① ［俄］E. A. Davidovich 撰：《中亚的钱币和货币制度》，华涛、陆烨译，《新疆师范大学学报》2007 年第 2 期。

　　这充分说明,在《史集》中出现的第纳尔是货币,显然是中亚市场上一直使用的第纳尔金币。即使在蒙古占领中亚后另行铸造的货币,也按蒙古占领前的传统制度铸造金第纳尔和银衣铜迪儿罕,采用了当地原有的货币名称和形制。在现在的中国新疆境内,也曾出土了察合台汗国钱币,其形制与这种"第纳尔"如出一辙。至于中亚以西的南俄罗斯草原上,鲁不鲁乞年亲眼所见,"小斡罗斯人的通常货币是松鼠皮和貂皮"[①],当然与中亚和蒙古草原上的货币完全不同。

　　因此,"第纳尔"以及"迪尔罕""辅鲁"等货币,仅仅只是不花刺商人和中亚商人在西域和中亚市场上使用的货币,而不是蒙古草原市场上使用的货币。在不花刺商人向蒙古人出售商品时,仅仅在观念上用第纳尔衡量商品的价值就足够了。但他们向蒙古人索要的却不是第纳尔,而是巴里失。也就是说,蒙古人使用的货币是"巴里失",而不是第纳尔。"巴里失"是一种用金银为材质的、与第纳尔不同的货币。它又是蒙古人拥有并能够用来购买商品的金银货币。蒙古初兴时期的市场,与东来的商人,与畏兀儿及以西的市场有密切联系。在中亚与蒙古草原之间的商贸活动中,也不可避免地存在两地货币的流动,但两地的主要货币却始终以各自的方式铸造、流通,有着明显的区别。但蒙古人首先使用的金银币,与第纳尔除了质材上的一致性外,甚至可能没有其他更直接的关系。于是,全面认识蒙古草原市场上的货币及其与周边市场与货币之间的关系,还须对金银"巴里失"作更进一步的探究。

图 4-3　新疆出土的察合台汗国金币

图片来源:新疆钱币图册编辑委员会编《新疆钱币》,第 36 页,图 127。

---

　　① 鲁不鲁乞:《鲁不鲁乞东游记》,见道森编、周良霄注《出使蒙古记》,吕浦译,第190页。

二　"巴里失""雅思特科"与白银的流通

"巴里失"作为波斯文史籍中频繁使用、涉及蒙古初兴时货币问题的词，显然是研究蒙古早期货币史最重要的一个关键词语。在《史集》和《世界征服者史》中，"巴里失"多次出现。目前，学术界对该词的含义已有初步研究。[①] 刘迎胜还通过对《回回馆杂字》和《回回馆译语》的研究，以明初四夷馆本《回回馆杂字》为底本，对539号"ﺑﺎﻟﺶ"注音"bālish"，引用原文释义为"枕"，标出原注音为"把力石"（图4-4）并对"ﺑﺎﻟﺶ"做出了如下解释：

把力石　　　　　　　巴力石

**图4-4　《回回馆杂字》《回回馆译语》中的
"把力失"与"巴力失"**

按此字汉字音译"巴黎本"与"北图回译本"均为"巴力石"，"会同馆本""器用门"序号第1336词"枕，巴力失"，即此。ﺑﺎﻟﺶ（bālish）在波斯语中指枕头，坐垫，靠垫。因中国

---

① 冯承钧在翻译《多桑蒙古史》中，在"有人制帽以献，窝阔台命人赏银二百巴里失（Balisch）"后写下按语："一巴里失似言一锭。"（《多桑蒙古史》上册，第204页，"钧案"）；何高济译、翁独健校订的《世界征服者史》，不仅在书末的译名对照中列出了"bālish，巴里失（一种钱币）"（878页），在26页注文中也指出：巴里失是"一种金锭或银锭"；余大钧在《史集》译文中引注了伯希和的考证，指出其同义词为突厥语"牙思塔"，即蒙古人的金银锭。并在第3卷《乞合都汗传》的翻译中，直接译为"银锭"（227页）；李逸友先生认为："每巴里失的重量大约相同于金元时代银锭重量，可知成吉思汗使用的金银锭，都应是来自中国内地的贵金属，只是波斯学者未记载其形制，以致不能最后肯定这个推断……"（《蒙古汗国和元朝的草原丝路及货币》，《内蒙古金融研究》，2003年，第74—4页。又见《蒙古汗国和元朝的草原丝路与货币》，见张忠山主编《中国丝绸之路货币》第5章，第122页）。

银锭形似枕头，又义为银锭。元代波斯文史料言及银子时，常以"把力石"为单位。一"把力石"银子，相当于汉文中一锭银子（50 两）。[1]

诚如刘迎胜先生所言，自宋代白银从板石铤改铸为摺角铤后[2]，确实与当时人们使用的枕头、垫子的形状颇为类似。以宋代三彩刻划花婴戏图枕、河南林州北宋墓出土的瓷枕、北宋英州军资库银铤、南宋出门税银铤为例，宋代"枕"与"铤"的形状如图 4-5、4-6 所示：

图 4-5　三彩刻划花婴戏图瓷枕（宋）

长 41.6 厘米，秦廷械藏

图片来源：魏之俞《磁州窑陶瓷》，图 5。

图 4-6　河南林州宋墓出土瓷枕

图片来源：林州市文物保护管理所《河南林州市北宋雕砖壁画墓清理简报》，《华夏考古》2010 年第 1 期，彩版一六，图 4（M3：2）。

结合银锭与枕头的形制和波斯文含义来看，波斯文中的"巴里失"即是宋元时期的银锭无疑。更进一步我们还看到，之所以把银锭称为

---

① 刘迎胜：《〈回回馆杂字〉与〈回回馆译语〉研究》，第 229—230 页。

② 王文成：《宋代白银货币化研究》，第 264—268 页。

图4-7　北宋绍圣二年英州军资银铤

图4-8　内蒙古林左旗出土"福州进奉"银铤

图片来源：李逸友《内蒙古巴林左旗出土北宋银铤》。《考古》
1965年第12期，图版九，图一。

"巴里失"，是中亚、畏兀儿、蒙古、宋金朝等地区市场整合的产物，
但宋金时期中原市场的影响力更大一些。

一方面，把银锭称为"巴里失"，意味着蒙古草原市场上流通的金
银，较早的使用者之一当为使用波斯语的商人。他们在丝绸之路的贸易
中，甚至是在宋境内的贩运贸易中，接触到了形似"枕头"的银锭。
因此给这种中国式白银取了个形象的波斯语别称"巴里失"。这是中
亚、西域商人进入草原、往来汉地、贩鬻西域的历史旁证，是宋金以来
农牧区市场频繁互动、逐步整合在货币领域中的具体体现。

另一方面，波斯文史料中反复提到的"巴里失"，主要来源于汉
地，还穿着汉地的民族服装，甚至其中一部分或许还与宋朝向辽、夏、
金乃至蒙古送纳的"岁币"银有关。不仅如此，鲁不鲁乞还记载了他
1254年使用这种"巴里失"的详细经历。当他即将从哈拉和林返回时，
蒙哥指派的向导给他带来了十个"雅斯科特"：

他（向导——引注）把其中的五个放在威廉师傅手里，告诉他

代表蒙哥汗花用它，以供应我伙伴的需要。他把另外五个雅斯科特放在我的译员阿卜杜剌手里，命令他在路途中花用，以供我的需要。……我立刻卖掉了一个雅斯科特，并且把卖得的零钱分给那里的穷苦的基督教徒们……另一个雅斯科特，我们用来购买必需的衣服和其他物品……第三个雅斯科特，阿卜杜剌用来购买一些东西，通过购买，他为自己赚了一点钱。其余的钱，我们也在那里用掉了……①

何高济、翁独健引证伯希和的研究指出：鲁不鲁乞（William of Rubruck，中文译名也译为"鲁布鲁克"。本书中为保持译名统一，均写为"鲁不鲁乞"。但引文中保留原写法。）所说的"雅斯科特"，实际是突厥名"雅斯特科"（yastuq）的误读，也就是波斯文中的"巴里失"②。而鲁不鲁乞使用所谓"雅斯科特"的方法之一，是"卖"掉一个后，把"卖得的零钱分给"了基督徒，即把 50 两的银锭兑换成了零碎的货币；而"译员"阿卜杜勒的用法是"买东西"，但这种"买"法，却能够让"他为自己赚了一点钱"。实际上，阿卜杜勒的用法也不能排除进行过兑换、找零的可能。而通过兑换、找零等方式使用银锭，同样是汉地白银货币化后，使用大额铸锭的基本方法。

不仅如此，再考突厥语、回鹘文中的"雅斯特科"（鲁不鲁乞误记的"雅思科特"），我们还发现了与"巴里失"同样的语源现象。李经纬先生对唐宋金元时期的回鹘文进行了深入研究，在《回鹘文社会经济文书研究》中，他把回鹘文书进行了拉丁文转写，并在书末给出了转写回鹘文词与汉语词的对照③：

---

① 《鲁不鲁乞东游记》，道森《出使蒙古记》，第 225 页。耿昇、何高济译《柏朗嘉宾蒙古行纪鲁布鲁克东行纪》中译为"艾索特"第 312 页。译名对照中注 iascot，译为"艾索特（一种钱币）"。中华书局 1985 年版，第 343 页。

② ［意］志费尼：《世界征服者史》上册，第 24、26 页。第 26 页注："一种金锭或银锭。它是卢不鲁克的 iascot；如伯希和所指出（《金帐汗国史札记》，第 8 页，《通报》，1930 年，第 190—2 页，1936 年，第 80 页），iascot 是 iastoc 即 yastuq——这种锭子的突厥名——的误读。yastuq 和波斯词 balish，译义都是'垫子'。据卢不鲁克，（柔克义，第 156 页）一个 iascot 为'重十马克的银块'；他好像不知道金巴里失"。

③ 李经纬：《回鹘文社会经济文书研究》，第 397 页。

yastuq 枕头 5（10）

yastuq 锭 1（7，10$_{b,c,a}$，—12），2，（10，14，15，17，20），
　　5（10），6（4，8，9，14）

yastuqluɣ（<yastuq 锭）6（9）

yaš-消失、不见　2（18），6（14）

　　原来鲁不鲁乞的"雅思科特"即回鹘文书中的"雅思特科"（yas-tuq），含义也是"枕头"，而且也用来称来自宋金的银锭。甚至该词用于指金银锭的情况，成为回鹘文文书标志性的断代词语[1]。德国学者冯·加班和我国学者郭平梁还指出：金元之际的回鹘文中，"货币单位也有专门的名称 Yastuq，相当于内地的锭。据说该词来之于 Yat-Suq，意为'适于卧'，因为锭即元宝，形似枕头，故而由此得名"。而且鲁不鲁乞的"雅思科特"以兑零细分为两、钱的方式使用，也在回鹘文中有直接体现。郭平梁指出："Satir 等于 Yarmaq，意为被细分，约相当于内地的一两，baqir 为 Satir 的十分之一，即约相当于内地的十分之一两，即一钱，有时也指铜币。"他还列举了李经纬在《回鹘文社会经济文书研究》中搜集、整理的回鹘文书中，具体记录当时人们以锭、两、钱的单位使用白银的例子：

　　　　1-4 号文书："五十两（satir）钱银"

　　　　1-5 号文书："四十七两银子"

　　　　3-1 号文书："六两银子"和"一个半钱（baqir）银子"

　　　　3-2 号文书："三两银子"和"一钱银子"

　　　　3-3 号文书："四两银子"和"一钱银子"

　　　　3-6 号文书："十两银子"

　　　　4-11 号文书："五两三钱银子"[2]

　　显然，回鹘文中的"雅思特科"不仅取银锭之形而获得了又一个别

---

① ［日］护雅夫：《回鹘文消费借贷文书》，《西域文化研究》第 4、226 页。

② 郭平梁：《高昌回鹘社会经济管窥》《新疆社会科学》1990 年第 2 期。又见李经纬《回鹘文社会经济文书研究》，第 445 页。［德］冯·佳班：《高昌回鹘王国的生活（850—1250 年）》，邹如山译，第 40 页。

称，而且银锭以锭、两、钱为单位称量使用，与宋金白银的使用竟然完全一致。此外，回鹘地区因为与中亚乃至西亚地区有密切的商贸联系，也使用其他货币，但回鹘人却不称"雅思特科"，而形象地称为"萨迪尔印银币"（Gestempetes）：üš satïr tamɣa kümüš，或称为"马年印银币"yunt yïlqï tamɣa kümüš[①]。

因此，无论"巴里失"还是鲁不鲁乞的"雅思科特"、突厥语、回鹘文中的"雅思特科"，其语源、形制和使用方式如出一辙，并同时向我们表明：蒙古兴起后的汉地市场与草原市场，通过中国式的锭形白银代表的价值转移，更加紧密地整合在了一起。这两个合而为一的市场上，流通的是同一种货币——北宋中叶以后的摺角银铤，或是南宋和金朝时期的锭银。在草原市场与周边市场的联系中，与汉地的联系显得更为重要，也更为紧密。宋元时期的白银货币化以及由此展开的货币白银化，显然不能简单地归结为受中亚用金银传统影响的结果。反之，汉地不仅金朝末年用银，而且蒙军占领后也用银，而且用的就是波斯语中的"巴里失"，就是突厥语、回鹘语中的"雅思特科"和鲁不鲁乞说的"雅思科特"。如太祖末年张荣知济南府"时贸易用银"[②]。太祖十年（1215）"乙亥，中都降。（王）檝进言曰：'国家以仁义取天下，不可失信于民，宜禁虏掠，以慰民望。'时城中绝粒，人相食，乃许军士给粮，入城转粜，故士得金帛，而民获粒食"[③]。显然在汉地使用的也是这种"巴里失"或"雅思特科"，只是汉地有自己传统的名称，叫作锭银而已。

此外，这一时期金朝旧地直接用银计价交易、民间用银的普及程度，都比宋金时期更为普遍。白银不仅在市场上不折不扣地履行货币职能，而且在当时的货币组合中，取得了主要货币的地位，成为计价的基准货币。从货币流通格局的意义上看，货币的白银化——白银在多种货币的组合中成为主要货币也已实现。如"至元四年四月，制国用使司：［来申］、'高二买陈县丞房屋，该价钱市银三十一定，合税钱三十四两

---

① ［德］冯·佳班：《高昌回鹘王国的生活（850—1250年）》，邹如山译，第40页。冯·加班、郭平梁、杨富学均发现了两者之间的不同，并推测这两种货币是纸币或贴银的纸币（冯·加班、郭平梁的推测见前揭文，杨富学《回鹘文书所见高昌回鹘王国的纸钞与金属币》，《中国钱币》1993年第4期）。笔者以为当属波斯式的打制银币、镀银铜币，或察合台汗国发行的打制币。

② 《元史》卷150，《张荣传》。

③ 《元史》卷153，《王檝传》。

四钱四分。有高二男高大言、契上先典价钱市银六百五十两，已经税讫，外据贴根契价市银九百两，合该税钱二十两，即时纳讫。余上先典价合出钞一十四两四钱四分，不肯出纳。乞明降。'制府合下，仰依验实该价钱市银三十一锭取要税钱"①。即至元二年（1265）中统钞已经行用 5 年，在银钞相权的货币流通格局中，房屋购置的价格也用"市银"表示，并且成为元廷计算典卖契税的计税依据。

最后，从货币白银化的角度看，无论是操回鹘语、突厥语、波斯语的商人，还是富有金银的蒙古诸投下，以及汉人世侯，都与广泛流通的"雅思特科"和"巴里失"联系在了一起。他们在没有铜钱、不需要铜钱的情况下，广泛使用白银。草原市场上使用的宋金旧币"雅思特科""巴里失"，继承和发展了宋金市场上白银货币化与货币白银化的成果。新整合起来的地跨长城内外的农牧区市场上，白银已具备了主要货币的特征。因此，在从宋金到元明的中国货币史上，宋金时期银钱楮并用的多元货币流通格局，在市场结构的重组过程中，至此也发生了重要转变。货币构成的演变暨货币的白银化，既是市场空间拓展、市场层级萎缩的产物，又是继承宋金市场发展成果和白银货币化成果，基于农牧区市场的整合与重组，逐步形成新货币流通格局的重要组成部分。

第二节　从包银、斡脱银到"银钞相权"

一　赋税征银与"银荒"的出现

金朝中期银钱钞并行的货币流通格局，历经铜钱消亡、钞法崩溃的冲击，至金朝灭亡时，白银已在货币体系中取得了基准货币地位，银钞相权货币流通格局初步萌发。而蒙古诸部兴起后，不需要铜铁钱，市场上流通的主要是穿着汉地民族服装的金银"巴里失"。白银已经成为金元之际农牧区市场上流通的主要货币。因此，窝阔台继任汗位后着手制定蒙古帝国的赋税政策，也就顺理成章地把银直接确定为主要赋税品类。蒙古帝国的赋税征银，在业已用银作货币的地区，不仅从国家财政角度认可了货币

---

① 陈高华等点校：《元典章》卷 22，《户部》卷之八《以典就卖税钱》，第 901 页。

白银化的成果，并进一步以国家法令的形式，把中国古代货币的白银化，继续向前推进。

如前所述，金朝市场上白银已广泛流通。实际上金人也已开始把赋税直接征银提上了日程。早在承安四年（1199）四月，金廷即"令院务诸科名钱，除京师、河南、陕西银钞从便，余路并许收银钞各半，仍于钞四分之一许纳本路。……榷货所鬻盐引，收纳宝货、钞相半，银每两止者钞两贯"①。兴定三年（1219）四月庚寅，"同提举榷货司王三锡请榷油，岁可入银数万两，高琪主之。"只是因为"众以为不便，遂止"②。处于战乱中的金廷已无法制定出台有效的财政货币政策，失去了以国家法令的方式确定赋税征银的条件。

但在蒙廷方面，赋税征银却在金朝旧地得以逐步施行。太宗元年（1229）八月己未，"诸王百官大会于怯绿连河曲雕阿兰之地"，窝阔台"以太祖遗诏即皇帝位于库铁乌阿剌里。始立朝仪……颁大札撒……敕蒙古民有马百者输牝马一，牛百者输牸牛一，羊百者输羒羊一，为永制。始置仓廪，立驿传。命河北汉民以户计，出赋调，耶律楚材主之；西域人以丁计，出赋调，麻合没的滑剌西迷主之"。在耶律楚材的主持下，次年正月，"定诸路课税，酒课验实息十取一，杂税三十取一"③。汉地的赋税由"地税、商税、盐、酒、铁冶、山泽之利"构成，预期收入为"岁可得银五十万两，帛八万匹，粟四十余万石"④。除蒙古草原紧缺的绢帛和粮食外，其余全部是白银。在定诸路赋税的同时，蒙廷"始行盐法，定每引四百斤，价银十两"⑤。继承了宋金以来的食盐专卖制度，并把专卖价格直接以银定价。而耶律楚材建议在中原赋税征银的依据，却是这里市场上流通白银。对此，陈文圭说："朝廷初平中夏，是时未有钞法，贸易不过丝银，科差以是为准。"⑥ 而定中原赋税，也确实征收到了白银。至太宗三年（1231）秋，窝阔台至云中，"十路咸进廪籍及金帛于庭中，帝笑谓楚材曰：'汝不去朕左右，而能使国用充

①　《金史》卷48，《食货》三。

②　《金史》卷15，《宣宗本纪》。

③　《元史》卷2，《太宗本纪》。

④　《元史》卷146，《耶律楚材传》。

⑤　屠寄：《蒙兀儿史记》卷4，《斡歌歹汗纪》。

⑥　陆文圭：《墙东类稿》卷4，《流民贪吏盐钞法四弊》。

足，南国之臣，复有如卿者乎’”①。蒙古帝国顺应和认可货币白银化
的成果，在中原地区商税直接征银取得了明显的成效。此后蒙古从中原
地区征收到的白银数量不断增加，"及河南降，户口滋息"，仅税银一
项"增至一百十万两"。对此，日本学者安部健夫、高桥弘臣也说：
"元朝在平定中国后，交易时付款的手段是专用银、丝，征收科差是根
据该货币状况的。蒙古帝国政府对华北实施的，就以往历代中国王朝常
识来看，显得奇异且出格的以银纳税，正是在银作为货币使用急速发展
这一当时华北的货币状况基础上，加之蒙古人、西域商人贪图银之欲望
而确立起来的。"②

窝阔台时期，中原商税征银主要采取了由资产雄厚的商人包税买扑
的征收方式。最初有燕京刘忽笃马，以银50万两买扑天下差发。涉猎
发丁以银25万两买扑天下系官廊房地基、水利猪鸡，刘庭玉以银5万
两买扑燕京酒课。又有回鹘以银100万两买扑天下盐课③。太宗十一年
（1239）十二月，窝阔台又同意西域商人奥都拉合马以2倍的数量，买
扑课税，"回回部人温都尔哈玛尔请以二百二十万两扑买之，楚材持不
可。曰：虽取五百万两亦可得，不过严设法禁，阴夺民利耳。反复争
论，声色俱厉，言与涕俱。蒙古主曰：尔欲搏斗耶。又曰：尔欲为百姓
哭耶。姑令试行之。楚材力不能止，乃太息曰：民之困穷，将自此始
矣"④。耶律楚材不仅未能阻止奥都拉合马的买扑，而且奥都拉合马以
此被授予了提领诸路课税所的权力，直接成为蒙古帝国的财政主管官
员。这一办法一直沿用到乃马真后以后，"奥都剌合蛮提领诸路课税所
扑买中原银课如故，诸所建白，专事聚敛"⑤。至定宗元年（1246），奥
都拉合马被杀，这一办法才有所改变。而奥都拉合马以每年220万两白
银的数量买扑课税，以7年计，其所上交的税银累积达1500余万两，
蒙古帝国财政收入中的白银大大增加。

除来自商业领域的课税外，蒙古帝国财政中白银的另一个来源是差

---

① 《元史》卷146，《耶律楚材传》。

② 高桥弘臣：《宋金元货币史研究》，第129页；安部健夫：《元代包银制考究》，第
112—113页。

③ 苏天爵：《元朝名臣事略》卷5。

④ 毕沅：《续资治通鉴》卷169。

⑤ 屠寄：《蒙兀儿史记》卷4，《斡歌歹汗纪》。

发。1233 年出使蒙古的南宋使臣彭大雅所见是：“其赋敛，谓之差发。”“除工匠外，不以男女，岁课城市丁丝二十五两，牛羊丝五十两[原注：谓借过回回银买给往来使臣食过之数]，乡农身丝百两。……漕运银纲合诸道，岁二万锭。”徐霆也作了如下记载：“至若汉地差发，每户每丁以银折丝绵之外，每使臣经从、调遣军马、粮食、器械及一切公上之用，又逐时计其合用之数，科率民户。”① 这里，直接从民户手中征收的差发，早期似乎以丝为额，但实际所征却有不少“以银折丝绵”。1251 年，宪宗蒙哥又用燕京行尚书省断事官牙剌瓦赤的建议，将各地征收的差发丝银正式立为全国性赋税项目，统一按民户为单位，每户征银六两。宪宗五年（1255）春“征逋欠钱谷”时，将征收标准进行了调整，为另行确定为“汉民科差包银额征四两，半输银，半折丝绢颜料等物”②。

蒙古通过上述途径，在财政收入中获得了大量白银。同样，财政支出中也广泛使用白银。由于蒙廷早期的财政以满足贵族消费为主，其财政支出中赏赐用银的比重较大。甚至太宗时“置仓库”的主要目的就是“贮金帛器械以备赏赐”。也正是以赋税征银、置仓库贮金帛以备赏赐为基础，太宗朝赏赐白银成为定制。据《元史·食货志》记载，其用银量共 1130 锭，计有：太祖叔答里真赐银三十锭；太祖诸弟四人及三子各赐银 100 锭；太宗六子每人 16 锭 33 两；太祖四大斡耳朵每人赐银 50 锭。定宗元年（1246）七月，贵由继位，进行了一次空前的白银赏赐。当时“汗（定宗）即位于汪吉宿灭秃里之地，边远属国……其主或自来朝，或遣子弟入贺。……数月之内，王会衣冠之盛，前古未有也。汗遍赐妃主诸王大臣，下及其子弟，诸翼将士赐及其家。朝贡之国，犒及从者，莫不优渥”③。此后，蒙古帝国的白银赏赐还有所增加。宪宗六年（1256）春，“会诸王百官于月儿灭宏土，设宴六十余日，赐金帛有差”。其具体数目虽无从查考，但由于同时“定亲贵功臣岁赐银帛丝钞之数”总额达 1630 锭，比太宗时增加 44%，会诸王时的赏赐也应当不比定宗时少④。此外，用白银购买商品，满足贵族消费，也是蒙

①　彭大雅撰，徐霆疏证：《黑鞑事略》，第 8 页。
②　屠寄：《蒙兀儿史记》卷 6，《蒙格汗纪》。
③　屠寄：《蒙兀儿史记》卷 5，《古余克汗纪》。
④　屠寄：《蒙兀儿史记》卷 6，《蒙格汗纪》。

古帝国财政支出中用银的主要组成部分之一。如前述成吉思汗时用银向中亚商人购买纺织品、窝阔台汗时高价购买食品和金属制品等。宪宗七年（1257）九月，有"回鹘献水晶盆、珍珠伞等物，可直银三万余锭"，诸王拔都向宪宗"乞银买珠"。宪宗虽不太情愿，但还是"稍偿其直"，买下回鹘所献之物①。

这样，蒙古帝国财政相当一部分以银定额，收支大量用银，赋予了白银以法偿能力，进一步认可和巩固了货币白银化的成果。白银已在一定程度上成为包括蒙古政权在内的社会各界，核定财富价值的通用手段和工具，在更广的范围发挥了基准货币的作用。

然而，随着白银基准货币作用的发挥，蒙廷辖区白银的市场需求全面增长，而同期白银供给却没有明显增加。就连金朝时期南宋每年以岁币方式送纳的 20 万两白银，也由于宋金关系的恶化，嘉定五年（1212）后实际已经停止了。蒙古灭金后，虽然也曾试图延续辽、金旧法，向南宋索取岁币。嘉熙二年（1238），在宋蒙交恶而蒙古一时难以取胜的情况下，蒙古派出使臣入宋议和，提出了由宋每年支付岁币银绢20 万匹两的要求②。但因为蒙古同时提出以长江为界的要求，使宋廷不敢达成和议，岁币也就没了着落③。此后，宋蒙关系虽然表面上和战不定，但实际双方决心已定，言和已不太可能，岁币也没有再重新提起。

白银短缺问题，早在太宗窝阔台时就已在汉地初现端倪。窝阔台时定赋税，中原差发以征银为主。可是，中原地区由于白银存量不足，差发无法悉数征银。《黑鞑事略》记载："若至汉地差发，每户、每丁以银折丝绵之外，每使臣经从、调遣军马、粮食、器械及一切公上之用，又逐时计其合用之数，科率民户。诸亡国之人，甚以为苦，怨愤彻天，然终无如之何也。鞑主不时自草地差官出汉地定差发。（徐）霆在燕京，见差胡丞相（胡土虎）来，黩货更可畏。下至教学行及乞儿行，亦银作差发。燕京教学行有诗云：'教学行中要纳银，生徒寥落太清贫'……"④ 太宗五年（1233）"时政繁赋重，贷钱于西北贾人以代输，累倍其息，谓之'羊羔利'，民不能给。（史）天泽奏请官为偿，

---

① 《元史》卷3，《宪宗本纪》。

② 《宋史》卷405，《李宗勉传》。

③ 胡昭曦主编，邹重华副主编：《宋蒙（元）关系史》，第136页。

④ 彭大雅撰，徐霆疏证：《黑鞑事略》第8页。

一本息而止。继以岁饥，假贷充贡赋，积银至一万三千锭，天泽倾家资，率族属官吏代偿之"①。不少地区由于民间无银，地方政府或州县官吏也不得不向回鹘贷银纳税。如太宗时王珍"言于帝曰：大名困于赋调，贷借西域贾人银八十锭及逋粮五万斛"②。磁州因无银交纳，官吏被迫向商人贷银。而斡脱商人则借此机会"为券出母钱代输，岁责倍偿。不足，则易子为母。不能十年，阖郡委积，数盈百万。令长逃债，多委印去"③。至太宗十二年（1240），诸路官民积欠回鹘银"凡七万六千锭"，窝阔台不得不令以官物代还，并"仍命凡假贷岁久，惟子本相侔而止，著为令"④。

定宗贵由继位，曾大量赏赐白银，似乎当时蒙廷掌握的白银数量不少。可是，在贵由汗一次性赐银7万锭的同时，蒙廷却欠下了商人50万锭的白银。《史集》记载：贵由在位期间，"当商人们从四境来到贵由汗处，与他的大臣们做成了一些确实的交易，并拿到了地方上的支票。由于某种事故，延迟了向他们［指商人们］付钱，他们没有拿到［现钱］。他［贵由］的妻子们、儿子们和侄儿们也同样地做成交易并签发了各地的支票，商人们成群地络绎前来很快地做了不少交易，拿到了支票，［但没有拿到现钱］"。所以，贵由去世后蒙哥继位，不得不"降旨从他的各地区拨付所有这些款子，结果总共花费了五十多万金银巴里失"⑤。蒙哥虽然偿还了贵由欠下的白银，可同样感受到了白银不足的压力。

二　商业信用的发展与"银钞相权"的确立

唐宋以来，随着商品经济的纵深发展，商业信用获得了全面发展。市场借助信用关系，实现了价值的跨地区转移和让渡。唐代的飞钱、宋金的票据、楮币应运而生。金朝灭亡之际，银钞相权的货币流通格局已开始取代钱楮并用。尽管金廷发行的纸币不可避免地随金朝的灭亡而消失，但民间的商业信用却仍旧存在。宋元时期资本与资本之间的合伙、资本与劳动之间的合伙、经营者既以劳动参加利润分配同时也出资等3

① 《元史》卷155，《史天泽传》。

② 《元史》卷152，《王珍传》。

③ 姚燧：《高泽神道碑》，《牧庵集》卷25。

④ 《元史》卷2，《太宗本纪》。

⑤ ［波斯］拉施特主编：《史集》第2卷，第262—263页。

种类型的合伙制经营①，正是这种深厚的民间信用在经营活动中的具体体现。不仅如此，蒙古灭金后，汉人世侯获得了蒙古汗廷的信任，世辖其地，世掌其民，政令自决。在汉人世侯辖区，斡脱商人、汉地商人及富民，与投下、世侯及蒙古政权之间，形成了多重复杂的信用关系。于是，太祖、太宗时期，在蒙军占领的汉地，部分汉人世候开始借助新的信用手段筹集资金解决白银不足问题。

太祖十九年（1224）何实"分兵攻汴、陈、蔡、唐、邓、许、钧、睢、郑、亳、颍，所至有功，计枭首一千五百余级，俘工匠七百余人。孛鲁复命（何实）驻兵邢州，分织匠五百户，置局课织。丁亥，赐金虎符，便宜行元帅府事。邢因武仙之乱，岁屡饥，请移匠局于博，孛鲁从之。悯其劳瘁，使勿出征，更檄东平严实，与之分治军民事。博值兵火后，物货不通，实以丝数印置会子，权行一方，民获贸迁之利"②。

太宗元年（1228）戊子，王檝"奉监国公主命，领省中都。属盗起信安，结北山盗李密，转掠近县，檝曰：都城根本之地，何可无备。引水环城，调度经费，檝自为券，假之贾人，而敛不及民，人心稍安"③。

"世祖即位，择信臣宣抚十道，命布鲁海牙使真定。真定富民出钱贷人者，不逾时倍取其息，布鲁海牙正其罪，使偿者息如本而止，后定为令。"④

上述 3 例中，何实本于邢州置局，准备组织掳获的工匠课织，但邢州遭遇战乱，不具备开织局的物质条件，因此改迁博州。博州在兵火过后，也物货不通，没有组织大规模手工生产的条件。在这样的情况下，何实以丝为担保，首先与商人恢复和建立信用关系，发行会子，筹集资金，终于取得了"民获贸迁之利"的效果。而王檝在中都的情况似乎有所不同，他为加强中都的防卫拟引水环城，但面临着严重的资金困难。于是以世侯权威、蒙廷信誉为担保，"自为券"，向商贾借贷，筹集引水工程的资金。至于第 3 例中的真定富民，似乎受到了布鲁海牙的严惩。但这意味着在此之前，这样的富民出钱贷人，即使是面临"倍取其息"的高额利息也在所不辞。这显然与斡脱商人在汉地的借贷与信用

---

① 刘秋根：《十至十四世纪的中国合伙制》，《历史研究》2002 年第 6 期。

② 《元史》卷 150，《何实传》。

③ 《元史》卷 153，《王檝传》。

④ 《元史》卷 125，《布鲁海牙传》。

情况颇为类似，属于汉地民间信用与借贷关系延续与发展的一个例子。这样，汉地传统的信用关系与蒙古帝国兴起后的世侯信誉、蒙廷信誉结合起来，构成了农牧区市场整合与重组过程中，既有深厚历史积淀、又有强烈时代特点的信用基础。

在汉地信用延续与发展的同时，蒙古草原上的斡脱商人与蒙古贵族，结成了更加紧密的信用关系。以畏兀儿、回回为主体的色目人，成为蒙古帝国最信任、最富有、特别擅长财富经营管理的伙伴，斡脱商人在很大程度上扮演了投下产业的代理人、经营者的角色。他们之间当然也不会放过借助信用关系实现价值跨区域转移让渡的机会。前述蒙哥偿还贵由时期的欠账的方式，正是这方面的典型例子。而从蒙古帝国商业信用的角度看，这里需要特别强调的是，蒙古贵族和帝国政权的代理商——斡脱商人，在受托经营时却没有也不可能完全从事商品经营或实业投资，其中相当一部分"回回自转贷人，或多方贾贩"①。甚至转贷白银从一开始就是斡脱商人们首选的主要经营方式，以致元人徐元瑞在《吏学指南》中，更直接地说："斡脱者，为转运官钱散本求利之名也。"② 相应地，斡脱所经营的钱债，也就顺理成章地被称为"斡脱钱"。也正因为斡脱商人与诸投下结成了这样利益休戚与共的信用关系，蒙廷才对之待若上宾，给予各种政策优惠和便利。甚至斡脱钱"一铤之本，辗转十年后，其息一千二十四铤"③，也与此不无关系。这意味着，斡脱商人充分利用了蒙古贵族的政治特权，又把商业信用的链条继续延伸，扩展到了更广的范围。

更进一步追踪斡脱钱拓展的信用范围，我们却发现汉地民众和世侯，正是蒙古帝国时期斡脱钱最终的主要债务人，而蒙古帝国的赋税征银政策，是促成这种信用关系的重要原因。关于斡脱钱与蒙廷赋税征银的问题，日本学者爱宕松男曾进行了精辟分析，他指出："从太宗到世祖中统元年的三十年间，纳银税目在中国开了先例。由于以官方强制力征收包银，农民不得不以商人作中介，获取白银。而商人、地主自身也是包银征收对象……远远不能满足达到庞大数量的农民白

---

① 彭大雅撰，徐霆疏证：《黑鞑事略》，第8页。
② 徐元瑞：《吏学指南》，第118页。
③ 彭大雅撰，徐霆疏证：《黑鞑事略》，第8页。

银需求，于是被迫借贷斡脱债已成必然之势。""如果以合户二十万户的税户数目计算，上述三十年蒙古朝廷就征收了三千万两白银。当然其中一部分应该充作对宗室诸王的岁赐。无论怎样，这些白银在被蒙古统治者用作装饰材料和奢侈品购价之余，几乎全部是以斡脱银形式贷与斡脱户了。于是，斡脱钱的资本银与日俱增，它的经营范围必然向汉地各处渗透。"①

这里需要进一步探讨的是，《元史》中首次出现斡脱记载如下：

太宗十二年（1240）"是岁，以官民贷回鹘金偿官者岁加倍，名羊羔息，其害为甚，诏以官物代还，凡七万六千锭。仍命凡假贷岁久，惟子本相侔而止，著为令"②。

《元史》第一次记载羊羔息的这段文字中，放贷的资金来源十分明确，是"回鹘金"；债务人有二：官与民。借贷总额达到了7.6万锭，计380万两。蒙廷对这一数额巨大但偿还无望的贷款，居然十分果断，十分慷慨，"诏以官物代还"。从通常的情况来看，其间有两个问题颇令人费解：一是为何官府要贷"回鹘金"？二是蒙廷何以如此果断、如此慷慨？

---

① ［日］爱宕松男：《斡脱钱及其背景——十三世纪蒙古元朝白银的动向》，李治安节译，《蒙古学资料与情报》1983年7月。李治安先生在译文前对爱宕松男的这篇论文进行了简要介绍："此文是近年日本蒙古学界关于元代斡脱钱问题的较有分量的论著……并着眼于十至十三世纪东西方贸易中白银流通动向，讨论了斡脱钱的国际背景。这里，我们翻译了全文的前半部分，由于篇幅较长，译文在尽可能保持原貌的前提下，适当删除了不甚重要的文字。"译文译出了原文的"目录"和"前言"。"目录"如下："（一）斡脱钱问题：1. 斡脱、斡脱钱的解释；2. 漠北时代斡脱钱的活跃；3. 元朝斡脱制度的变迁；4. 斡脱钱经营手法（以上是论文前半部分）。（二）十至十三世纪东西方陆上贸易和银的问题：1. 东伊斯兰圈的银币缺乏及其恢复；2. 西畏兀儿国的东西分裂和贸易竞争状况；3. 通往中国的两条新商路：（1）青海路，（2）长城以外的草原路，（3）金朝到蒙古汗国的推移；（三）中国白银流往西方：1. 宋代东西方贸易中白银的出现；辽金时代白银的动向；4. 北宋的白银生产和银价变化；5. 金元时代的银价格；结语。"在"前言"中，爱宕松男就论文的内容作了说明：在重新考察斡脱钱背景的基础上，从13世纪东西方贸易的角度，"先考证斡脱钱白银经营的实际状况，其次，讨论十至十三世纪东西方贸易的特殊性，尤其是作为商品的白银地位。最后指出流通于宋、金、元的白银价格递增的事实并得出结论"。从"目录"和"前言"看，该文与本研究关系十分密切。但笔者囿于条件所限，未能获见全文，十分遗憾。

② 《元史》卷2，《太宗本纪》。

考索下条材料，我们从中或可找到一些解释这两个问题的线索：

> 自乙未（太宗七年，1235。引注）版籍后，政烦赋重，急于星火。以民萧条，猝不易办，有司贷贾胡子钱代输，积累倍称，谓之羊羔利。岁月稍集，验籍来征，民至卖田业鬻妻子有不能给者。公（史天泽）悯焉。诣阙并奏其事，民债官为代偿，一本息而止……上皆从之。①

《元史·史天泽传》亦记其事，称：宪宗六年（1256）史天泽返回真定，"时政烦赋重，贷钱于西北贾人以代输，累倍其息，谓之羊羔利，民不能给。天泽奏请官为偿，一本息而止。继以岁饥，假贷充贡赋，积银至一万三千锭，天泽倾家赀，率族属官吏代偿之"②。

这两条材料说明，实际上在汉人世侯治下，直接向蒙廷缴纳赋税的有民也有官。从民的角度来看，列籍于簿册上的民，当然要用银完纳赋税，他们没银须向斡脱商人借贷。但显然问题还不止于此。因为乙未年定版籍，是"有司"——汉地世侯上报的人口登记。在世侯专治的情况下，上报的籍册不啻是他们向蒙廷承担税银的承诺书。按在籍人户征银、纳银，随之变成了世侯们的基本责任。因此，无论民是否纳银，最终直接向蒙廷交银的都是世侯。世侯当然是"有司"，是官而不是民。更何况世侯们对领地民众是否有能力纳银，应该是十分清楚的。因此，在"急如星火"或"继以岁饥"的情况下，他们甚至也毫无办法，只有向斡脱商人求助，"假贷充贡赋"。世侯虽然是官，但同样向斡脱商人贷银，成了斡脱钱的债务人。

此外，再从斡脱商人们的资金来源来看，斡脱钱原来并非斡脱商人自身所有。其最初的所有者，不外是蒙古贵族和蒙廷政府。具体执行人当是专门管理斡脱商人、代理蒙廷经营白银资产的斡脱总管府。也就是说，看似民间债务的羊羔儿息，其实最终债权人还是蒙廷及蒙古贵族。因此，在史天泽承诺按一倍本息的利息"代偿"债务的情况下，斡脱商人虽然没有取得数倍于本金的利息，但实际贷出的斡脱银已通过征收

---

① 王恽：《秋涧集》卷54，《史公神道碑》。
② 《元史》卷155，《史天泽传》。

赋税，无偿地回到了蒙廷乃至蒙古贵族手中。拥有帝国政权的最终债权人在已经征取税银的前提下同意免息减债，当然不用犹豫，可以十分果断，甚至十分"慷慨"。更何况就连与自己建立密切的斡脱关系的经理人——斡脱商人，也已经得到了几近一本的利息了。

这样的例子，在蒙元时期的史料中屡见不鲜。特别是碑传材料中，往往作为蒙廷、世侯们仁德为本的典型材料留了下来。实际上，蒙廷与投下、斡脱商人、汉人世侯以及商人富民乃至小农，与市场上流通的白银—包银、课银、差发银—斡脱银—羊羔儿息，全都联系在了一起。即蒙廷政权或蒙古贵族把白银托付给斡脱商人，他们携银进入汉地，或把银转给其他商人，由他们高息向汉地放贷；汉地民众及汉人世侯在蒙古强制用银纳税而没有白银的情况下，被迫向斡脱商人借银缴纳，同时承担高额利息；汉人世侯借到的白银，又通过蒙廷政权的赋税征收，进入蒙廷府库；蒙廷转而再次把银赐予黄金家族及诸投下，或交斡脱管理机构营运。白银沿着这样的信用链条，在完成了不断增息之后，转了一个圈，又回到了诸投下和代表蒙廷管理斡脱的机构手中。蒙古贵族与斡脱商人之间的信用关系，更紧密地围绕白银的借贷和经营，把汉地百姓、世侯全都卷了进去[①]。

不仅如此，在颇具循环特色的斡脱钱运营中，无论斡脱商人还是汉地商人、世侯乃至民众，在经历了唐宋以来的飞钱、便换、茶盐钞，乃至见钱公据、会子、关子、交子、楮币后，特别是金朝明确以银为钞本、发行交钞，建立"银钞相权"关系的情况下，对信用关系中的票据及其可不断循环借贷的特点，对依托白银的价值发行信用货币的经历，有了新的认识。于是，不仅何实印的会子已"权行一方，民获贸迁之利"，而且斡脱钱债形成的票据，已不再束之高阁，而是不失时机地进入流通。信用工具与白银、与斡脱钱、与蒙廷财政，更加紧密地联系在一起，在多次转贷中，信用关系的范围不断延伸、扩

---

① 日本学者爱宕松男（第 144、156 页）、高桥弘臣（前引第 128、140 页）等认为相当一部分白银进入蒙古草原后，主要被蒙古贵族用于购买西域珍宝，形成了白银持续向中亚地区的单向流动。实际情况可能并不尽然。特别是在汉地能够通过羊羔儿息获取高额利息而中亚残破商品输出能力衰退的情况下，斡脱商人把银输往中亚不仅获利不多，而且斡脱钱也就不存在放贷给汉人世侯和汉地百姓了。

大。从这一意义上看，如果说蒙廷及贵族首次出贷仅收取 10% 的利息的话①，经过数次转贷的羊羔儿息达到数倍于本金的程度，也就属情理中事了。因此，斡脱商人确实从中获取了巨额利息收益。但利息收益的总额，却在多次转贷中分散摊匀，甚至不排除汉人世侯、商人、富民共沾其利的可能。

于是，蒙古帝国以穿越整个农牧区市场的白银流通和与之密切相关的汉地信用、斡脱信用为基础，在灭亡金朝后不到两年，沿用金人的办法，发行了蒙古帝国历史上的第一种纸币。太宗八年（1236）正月"诏印造交钞行之"②。这次印造交钞，耶律楚材曾参与其事，并直接向蒙廷提供了金朝发行交钞的经验教训。他向窝阔台建议："金章宗时初行交钞，与钱通行，有司以出钞为利，收钞为讳，谓之老钞，至以万贯唯易一饼。民力困竭，国用匮乏，当为鉴戒。今印造交钞，宜不过万锭。"③ 而《元史》本传及《太宗本纪》的记载，还为我们了解交钞发行的背景及其与当时斡脱银信用之间的关系，提供了一些线索：

耶律楚材明昌元年（1190）出生，先后任金朝开州同知，贞祐二年（1214）宣宗迁汴，耶律楚材留中都，任"左右司员外郎"。次年五月蒙军占领金中都。"太祖定燕，闻其名，召见之。"实际召见时间在太祖十三年（1218），即金朝兴定二年。太祖十四年（1219）"西讨回回国"。耶律楚材全程随从西行，亲历西域诸国。西征结束后，受命治理燕京。"太祖之世，岁有事西域，未暇经理中原，官吏多聚敛自私，赀至巨万，而官无储侍。"④

太宗元年（1229）蒙古"始置仓廪，立驿传。命河北汉民以户计，出赋调，耶律楚材主之"。太宗三年（1231）八月，"幸云中。始立中书省，改侍从官名，以耶律楚材为中书令……"⑤。辛卯秋，帝至云中，

---

① 蒙廷及投下与斡脱商人间的利息分配已难找到可靠记载，爱宕松男在《斡脱钱及其背景》中估计应在 10% 左右。但须强调的是，其余 90% 当在多次转贷中，分别由转贷人获得，不太可能全为一次性经营所得。

② 《元史》卷 2，《太宗本纪》。

③ 《元史》卷 146，《耶律楚材传》。

④ 《元史》卷 146，《耶律楚材传》。

⑤ 《元史》卷 2，《太宗本纪》。

十路咸进廪籍及金帛陈于廷中，帝笑谓楚材曰："汝不去朕左右，而能使国用充足，南国之臣，复有如卿者乎？"①

"先是，州郡长吏，多借贾人银以偿官，息累数倍，曰羊羔儿利，至奴其妻子犹不足偿。楚材奏令本利相侔而止，永为定制，民间所负者，官为代偿之。至一衡量，给符印，立钞法，定均输，布递传，明驿券，庶政略备，民稍苏息焉。"②

结合以上情况来看，我们似可做出如下推断：

一是，耶律楚材在受成吉思汗召见前，对金末的交钞以及银钞相权十分熟悉。他7—10岁时，即金朝承安二年至承安五年（1197—1200），金廷"以军储调发，支出交钞数多。遂铸宝货，与钱兼用，以代钞本"。此后经历了"自泰和以来，凡更交钞，初虽重，不数年则轻而不行"的情况，对贞祐二年（1214）"则愈更而愈滞矣"，贞祐三年（1215）禁止铜钱流通、"赎铜计赃皆以银价为准"、发行贞祐宝券更为熟悉。甚至对贞祐四年（1216）"宝券未久更作通宝，准银并用"③也不陌生。

二是，耶律楚材1218年入见成吉思汗，1219—1227年从征西域、回师灭西夏，历时8年。他对金朝旧地、蒙古草原、畏兀儿及西夏至西域的交通、物产、市场及商业信用、蒙廷信用情况，无不了如指掌。太宗即位后则针对此前"官吏多聚敛自私，赀至巨万，而官无储侍"的问题，任命他主持汉地赋税征收，太宗三年（1231）已收到明显成效。这为蒙廷掌握白银、以白银为本，发行可同时流通于整个农牧区市场、通行于蒙古帝国广阔辖区的纸币——交钞奠定了基础。

三是，结合这两方面来看，耶律楚材主持"立钞法"之际，又正是《史集》记载的窝阔台及蒙古投下富藏金银、旷古慷慨，而羊羔儿息已泛滥成灾的时候。因此，蒙廷以汉地信用、斡脱信用的发展为基础，紧密围绕白银在汉地与草原市场间的流通，吸取金朝"银钞相权"经验及滥发交钞的教训，并继续用交钞之名且以"锭"为单位发行了纸币。太宗八年（1236）耶律楚材主持下发行的交钞应当已经与白银发生了

---

① 《元史》卷146，《耶律楚材传》。

② 《元史》卷146，《耶律楚材传》。

③ 《金史》卷48，《食货》三。

联系，当是金末银钞相权继续发展的结果。

太宗发行交钞 15 年后，宪宗元年（1251）辛亥，"朝廷始征包银，（史）楫请以银与物折，仍减其元数，诏从之，著为令。各道以楮币相贸易，不得出境，二三岁辄一易，钞本日耗，商旅不通，楫请立银钞相权法，人以为便"①。《史公神道碑》也称："辛亥岁……各道发楮币贸迁，例不越境，所司较固取息，二三岁一更易，致虚耗元胎，商旅不通。公（史楫）奏皇太后，立银钞相权法，度低昂而重轻，变涩滞为通便。"② 这进一步说明：1251 年前，汉地很多地方依托本地信用和商业信用，都发行了在一定范围内流通的"楮币"，并采取楮币限年使用，"二三岁辄一易"的办法维持信用；各地发行楮币时的环境，当与蒙廷赋税征银有一定联系。至少在时间上，两者之间尽管有前后之别，但间隔很短；至少史楫已明确实行"银钞相权法"：把白银和楮币联系起来，用白银作为楮币之本，以银权楮，"度低昂而重轻"。通过收楮付银稳定楮币的币值，解决了楮币因无本可恃而导致的"虚耗元胎，商旅不通"等问题，取得了"人以为便"的效果。

至此，白银与楮币的联系已然明确，银钞相权成为一种有章可循、实践中取得成效的办法。按此办法，银与钞"相权"而行，以银为价值基准，以钞为价值符号，银为"体"，钞为"用"，官府掌握的白银不必以其本身直接投入流通，而是主要用来作楮币的价值基准。也就是说，官府持有一两白银并以之为价值保证，至少可发行值一两白银的楮币，并保证楮币正常流通。蒙古帝国在拥有一两白银的同时，又拥有了与一两白银等值、数量上可多于一两白银的楮币，货币总量变为一两白银与值一两白银的楮币之和，与白银相联系的货币总量顿增一倍以上。发行以银为本的楮币，显然能在很大程度上缓解汉地市场流通中白银不足的问题。

不仅如此，白银以自身金属价值作为货币价值，所具有的单位价值量高而体积小、易于分割和重新组合的特性，还决定了它不需要政府信誉也可以流通于民间。前述金朝铸承安宝货，就试图通过官府铸币的形式，掌握白银及其所代表的社会财富。可是，这一与白银货币的特性相

---

① 《元史》卷 147，《史楫传》。

② 王恽：《秋涧集》卷 54，《史公神道碑》。

冲突的行动，立即遭到了市场的唾弃，承安宝货行用不到两年就被迫放弃。在承安宝货铸行失败后，金廷、蒙廷相继转而尝试利用信用手段发行楮币，使楮币与白银的价值相联系，通过"银钞相权"，驾驭白银及白银所代表的社会财富。特别是窝阔台时期发行交钞、史楫在真定试行"银钞相权"的成功实践，对蒙廷、对诸投下及汉人世侯来说，借助商业信用发行以银为本的楮币，显然是切实可行的。

此后，忽必烈在潜邸延揽儒士，治理封地，各地汉人世侯、儒士沿用金朝故事，在不止一地印行楮币。刘肃于宪宗二年（1252）壬子受命"为邢州安抚使，（刘）肃兴铁冶及行楮币，公私赖焉"[1]。宪宗三年（1253），忽必烈以孛兰、杨惟中为京兆宣抚使，在关中"印楮币，颁俸禄，务农薄税，通其有无"[2]。虽然各地此时发行的楮币，有的可能像何实发行的丝钞一样，以丝为本，但其中应该也有按"银钞相权法"发行的楮币[3]。而1253年鲁不鲁乞出使蒙古，在草原上也见到了纸币"契丹通常的钱是一张棉纸，长宽各有一掌之宽，他们在这张纸上印有条纹，与蒙哥汗印玺上的条纹相同"[4]。甚至他所见到的纸币，已不是区域性纸币，而是蒙哥汗主持发行，可在蒙廷辖境广泛流通的纸币了。

三　中统钞的行用与"银钞相权"的发展

从太宗八年（1236）始行交钞，到宪宗元年（1251）史楫立"银钞相权法"发行楮币的实践，为进一步在全国推进楮币，甚至全面确立银钞相权打下了基础。此后，忽必烈于1260年继汗位，总结太宗八年

---

① 《元史》卷160，《刘肃传》。

② 《元史》卷159，《商挺传》；姚燧：《牧庵集》卷15，《中书左丞姚文献公（枢）神道碑》。《元史》卷4，《世祖本纪》一记载此事，称交钞。原文如下："岁癸丑，受京兆分地。诸将皆筑第京兆，豪侈相尚，帝即分遣，使成兴元诸州。又奏割河东解州盐池以供军食，立从宜府于京兆，屯田凤翔，募民受盐入粟，转漕嘉陵。夏，遣王府尚书姚枢立京兆宣抚司，以孛兰与杨惟中为使，关陇大治。又立交钞提举司，印钞以佐经用。"

③ 姚燧：《牧庵集》卷26，《开府仪同三司太尉太保太子太师中书右臣相史公先德碑》记："（算智尔威）关弓驰马，拳勇绝人，入侍世祖潜藩。岁癸丑，从平云南诸国。以骁果闻。及归行赏，赐马五匹，钞二千五百两，价与银埒。"似乎忽必烈在潜邸发行的楮币，也有可能与白银有关。

④ 鲁不鲁乞：《鲁不鲁乞东游记》。见《出使蒙古记》，第190页。

（1236）以来蒙廷发行交钞、各地行用楮币及尝试确立银钞相权的经验，宣告以"差发办而民不扰，盐课不失常额，交钞无致阻滞"① 为目标，大力推行汉法，进行币制改革。中统元年（1260）七月发行以丝为本的交钞，十月发行中统元宝交钞（以下简称"中统钞"），筹备以纹绫织为中统银货②。经过两年多的探索，先后用新钞收兑各地此前发行的旧钞、楮币③，通过支付新钞籴买粮食④，在全境逐步推广使用新钞。其间，中统二年（1261）正月"省府为发下中统元宝交钞，榜省谕随路"，其文曰：

> 省府钦依印造到中统元宝交钞，拟于随路宣抚司所辖诸路，不限年月，通行流转。应据酒、税、醋、盐、铁等课程，并不以是何诸科名差发内，并行收受。如有诸人赍元宝交钞，从便却行赴库倒换白银物货，即便依数支发，并不得停滞。每两止纳工墨钞三分外，别无克减添搭钱数。照依下项拟定"元宝交钞体例"行用。如有阻坏钞法之人，依条究治施行。据此，须议出给者：
>
> 一诸路通行中统元宝，街下买卖金银、丝绢、段匹、斛斗一切诸物，每一贯同钞一两、每两贯同白银一两行用，永为定例，并无

---

① 《元史》卷206，《王文统传》。

② 彭信威：《中国货币史》，第557—560页。除先后发行交钞、宝钞，准备印绫绢外，彭信威先生还认为中统年间试铸过中统元宝铜钱，不少学者也认为中统间铸过铜钱。但王恽对中统钞面额以贯文为单位的解释是"其钱贯显应钞面，将来以钱钞互为表里，此张本也"（《秋涧集》，卷80，《中堂纪事》，中统二年二月）；元廷恢复铜钱时的诏令也称："惟我世祖皇帝，建元之初，颁行中统交钞，以钱为文，虽鼓铸之规未遑，而钱币兼行之义已具。"《元史》卷97，《食货》五。赵世延编《经世大典》时，在《赋典》中仅把"钱法"作为附录，收录时人关于钱法的相关议论，并在《序录》中称："周礼九府圜法其来尚矣。圣朝造交钞、宝钞以权钱。钞有钱文，铜有禁法，是世祖皇帝有意于圜法久矣，特未遑鼓铸流通耳。"（《经世大典序录》。见苏天爵《元文类》卷40）。由此观之，中统间应该没有铸过铜钱。即使"试铸"过，似乎元人也不知晓，或不予承认。

③ 《元史》卷160，《刘肃传》载："中统元年，（刘肃）擢真定宣抚使。时中统新钞行，罢银钞不用。真定以银钞交通于外者，凡八千余贯，公私嚣然，莫知所措。肃建三策：一曰仍用旧钞，二曰新旧兼用，三曰官以新钞如数易旧钞。中书从其第三策，遂降钞五十万贯。"

④ 《元史》卷96，《食货》四载："中统二年，始以钞一千二百锭于上都、北京、西京等处籴三万石。"

添减；

壹拾文、贰拾文、叁拾文、伍拾文、壹伯文、贰伯文、叁伯文、伍伯文、壹贯文省、贰贯文省

（文省如七十足陌、八十足陌，若使同铜钱便省官司利益，钞文故先作文省二字）

——各路元行旧钞并白帖子，止勒元发官司、库官人等，依数收倒，毋致亏损百姓。须管日近收倒尽绝，再不行使（仍于库司门首张挂，省谕诸人，各令通知）……①

此后，蒙廷采取了一系列配套措施推行钞法：中统三年（1262）七月戊午，"敕，私市金银、应支钱物，止以钞为准"。中统四年（1263）三月"己亥，诸路包银以钞输纳，其丝料入本色，非产丝之地，亦听以钞输入。凡当差户包银钞四两，每十户输丝十四斤，漏籍老幼钞三两、丝一斤"。五月辛卯，"诏立燕京平准库，以均平物价，通利钞法"②。

在此基础上，至元元年（1264）正月"己亥，立诸路平准库"③。不仅"主平物价，使相依准，不至低昂，仍给钞一万二千锭，以为钞本"④，而且"自立平准库，禁百姓私相买卖"金银⑤，并于当年八月规定：各地"雨泽分数、诸物价，以钞为则，每月一次申部"。中统钞发行、兑换、管理机构全面设立，以银为本但禁银流通、专行中统钞，财富计量统一按中统钞的标准执行等一整套制度相继建立。在此基础上，蒙廷上下高度重视钞法的规范运作，取得了良好的效果。王恽曾不无怀念地指出：

时钞法初行，惟恐涩滞，公私不便。省官日与提举司官及采众议，深为讲究利病所在。其法大约随路设立钞库，如发钞若干，随降银货，即同见银流转。据倒到库银，不以多寡，即装垛各库作

① 王恽：《秋涧集》卷80，《中堂纪事》。
② 《元史》卷5，《世祖本纪》二。
③ 《元史》卷5，《世祖本纪》二。
④ 《元史》卷93，《食货》一。
⑤ 《元史》卷205，《卢世荣传》。

本，使子母相权，准平物估。钞有多少，银本常不亏欠。至互易银钞，及以昏换新，除工墨出入正法外，并无增减。又中关防间库司，略无少弊。所纳酒醋税、盐引等课程，大小一切差发，一以元宝为则。其出纳者，虽昏烂并令收受。七道宣抚司管限三日午前，将彼中钞法有无底滞，及物价低昂，与钞相碍，于民有损者，画时规措，有法以制之。在都总库印到料钞，不以多寡，随支备随路库司关用外，一切经费虽缓急不许动支借贷。其钱贯显应钞面，将来以钱钞互为表里，此张本也。时周岁包银六万余锭，钞数［入］及五十余万。堂议尝云，若印至百万，所获差息可尽免天下包、差。盖以平准贸易诸物、一岁民间毁废不赀，皆为官息也。又当时钞法有甚便数事：艰得，一也；经费省，二也；银本常足不动，三也；伪造者少，四也；视钞重于金银，五也；日实不虚，六也；百货价平，七也。[①]

从中统钞发行的有关记载，特别是蒙廷的榜文及王恽的议论中，我们可以看到，新确立的钞法具有以下几个显著特征。

第一，中统元宝交钞是蒙廷法定唯一通行的价值符号，它由官府以银为价值基准承担信誉担保，不限年月流通。民间以及官民之间，无论计价、买卖交易、完纳赋税、财务统计，均须使用中统钞。蒙廷制定具有约束力的"元宝交钞体例"，"如有阻坏钞法之人，依条究治施行"。

第二，中统钞以白银为价值基准，通过蒙廷强制规定钞面"贯文"与钞和银的"两""钱"等值，即：钞1贯称1两，100文称1钱；无论出钞还是收钞，除收取3%的工墨费外，钞两与银两按2∶1的比例兑换（钞2两兑银1两）。中统钞的"贯文"，通过这种等值关系、法定的"子母相权"的价值对应关系，获得了白银的价值保证。蒙廷还通过"发钞若干、随降银货"、储备金银、下拨钞本等措施，在实际行用中用白银保障中统钞的价值，确保中统钞与白银能够随时足额兑换。

第三，发行中统钞时，与铜钱没有等价关系，甚至根本就没有铸钱。之所以面额仍用贯文单位并在钞面印有铜钱图案，主要基于两方面的原因：其一是明确传统计价单位"贯文"与中统钞"两、钱"的对

---

① 王恽：《秋涧集》卷80，《中堂纪事》。

应关系，确保中统钞与民间仍有一定影响的贯文单位对接；其二是为"将来钱钞互为表里"张本①。

第四，中统钞发行后，蒙廷获得了50余万锭的毛利，超过了当时一年包银收入的8倍，极大地改善了财政收入状况，缓解了差发、包银征收中因白银不足导致的各种问题。蒙廷把自己的政府权威运用于商业信用手段，用不值一文的纸钞，实现了对白银及其所代表的社会财富的驾驭。

遵循"银钞相权"原则发行的中统钞，在进一步承认了白银在货币中的基准定价地位的同时，禁止白银、铜钱等金属货币的流通。在以市镇市场为代表的小生产者市场萎缩的情况下，中统钞成为通行于北方农牧区市场上唯一合法的价值符号。中统钞发行初期，"银钞相权"原则得到了较好的贯彻，中统钞的发行和流通取得了明显成效。时人称"中统建元，钞法初立，公私贵贱，爱之如重宝，行之如流水。交钞一贯买绢一匹，钞五六十文买丝一两，米石钞六七伯文，麦石钞五六伯文，布一端钞四五伯文"②。

但是，中统钞最小面额确定为100文（一分），可兑换白银5钱，这意味着价值在1分钞、5钱银以下的交易，将面临中统钞不适小用的问题。按"交钞一贯买绢一匹，钞五六十文买丝一两，米石钞六七伯文，麦石钞五六伯文，布一端钞四五伯文"的物价，市场上升合、尺寸等零星交易，用钞显然面临着不少困难。而元廷的食盐专卖中，盐引定价却明确已存在一分以下畸零的问题。至元十年（1273），"河间每袋重四百五十斤，价钞一十四两一钱一分四厘；山东每袋重四百五十斤，价钞一十二两六钱六分二厘；大都每引重四百斤，正该钞一十六两三钱，又利禄钱七钱，每引通计钞一十七两。比山东河间斤重少五十斤，价钞比河间多二两八钱八分六厘"。"分"以下的价格，即使是最小面额为100文（一分）的钞也面临无法分割使用的问题。同样，元廷赋税征收中这类畸零的情况也在所难免，如安平县包银丝料税粮等差发的征收中，新签军户包银及"和买"，在至元八年（1271）三月至至元九年

---

① 中统钞发行近90年的至正十年（1350），元廷恢复铜钱时的诏令也称："惟我世祖皇帝，建元之初，颁行中统交钞，以钱为文，虽鼓铸之规未遑，而钱币兼行之义已具。"见《元史》卷97，《食货》五。

② 胡祗遹：《紫山大全集》卷22，《杂著·宝钞法》。

（1272）七月"除纳本色外，折纳讫钞六十五锭三十二两七钱四分四厘，已关钞二十一锭一十七两七钱三分，未关钞四十四锭一十五两一分四厘"[1]。而在形态各异、数量、单位千差万别的商品流通中，特别是小额交易、小额交易与批量交易的衔接中，不便找零的问题将成倍增加，更为突出。

有鉴于此，元廷于至元十二年（1275）"添造厘钞。其例有三：曰二文、三文、五文"[2]。厘钞的发行，直接针对上述问题，解决了中统钞流通中的畸零问题，使钞法得到了进一步完善。更重要的是，我们从货币流通与市场结构的角度来看，发行厘钞的性质与意义，还远远超出了解决中统钞行用中面临畸零这样的"细枝末节"范围。

首先，从货币流通的角度看，厘钞的发行使中统钞的最小面额降低到了 2 文（2 厘），与白银的兑换价按同样比例折算，只相当于 1 厘白银。而考之于宋元时期的衡器，我们看到，北宋时期衡器及其计量单位精密化取得了重大突破，刘承珪所造"一钱半"秤、"一两"秤，所能精确称量的重量单位，正好就是宋制"1 厘"。其中"一钱半"秤，"第一毫纽的最小刻度值或分度值，已达一厘之微，约当今 40 毫克左右"[3]。也就是说，1 厘已经是当时技术条件下所允许的最小重量单位。这意味着，通过发行厘钞，中统钞的价值单位与当时技术条件下所可能出现的最小的白银重量单位实现了对接，银与钞之间建立了全面的等价关系。中统钞至此已能够覆盖最小额的白银使用领域，银与钞在可能出现的最小单位中，实现了彻底的"银钞相权"。也正因为如此，厘钞选择了以 2 文为最小面额，而不是自然数序列上起始数字 1。因为 1 文（1 厘）中统钞，在现实的市场上已找不到半厘银这一对应单位了。这也从一个侧面说明，中统钞虽然以"贯文"为面额，但对应的价值关系却与铜钱无关。无论从价值对应的理论上还是市场价值关系的实践上，也没必要与铜钱的最小单位"文"形成全覆盖的价值对应关系。通过厘钞的发行，中统钞及其所代表的银钞相权关系，拓展到了小额交易领域，成为更适应市场需要的货币，见表 4-1。

---

①　魏初：《青崖集》卷 4，《奏议》。

②　《元史》卷 93，《食货一》。

③　郭正忠：《等子的创制与行用——古代秤衡的精密化发展》，云南大学历史系编《纪念李埏教授从事学术活动五十周年史学论文集》，第 116 页。

表 4-1　　　　　　中统钞（含厘钞）面额与白银兑换关系表

中统钞面额及单位		兑换白银数量	兑换黄金数量
面额	两钱单位		
2 贯	2 两	1 两	7 钱 5 分
1 贯	1 两	5 钱	3 钱 7 分 5 厘
500 文	5 钱	2 钱 5 分	1 钱 8 分 7 厘 5 毫
300 文	3 钱	1 钱 5 分	1 钱 1 分 2 厘 5 毫
200 文	2 钱	1 钱	7 分 5 厘
100 文	1 钱	5 分	3 分 7 厘 5 毫
50 文	5 分	2 分 5 厘	1 分 8 厘 7 毫 5 丝
30 文	3 分	1 分 5 厘	1 分 1 厘 2 毫 5 丝
20 文	2 分	1 分	7 厘 5 毫
10 文	1 分	5 厘	3 厘 7 毫 5 丝
5 文	5 厘	2 厘 5 毫	
3 文	3 厘	1 厘 5 毫	
2 文	2 厘	1 厘	7 毫 5 丝

资料来源：《元史》卷 93，《食货》一。

　　而从市场结构的角度看，厘钞的发行则意味着，金元之际确立的白银与纸币之间的"子母相权"的价值对应关系，适应商品交换的需要，向用于所有市场层级的方向，迈出了关键性的一步。"银钞相权"以白银的金属价值为基础，以中统钞作为价值符号，除适应和满足于农牧区市场整合后的批量商品贸易外，在市场层级结构中，开始从城市市场、大宗批量商品市场，向基层市场、零星交易市场的渗透，中统钞开始在更多的市场层级上，特别是在能够使用白银的最细微的小商品市场上，与商品聚散中的价值转移相匹配。白银价值通过中统钞得以灵活分割，中统钞以白银为价值保证通行于市场，银钞之间形成了更为明确的价值兑换、功能互补的"子母"相权关系。

　　但值得注意的是，厘钞的发行不仅使小额货币发行中的问题日益暴露，而且价值对应关系也还存在不尽完善的地方。一方面，中统钞法明确规定每贯（两）钞倒换时收取 30 文（3 分）工墨费，最大的厘钞 5 文，每贯全是厘钞的话，200 张的面额才达到 1 贯，而所收工墨费仅 30 文。也就是说 30 文工墨费印制 200 张 5 文厘钞，才能获得 1 贯的中统厘钞。因此，厘钞在印发中实际上面临着得不偿费的问题。而且发行越多，面额越小，费用越高，损失越大。另一方面，厘钞面额仅仅按贯文单位的顺序分为 2 文、3 文和 5 文，与银钞相权所要求的钞值与银两便利兑换的对应关系，仍不够完善，如 2 厘银、3 厘银没有直接对应的厘钞，需要同时用 2 张 2 文或 3 文钞才能与之等值。实际折算中可用的组合概率不高，流通中对厘钞的需要量随之增加。而 3 文钞对应 1 厘 5 毫银、5 厘对应 2 厘 5 毫银，出现了厘以下的毫，但这一单位却没有相应的实际银两可对应，并且占最小单位 1 厘的 50%，占 3 文钞面额的 1/3。从成本与技术两方面看，厘钞的发行还有待进一步完善。这或许与后来元廷停止发行厘钞不无关系①。

　　这里还有必要就中统钞与黄金的兑换关系作一简要交代。宋元时期银又称白金，与黄金均属于金。用银的地方通常也用金，金银两字也通常连用。但两者除颜色不同、稀有程度不同外，价值也不同。因此，在上表列出的价值兑换关系中，黄金也属中统钞之“本”。可是，在实际交易中黄金更不适小用。中统钞 1 贯（两）以下的面额，所对应的黄金量基本都超过了当时衡制所能称量的范围。而 50 文（分）以下面额的中统钞，对应的黄金量更小至“丝”，已经只有理论上的可分性了。因此，能够与中统钞形成具有实际意义的价值兑换关系的主要是银，金在其中仅限于一些特殊的大额交易。这也是金元之际确立贵金属与中统钞价值对应关系时，称为“银钞相权”而不云“金钞相权”的原因之一。

　　中统钞发行后，除通过发行厘钞解决畸零问题、覆盖零星交易、向市场层级的底层渗透外，其行用范围则随着蒙元政权辖区的扩大不断拓展。前述中统初年，蒙廷就用刚刚发行的中统钞在蒙古草原籴买粮草，说明已不仅仅通行于汉地。13 世纪初幸免于战火的畏兀儿高昌回鹘地区，至元六年（1269）八月，“以沙、肃州钞法未行，降诏谕之。九年五月，立和琳（和林）转运司，兼提举交钞”。至元十七年（1280）三月，“立辉和尔（畏兀儿）境内交钞提举司”。“至元二十年（1283）三月，立辉和尔（畏兀儿）交钞库，十月立和琳（和林）平准库。盖

---

　　①　当然，元廷至元十五年（1278）罢行厘钞，主要是与铜钱相冲突及中统钞贬值太甚。这将留待下文探讨。

钞法通行西北边矣。"① 这样，在高昌回鹘前期粗棉布曾是最普遍货币形态的情况下，"13世纪初蒙元帝国统一了新疆地区以后，元政府发行的纸钞在流通领域中至少取得了与粗棉布并列的地位"②。

1253年忽必烈平大理后，大理国旧地至迟也在至元十年（1273）已开始推广行用中统钞。当年六月"丙子，以平章政事赛典赤行省云南，统合刺章、鸭赤、赤科、金齿、茶罕章诸蛮，赐银二万五千两、钞五百锭"③。笔者曾指出，"按中统钞与白银的法定比价计算，银刚好与钞等值，这正与元初钞法中每行钞必以等值的白银随钞下拨的规定相符"，此当为蒙廷在云南推行钞法之始④。因此，估计赛典赤到任后即开始在云南推行中统钞。延至至元十三年（1276）正月丁亥，赛典赤"以改定云南诸路名号来上"。同时提出："云南贸易与中州不同，钞法实所未谙，莫若以交会、贝巴子公私通行，庶为民便。并从之。"⑤ 云南行省范围内，经忽必烈认可，也实行了在保留原有贝币流通的同时，兼行中统钞的货币流通格局。

在西藏地区，据张虎婴认为，至迟在至元十七年（1280）年出现了与西藏有关的用钞记载⑥。至元十六年（1279）"正月丙子，赐皇子奥鲁赤……所部军衣及钞有差"⑦。而奥鲁赤乃忽必烈第七子，受封之地即为吐蕃之地。所赐钞已可能在西藏地区使用。1959年在西藏萨迦寺发现的元钞，则为该地曾使用元钞提供了实物佐证⑧。

至此我们看到，金元之际，汉地白银供求矛盾日益显现，农牧区市场上的商业信用也有了新的发展，各种信用手段相继采用。而蒙古贵族、斡脱商人与汉人世侯之间的政治信任，与商业信用相互交织，与白银的流通密切联系在一起；蒙廷也通过赋税征银，把政府信誉、政府经

---

① 《钦定续文献通考》卷9，《钱币考》；《元史》卷12，《世祖本纪》九。

② 杨富学：《回鹘文书所见高昌回鹘王国的纸钞与金属币》，《中国钱币》1993年第4期。

③ 《元史》卷8，《世祖本纪》五。

④ 王文成：《元代云南赋税征银考》，《中国边疆史地研究》2000年第1期。

⑤ 《元史》卷9，《世祖本纪》六。

⑥ 张虎婴：《元代纸币在西藏地方流通考》，《中国钱币》1984年第4期。

⑦ 《元史》卷10，《世祖本纪》七。

⑧ 西藏自治区文物管理委员会：《西藏萨迦寺发现的元代纸币》，《文物》1975年第9期。

济来源与白银流通联系在一起。于是，把信用手段用于白银流通，解决白银不足，并沿用金朝旧例，以银为本、发行通行整个农牧区市场的纸币，逐步提上了议事日程。历经窝阔台汗、蒙哥汗到忽必烈三朝的摸索，与农牧区市场整合及市场结构重组相适应，以便于大宗远距离贸易的白银和纸币为载体，以财富占有关系和交换关系为基础，以商业信用与政权信誉为支撑，按照银钞相权原则发行中统钞及与之配套的一整套政策和制度最终全面建立。而宋金以来的"钱楮并用"货币流通格局，随着白银货币化的完成及货币白银化的展开，在市场的整合与重组中，完成了向"银钞相权"货币流通格局的演进。

第五章

元朝统一后全国市场的整合与发展

至元十三年（1276），元军入临安，南宋灭亡。原属于南宋辖区、人口众多、最号富庶的中国南方，纳入了元朝的直接统治之下。其中，"江淮及浙东西、湖南北等路，得……户九百三十七万四百七十二，口千九百七十二万一千一十五"①。差不多相当于平宋前元朝在册统计户数的两倍②。平宋对于元朝经济发展和经济政策的影响至巨且深。而从市场发展与货币流通的意义上看，原属南宋辖区的南方市场及形态多样的货币区，与元朝初年的北方市场和银钞相权区，完全纳入了同一政权辖区。影响市场发展与货币流通的政权差异因素消失，区域市场之间的经济关系，市场网络内部的层级关系，相应发生了一系列重大变化，对元朝经济政策、货币政策，以及随之而来的是货币流通格局，产生了深远影响。

第一节　南方市场体系的延续与发展

一　元朝统一后南方市场体系的延续

1234 年蒙古联宋灭金后，宋蒙之间直接面对，双方的摩擦和战争已不可避免。蒙古面对实力强大的南宋，制定了西出云南、迂回包抄的进攻战略。而在宋蒙直接短兵相接的淮河、长江一线，双方展开了长期、反复的拉锯战。至元五年（1268）元朝重兵围攻襄阳，"张平宋本"。至元十年（1273）克樊城，围襄阳，宋朝襄阳守将吕文焕降元，

---

① 《元史》卷9，《世祖本纪六》。

② 《元史》卷8，《世祖本纪五》记载至元十二年（1275）年"天下户四百七十六万四千七十七"。

打开了长江天险上最重要的一环。至元十一年（1274）三月，元朝集中兵力，三路全面发动平宋战争。先后克取汉阳、鄂州、江陵、建康。至元十三年（1276）正月，宋室请降，二月，伯颜入临安。元军继而一路经福建、江西，入广东、海南，追击南宋旧部，一路全面占领四川，至元十六年（1279）全面结束了平南宋的战争。

尽管蒙古军队从窝阔台时期已放弃"凡攻城不降，矢石一发即屠之"的屠城政策，禁止滥杀无辜、大肆抄掠。但在蒙元与南宋双方长达半个世纪的战争中，四川、荆湖、淮河流域的经济发展仍受到了较大的破坏。特别是四川地区，北宋以来形成的市场体系，在战争中受到了严重摧残。"昔之通都大邑，今为瓦砾之场；昔之沃壤奥区，今为膏血之野。青烟弥路，白骨成丘，哀恸贯心，疮痍满目。""虽荒郊绝岛之间，无一处而不被燎原沸鼎之毒"，"沃野千里，荡然无民，离居四方，靡有定所。耕畴不辟，堰务不修，秋不得收，春不得种"①。

入元后四川经济也曾有所恢复。至马可波罗入蜀，所见阿黑八里大州（Acbalec，当即利州）"州境全处平原中，辖有环墙之城村甚众……居民……恃工商为活。此地出产生姜甚多，输往契丹全境，此州之人恃此而获大利。彼等收获麦稻及其他诸谷，量多而价贱……""行此二日毕，则见不少高山深谷丰林。由此道西行二十日，见有环以城垣之城村甚众。居民……恃土之所出，及牲畜，与夫饶有之野兽猎物为活"②。成都嘉陵江"水上船舶甚众……商人运载商货往来上游，世界之人无有能想象其盛者"。"城内川上有一大桥……桥上有房屋不少，商贾工匠列肆执艺于其中。……桥上尚有大汗征税之所，每日税收不下精金千量"。出成都后，"见有城村甚众，皆有城垣。其中纺织数种丝绢，居民以耕种为活。其地有野兽如狮、熊之类不少"。"骑行此五日毕，然后抵一颇遭残害之州，名土番（Tibet），后此述之。"③ 但两宋时期市场体系已失去了昔日的繁荣。延至天历年间，全国部分地区商税收入95万余锭，四川行省仅"一万六千六百七十六锭四两八钱"④，占记载总额的1.75%，只相当于江浙行省的6.2%。

---

① 吴昌裔：《救蜀四事疏》，《历代名臣奏议》卷100。

② ［意］马可·波罗：《马可波罗行纪》，冯承钧译，第272—273页。

③ ［意］马可·波罗：《马可波罗行纪》，冯承钧译，第274页。

④ 《元史》卷94，《食货》二。

南宋时因井盐开采兴盛、市场繁荣的荣州，曾是"卖蔬市近还家早，煮井人忙下麦迟"①。可元初因受战争影响"以其地荒而废之"。元廷虽然也采取一系列措施大力恢复井盐生产，甚至一度承认荣州等地井盐民间私采，"收其课十之三"②。顺帝至元二年（1336）出现了"襄汉流民聚居宋之绍熙府故地，至数千户，私开盐井，自相部署"的景象③，元廷也因而立绍熙府治之④。但是，整个元代四川盐产量最高纪录的文宗天历二年（1329），也仅达到28910引⑤，为1100多万斤。仅相当于南宋绍兴二年（1132）"岁产盐约六千余万斤"的19%。

除四川外，广州是宋元易代时期受到较大破坏的城市。宋末，宋元军队在广州城下发生惨烈拉锯战，广州城池受到严重破坏。至元十五年（1278）元军攻克广州，翌年即成立广州录事司，"以州之东城、西城、子城，并番禺、南海二县在城民户隶之。……番禺与南海俱倚郭"⑥。至元十七年（1280）置海北广东道，隶于江西省，又改宋翔龙府为广州路，领七县一司，即南海、番禺、东莞、增城、香山（中山）新会、清远和广州录事司。

大德八年（1304）广州路共有人口180873户。但其中广州录事司仅10013户，占总户数的5.5%。比香山（11369户）还少。⑦再从商税情况来看，大德年间广州路一司七县各务县周岁总办为2061余锭，其中广州录事司为1834锭12两，占总额89%。这反映出广州虽然仍是广东路的商业经济中心，但国内贸易量不大，在全国商税收入排列中，仅属于超过千锭但不及3000锭的城市。

在四川、广州以外、特别是东南地区，元朝平宋战争给市场造成的破坏要小得多。至元十一年（1274）夏秋之间，元兵全面攻宋，虽然也出现过元兵"利财剽杀，是致降城四壁之外，县邑丘虚，旷土无民"

① 陆游：《剑南诗稿》卷6。

② 《元史》卷38，《顺帝本纪》一。

③ 《元史》卷190，《儒学瞻思传》

④ 陈世松：《绍熙府与元代四川盐业的兴衰》，《盐业史研究》1988年第2期。

⑤ 《元史》卷94，《食货》二。

⑥ 《元史》卷62，《地理》五。

⑦ 陈大震：（大德）《南海志》卷10。见《宋元方志丛刊》第8册。

的情况①。但忽必烈屡发止杀诏，在发起军事强攻的同时，采取多种措施招降宋军。南宋江浙、江西、闽粤等地，多未经战火，举兵降元。宋元易代之际的江南，受战火破坏的程度远比中原和四川地区为轻。

在市场体系最健全、辐射南宋全境及海外市场的临安，元军未费一兵一卒进入临安城。"伯颜下令禁军士入城，违者以军法从事。遣吕文焕赍黄榜安谕临安中外军民，俾安堵如故。时宋三司卫兵白昼杀人，张世杰部曲尤横闾里，小民乘时剽杀。令下，民大悦"②。南宋时期临安繁荣的市场，未遭到战火摧残，依然"五方之民所聚，物货之所出，工巧之所萃，征输之所入，实他郡所不及"③。此后，马可波罗对杭州作出了如下描述：

> ……此行在城甚大，周围广有百哩……
>
> ……有十二种职业，各业有一万二千户，每户至少有十人，中有若干户多至二十人、四十人不等。……诸人皆勤于作业，盖其地有不少城市，皆依此城供给也。
>
> ……城中有商贾甚众，颇富足，贸易之巨，无人能言其数……
>
> ……城中街道皆以石铺地……由是通行甚易……城中有浴所三千……人民常乐浴其中……
>
> 海洋距此有二十五哩，在一名澉浦（Ganfu）城之附近。其地有船舶甚重，运载种种商货往来印度及其他外国……有一大川自此行在城流至此海港而入海，由是船舶往来，随意载货，此川流所过之地有城市不少。
>
> ……行在城……所辖富庶大城一百四十……
>
> ……大汗每年征收种种赋税之巨，笔难尽述。
>
> ……此城有大街一百六十条，每街有房屋一万，计共有房屋一百六十万所，壮丽宫室夹杂其中。
>
> 城中有大市十所，沿街小市无数，尚未计焉。大市方广每面各有半哩，大道通过其间。道宽四十步，自城此端达于彼端，经过桥

---

① 姚燧：《姚枢神道碑》，《牧庵集》卷15。

② 《元史》卷9，《世祖本纪》六。

③ 徐一夔：《思政堂记》，《始丰稿》卷10。

梁甚众。此道每四哩必有大市一所，每市周围二哩，如上所述。市后与此大道并行，有一宽渠，邻市渠岸有石建大厦，乃印度等国商人挈其行李商货顿止之所，利其近市也。

每星期有三日为市集之日，有四五万人挈消费之百货来此贸易。由是种种食物甚丰……此种市场常有种种蔬菜果实……

每日从河之下流二十五哩之海洋，运来鱼类甚众……只须数小时，鱼市即空……

上述之十市场，周围建有高屋。屋之下层则为商店，售卖种种货物……

其他街道居有医士、星者、亦有工于写读之人，与夫其他营业之人，不可胜计，居所皆在市场周围。每市场对面有两大官署，乃副王任命之法官判断商人与本坊其他居民狱讼之所。

……行在城每日所食胡椒四十四担，而每担合二百二十三磅也……

此外湖上有大小船只甚众，以供游乐……

有一部分看守之人巡行街市，视禁时以后是否尚有灯火……若见一家发火……只见运物之人及救火之人往来其间，救火者其数至少有一二千人。

……大汗使臣征收年赋检括户口之时……曾检阅户口有一百六十秃满（toman）。……每秃满等于一万，则城中共有一百六十万家矣。①

从中不难看出，杭州人口众多、商贾云集，城市基础设施、管理体制完备，商品供销两旺，市场繁荣，与周边城乡市场网络融为一体，通过运河、钱塘江、长江辐射全国乃至海外市场。蒙元侵入前夜的市民生活，仍旧延续了下来，甚至更为繁华。因此，当鄂多立克来到杭州时，更不由得惊叹："它是全世界最大的城市"，"它四周足有百英里，其中无寸地不住满人。那里有很多客栈，每栈内设十或十二间房屋。也有大郊区，其人口甚至比该城本身的还多"。"我很奇怪，那么多的人怎么能安排住在一个地方，但那里始终有大量的面食和猪肉，米和酒……"

---

① ［意］马可·波罗：《马可波罗行纪》，冯承钧译，第353—365页。

"但若有人想要谈谈该城的宏大和奇迹，那整卷的纸都写不下我所知的事。因为它是世界上所有最大和最高贵的城市，并且是最好的通商地。"①

在以杭州为中心的江南市场体系中，建康、太平、和州、镇江、平江府（苏州）等城市基本没有发生大的战事。即使是曾经遭兵火摧残的常州，也在入元后得到了较快的恢复。"忆归附初，延陵以愫刃受诛，埋井刊木，万室飞灰，遗民百无二三，荆棘中创立城郭。升平日久，流庸渐归，府寺一新，廛市复合。"② 因此，至正《无锡县志》称：无锡淳祐间计 37916 户，230568 口。"元兵南下残掳之余，十去其四，既又大减于疫，存者仅十分而五。厥后平治既久，生聚日繁，至元二十七年天下郡县上版籍，无锡得户七万二百四十二上之，盖已三倍于古。常所统县五，户口之羡皆有不逮矣，不既庶矣乎？"③ 至元末常州已是人口聚集，市场兴旺，"地接三吴口，人操众楚音"，"幽幽江海兴，冉冉市尘侵"④。

由于南方特别是江南的重要城市受战争破坏不大，城市市场总体上保持或大多较快恢复。因此，《元典章·额办课程处所》将全国商税征收点分成 1 万、5 千、3 千、1 千、5 百锭之上 5 个等级统计时（大都、上都、广州等缺载），见于记载的 1 万锭以上的 4 地，在杭州的就有"杭州在城""江涨""城南"3 处，另一地同样在江南，即"真州"。5000 锭以上的为"平江、潭州、太原、平阳、扬州、武昌、真定、安西"，南北平分秋色。其余 3000 锭、1000 锭乃至 500 锭以上的，同样是南多北少。如果将杭州城内的 3 个点合并，把征收额在 1000 锭以上的商税点在地图上绘出时，可得到图 5-1 的商税地图。

在图 5-1 中，杭州当然成为全国商税额征收最高的城市，在全国市场层级结构中处于顶点位置。而真州、平江、潭州、扬州、武昌，以及更下一级的建康、龙兴（隆兴）、泉州、庐州等均位于南方，沿主要交通线分布，构成了元朝统一南方后基本的城市市场体系。

---

① ［意］鄂多立克：《鄂多立克东游录》，何高济译，《海屯行纪；鄂多立克东游录；沙哈鲁遣使中国记》，第 67—69 页。

② 陆文圭：《灵芝记》，《墙东类稿》卷 8。

③ 至正《无锡县志》，卷 1。

④ 陈方：《华彦清登常州玄妙阁有诗因同韵》，见顾瑛编《草堂雅集》卷 3。

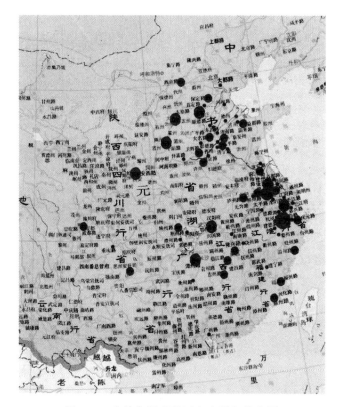

图 5-1　大德年间千锭以上商税务分布图

　　不仅如此，在当时市场体系中，支撑中心城市、商业都会市场的基层市场——市镇市场，也同样没有受到战火太大的摧残，较为完整地延续了下来。因此，元朝刚统一南方，立即针对南方市场的发展状况，开展了商税的征收。至元十三年十月明确对江南"茶盐酒醋商税、金银铁冶竹货湖泊大小课程从实恢办"等事作出规定：其中，商税征收已明确要求深入县以下市镇，"各处在城管下县、镇、各立院务去处，除宣慰司、总管府照依已行差设务官管办外，省府合拟差提领都监前去，仰本司行下各路已委官提调，用心拘钤，榷办到课程，每月一次就便验本处户计多寡比较，若有增羡，迁官给赏"①。

　　日本学者斯波义信仔细分析了明州的市场组织情况，认为明州市场组织是以生产的社会分工的发展为背景，对平衡需求、供给起调节作用

---

① 陈高华等点校：《元典章》卷 22，《户部》卷之八，《江南诸色课程》，第 795 页。

而出现的。具体表现为三种情况：第一，对农村、山林、渔区物资的剩余和不足进行补充性交换的组织；第二，针对城市特别是中心市场明州的供给而建立的货物集配组织；第三，为了扩大市场和提高地域消费而对本地特产和由海运输入的进口商品进行交换的组织。其中第一和第二是有关明州的地方商业组织，第三则是远距离商业交往存在的基础。此外，他通过对《元丰九域志》《宝庆四明志》记载的宋代市镇的分析，进一步指出："鄞县的下庄市、东吴市、小白市、韩岭市、下水市、小溪镇，奉化县的白杜市、泉口市、公塘市，慈溪县的门溪市、大隐市、黄墓市、蓝溪市、车厩市、渔澳市，定海县的石漱市，都分布于包围宁波平原的山地和平原的交界处。定海县的懒浦镇、定海县市、江南市，奉化县的衰村市（鲒埼镇），都是分布在海岸线上。从保存着明代天顺（1457—1464）初记载的《宁波府简要志》卷一《山市》条中可以看出，以上这些'市'、'镇'，都是竹、木、柴、炭、蔬果、笋这类山区物产与平原物产乃至海产品进行定期交换的市场。""换言之，是这些地区剩余农产品、山林产品和海产品的一次性交换市场。令人感兴趣的是，这些集市的分布，除了第一种和第二种情况有所增减以外，直至明后期的嘉靖年间（1522—1566），基本上没有什么变化。"[①]

二　元朝中后期南方市场体系的持续发展

实际上，南宋东南地区日益成熟、完善的市场体系，入元以后持续发展，市场网络化程度逐步提高。王秀丽广泛收集资料，绘制了《元代江南市镇分布图》，清晰而直观地反映了元代江南基层市镇的分布情况（如图5-2）。

从图中我们可以清晰地看到，元代江南地区市镇分布的广度与南宋相比毫不逊色，分布的密度有进一步增加。"介于宋、明之间的元代，在中国市镇经济的发展史上起着承上启下的作用。元代新设巡检司与税务的人口、经济聚集点入明以后，尤其是成、弘以后大多数都发展成为繁荣的工商业市镇。"特别重要的是，江南市镇的地域布局结构也在市场机制作用下，发生了一些微妙的变化。"入元以后，江南经济重心有从太湖流域向湖、嘉、松三角洲转移的趋势，这一转移发生的关键是元

---

① ［日］斯波义信：《宋代江南经济史研究》，方健、何忠礼译，第494，497页。

图5-2　元代江南市镇分布图

图片来源：王秀丽《元代东南地区商业研究》，博士学位论文，暨南大学，2002年，第114页。

代的湖、嘉、松地区已经开始了经济经营重心的转变，由传统的粮食作物种植经济向经济作物种植与纺织业并行发展的多种经营经济转变。这一点反映到元代平江路的商税分布中，就表现为区域内部经济分工区间、城乡间贸易的大幅度上扬及商业与手工业经济功能性市镇中税收的增长，像平望、震泽、同里及湖州路的南浔等。"① 陈国灿、奚建华也认为，元代"浙江市镇仍处于缓慢发展之中，特别是位于太湖之滨的湖州、嘉兴等地，表现得尤为明显"②。

　　如果说江南地区市镇经济总体数量稳中有升、功能增强，已在区域产业布局中发挥作用的话，广西地区则表现出数量迅速增长的态势。

---

① 王秀丽：《元代东南地区商业研究》，第133、128页。

② 陈国灿、奚建华：《浙江古代城镇史》，第250页。

《永乐大典》卷850《宁·南宁府·城郭》载①，宋明间南宁地区的墟市分布情况如下：

宣化县：三床墟、张墟、南墟、口布墟、韦墟、古潭墟、古隶墟、合罗墟、段仆墟、那同墟、那龙墟、那篱墟、零湾墟、罗文墟、新墟、安吉墟、武菊（［明］邓迁修，黄佐纂，《嘉靖香山县志》卷二《民物志·虚市》）。岗墟、鲍墟、长山墟、邓墟、新庄墟、梁赖墟、思回墟、石广墟、高屯墟（引明初修《南宁府志》）

武缘县：陆斡、龙母、陶胡、驮缆、邓普、小陆、谭黄、小杨、苏排、蜡塘、乐昌、平洪、下黄、葛墟、伊岭、膺墟、旧墟、铺墟、桥墟、都暗、定罗、苏梁、古浪、杨墟、庞墟、片墟、莲塘、平林、古天、程墟、古木、仙胡、生料、桥利、小莫、敢喂、思仿、小黄。（引明初修《南宁府志》）

横州：大市街、博合墟、永淳县墟（以上引明初《横州志》）、快活墟在宁浦县西二十里。（《典地纪胜》）

显然，这与宋代南宁地区的草市镇相比，有明显增加。

不仅如此，元代南方市镇的层级关系仍继续保持，并取得了新的发展。杭州中心城市的作用及其与城内市场、周边市场乃至全国市场的关系，在马可波罗的记载中已可窥见一斑。而作为杭州下一级市场中心地的湖州，同样并非单独、孤立地存在，而是与其他市镇形成了明显的层级关系，有着十分密切的商贸关系。《吴兴续志》中，较为完整地留下了元代至正年间湖州的商税征收额记载。我们据此制成图5-3②。

从图5-3中可清楚地看到：一是，湖州政区范围内16个商税务征收的商税，数量上有较大差距，最少的长兴县和平镇仅120锭余，而最多的乌程县南浔镇超过了1900锭。后者是前者的15.8倍。二是，如果按500锭为标准进行划分，可分为4个等级。其中乌程县的官泽等8个税务的税额在500锭以下，属于商品交易量很小的基层市场。安吉县城

---

① 《永乐大典》（残本）卷8507。见第4册，第3935页。

② 《永乐大典》（残本）卷2337。见第1册，第940页。但文中"岁办课钞九千三百三十二定肆拾两九钱三分一厘"，与16务合计数少。

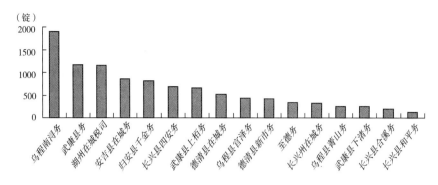

图 5-3　至正年间湖州 16 务商税统计图

和归安县下的千金务、长兴县下的四安镇、武康县上柏务、德清县城，商品交易量有一定增加，商税税额突破了 500 锭。武康县城已超过了湖州府治，两者并驾齐驱，超过 1000 锭。而乌程县下的南浔镇，不仅超过了乌程县城，而且远远超过湖州府，成为辐射这一地区的区域性市场中心。

这样，元代以众多草市镇为基础，以区域性中心城市为支撑，形成了以杭州为核心，广泛覆盖各地的市场体系。市场的空间布局、层级结构，继续沿着宋代以来的基本方向向前发展。

第二节　北方市场体系的恢复和发展

一　市场主体的回归与草市镇的复兴

与南方市场体系延续与发展的同时，元朝北方社会经济也得到了一定程度的恢复和发展，并发生了一些新的变化。其中元代诸色户计中，从事手工业的匠户、从事屯田的军户及屯户以及地位低下的驱户，在元代历史上身份地位及财产关系的变化，从一个侧面反映了小生产者经营活动的恢复和发展，较为直接地对城乡市场空间布局和层级结构产生了重要影响。部分地区市场的层级结构得到恢复，市场体系逐步健全。

首先，匠户是元代明确隶籍的手工业者。由于在军事征伐中掳掠工匠的方式日益难以为继，蒙元逐步代之以编定诸色户计，把工匠纳入匠籍，轮番招募入局造作的制度。明确规定"工本管诸色当明置薄籍纪录户丁，标注应役不应役。遇有造作，轮番斟酌勾唤，毋使吏人遍行骚扰，作奸受贿，虚夺工力"①。据高树林先生研究，元初仅系官匠户总数即达 110 万户，相当于至元二十七年（1290）年全国人口总户数的 8% 左右，构成了元代手工业的主体部分②。但系官人匠因"既无寸田尺土，全籍工作营生。亲身当役之后，老幼何所仰给。如抄纸、梳头、作杂色匠人，何尝知会络丝打线等事。非系本色，只得雇工。每月雇钱之外，又有支持追往之费，合得口粮，已准公用。工作所获不了当官。计无所出，必致逃亡。今已十亡二三。廷〔延〕之数年，逃亡殆尽矣"③。在这样的情况下，至元二十年（1283）六月"丙子，放保定工匠楚通等三百四十一户为民"④。元廷开始改变政策，放还部分工匠，改而采取让工匠回到民间，选调应役、入局造作的办法，恢复了部分工匠的人身自由。大德七年（1303）三月又"敕罢医、卜、工匠任子，其艺精绝者择用之"⑤。除系官人匠外，元廷早在至元八年还明确规定："民、匠、打捕鹰房诸色附籍、漏籍人等户下人口析居者，依例收悉当差"⑥，逐步成为脱离投下、取得平民身份的手工业者。

因此，元朝初期以降，不入局期间的系官匠户，逃亡脱籍的匠户，析户脱离了投下的匠户，以及民间未入籍的匠户日益增多。元代中期工匠已从没有人身保障的工奴，逐步转变为元代中期官给盐粮、有一定自由空间的官营手工业生产者，而在元代后期，日益转向经济上独立、轮番应役，同时从事官民手工业的生产者⑦。独立手工业者从事的小商品生产，随之有了新的发展。

再就从事屯田的军户和屯户来说，从蒙哥汗至忽必烈时期，"国家平中原，下江南，遇坚城大敌，旷日不能下，则困兵屯田，耕且战，为

---

① 胡祇遹：《紫山大全集》卷 23，《吏治杂条》。

② 高树林：《元朝匠户户计研究——元朝"诸色户计"研究之二》，《河北学刊》1993 年 5 期。

③ 《历代名臣奏议》卷 67，《治道》引郑介夫大德七年奏议。

④ 《元史》卷 16，《世祖本纪》十三。

⑤ 《元史》卷 27，《英宗本纪》一。

⑥ 陈高华等点校：《元典章》卷 17，《户部》卷之三《户计·户口条画》，第 589 页。

⑦ 李幹：《元代民族经济史》上册，第 109—110 页。

居久计"①。蒙元很早就以军队为主体，在北方占领区内广泛设置军屯，开展屯田。此后，元朝针对各地大量土地荒闲的情况，广泛组织军屯、民屯，形成了为数可观的从事屯田的军户和屯户。元朝统一之后，屯田遍及全国各地，至武宗时期，全国明确有统计的屯田军民户 22 万余户（人），屯田 174800 余顷②。可是，武宗至大元年（1308）十一月，中书省奏："天下屯田百二十余所，由所用多非其人，以致废弛。"③ 顺帝至元丙子年（1336），清理两淮屯田打捕都总管府所属屯田人户，逃亡的有 6700 余户，占总户数的一半以上④。而究其原因，则是"大土地所有制的存在和发展，屯田为权势豪强所兼并"⑤。因此，大德九年（1305）元廷面对两淮屯田废弛的问题，采取的措施是"括两淮地为豪民所占者令输租赋"⑥。屯田变成了私有土地，而国家佃农、军士或变成了与地主建立民间契约关系的佃农，或流亡改而从事工商业，成为新的小生产者。

与此同时，在元史上最受人诟病的驱口制度，也在逐步发生变化。部分驱口通过赎身，取得"放良文书"后可改变身份。泰定间，"翟彝自其大父因河南乱，被掠为人奴，岁纳丁粟以免作"。吕思诚"知彝力学，如其主与之约，终彝身粟三十石，仍代之输，彝得为良民"。⑦ 而且元廷还明确规定："诸人驱口虽与财物同，若驱口宅外另居，自行置到重驱，元买人出放为良者，并从为良"；"诸奴婢嫁、娶、招召良人……如委自愿者，各立婚书，许听为婚"。"如正驱已死，仰令良人所生男女另立户名，收系为民"。⑧ 驱口的社会地位虽然长期与"财物"相同，没有人身自由，可以随意买卖，法律地位与普通百姓有着巨大差异，但上述规定，扩大了驱口放良的途径，为驱口改变身份打开了新的

---

① 《经世大典序录》，《政典·屯田》，《国朝文类》卷 41。
② 梁方仲编著：《中国历代户口田地田赋统计》，第 448 页，乙表 26，《元代屯军屯民人户数及屯田亩数》。
③ 《元史》卷 22，《武宗本纪》一。
④ 陈高华、史卫民：《中国经济通史》，《元代经济卷》，第 275 页。
⑤ 李干：《元代屯田的发展和演变》，《中南民族学院学报》1984 年第 1 期。
⑥ 《元史》卷 21，《成宗本纪》四。
⑦ 《元史》卷 185，《吕思诚传》。
⑧ 陈高华等点校：《元典章》卷 17，《户部》卷之三籍册《户口条画》，第 587、590 页。

缺口。在驱口来源减少而放良缺口打开的情况下，元代驱口的总量总体上呈减少趋势，有的驱口通过相应的途径，取得了合法的平民身份。不仅如此，"重驱"——驱口一词的出现，还充分说明元代中后期驱口的身份开始发生微妙的变化。有的驱口不仅取得了相对独立的财产权，而且还可以占有自己的驱口。因此，有的地方甚至出现了"奴或致富，主利其财，则俟少有过犯，杖而锢之，席卷而去，名曰抄估"的现象①。

当然，匠户、屯户及驱口并非北方的特有现象，但在北方更为集中，更为突出。元朝统一后，随着上述三方面情况的变化，北方小生产者的数量有了明显增加。而在和平环境中，身份自由、能够独立营生的小生产者的增加，不可避免地与市场重新建立起交换关系。如元诗中描述："朝拾园中花，暮作机上纱。妇织不停手，姑纺不停车。……拟尽纳官余，抱布城中卖。城中布虽贱，得钱图得现。"② 彰河边多石子，该石"俗传可以暖腹，又有纹石，滨河之民取以为器货之"③。即使是元朝政府曾严格实行官营的铁冶，也出现了向民间开放、手工业生产者通过自备工本炉冶、部分面向市场经营的现象。大德元年（1297）"十一月，中书省：近为各路系官铁冶，累年煽到铁货积垛数多，百姓工本煽炉，虽是二八抽分纳官，中间多不尽实。为此，于元贞二年九月初八日奏准革罢。百姓自备工本炉冶，官为兴煽发卖，除已差官将合处炉冶、见在铁货及官铁从实计点，若有短少，追陪。仍讲究如何兴煽，备细保结省。准此"④。

相应地，与小生产者的商品生产、交换相联系，在元代已废除市镇制的情况下，相关史料中又出现了零星的市镇的记载。在《元一统志》中，多数行省都列有《坊郭乡镇》一目。尽管实际仅信阳府竹山县有宝丰镇⑤，其他各地都只有坊、乡、村的记载，而没有镇。但有的条目中，记载其他地理信息时，却无意中透露了民间认可的市镇的存在。如

---

① 陶宗仪：《南村辍耕录》卷17，《奴婢》。

② 董纪：《西郊笑端集》卷1，《织布谣》。

③ 纳新：《河朔访古记》卷中，《魏郡部》。

④ 陈高华等点校：《元典章》卷22，《户部》卷之八《洞冶》之《铁货从长讲究》，第895—896页。

⑤ 孛兰盼等著，赵万里校辑：《元一统志》上册，第308页。

"东昌路"在记述东昌路的"里至"时称："东至东平路东阿县界雍邱镇五十里。西至冠州界博宁镇七十五里……"① 不仅如此，部分原有的镇，又因为人口与经济条件较好，元代已升为县，如《齐乘》记载有延祐三年（1316）"析沂水之新寨镇置"蒙阴县；般阳府路"长山县之驿台镇，国朝戊子年，以人民蕃聚置为县。以田、索二镇隶之"②。元廷还针对农村集市的广泛复兴，以"妨农滋盗、走透课程生事不便"，禁止立集赶场。可是，延祐六年（1319）"东安州等处百姓仍旧起集买卖"，监察御史不由感叹："辇毂之下尚且奉行不至，何况外路。"③ 不仅如此，实际上在蒙古草原上也出现了集市贸易。漠北"屠羊不汤其毛而皮之，与餫馁弃训诸物，皆集以市诸部，易皮为裘御战士"④。舒振邦先生甚至认为，至元二十八年（1291）六月丁卯，元廷"禁蒙古人往回回地为商贾者"⑤，似乎表明在蒙古族中也开始出现了外出经商的情况。

此外，随着小生产者面向市场的经营活动的恢复和发展，部分地区形成了以资源为依托的专业化工商业市镇，如钧州东张镇"所居之民，皆以烧造磁器为业"，"其磁之优，比之他所，实为拔萃。远方之人，竞来兴贩，车载驴驮，恒无虚日，散而之四方者，不可胜计"⑥，成为钧窑陶瓷的主要生产和集散地。最为典型的，是有着悠久的制盐历史的解州，依托盐业形成了盐产地、商贸市镇与周边城市市场之间的良性互动。

解盐专卖是元朝政府最重要的财政收入来源之一。延祐六年（1319），实捞盐一十八万四千五百引。天历二年（1329），办课钞为三

---

① 孛兰肹等著，赵万里校辑：《元一统志》上册，第93页。

② 于钦：《齐乘》卷3，《郡邑》。

③ 陈高华等点校：《元典章》卷57，《刑部》之十九《禁罢集场》，第1933—1934页。

④ 姚燧：《牧庵集》卷26，《史公先德碑》。

⑤ 见《元史》卷16，《世祖本纪》。舒振邦先生注："中华书局标点本《元史》于此条下注云：按《通制条格》及《元典章》此处史文有脱误，原意全乖。'蒙古人'应作'将蒙古人口'。"见舒振邦《元朝统一后漠北地区经济文化的发展》，《内蒙古社会科学》1986年第6期，第66页及注40。

⑥ 张克己：《柏林庙记》一九三一年《禹县志》，转引胡小鹏《元代的民匠》，《西北师大学报》2002年第6期。

十九万五千三百九十五锭①。而且对元廷来说，解盐还具有"远给军储，使人输粟以盐钞易之，省飞挽之苦"，"通懋迁之货边，用充民食"，"备边储，通商贾之货"，或是"以荐郊庙，以惠工役"，"七庙享时供之品，四民获日用之资"等多种功效②。因此，元代解盐产销在强大的市场需求和政府支持下，持续发展。而解盐生产的专业化，对周边地区非盐商品特别是粮食等生活必需品，产生了强大的需求。解池不仅依赖于从附近城乡运进粮食、能源与其他生活用品，保障社会生产和民众生活的正常进行，而且随着盐业生产与销售规模的不断扩大，逐渐在当地创建起新兴城镇。至元年间，废置州城的盐池西场不用，在路村支发盐醝，路村"民聚凡二千家"，一个新的依托周边地区供给粮食、能源，以解盐产销为特色的新市场形成。原解州城则出现"城市萧条，民阙生理"的状况。

此后，解州城西场旧制恢复，"商旅得以享懋迁之利，居民得以遂治生之情，城市得以壮规模之盛"③。但不久盐使与州官生隙，盐司再次改置路村。解州重现"闾井萧条，居民鲜少"，甚至"公私通弊，课失岁额，词讼日滋"的衰败局面。吴从仕莅任监榷之初，"究弊源，立新政"，再次倡言"复迁解州为便，行省允其议"。至元二十年（1283），解州知州王奉训即以公廨为盐司之所，遂使州司、盐司相协共气，州城规制为之一新，形成了"州司非盐司则城市不集，盐司非州司则岁课不增"④的互动态势。这既体现了了解盐城市市场依托资源优势，沿专业化发展的方向，又深刻反映了城市市场专业化发展过程中，与周边市场相互依赖、交相生养的紧密关系，反映了这类市场在当地纵深发展，对外辐射能力不断增强的趋势。因此，随着小生产者参与商品生产和商品交换活动的增加，部分地区基层市场的恢复，市场的层级关系也得到了健全和发展。

---

① 《元史》卷94，《食货》二。
② 胡聘之：《山右石刻丛编》卷28，《封永泽王敕》。
③ 胡聘之：《山右石刻丛编》卷25，《解州听壁记》。
④ 言如泗纂修：《解州志》（乾隆二年刊本）卷13，《复立解州运司碑》；（清）马丕瑶，魏象乾裁定，张承熊纂修《解州全志》（光绪七年刊本）卷5，《宦迹》。

二 城乡市场互动与市场层级关系的恢复

当然，毋庸讳言，元代北方也有不少城市市场，与当地及周边的联系较少，缺乏下一级市场强有力的层级支撑。这类城市市场主要有上都、大同、集宁、黑城等地处交通要道，以转运贸易为主的城市市场。但是，即使是这类城市市场，也在当地出现足够的交易量后，逐步孕育、形成城乡之间的市场联系。反之，这类城市市场也开始发挥辐射作用，把商品交换活动日益向基层推进。

元上都初建时的情况已如前述，这里需要强调的是，元朝中后期，上都在元朝市场中的地位和作用发生了重要转变。建城后，城市规模宏大，工商业有了较大发展。从考古材料看，大都城西厢长约 1000 米，"车辆繁多，而且是马市所在，估计应是商业区"[1]。"目前调查认定的店铺遗址，均分布于西关东西大街的南北两侧。每个店铺均为一个独立的院落。临街处有数间或十余间不等的房间，院内亦有数量不等的居住房屋。"南关御道西侧的客栈遗址之东的基建工地，曾出土过大量的酒缸和饮酒器具[2]，具备了较强的酿酒能力。随着上都官手工业的发展，元廷还明确规定：手工业生产中，"上都、大都、宣德、隆兴、人同等处局院合用物料，有司估体价钱，责付各局自行收买"[3]，使上都官营手工业获得了参与市场活动的机会，形成了一定的市场供求关系。特别需要指出的是，至元七年至至元八年（1270—1271），"上都每年合用米粮不下五十万石"[4]。上都分设万盈仓、广积仓、永丰仓、太仓，用于储备粮食。其中仅万盈、广积二仓"周岁出纳，少者不下三四十万石"[5]。陈高华、史卫民先生指出："上都储备的大量粮食，不仅满足了上都居民和扈从巡幸人员的需要，而且常常用来调拨支援北边和林等地。或者说，元代政府之所以通过漕运和籴在上都收贮大量粮食，其中

① 陈高华、史卫民：《元上都》，第 115 页。

② 魏坚：《元上都的考古学研究》，博士学位论文，吉林大学，2004 年，第 36 页。

③ 陈高华等点校：《元典章》卷 58，《工部》卷之一，《杂造物料各局自行收买》，第 1972 页。

④ 魏初：《青崖集》卷 4，《奏议》。

⑤ 《经世大典·官制·仓库官》，《永乐大典》卷 5517。

一个重要原因，便是为了及时支援北边。"①

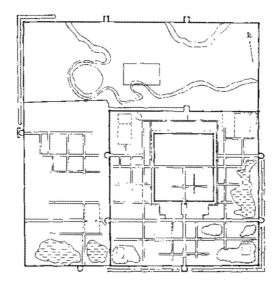

图5-4　内蒙古正蓝旗元上都遗址城址平面图

图片来源：曲英杰《20世纪中国文物考古发现与研究丛书·古代城市》，第226页。

但是，"上都地寒，不敏于树艺，无土著之民。自谷粟布帛以至纤靡奇异之物，皆自远至。宫府需用万端，而吏得以取具无阙者，则商贾之资也"②。因此，上都城市人口所需的粮食，以及须由上都转运岭北的粮食，都被迫依赖从外地贩入。早在中统二年（1261）正月，忽必烈即"命户部发钞或盐引，命有司增其直，市于上都、北京、西京等处，募客旅和籴粮，以供军需，以待歉年，岁以为常"③。至元十九年（1282）将钞两万锭于上都市籴，次年增加到六万锭。至元二十一年（1284）九月，更"发盐引七万道，钞三万锭，和籴上都粮"。至元二十二年（1285）又以钞五万锭和籴④。甚至至元三十年（1293）上都城内有工匠2999户，每年需粮食15200石，官府无法从当地获得足够的

①　陈高华、史卫民：《元上都》，第164页。

②　虞集：《贺丞相墓志铭》，《道园学古录》卷18。

③　《经世大典·市籴粮草》；《永乐大典》卷11598；《元史》卷96，《食货志》四。

④　《经世大典·市籴粮草》；《永乐大典》卷11598；《元史》卷96，《食货志》四。

粮食，被迫调出"不切于用者"至大都就食①。

　　尽管上都与周边地区的经济发展存在明显的同质性，商品替代性强而互补性弱。但是，上都城市市场却与大都形成了十分密切的经济联系，具有了依托大都、辐射岭北行省及蒙古草原的特殊作用。而在大都与上都之间，也出现了与两大城市市场密切关联的商业集镇。至正十二年（1352）监察御史周伯琦随顺帝从大都至上都返回时，"二十二日，发上都而南。是日，宿六十里店巴纳。明日，过桓州，至李陵台驿、双庙儿，又明日，至明安驿泥河儿。翼旦，至察汗诺尔。由此转西至辉图诺尔，犹汉言后海也。曰平陀儿，曰石顶河儿，土人名为鸳鸯泺。其地南北皆水……两水之间，壤土隆阜，广袤百余里，居者三百余家。区脱相比诸部，与汉人杂处，颇类市井。因商而致富者甚多，有市酒家赀至巨万而连姻贵戚者，地气厚完可见也。俗亦饲牛，力稿粟麦，不外求而赡。……界是而西则属兴和路矣……兴和路者，世皇所创置也。岁北巡，东出西还，故置有司为供亿之所。城郭周完，阛阓丛夥，可三千家。市中佛阁颇雄伟，盖河东宪司所按部也。西抵太原千余里"②。显然，从上都出发，不仅途经金元时期的重要城市——桓州，而且在驿路上，还自发形成了居民300余家，颇类市井的鸳鸯泺。在上都、桓州与当地市场之间，发挥了联系当地市场与远距离转运市场的重要作用。而由此西行，又可到达城市市场较为兴盛的兴和路，并与中原城市市场太原相连。因此，从北方市场的空间布局和层级结构来看，元大都当然首先是从属于大都市场、联系大都与蒙古草原牧区市场之间的桥梁和纽带。但也正是在上都与大都之间的市场联系中，出现了上都市场向下辐射、渗透，在周边地区孕育形成基层市场的迹象。

　　位于额济纳河畔的亦集乃路治所黑城，是元朝重要驿道纳怜道上十分重要的一座城市。从地理环境和交通条件来看，它与上都有不少相似之处。但从市场体系的角度来看，又另是一番景象。《元史》地理志称："亦集乃路，下。在甘州北一千五百里，城东北有大泽，西北俱接沙碛，乃汉之西海郡居延故城，夏国尝立威福军。元太祖二十一年内

---

① 《元史》卷16、17，《世祖本纪》一三、一四。

② 周伯琦：《扈丛集》，《后序》。

附。至元二十三年，立总管府。"① 李逸友先生依据黑城出土文书考证，亦集乃路 "所辖农业人口约为四千余人，连同城内及关厢所住非农业人口，全路总人口约在七千人以内"②。《元史》记载亦集乃军屯情况为："世祖至元十六年，调归附军人于甘州，十八年，以充屯田军。二十二年，迁甘州新附军二百人，往屯亦集乃合即渠开种，为田九十一顷五十亩。"③

图 5-5　黑城遗址实景图

图 5-6　黑城外厢遗址实景图

当时由于地处沙漠边缘，过往商人、官兵、僧道在穿越沙漠前须在

①　《元史》卷 60，《地理》三。

②　李逸友：《黑城出土文书（汉文文书卷）》，第 13 页。

③　《元史》卷 100，《兵》三。

此备足粮食和水，城乡居民的生活消费品，也相当一部分仰给于市场。因此，这里虽然人口不多，但商业却较为繁盛。该城城内有正东、正西两条大街，分别长240米、300米，大街两侧为店铺，构成该城内的商业中心。此外，黑城东城外形成了城厢区，主要为普通民居和畜产品等粗货交易区。

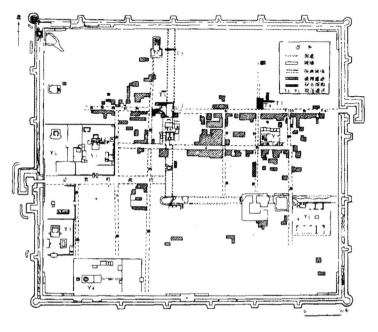

图5-7　黑城遗址平面图

图片来源：李逸友《黑城出土文书（汉文文书卷）》，第4页。

需要强调的是，黑城在元初的纳怜道上，主要属于军情紧急才使用的小道。但是，随着商旅往还的增加，经由黑城的通道地位及黑城在交通商贸中的作用有了进一步发展。至治二年（1322）乃蛮台"改甘肃行省平章政事，佩金虎符。甘肃岁籴粮于兰州，多至二万石，距宁夏各千余里至甘州，自甘州又千余里始达亦集乃路，而宁夏距亦集乃仅千里。乃蛮台下谕令挽者自宁夏径趋亦集乃，岁省费六十万缗"[①]。黑城显然已成为甘肃宁夏间重要的粮食转运站。而随着黑城人口往来的增加，消费需求增长，当地市场也有了一定的发展，当地居民之间、当地

———————————

① 《元史》卷139，《乃蛮台传》。

居民与政府之间、往来商旅官兵之间，都不可避免地发生交易行为。而在黑城出土的汉文文书中，还出现了这样两件文书①：

F111：W61

（竹纸，残，行草书，公文稿涂改过，292×116 毫米）

皇帝圣旨里敦武校尉亦集乃路总管府判官乞

里马沙今年□月内差令捏合伯等┘前去

达达地面行营盘处做买卖至兀不剌唐兀

地面见有┘古迹碧钿洞一处于彼就采到

山洞面浮有日照┘旧拓取大小不等一裹

赍夯照得前项将碧钿系☒

F 62：W 29

（麻纸，残，草书，390×212 毫米）

皇帝圣旨里

皇太子令旨里亦集乃路总管府承奉

甘肃等处行中书省劄付为收买公用羊口

事理仰委☒┘在路从便照依中时值将买

引钱中支持公用羊口印焰☒┘员管押赶

逐水草放牧前来赴省解纳毋将瘦弱☒┘

毛齿合勘折算□□如用过验明保结再申

奉此┘照验烦为☒前去河北等在渠☒┘

☒将公用羊口☒

　　F111：W61 文书说明，亦集乃路总管府判官乞里马沙还直接差人把买卖做到了"达达地面行营盘处"，黑城的市场辐射范围和与周边地区的经济联系，得到了进一步扩大。而 F62：W29 号文书则表明，亦集乃路不仅是一个商品转运城市，同时也用"买引钱"从当地购买"公用羊口"，赴省解纳。亦集乃路的市场，与当地牧民的生活联系在了一起。

　　在北方基层市场层级关系得到一定程度的恢复和发展的同时，整个区域内市场层级关系也得到了进一步巩固，空间分布关系也相应发生了一些细微的变化。就整个北方市场来看，《元史》《志》第四十三《食

---

① 李逸友：《黑城出土文书（汉文文书卷）》，第 99、142 页。

货二》记载了天历年间全国的商税数，其中腹里地区列出了路、州分项数，从一个侧面反映了元代中后期整个北方市场层级结构和空间分布的基本情况：

> 大都宣课提举司，一十万三千六锭一十一两四钱。
>
> 大都路，八千二百四十二锭九两七钱。
>
> 上都留守司，一千九百三十四锭五两。
>
> 上都税课提举司，一万五百二十五锭五两。
>
> 兴和路，七百七十锭一十七两一钱。
>
> 永平路，二千二百七十二锭四两五钱。
>
> 保定路，六千五百七锭二十三两五钱。
>
> 嘉（真）定路，一万七千四百八锭三两九钱。
>
> 顺德路，二千五百七锭九两九钱。
>
> 广平路，五千三百七锭二十两二钱。
>
> 彰德路，四千八百五锭四十二两八钱。
>
> 大名路，一万七百九十五锭八两八钱。
>
> 怀庆路，四千九百四十九锭二两。
>
> 卫辉路，三千六百六十三锭七两。
>
> 河间路，一万四百六十六锭四十七两二钱。
>
> 东平路，七千一百四十一锭四十八两四钱。
>
> 东昌路，四千八百七十九锭三十二两。
>
> 济宁路，一万二千四百三锭四两一钱。
>
> 曹州，六千一十七锭四十六两三钱。
>
> 濮州，二千六百七十一锭七钱。
>
> 高唐州，四千二百五十九锭六两。
>
> 泰安州，二千一十三锭二十五两四钱。
>
> 冠州，七百三十八锭一十九两七钱。
>
> 宁海州，九百四十四锭三钱。
>
> 德州，二千九百一十九锭四十二两八钱。
>
> 益都路，九千四百七十七锭一十五两。
>
> 济南路，一万二千七百五十二锭三十六两六钱。
>
> 般阳路，三千四百八十六锭九两。

　　大同路，八千四百三十八锭一十九两一钱。

　　冀宁路，一万七百一十四锭三十四两六钱。

　　晋宁路，二万一千三百五十九锭四十两二钱。

　　天历年间商税，虽然可能存在缺漏、误载。其中，元代嘉定路不属于腹里，疑为真定之误。中华书局《元史》点校已指出这一问题。我们据此可绘成元代天历年间商税示意图，比较直观地反映北方市场结构发展的总体面貌。

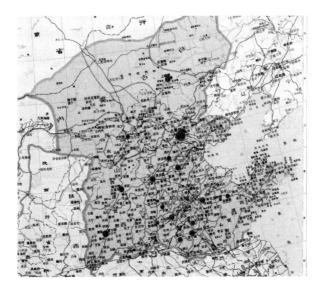

图 5-8　元代天历年间腹里商税图

　　《元史》的记载表明，大都以超过十万锭高居榜首，与其他路、州差异巨大，是排在第二位的晋宁路的 5 倍。晋宁路位居第二，突破 2 万，再次为两万以下、一万以上的 7 路，超过五千不到一万的只有 7 路，不到五千超过一千的 12 路州，宁海州、兴和路、冠州还不满一千，其中冠州最少，仅 738 锭一十九两四钱。

　　而从图 5-8 可看到，元代北方市场空间布局的基本格局稳定发展。大都中心城市地位巩固，但城乡互动仍旧较为缺乏，没有形成强有力的二级、三级城市市场之间的联动。其商税税额高居榜首，主要是以转运贸易与都城市场消费为支撑，都城市场的特点突出。而与大德年间的商税图相比，晋宁路与河间府的商税，依托于盐业的发展，形成了具有一定专业化程度的城市市场，商税税额在腹里地区的地位上升。但以转运贸易为主的大同、集宁，位次开始有所下降。太原（冀宁）可能由于地震的原因，商税额在腹里的地位明显下降。

不过还需要说明的是，大都和上都，元朝商税不仅有特殊优惠，而且经常蠲免。至元二年（1265）忽必烈就命令免征上都商税。至元七年（1270），尚书省言："上都地里遥远，商旅往来不易，特免收税以优。惟市易庄宅奴婢孳畜例收契本工墨之费。"[1] 大德元年（1297）十月"辛丑，减上都商税岁额为三千锭"[2]。因此，图5-8中所反映的情况，上都和大都在北方市场中的转销、聚散和辐射作用，远不止此。

这样，北方市场在经历了市场辐射范围快速拓展、城市市场空间分布北移之后，元朝平宋后以至元末，北方城市市场附近出现了更多的小商品交换，并在一定程度上与转运城市的市场发生了联系。而这些转运城市不仅继续发挥着商品转运的功能，而且与周边小区域城乡市场、附近乡村市场开始发生联系。曾经在宋金时期出现过的市场层级结构，在北方市场体系中得到了不同程度的恢复。

第三节　全国市场的互动与整合

一　水陆商贸线路的贯通与南北商品流通的发展

宋元之际中国南北两大区域，或多或少是基于政权辖区而做出的人为划分。如果纯粹从经济交往和区域市场之间的联系来看，无论是宋辽时期、宋金时期，还是宋元对峙时期，南北之间的市场联系，仍十分紧密。

陈高华、史卫民先生指出，"蒙古灭金以后，很快便与南宋发生冲突，形成对峙局面，战火时断时续。但与此同时，在双方边界上又存在榷场，允许南北之间互市"[3]。除互市之外，南北商人还大量避开榷场，贸迁有无。形成了榷场贸易和私商贸易并行的格局。一旦双方互市中

---

① 《元史》卷6、7，《世祖本纪》三、四；卷94，《食货》二。
② 《元史》卷19，《成宗本纪》二。
③ 陈高华、史卫民：《中国古代经济史·元代经济史卷》，第448页。

断，则给北方经济带来明显的消极影响。胡祗遹曾言，"窃见开场之利，不为无补"。榷场关闭后，"即今南货销镕尽绝，价增数倍，我家中原所出之货，每岁虚随土壤弃掷，腐朽而不为用。谓土产之药物人参、防风、甘草等物，辇之而南，则为宝货，积之于本土，则为弃物。农人无地耕获不能为他艺者，旬月之劳劚草药三百斤，可卖钱十余贯，终岁差发可办。商贾之有财本者以千贯之物往返，半岁之间化为数千贯，何惮乎生理之不厚，科差之不供？货既流通，转相贸易，舟车流行，店铺和煦，居者行者有智有力者皆得养生之利。自罢场以来，坐贾无所获，行商无所往，舟车留停，道路萧条。以我所有易得致富之货，废弃而为无用，我之所无必用之物涌贵无所致，得计失计，于斯灼然"①。

元朝统一南方后，不仅消除了南北市场联系的政治障碍，而且积极谋划、大力推进南北市场的整合。至元十三年（1276）四月庚午，元军入临安后不到两月，立即"敕南商贸易京师者毋禁"②。至元十五年（1278）八月，面对泉州粮荒，立即组织"两淮运粮五万石赈泉州军民"③。至元二十六年（1289）九月"癸巳，以京师籴贵，禁有司拘雇商车"④。在上承宋代、下开明代南北市场整合方面，元朝统一后，在交通运输、批量生活必需品的远距离贸易、建制城市建设三个方面，发挥了重要作用，在统一政权范围内，初步实现了全国市场的跨地区整合。

首先，元廷从加强水陆驿路系统建设、修建和疏浚运河、开通海运等方面，全面加强交通通道建设和运输体系建设，为南北市场的互动和市场体系的整合，奠定了良好的物质基础。

元朝平宋后，针对部分地区原有道路不便等情况，进行了修筑。至元三年（1266）七月"发巩昌、凤翔、京兆等处未占籍户一千，修治四川山路、桥梁、栈道"⑤。更重要的是，元廷充分发挥站赤"宣朝廷之政，速边徼之警报，俾天下流通而无滞，惟驿为重"的作用，在宋朝原有驿路的基础上，全面把站赤制度在全国推广。实现了"一统天下，

---

① 胡祗遹：《论聚敛》，《紫山大全集》卷22。
② 《元史》卷9，《世祖本纪》六。
③ 《元史》卷10，《世祖本纪》七。
④ 《元史》卷15，《世祖本纪》十二。
⑤ 《元史》卷6，《世祖本纪》三。

龙节虎符之分遣，蛮陌骏奔之贡奉，四方万里，使节往来，可计日而至"①。

由于水运有着天然的成本低廉、批量运输便捷的优势，元朝不仅高度重视沿水路建立水站，而且大规模修建治理运河、开辟海运，使全国水运条件全面改善。元朝平宋之际，针对隋代修筑的大运河（由杭州出发，经镇江、中滦、淇门，通过御河、白河至通州，再陆运至大都）曲折不便的问题，于至元十三年（1276）正月，即开始"穿济州漕渠"②，着手修治运河。此后，经至元二十年（1283）开通济州河、至元二十六年（1289）开通会通河、至元二十九年（1292）开通大都至通州河道，大运河全程水路贯通，不仅从杭州至大都畅通无阻，而且"江淮、湖广、四川、海外诸藩土贡，粮运、商旅懋迁，毕达京师"③。在此基础上，元朝把站赤系统沿运河设置，形成了沿河一线首尾贯通的站赤运输系统。

更重要的是，元朝南北两大市场中心杭州和大都，都距海不远。而唐宋以来近海地区航运的探索，为开通海上远距离运输奠定了良好的基础。因此，至元十三年（1276）伯颜入临安后，即命朱清、张瑄将南宋图籍自崇明由海道载入京师，大胆而完整地完成了第一次官方南北海路试航。至元十九年（1282）元廷决定沿这条海路运输粮食，开辟海运。此后，经前后三次变更调整，最终形成了"自刘家港开洋，至崇明州三沙放洋，望东北行驶入黑水大洋，取成山转西至刘家岛，聚取薪毕，到登州沙门岛，于莱州大洋入界河"④的航线，顺风十日即可驶完全程。从至元十九年（1282）开辟海运，次年运达京师米为 4.2 万余石，元朝从南方直接通过海道运至大都的粮食持续增加。至元二十五年（1288）增至 39 万余石，大德元年（1297）64 万余石，大德六年（1302）突破百万，达到 132 万 9 千余石，至大二年（1309）246 万余石，延祐六年（1319）突破 300 万石后，经常保持在 200 万—300 万石⑤。

---

① 熊梦祥著，北京图书馆善本组辑：《析津志辑佚》，第 120 页。

② 《元史》卷 9，《世祖本纪》六。

③ 苏天爵：《元朝名臣事略》卷 2，《丞相淮安忠武王事略》。

④ 《大元海运记》下，《漕运水程》。

⑤ 《元史》卷 93，《食货志》一。

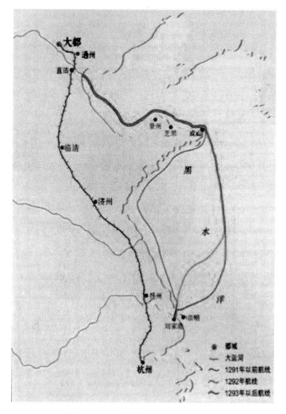

图 5-9　元代海运河运路线图

图片来源：杭侃《辽夏金元——草原帝国的荣耀》，
第 150 页。

这样，以水陆站赤、运河与海运为骨干，元朝覆盖全国的交通运输网在全国市场的跨区域整合中，发挥了十分重要的作用。南来北往的商旅，把粮食、绢帛、棉货、茶盐、瓷器和畜牧产品等大宗商品，贩运至全国各地，更具全国意义的大宗民生日用商品的流通，全面展开。在以南北市场互动为主体的全国市场跨区域整合中，粮食贸易在其中占有十分重要的地位。这里仅就粮食的转输与贩运为例，做一初步探讨。

元朝官府主持的粮食海运，相当时期保持在 200 万—300 万石，形成了长期持续的南粮北运。虽然海运粮食的主要过程与市场无关，但所运粮食中，应该有相当一部分通过和籴等渠道来源于市场。与元廷主持的海运漕粮不同，依托沟通五大水系的运河，从外地水运入京的粮食则以民间商贩为主。以泰定年间大都人口 200 万人、每人每年平均需粮 3

石计，每年大都的粮食需求约为 600 万石。在不考虑从大都转运上都及岭北需求的情况下，元廷每年海运按 300 万石计，只能满足一半的需要。因此，在大都的粮食需求中，至少每年还有 300 万石需要从城外运入。如果大都周边市场能提供其中 1/3，则至少还有 200 万石需通过民间商人从外地贩入。因此，至元三十年（1293）"大都民食唯仰客籴，顷缘官括商船载递诸物，致贩鬻者少，米价翔涌"。崔彧等曾因此建议元廷"勿令有司括船为便"①。商船通过运河运粮入京，直接影响着大都的粮价涨跌。此后，元廷甚至明确规定，"诸漕运官，辄拘括水陆舟车，阻滞商旅者禁之"②。元廷官方组织的漕运，也不得扰民间商旅贩粮。

　　无论是元廷官方组织的以海运为主的南粮北运，还是以运河为主的民间南粮北贩，在不同程度上，都广泛辐射到了长江中游乃至上游地区，对整合全国市场产生了重要作用，如至元二十三年（1286）正月"发钞五千锭籴粮于沙、静、隆兴"③。所籴粮当通过海漕运往北方。而大德十一年（1307）十月"中书省奏：常岁海漕粮百四十五万石，今江浙岁俭，不能如数，请仍旧例，湖广、江西各输五十万石，并由海道达京师。从之"④。至顺元年（1330）二月"丁亥，命江南、陕西、河南等处富民输粟补官，江南万石者官正七品，陕西千五百石、河南二千石、江南五千石者从七品，自余品级有差。四川富民有能输粟赴江陵者，依河南例，其不愿仕，乞封父母者听"⑤。南北之间以运河和海运为主要运输方式的粮食流通，还沿长江一线向上游延伸，在更广的范围内把南北市场联系在了一起。

　　除大都外，元初"上都每年合用粮不下五十万石"⑥。因此，至元二年（1265）上都即置场和籴，向民间商人购买粮食。仅至元二十至二十二年（1283—1285）三年中，元廷即付盐引 7 万道、钞 14 万锭专用于上都和

①　《元史》卷 173，《崔彧传》。

②　《元史》卷 103，《刑法》二。

③　《元史》卷 14，《世祖本纪》十一。

④　《元史》卷 22，《武宗本纪》一。

⑤　《元史》卷 34，《文宗本纪》三。

⑥　魏初：《青崖集》卷 4，《奏议》。

籴①。而位于漠北的和林，尽管元廷实施了相当规模的屯田，但仍不能满足基本的粮食需求。大德七年（1303）五月，成宗"诏和林军粮，除岁支十二万石，其余非奉旨不得擅支"②。延祐三年（1316）"中籴和林粮二十三万石。五年、六年，又各和中二十万石"③。而和林的粮食需求，由于"难于委输"，相当一部分也采取了"重利使贾人自致粟"④ 的办法，甚至因为"岁募富民和籴为边饷，民虽稍利，而费官盐为多"⑤。

　　而地处西北的甘肃行省地，也常常向和林等地输送粮食。但是，大德十年（1306）八月，甘肃省咨："本省供给屯驻大军支用粮储，全藉客旅运米中纳。"⑥ 黑城出土的盐钞，以及 "……支钞并夏季分例钱内支盐引肆拾道……""未支钞并元统元年秋冬二季口口内令支盐引叁拾捌道，每道折钞叁定，计钞壹佰壹拾肆定，浙江贰拾肆道、山东壹拾肆道……" 等放支诸王、妃子分例等文字出现在黑城文书中⑦，正是在当地向商人发放盐引，商人入中粮草换取盐引的入中之法的物证。此外，在《黑城出土文书（汉文文书）》中，现存有 6 件《大德四年军粮文卷》。据李逸友先生考证，认为 6 件文书反映了大德四年（1300）成宗命术伯等北征海都，向亦集乃路征调万石军粮，但"亦集乃路只存粮两千石，远不足万石之数，于是紧密申文甘肃行中书省，恳请调运军粮，而行省又无粮可运，于是又要求拨给钞定籴粮"的情况⑧。不仅如此，从甘肃特别是宁夏地区，元廷从中统年间就开辟了"西路漕运"，把宁夏等地的粮食在黄河边装船，"顺河而下，经应理、鸣沙、灵州、中兴、定州、梧桐、怯竹里、九花、百崖子、只达温诸水站运至东胜交卸；然后，漕粮装车（或牲驮）自东胜东经下水、大同、牛皮岭、白登、天成、夏永固（以上是牛站）、宣德、雷家、榆林、昌平等旱站即可输到大都"。西路漕运"作为海道和大运河漕运的补充，终有元一代，一直

---

① 《元史》卷96，《食货》四。

② 《元史》卷21，《成宗本纪》四。

③ 《元史》卷96，《食货》四。

④ 陈旅：《安雅堂集》卷7，《旌德县便民政绩记》。

⑤ 《元史》卷140，《铁木儿塔识传》。

⑥ 韩国学"中央研究院"编：《至正条格校注本》，第277页。

⑦ 李逸友：《黑城出土文书（汉文文书卷）》，第72页。

⑧ 李逸友：《黑城出土文书（汉文文书卷）》，第27页。

发挥着重要作用"，最繁盛的时候其运输能力每年甚至可达到数十万石①。

元代商品运输中，虽然有不少官府物资、诸王、投下甚至斡脱贩运的商品，都通过站赤进行，由元廷无偿提供铺马。但是，作为商品流通的主要形式，元代仍旧继承了宋代以来雇佣船户、脚乘的市场化运输方式。在漕运方面，对"各省解纳进呈一切段匹诸物，和雇船只长运，直至东河交卸，依漕运司粮斛例，船主既支脚钱，自行雇夫"②。大德七年（1303）三月，"户部与礼部议得：凡雇车运物，不分粗细，例验斤重里路，官给脚价。今后起运上都米麦等物，合从宣徽院选委有职役廉干人员长押，先将合起物色，一一亲临秤盘装发，打角完备，如法封记。斟酌合用车辆，令大都路巡院正官，召募有抵业信实车户，明立脚契，编立牌甲，递相保管，然后许令揽运……"③ 即使是专门从大都运往上都的皇家御物，也采取了市场化的运输方式。

从粮食的转输与贩运中可看出，元朝统一后的南方市场与北方市场，全面突破了南北的区域界线，密切地联系到了一起。从市场层级结构上看，相当一部分粮食从个体小农手中投入市场，通过市镇等初级市场点点滴滴汇集起来，进入城市市场，并在城市市场中形成批量规模，持久地、源源不断地输向北方。而从粮食市场的空间分布来看，粮食贸易既有地域性的内部贩运，更有大批量的跨区域流通；既以南北向的流通为主体，又辐射到了长江中游、上游，乃至甘肃、宁夏等地。正是在粮食贩运贸易已经成为一种全国性的、经常化的批量商品后，甚至我们已难以也没有必要再对粮食的来源地和最终消费地做出一一对应的清晰描述了。

二　全国城乡市场网络体系的健全与发展

在以驿路和站赤、运河及五大水系内河运输及海运为脉络的市场网络中，特别是在运输始发、终到、转运及途中的歇息地，还逐步形成一系列的网络结点，形成城市转运市场。而部分转运城市市场，除主要承

---

① 吴宏岐：《元代农业地理》，第183—186页。
② 韩国学"中央研究院"编：《至正条格校注本》，第90页。
③ 韩国学"中央研究院"编：《至正条格校注本》，第96页。

担转运功能外，或多或少又通过在当地的市场层级关系，与本城生产生活消费、附近地区的消费联系在一起。

在阴山南北包括德宁、净州、集宁三路及砂井、丰州等在内的元代汪古部辖区，已在一定程度上形成了农牧并举的产业形态，并且通过当地城镇与外部发生了日益增多的商品交换。"当时，由大青山后运往内地的商品物质，大约以皮毛、牲畜、肉奶食品及各种土特产为主"；由"中原地区和南方地区运往汪古部统辖地区的商品大约以茶、瓷器、丝绸、盐为主，此外还有各种日用物品。"[①] 盖山林先生曾对丰州故城等地考古发掘情况进行了梳理，制成了表5-1。

表5-1　　　　　　　　元代汪古部辖区遗址出土外来商品统计

地名	主要商品名称
丰州故城	钧窑香炉、钧窑镂空高座璃耳瓶、龙泉窑缠枝牡丹纹瓶等 备注《钧窑香炉题记》："己酉年九日十五小宋自造香炉一个"
集宁故城	龙泉窑青釉双鱼纹墨书姓名花押瓷碟，"内府官物"漆盘、"葡萄酒瓶"
察右后旗察汗不浪遗址	钧窑碗
集宁路附近古墓	丝绸织品等
新城	麻织品、钧窑瓷器、龙泉窑瓷器
净州路故城	钧窑瓷器、龙泉窑瓷器
四子王旗大黑河公社波罗板升古城	"长安脾地寄寄老人"陶壶、磁州窑黑花白釉瓷器钧窑瓷器
砂井故城	龙泉窑青釉瓷碗
王墓梁古墓群	景德镇窑影青瓷碗、各式铜镜、花金筒、织金绵、寿字绸……（丝绸）

资料来源：盖山林《从内蒙古考古发现看元代汪古部社会经济生活》，《中国蒙古史学会成立大会纪念集刊》，1979年，第237页。

尽管上述物品不一定完全是通过市场进入丰州等地，但随着小生产者参与市场活动的恢复，特别是与上述物品相伴出土的铜钱，却向我们表明，其中已有相当一部分是通过零星细碎的小额贸易汇集流入这里的。

在沿海、沿江地区，刘家港、直沽、真州的发展更引人注目。刘家

―――――――――

① 盖山林：《从内蒙古考古发现看元代汪古部社会经济生活》，《中国蒙古史学会成立大会纪念集刊》1979年，第237页。

港成为海运的主要起运港后，很快兴盛起来。"旧本墟落，居民鲜少，海道朱氏剪荆榛，立第宅，招徕番舶、屯聚粮艘，不数年间，凑集成市，番汉间处，闽广混居，各循土风，习俗不一。"① 而渤海边海滨的普通村庄——直沽，也因海运的原因，于延祐三年（1316）按"海滨津渡"之意，改名为海津镇，经济发展，市场繁荣，呈现出"兵民杂居久，一半解吴歌"② 的风貌。而兼具海运、漕运、长江水运中转站的真州，自然从诸转运城市中脱颖而出，成为元代仅次于杭州和大都的全国性商业都会，商税额在大德年间就已位列全国第三。

在商税额超过真州的两个城市中，杭州的情况已如前所述。这里再就大都的情况做一简要分析。从严格的时间序列和空间范围来看，元大都完全是一座按元廷要求规划、设计、新建的城市。在大都新城竣工之后，更多地"迁居民以实之"，使大都城市和大都地区户口迅速增加。至元七年（1270）中都城 11.95 万户计 42 万人；至元十八年（1281）大都城市达 21.95 万户，其中新城 7.95 万户，南城（中都城）14 万户，总人口 88 万人；泰定四年（1327）21.2 万户计 93 万人。大（中）都地区总人口，至元七年 18.4 万户计 62.8 万人，泰定四年达 49.8 万户计 221 万人③。天历年间大都宣课提举司和大都路商税合计 11 万余锭④。据《元史》百官志记载：

> 　　大都宣课提举司，掌诸色课程，并领京城各市。提举二员，从五品；同提举一员，从六品；副提举一员，从七品；提控案牍一员，司吏六人。世祖至元十九年，并大都旧城两税务为大都税课提举司。至武宗至大元年，改宣课提举司。其属四：
> 　　马市、猪羊市，秩从七品。提领一员，从七品；大使一员，从八品；副使一员，从九品。世祖至元三十年始置。
> 　　牛驴市、果木市，品秩、设官同上。
> 　　角蟹市，大使一员，副使二员。至大元年始置。
> 　　煤木所，提领一员，从八品；大使一员，从九品；副使一员。

---

① 至正《昆山郡志》卷 1，《风俗》；《宋元方志丛刊》第 1 册。
② 傅若金：《直沽口》，《傅与砺诗文集》卷 4。
③ 韩光辉：《辽金元明时期北京地区人口地理研究》，《北京大学学报》1990 年第 5 期。
④ 《元史》卷 94，《食货》二。

至元二十二年始置。①

从大都的商业布局来看，"大都城内各种专门的集市有三十多处，主要市场分布在三处，一处是城市中心的钟、鼓楼及积水潭北岸的斜街一带，一处是城市西南部顺承门内的羊角市，另一处是城市东南部的枢密院市"②。周尚意还根据有关记载，绘制了元大都的坊市分布图，如图5-10。

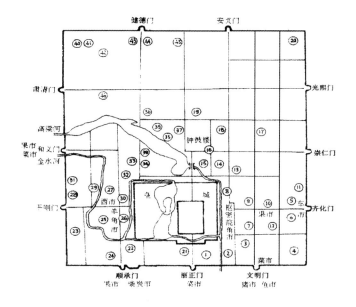

1.五云坊　　2.南薰坊　　3.澄清坊　　4.明时坊　　5.恩承坊　　6.皇华坊　　7.明照坊　　8.保大坊
9.仁寿坊　10.寅宾坊　11.穆清坊　12.居仁坊　13.篷莱坊　14.昭回坊　15.靖清坊　16.金台坊
17.居贤坊　18.灵椿坊　19.丹桂坊　20.泰亨坊　21.万宾坊　22.时雍坊　23.金城坊　24.阜财坊
25.咸宜坊　26.安富坊　27.鸣玉坊　28.福田坊　29.西成坊　30.由义坊　31.太平坊　32.和宁坊
33.发祥坊　34.永锡坊　35.日中坊　36.里仁坊　37.凤池坊　38.析津坊　39.招贤坊　40.怀远坊
41.乾宁坊　42.清远坊　43.可封坊　44.善俗坊　45.平在坊　46.永util坊

图5-10　元大都坊市分布图

图片来源：周尚意《元明清时期北京的商业指向与城乡分界》，《北京师范大学学报》1999年第1期。

显然，大都兴建后急剧增加的人口，极大地增强了大都市场的吸纳

---

① 《元史》卷85，《百官》一。
② 侯仁之主编：《北京城市历史地理》，第221页。

能力，城市消费水平空前提高。而大都人口的消费，却主要依靠市场，来源于市场。城内不仅形成了功能明确、特点突出的商业街区，而且有许多"贩夫逐微末，泥巷穿幽深，负戴日呼叫，百种闻异音"①。更重要的是，大都消费品的供给，主要来自外地市场。《元史》记："元都于燕，去江南极远，而百司庶府之繁，士卫编民之众，无不仰给于江南。"② 实际上，所需各种商品，主要通过"川陕豪商，吴楚大贾，飞帆一苇，径抵辇下"③。形成了以大都商品供给为中心，"东至于海，西逾昆仑，南极交广，北抵穷发，舟车所通，货宝毕来"④ 的景象。而运往大都的商品，却不一定在大都消费。马可波罗看到，"此汉八里大城之周围约有城市二百，位置远近不等，每城皆有商人来此买卖货物，盖此城为商业繁盛之城"。其中，涿州"居民以工商为业，织造金锦丝绢及最美之罗"，"亦有不少旅舍以供行人顿止"⑤。元代中期，附近乡村民众也开始自发"起立集场"，甚至元廷的强制取缔措施，也只能不了了之⑥。因此，元大都同时还是一个辐射周边地区城乡市场、辐射全国南北市场的全国性中心城市。而以粮食为首的南方商品向大都的转输与贩运，进一步支撑着大都商业都会地位的确立、巩固和发展。都城的新建与南粮北贩之间形成了强烈的双向互动。

在此基础上，当我们把视野放到全国时，可清晰地看到，全国市场以乡村小农市场、专业化城乡互动市场为基础，以商品和物资转输和贩运为纽带，形成了一批层级分明、具有相当规模城市人口、经贸关系十分紧密的市场中心地。因此，在金朝业已形成"以五京为中心的警巡院城市，以诸府节镇治所为中心的录事司城市，以防刺州治所为中心的司候司城市形成了不同区域城市体系"，"通过水路交通条件把首位、次位警巡院城市、录事司城市、司候司城市等不同等级和规模，有职能分工、联系紧密、分布有序的城市体系"的基础上，"至元代，在管理民事的城市警巡院、录事司行政机构中均增设了掌军事、巡捕的典史，而

---

① 胡助：《京华杂兴诗》，《纯白斋类稿》卷2。

② 《元史》卷93，《食货》一。

③ 于敏中等编：《日下旧闻考》卷6，引元李洧孙《大都赋》，第90页。

④ 程矩夫：《雪楼集》卷7，《姚长者碑》。

⑤ ［意］马可·波罗：《马可波罗行纪》，冯承钧译，第238页、262页。

⑥ 陈高华等点校：《元典章》卷57，《刑部》卷之十九，《禁罢集场》，第1933页。

省并了金代独立设置的都军司、军辖，将独立设置负责诸京巡捕的兵马
司或兵马都指挥使司置于上都与大都路都总管府下，从而加强了城市的
行政管理，提高了效率"。在全国范围内开创的中国历史上的建制城
市——巡警院与录事司城市体系。据韩光辉统计，除大都与上都建置巡
警院、杭州作为行省中心并建置有若干个（至元十四年4个、泰定二年
并为2个、元统二年复立4个），城市规模非其他省会能比之外，元代
全国共有录事司城市 127 个（其中 97 个已稳定发展）。形成了如图 5-
11 所示的空间分布格局①。

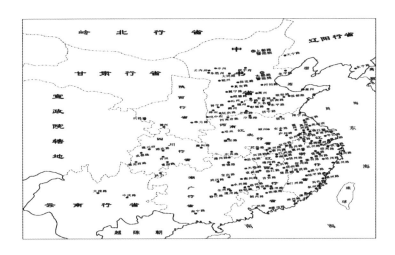

图5-11　元代录事司城市分布图

图片来源：韩光辉、林玉军、王长松《宋辽金元建制城市的出现与城市体系
的形成》，《历史研究》2007 年第 4 期。

　　在韩光辉等学者的录事司城市体系中，除元上都的市场水平不能与
杭州和大都相比，其设置巡警院的主要原因是在政治上与大都具有同等
的都城地位外，图 5-11 所揭示的元代城市情况，正是在南北市场的互
动与整合中，全国市场网络化、层级化、一体化的产物。
　　随着全国市场层级关系的恢复发展，跨地区市场整合的推进，市场
机制在资源配置中的作用日益显现，在元代辽阔的地域范围内，北方牧
区强大而持续的消费需求，在元廷的强力支持下，进一步放大、彰显。

---

　　① 韩光辉、林玉军、王长松：《宋辽金元建制城市的出现与城市体系的形成》，《历史研
究》2007 年第 4 期。

全国市场层级结构的恢复和发展，市场空间布局的扩大，在满足这种需求的同时，在巨大需求的刺激和引导下，在全国范围内对资源配置产生了深远的影响，诸如元代南方粮食生产的发展、绢帛生产向湖州等地的聚集、棉花种植与加工地区分工的萌芽、陶瓷与造纸的专业化等，深究个中缘由，已然不能排除市场机制的影响。正因为如此，意大利旅行家鄂多立克到了建康，也注意到了这里的棉花种植和生产的集中化趋势，并认为"他们比世上任何民族都种植更多的棉花"①。而《伊本·白图泰游记》在记述了中国纺织业发达的情况时，则不由发出感叹："当地产丝绸极多，所以丝绸是当地穷困人士的衣服。如没有商人贩运，则丝绸就一钱不值了。在那里一件布衣，可换绸衣多件。"② 而元代市场机制在资源配置中的这种区域化与专业化相结合的作用，直接为明代市场的发展，奠定了必不可少的历史基础。

---

① ［意］鄂多立克:《鄂多立克东游录》，何高济译，第 70 页。
② ［摩洛哥］伊本·白图泰:《伊本·白图泰游记》，马金鹏译，第 541 页。

第六章

元朝统一后"银钞相权"的危机与调适

元朝平南宋统一全国，把分属于南北两个政权辖区，地跨江南、中原和漠北草原的市场统一到了一个政权辖区之内。在同一个政权辖区的市场上行用统一货币，是元朝平宋时已确定的基本目标，也是南北市场互动、整合的应有之义。而南北统一前的南宋市场上，货币流通格局也发生了重要变化。白银货币化的初步实现，钱荒不断加剧，楮币的全面流通，以及银钱楮品搭行用、用白银称提楮币等，都为元廷实施统一的货币政策，把"银钞相权"的货币流通格局行之于南宋旧地，奠定了基础。从货币流通格局演变发展的历史进程来看，甚至元廷把中统钞行之于南宋旧地，正好承接了南宋货币钱楮并用下白银货币化乃至货币白银化的成果，具有了延续和发展宋金以来货币流通格局的意义。

第一节　行钞、废楮、禁钱与"银钞相权"的危机

一　中统钞的增发与贬值

至元十三年（1276）元朝灭宋、统一全国时，中统钞已在北方成功地通行了 16 年。16 年间，不仅通过厘钞的发行，使银钞相权的货币流通格局得到了进一步的完善，而且行用区域先后扩大到漠北、畏兀儿乃至云南、西藏等地。这为忽必烈统一全国后，在南宋旧地行中统钞、统一货币积累了一定的经验。而元廷在统一的过程中，即已开始大量增发中统钞，试图用中统钞替代南宋铜钱、纸币，统一南方货币。

早在蒙古平大理前，蒙廷就已占领四川部分地区，并在当地推行钞法。中统四年（1263）在成都置西川行枢密院，"管四川军民课、交钞、

打捕鹰房人匠及各投下应管公事，节制官吏诸色人等并军官迁授、征进等事"①。西川行枢密院明确承担着管理交钞的职责。至元十二年（1275）二月丙午，在平宋战争形势日益明朗之际，元廷专门"议以中统钞易宋交会，并发蔡州盐，贸易药材"②。此后，元廷按照议定的政策，随平宋战争推进，在新占领的南宋旧地推广行用中统钞。

至元十三年（1276），元廷成倍增大了中统钞的发行量。据《元史》记载，中统元年（1260）至至元十八年（1281）历年发行量如图6-1所示。

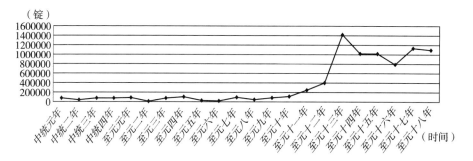

图6-1　中统元年至至元十八年（1260—1281）中统钞发行量统计图

中统钞从中统元年（1260）开始发行，当年发行量为73352锭，此后虽有增有减，但至元九年（1272）以前，仅有至元四年（1267）一度突破10万锭，达到过109488锭。而至元六年（1269）最低，仅22896锭。中统元年（1260）至至元九年（1272），累计发行量不过836859锭。可是，从至元十年（1273）开始，当年发行量第二次突破10万锭，而且十一年、十二年两年连续成倍增长，合计发行755826锭，已差不多达到了此前13年的发行量。至元十三年（1276）元兵入临安，当年的发行量直接突破百万锭，达到1419665锭，是至元十年（1273）以来三年发行量的1.88倍，与中统钞发行以来16年的总量1592685锭也相差无几。此后，至元十四年至至元十八年（1277—1281），虽然发行量有所下降，但也累计发行了5063965锭。

诚然，至元十三年（1276）及以后中统钞的印发数量猛增，是

---

① 《元史》卷86，《百官》二。
② 《元史》卷8，《世祖本纪》五。

"与元钞的流通范围扩大到江南地区分不开的"①。同期漠北、畏兀儿、云南等地也在逐步扩大用钞范围，但用钞量毕竟有限。而从中统钞发行的渠道看，却主要是投向江南，或用于与江南直接相关的开支。其中，直接用于平宋战争的经费，占了相当比重，通过茶盐专卖、开展贸易等方式，直接投向市场也为数不少。因此，专门为"供给江南军储"，才有了至元十三年（1276）三月于"济宁路置宣慰司掌印造交钞"；为"通江南贸易"才有了在大名置行户部印钞②，榷茶的同时用中统钞收兑宋楮等③。元廷至元十三年（1276）后急剧增加的印钞量，显然与平宋密切相关，甚至与新取得的宋境在籍人户数量也不无关系。这里将《元史》记载的这两年人户数和中统钞发行数，整理成表6-1。

表 6-1　　　　元朝统一前后在籍人户与中统钞发行量比较表

时间	户数（户）	发钞量（锭）	备注
至元十二年（1275）年末数	4764077	398194	
平宋后江淮、浙东西、湖南北新增数	9370472	1021471	
至元十三年（1276）年末数	14134549	1419665	
1276 年比 1275 年年末数增长倍数	2.966902	3.56526	

资料来源：《元史》卷 8《世祖本纪》五，卷 9《世祖本纪》六；《元史》卷 93《食货》一。

从表6-1看，元廷平江南后年末在籍人户数比原掌握的在籍人户数，增加了2.97倍。增印中统钞的量为3.57倍。印钞量确实超过了在籍户数增加的幅度。此外，不考虑中统钞发行后的昏钞倒换、水火不到等因素，中统元年至至元十二年累计印钞数1592685锭，以至元十二年的人户数（4764077户）为基数，可得出此前户均发钞数为0.33锭；而中统元年至至元十八年累计发钞8076315锭，以至元十三年人户数（14134549户）为基数，计算户均发钞量，则达到了户均0.57锭。元朝平宋前后，户均印钞量从至元十二年（1275）的0.33锭，增加到了至元十八年（1281）的0.57锭，后者是前者的1.73倍。

<hr>

① 舒正方：《元代的中统、至元二钞》，《经济·社会》1992 年第 4 期。

② 《元史》卷 9，《世祖本纪》六。

③ 《元史》卷 94，《食货》二。

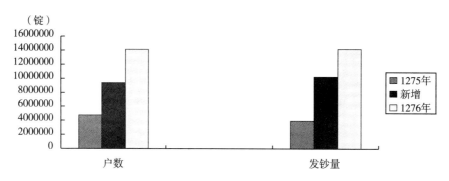

图 6-2　元朝统一前后人户数与中统钞发行量增幅比较图

说明：为便于直观比较两者的增加幅度，发钞量绝对数字作了 10 倍数处理，但所反映的增长幅度不变。

也就是说，至元十三年（1276）元廷平宋前后，直接掌握的在籍人户数增长 2.97 倍，发钞量增长 3.57 倍，户均发钞量增长 1.73 倍。三者按增加的幅度排序，印钞数增长幅度最高，人户数增长次之，户均印钞数较低。

可是，中统钞毕竟只是"银钞相权"的一个方面。仅仅靠增发中统钞，扩大中统钞的流通范围，是不可能把北方 16 年来行之有效的"银钞相权"钞法，以及按钞法确立的银钞相权货币流通格局，拓展到更广范围的。反之，在没有足够白银准备的情况下盲目发钞，本身就是对"银钞相权"原则的破坏，足以使银钞相权的货币流通格局面临危机。

然而，至元十三年（1276）前后中统钞印发量的激增的同时，元廷直接掌握的白银却难以同步增长。尽管宋室入降时，府库所藏全部为元廷所有，但实际上宋廷在抗元战争中金银支出不少，大量白银流入民间[1]，估计降元时府库所藏已不多。宋廷咸淳十年（1274）十二月任贾似道都督军马，"于封桩库拨金十万两、银五十万两、关子一千万贯充都督公用"[2]。其中所支白银已是咸淳七年（1271）上供银定额"一十六万九千六百四十三两"[3]的 3 倍多。宋廷在长江流域布防，先后在鄂州、沿江等地设军资库，储备了大量金银。但在战争中或支

---

① 甚至咸淳九年（1273）六月，"四川制置朱禩孙言：月奉银计万两，愿以犒师，向后月免请"。《宋史》卷 46，《度宗本纪》。

② 佚名：《宋季三朝政要》卷 4。

③ 《宋史》卷 179，《食货》下一。

使已毕，或在失守时紧急转移、窖藏。1955 年在黄石大冶出土的 292 件、135.38 千克白银，最晚的纪年铭文为"淳祐六年"（1246），当属于元朝平宋时宋朝军库或府库的窖藏。湖北黄石 1994 年出土的 12 件银铤、7 件银器，其中最晚的纪年铭文为"咸淳七年正月"，估计是德祐元年（1275）二月元兵进攻溧阳时宋人匆忙埋藏的①。彭信威据《宋史·理宗本纪》统计，淳祐四年（1244）之后的 20 年间，南宋仅犒赏一项，就使用了缗钱 1.9 亿万贯、银 5000 万两、金 1000 万两以上②。其中 5000 万两白银按大锭 50 两计，已达 100 万锭。因此，元朝平宋后，直接从南宋官府取得的白银并不多。宋境内的白银大量流入了民间，甚至转藏地下，而没有为元廷掌握。

不仅如此，元朝初定江南，以征收赋税等方式从新占领区获得白银的条件尚不具备。直至至元十九年（1282），"江南财赋岁可办五十万锭"③，为数不多。除江南以外的其他地区，至元十一年（1274）先后免大都、北京、西京、陕西等地丝银④，至元十四年（1277）正月"丙申，以江南平，百姓疲于供军，免诸路今岁所纳丝银"⑤。元廷财政收入中的白银还一度有所减少。反之，元廷在平宋战争中白银支出却不小。仅《元史》所载，至元十三年（1276）、十四年（1277）明确赐将士银的记载，可整理为表 6-2⑥：

表 6-2　《元史·世祖本纪》载至元十三年、十四年赐将士银统计

年份	月份	赏赐情况
至元十一年	二月	戊申朔，赐阿术所部将士及荼罕章阿吉老耆等银钞有差
	四月	辛未……赐襄樊战死之士二百四十九人之家，每家银百两
	六月	庚戌，赐建都合马里战士银钞有差
	十一月	癸巳……拔云安、罗拱、高阳城堡，赐文安等金银有差
	十二月	甲寅，赏忻都等征耽罗功，银钞币帛有差

---

①　黄石市博物馆：《湖北黄石陈伯臻出土窖藏南宋银铤》，《中国钱币》1995 年第 3 期。

②　彭信威：《中国货币史》，第 490 页。

③　《元史》卷 12，《世祖本纪》九。

④　《元史》卷 8，《世祖本纪》五。

⑤　《元史》卷 9，《世祖本纪》六。

⑥　《元史》卷 9，《世祖本纪》六。

续表

年份	月份	赏赐情况
至元十二年	四月	壬寅，赏讨长河西必剌充有功者及阵亡者金、银……各有差
	六月	辛亥，赏诸王兀鲁所部获功建都者三十五人银钞有差
	九月	乙亥，赏清河、新城战士及死事者银千两、钞百锭
		甲午……赏淮安招讨使乞里迷失及有功将士锦衣银钞有差
至元十三年	正月	丙子，赏合儿鲁带所部将士征建都功银钞锦衣
	五月	乙巳，赐伯颜所部有功将校银二万四千六百两
	十月	以陈岩拔新城、丁村功，赐金五十两，部将刘忠等赐银有差
	十一月	丙午，赐阿术所部有功将士二百三十九人各银二百五十两
		壬子，赐龙答温军有功及死事者银钞有差
		辛未，赐塔海所部战士及死事者银钞有差。赐忽不来等战功十九人银千二百两
		赏阿术等战功，及赐降臣吴坚、夏贵等银、钞、币、帛各有差
至元十四年	六月	壬寅，赏征广战死之家银各五十两
	七月	丁巳……赐平宋将帅军士及简州军士广西死事者银钞各有差
	十二月	赏拜答儿等千三百五十五人战功，金百两、银万五千一百两、钞百三十锭及纳失失……有差

资料来源：《元史》卷9《世祖本纪》六。

表6-2所列当然不是这一时期赏赐用银的全部，而且其中多数没明确具体数量，规模如何难以详知。但其中有明确数量记载的至元十三年（1276）十一月赐阿术所部239人，每人250两，总数已达59750两，计1195锭。由此观之，元廷在平宋前后的一段时期直接掌握的白银量，不仅无明显增加，而且有减少的可能。甚至元廷这一时期如此大量印钞，也与战争中财政需求激增而府库存银不多有关。在白银出多入少、中统钞发行量激增的情况下，"发钞若干，随降银货，即同见银流转""钞有多少，银本常不亏欠"等"银钞相权"的原则已难以维持。中书平章政事阿合马此时已是"略不会计，止知多行印造，便于支发供给"① 而已。因此，元廷平宋进程中中统钞发行量的激增与白银储备的不足，已开始背离了银钞相权的原则，酝酿着统一南方后银钞相权货币

① 胡祗遹：《紫山大全集》卷22，《杂著》，《宝钞法》。

流通格局的危机。

于是，顺利印行了16年的中统钞，在平宋后逐步出现了流通不畅的情况。至迟至元十五年（1278）民间已不乐于接受中统钞。《通制条各》有载：

> 至元十五年六月，中书省。会验先为街市诸行买卖人等，将元宝交钞，贯伯分明、微有破损，不肯接使。已经出榜晓谕，今后行使宝钞，虽边栏破碎，贯伯分明，即便接受，务要通行，勿致涩滞钞法。若有似前将贯伯分明、微有破软钞数，不肯接受行使，告捉到官，严行治罪。及将堪中行用宝钞，赴库倒换，库官人等亦不得回倒，如违，定将官典断罪。①

这说明，不仅"微有破损"但不符合倒换条件的宝钞，人们"不肯接使"，而且"各处平准行用钞库所倒昏钞，尽是贯伯分明、堪以行使宝钞"②。反之，伪钞的印造却日益泛滥，不仅质量高的伪钞防不胜防，而且不具备必要的技术条件的伪钞也广泛出现：

> 至元十七年五月，行御史台准御史台咨：承奉中书省札付：三月初三日奏过事内一件："前者两起儿造伪钞得人拿住也，那的每根底，俺每不疑惑，教扎撒里入去。在先的官人每，'伪钞根底不似那真钞么道，不教死，教打着'道有来。俺每寻思呵，似真钞一般行使得呵，如何拿得他？造伪钞呵，怎生般寻思着造有。似不似呵，他每寻思得歹有，但拿着呵，依着大体例有甚疑惑？"么道，奏呵，"那般者。"么道，圣旨了也，钦此。③

尽管元廷采取凭动机治罪的政策，不分伪造技术高下一律同等治罪。但伪造中统钞的局面已然铺开，伪钞的泛滥随之而来。

真钞不行、伪钞泛滥，而至元十三年（1276）后元廷发行的中统

---

①　方龄贵校注：《通制条格校注》，第424页。

②　陈高华等点校：《元典章》卷20，《户部》卷之六《贯伯分明即便接受》，第712页。

③　陈高华等点校：《元典章》卷20，《户部》卷之六《造伪钞似不似同断》，第735—736页。

钞数量过大，特别是至元十三年（1276）一年集中发行了比上年多3.57 倍的中统钞，显然已足以使中统钞面临贬值的危机。加上元廷对主持海运粮食的朱清、张瑄"赐钞印，听其自印，钞色比官造加黑，印原加红"① 等各种途径增印的中统钞，其贬值程度还将更大。

至元十五年（1278）"永年县申：和雇脚力递运诸物，每千斤百里，脚价钞一两三钱。今有车户告：即目物料涌贵，乞依真定例添苔事。本部议得：比年随路田禾不收，草料涌贵，若止依旧例和雇，百姓委是生受。参详，拟合照依真定例，平地千斤百里一两三钱，加五添苔一两九钱五分。山路亦依上分数添支"② 。包括真定、永年等在内，各地物价上涨，元廷因而不得不提高和雇递运的脚价。胡祇遹对照中统钞初行时期"一贯买绢一匹，钞五六十文买丝一两，米石钞六七伯文，麦石钞五六伯文，布一端钞四五伯文"的物价水平，认为"近年以来价增六七倍，渐至十倍，以致诸物及佣工之价值，亦莫不然"③ 。

这样，在统一战争结束后不久，解决中统钞的贬值问题，特别是在约束中统钞发行量的同时，筹集与新增人户及增发中统钞相适应的白银储备，已成为是否能继续维持和成功推广"银钞相权"货币流通格局的重要因素。

二　中统钞对南宋钱楮的替代

更重要的是，元廷在平宋过程中大量增发中统钞，还不可避免地遇到了如何对待南宋旧地原有铜钱和纸币的问题。南宋末年，宋廷不仅继续铸行铜钱、铁钱，把楮币的行用范围从四川扩大到了东南、两湖、两淮，而且在跨越不同货币区的商品流通中，在茶盐等大宗商品交易中，用白银作货币，在钱楮并用的总体格局中，形成了形态多样、层次复杂的货币体系。针对南宋复杂的货币流通格局，元廷首先采取措施，审慎地用中统钞替代南宋钱楮，为在南方推行"银钞相权"作准备。

元朝平宋之际，南宋辖区形成了联系紧密、辐射宽广、层级关系复杂的市场体系，而其最根本的基础仍是以小生产者为市场主体的市镇市

① 叶子奇：《草木子》卷 3 下，《杂制篇》。

② 陈高华等点校：《元典章》卷 26，《户部》卷之十二，《添苔脚力价钱》，第 981 页。

③ 胡祇遹：《紫山大全集》卷 22，《杂著·宝钞法》。

场。由于平宋过程中以江南为核心的市场体系总体上受战争破坏不大，得以较好的延续，铜钱在这样的市场上仍然具有旺盛的生命力。对此，元廷给予了高度重视，在统一南方的进程中，先后采取了"存""兑""禁""括"等措施，尝试用中统钞替代铜钱。

程钜夫回顾元朝统一之初的货币政策时曾说，南宋旧地"初归附时，许用铜钱，当时每钞一贯，准铜钱四贯"[①]。即元朝最初允许铜钱流通、使用，且明确了中统钞与铜钱兑换价。不仅如此，方回《绍兴路嵊县尹佘公道爱碑》还留下了这样的记载：

> 元贞二年（1296）"越归职方二十一季矣，未科夏税。上司科夏税，自明季丁酉春始。公（佘洪）建言：……省咨元行初江西以省斛较文思院斛，民多纳米三斗奇，故免夏税。用此例绢一匹该米三斗奇，准时价中统钞可两贯奇。亡宋景定四季癸亥内批，以越罕蚕，夏绢一匹折纳十八界会十二贯，永远为例，故碑具存。时十八界会一贯准铜钱二百五十文，十二贯计铜钱三贯。向者钦奉先皇帝圣旨：亡宋铜钱三贯准中统钞一贯。"[②]

文中佘洪援引圣旨的发布者"先皇帝"虽未明言为谁，但成宗元贞之前已"亡宋"的皇帝却只有世祖一人。这说明世祖平宋后，在赋税征收中也曾允许用铜钱交纳，在一定程度上承认了铜钱的合法性。但通过赋税征收收取铜钱，或许还有几分将铜钱收入官府的含义。

可是，这一时期元廷规定的1贯中统钞兑铜钱3—4贯的兑换价，却是严重贬损铜钱价值的政策。中统钞一直实行与银相权、每贯兑银5钱的价值标准。而南宋时期的铜钱与白银的比价，从绍兴末年到理宗时期，官方"省则"长期保持在1两白银兑铜钱3300文左右。市价也围绕这一比价，从绍兴末年（1152—1162）到淳祐年间（1241—1252）的100多年间，长期保持在3000—3500文。[③] 也就是说，按宋境内长期稳定的银钱兑换价计算，3贯铜钱已可兑到1两白银。但按元廷规定的

---

① 程钜夫：《雪楼集》卷10，《江南买卖细微宜许用铜钱或多置零钞》。

② 方回：《嵊县尹佘公道爱碑》，《越中金石记》卷7，《石刻史料新编》第2辑第10册，第7294页。

③ 王文成：《南宋银钱比价变动简表》，《宋代白银货币化研究》，第198—201页。

最高兑换价，3 贯铜钱只能兑到 1 两钞，相当于 5 钱白银。两者之间的差额高达 1 倍。而如果按中统钞 1 贯兑铜钱 4 贯计算，两者之间的差额还更高。在这样的情况下，持有铜钱的人并不愿意用铜钱纳税，而善于经营的揽户、行人、牙人等，却很容易利用价差倒卖铜钱谋利，反而促成民间铜钱和铜料的流通。元廷不合理的兑换价格，事实上起到的作用不是鼓励民间把铜钱换成中统钞，而是鼓励藏钱、毁钱为器、贩卖铜料。元廷对南宋铜钱暂时保留及收兑的政策，没能收到预期的效果。

　　然而，允许铜钱继续流通以及收兑铜钱无果，显然与中统钞的行用存在明显的冲突。不仅铜钱将继续在市场上占有相当份额，影响中统钞的发行和流通量，加剧中统钞贬值，而且与"银钞相权"的原则相矛盾。特别是适宜于零星交易而本身具有金属价值的铜钱，直接与中统厘钞的行用发生冲突。因此，元廷很快改变了收兑铜钱的政策，以铜钱"虽畸零使用便于细民，然壅害钞法，深妨国计"①，于至元十四年（1277）四月"丙戌，禁江南行用铜钱"②。

　　可是，元廷禁钱政策的贯彻却有相当大的难度。铜钱是有自身价值的金属货币。铜钱的主要使用者——市镇乃至乡村市场上的小生产者，参与市场交换的频率并不高。他们主要生产的农产品一年中的收获次数不多，而出售农产品换取的货币，却要供全年之用。生产与消费周期的时间差，决定了他们更需要能够长期保存、至少能够跨年度保存而不贬值的金属货币。更何况在经历了南宋楮币贬值、元朝灭宋宋楮一文不值的遭遇后，散在城乡各地甚至背井离乡避开战乱的小生产者，在业已经历了中统钞 1 贯折铜钱 3—4 贯的不平等待遇后，更难以与军事征服者建立起足以接受纸币的信用关系。反之，他们在南宋末年窖藏铜钱以应对楮币贬值的经验，自然顺理成章地主导着对待铜钱与中统钞的态度。因此，他们不仅对元廷发行的中统钞无动于衷，继续窖藏铜钱，把铜钱改铸为器，或贩运下海，而且在元廷无法严密监视的乡村市场上继续行使铜钱。元廷为完善中统钞法、适应小额交易需求，不惜成本印造发行的厘钞，更没人理会。由于本身设计不尽完善，面额只相当于倒换 1 两昏钞工墨费十分之一左右（按 3 厘厘钞计）的厘钞，更是积而无用。元

---

① 郑介夫：《太平策》。见杨士奇《历代名臣奏议》卷 67，《治道》。

② 《元史》卷 9，《世祖本纪》六。

廷也不得不在厘钞发行仅仅 3 年，即宣布"以厘钞不便于民，复命罢印"①。

基于上述原因，元朝统一之初，南方铜钱藏而不兑、禁而不止的情况十分普遍。考古出土大量宋末元初的铜钱窖藏，正是当时民间藏钱的结果。因此，1972 年前仅湖北黄石一地，就连续 6 次出土窖藏宋代铜钱。而在黄石 6 次出土的铜钱窖藏中，不仅有 1972 年一次出土最晚为铸于淳祐十二年（1252）、总量达 22 万斤的大型窖藏，也有明代崇祯七年（1634）在南宋人吕文德宅前"得钱一窟，方中丈余皆满"的私人窖藏。特别有意思的是，明代发现的这一私人藏钱，埋藏者很可能就是吕氏族人。而吕文德为南宋末提举江州兴国军沿江制置使，咸淳五年（1269）卒。至元十一年（1274）吕文德之子吕师夔降元，至元二十二年（1285）六月乞假省母江州，未几卒。如果这确属吕氏窖藏，则已经是入元后铜钱废而不用情况下，吕氏仍旧认可铜钱的贮藏价值，把这批铜钱藏在了地下②。这从一个侧面说明，在宋元易代、宋楮崩溃、元钞新行、3 贯铜钱只能兑 5 钱白银、最终又禁用铜钱的情况下，窖藏并设法继续使用铜钱的人，可能还不仅是乡村中、市镇上的小生产者。

元廷面对铜钱藏而不兑、禁而不止的情况，进一步采取了更彻底、更严厉的措施。至元十七年（1280）正月丙辰，元廷"诏括江淮铜及铜钱铜器"③。试图采取强制措施，把民间铜、铜钱、铜器全部收归官有，以免在市场上危害中统钞的行用。各地官员按照元廷的要求，"官收铜钱，有私藏者，坐以重罪"④。通过如此严厉的措施，南宋旧地的铜钱流通和行用受到了严重的抑制，至少民间一时藏钱、藏器，被迫不再使用。程钜夫估计，元廷"括"钱政策的实施，从民间搜刮到了 50% 左右的铜钱，藏之官府，废而不用⑤。南宋旧地的铜钱虽然没有也不可能全部"括"清，流通中也不可能彻底禁止，但对行用中统钞的

---

① 《元史》卷 93，《食货》一。

② 湖北省博物馆：《黄石市发现的宋代窖藏铜钱》，《考古》1973 年第 4 期。

③ 《元史》卷 11，《世祖本纪》八。

④ 程钜夫：《江南买卖微细宜许用铜钱或多置零钞》，《雪楼集》卷 10。

⑤ 程钜夫在《江南买卖微细宜许用铜钱或多置零钞》中认为，元廷括铜钱、铜器后，"计江南铜钱，比故宋时虽或镕废，其到官者宁无十分之五；在民者宁无十分之一"（《雪楼集》卷 10）。

"壅害"程度已明显降低。

与替代铜钱的艰巨性相比,元廷用中统钞替代南宋旧会却顺利得
多。元朝在占领南宋辖区的过程中,根据具体情况相机而行,依次对宋
楮实行"留""兑""废",并最终较为顺利地用中统钞取代了南宋
旧会。

首先,至元十二年(1275)二月丙午前,在新占领的南宋旧地承
认和延用宋朝钱楮,继续允许南宋楮币流通。如至元十一年(1274)
十一月,伯颜率"大兵追至复州,遣人谕其主帅曰:汝曹若知机而降,
有官者仍居其官。吏民按堵如故,衣冠仍旧,市肆不易,秋毫无犯,关
会铜钱,依旧例行用"①。而占领鄂州后,宣抚使贾居贞"戢吏卒无入
乡,敢纵暴者,刑以重典。发庾赈饥,宋宗室仰食官者,仍廪之,不变
其服而行其楮币"②。不仅伯颜招降宋将时许诺"关会铜钱依旧例行
用",而且确实曾付诸实施。

次之,至元十二年(1275)二月丙午,元廷"议以中统钞易宋交
会"③,决定随战争的推进不再允许南宋楮币流通,但采取了用中统钞
收兑旧会的政策。丙午之议,在《元史·阿合马传》中有更为具体的
记载:④

> 伯颜帅师伐宋,既渡江,捷报日至。世祖命阿合马与姚枢、徒
> 单公履、张文谦、陈汉归、杨诚等,议行盐、钞法于江南,及贸易
> 药材事。阿合马奏:"(姚)枢云:江南交会不行,必致小民失所;
> 公履云:伯颜已尝榜谕交会不换,今亟行之,失信于民;文谦谓:
> 可行与否,当询伯颜。"汉归及诚皆言:"以中统钞易其交会,保
> 难之有。"世祖曰:"枢与公履,不识事机。朕尝以此问陈岩,岩
> 亦以宋交会速宜更换。今议已定,当依汝言行之。"

显然,元廷在南宋旧地保留旧楮的政策,在这一天日正式改为以中
统钞收兑交会。由于伯颜曾经"榜谕"过"交会不换",此前占领的地

---

① 刘敏中:《平宋录》卷上。
② 姚燧:《牧庵集》卷19,《参知政事贾公神道碑》。
③ 《元史》卷8,《世祖本纪》五。
④ 《元史》,卷205,《阿合马传》。

区应该仍继续行用旧楮。而徒单公履、张文谦也因此对改弦更张可能导致失信于民表示忧虑。当然，经忽必烈裁定，元廷此后开始按"宋会五十贯准中统钞一贯"①的比价，用中统钞收兑南宋旧会。因此，二月丙午议定后，在南方行中统钞的工作全面展开，不仅在元军占领的集庆、镇江立即"创立平准行用交钞库"②，而且至元十三年（1276）三月于"济宁路置宣慰司，掌印造交钞，供给江南军储"；六月己巳"置行户部与大名府，掌印造交钞，通江南贸易"③。并"复用左丞相吕文焕言，榷江西茶，以宋会五十贯准中统钞一贯"④，在茶叶专卖中收兑南宋旧会。

最后，至迟至元十五年（1278）明令禁止南宋旧楮流通，彻底废除宋楮。延祐六年（1319）元廷为处理福建有人收买宋楮伪造元钞案，检核故事，援引了如下文字：

> 照得至元十五年四月十三日客省使呈：依着省官每言语里，也速忽都苔儿奏禀到逐［项］事理内一件：赛典赤说将来行用交会并立站底公事，俺和老的每、枢密官每、御史台官、南官每一同商量得，江南底交会住罢了也。钞的体例系是大勾当有，若那地面里造钞呵，钞乱去也。钞与将去呵，地面远窎，似难送到。南官李提刑言道：将钞静江府里去呵，旱路、水路俱各送去呵，也中。如今阿里海牙根底问将去。比及问将来时，赛典赤只依着在先体例里行，这般商量来，奏呵。奉圣旨：依着您商量来底行者。⑤

由于南宋末年行用的十八界会子和金银见钱关子本身贬值严重，加之南宋将亡，宋廷为楮币提供的信誉担保全面崩溃，因此元朝统一之

---

① 陆友：《研北杂志》卷下。

② （至正）《金陵新志》卷6，《官守志》：至元十二年"创立平准行用交钞库"；《至顺镇江志》卷13，《公廨》："行用交钞库，在怀德桥西南，即旧清风楼酒务也，屋凡九间。至元十二年，改立平准行用交钞库。"

③ 《元史》卷9，《世祖本纪》六。两局设立后印钞历时一年多。至元十四年（1277）"七月戊子朔，罢大名、济宁印钞局"。（见同书同卷）。

④ 《元史》卷94，《食货》二。

⑤ 陈高华等点校：《元典章》卷20，《户部》卷之六《买卖蛮会断例》，第741—742页。

际，楮币持有者通常已是抛之唯恐不及①。而经元廷收兑，至元十五年（1278）民间实际存有的宋楮应该已不会很多了（上文材料中收买南宋楮币伪造元钞的例子当更为稀少）。因此，似乎元廷没有特别正式地下达过禁行宋楮的政令，只是在实际政策执行中，确定了"江南底交会住罢了也"的政策。但这也意味着，至此中统钞对南宋旧会的收兑已基本完成。而中统钞则随着收兑工作的进行，已在南方行用。南宋旧会失去了朝廷信誉的支撑，已毫无价值。无论元廷以什么样的比价收兑，人们都不难接受。南宋旧会失去了市场，自然退出流通。

这样，从至元五年（1268）元兵围襄阳，"张平宋本"，至元十三年（1276）入临安，至元十六年（1279）完全统一南方。元朝的中统钞随之行于宋境。元廷通过至元十二年（1275）到十三年过渡性地"存留""收兑"钱楮，至元十四年（1277）禁铜钱、至元十五年（1278）废宋楮、至元十七年（1280）括铜钱，特别是连铜器也不放过的"括江淮铜及铜钱铜器"政策的实施，似乎收到了一定的效果。中统钞逐步取代钱楮，成为南宋旧地唯一合法的流通手段。正式在南方颁行"银钞相权"的钞法，确立银钞相权货币流通格局，其条件已逐步具备。

三 "江淮等处颁行钞法"与"钞法"的整治

至元十七年（1280）六月戊戌，元廷以市场体系最健全、交易最繁盛的江淮地区为重点，命"江淮等处颁行钞法，废宋铜钱"②。正式在南方"颁行钞法"，确立"银钞相权"的货币流通格局。当然，元廷也没忘记同时正式宣布："废宋铜钱"。

尽管《元史》对"江淮等处颁行钞法"仅此一言，别无下文。检核《通制条格》《至正条格》《元典章》等，也一无所获。所颁钞法的具体文字已难知晓。但结合当时的情况来看，所颁钞法应该就是"银钞相权"的中统钞法。元廷之所以此时又如此正式地明确在江淮地区颁钞法，首先是解决中统钞发行量虽然与元廷掌握的户籍人口数保持一定比

---

① 吴澄：《吴文正集》卷71，《元赠承事郎德清县尹朱君墓表》记载有这样一个故事："承事郎瑞州路在城务税课提领朱景渊，语其寮乐务副鲁常曰：吾父讳文进，字野夫……值宋季世，豫计宋币必将无用，罄竭所有，市易诸物。未几宋亡，旧币果废。吾父所贮物货，价长数倍，遂得为兴家之资。"

② 《元史》卷11，《世祖本纪》八。

例增长，但元廷能够获得的白银不多，中统钞出现了大幅度贬值的问题。同时也是针对平宋后，南方曾经允许楮币、铜钱等继续流通，而元廷此前却没有正式宣布过在南方实行"银钞相权"的钞法。因此，在江淮等处"颁行钞法"，其主要目的是正式表明：元廷在南方并非满足于发行流通中统钞，而是须全面实行"银钞相权"的货币政策，并全面宣告南宋铜钱与楮币一样，已不再是货币。也就是说，这次在江淮等处颁行的"钞法"，与中统年间在北方已经实施的钞法相比并无新的内容，只是表明元廷货币政策的基本立场，进一步用政权的力量，强制把中统钞"银钞相权"的钞法行之于南方。但值得注意的是，对刚统一不久的南方来说，却意味着由白银与中统钞共同构成的价值"相权"关系，须在南方全面推行：不仅中统钞是唯一合法的流通手段，而且市场上的白银按钞法的要求，不能直接用于购买商品，而只能用到平准库卖给朝廷，用作纸币的价值基准。

至元十七年（1280）"江淮等处颁行钞法"，表达了元朝统一后按"银钞相权"原则全面确立新的货币流通格局的良好愿望。然而，在新纳入元廷直接管辖范围、市场发育程度最高、层级关系复杂的南方，实现这一愿望，满足市场统一性、价值统一性的需求，却并非易事。

江淮颁行钞法后，按照"银钞相权"的原则，南方市场上流通的白银开始被强制要求输入平准库，倒换为中统钞行用。江淮钞法颁行不到两年，至元十九年（1282）三月辛酉，"益都千户王著，以阿合马蠹国害民，与高和尚合谋杀之"。四月辛卯"议阿合马所管财赋，先行封籍府库"。乙巳，"考核诸处平准库，汰仓库官"①。查乙巳为当月十六日，《元典章》在收录至元十九年（1282）九月的一条政令时，刚好转录了这一天元廷考核平准库的政令。从其行文的内容来看，用中统钞向民间买下金银正是"钞法"最重要的核心内容，但其实施效果却并不尽如人意。为便于分析，此将《元典章》中的文字转录于此：

> 至元十九年九月，御史台承奉中书省札付：近为各路平准行用库元关钞本买到金银、倒下昏钞、并工墨息钱，不见起纳。诚恐埋没，及知窥利之人，倚赖权势，将买下金银倒换出库，中间作弊。

① 《元史》卷12，《世祖本纪》九。

为此，于至元十九年四月十六日奏准，都省、枢密院、御史台差官前去打算。自初设平准行用库至今各界元关宝钞倒换金银诸物、昏钞、工墨息钱，撺照凭验，登答排年，至今节续收、支、起纳、见在备细数目，从实一一计点打算完备，造账册保结呈省。若有侵欺失陷短少，就便枷锁，立限追征，须要数足。仍照勘自至元十三年已后倒讫金银人等姓名，除百姓客旅依理倒换之数不须追理外，官豪之家恃势倒讫金银，追征本物纳官，元买价折依数给主；若有阿合马亲戚、奴婢人等买讫数目，其价钱不给。除江北路分已经札付本台，照会所委官依上勾当，仍令各道按察司体察外，据江南路分平准行用库，拟自立库日为始打算。都省除已移咨行省，与行御史台一同差官计点打算追征外，仰依上施行。①

《元典章》这段材料中关于至元十九年（1282）四月十六日的录文，当即乙巳日元廷"考核诸处平准库"的一项具体要求。元廷对各地平准库从至元十三年（1276）以来或设库以来的收支情况，进行了一次全面系统的核查，并要求将核查结果"造账册保结呈省"。结合至元十九年（1282）九月御史台承奉中书省札付的行文的情况来看，文中特别值得注意的是：

第一，平准库不仅买进金银，而且也卖出金银。到平准库买卖金银的有百姓、客旅，也有阿合马的亲戚、奴婢，以及"官豪之家"。他们中应该有不少人按"银钞相权"的规定，把银卖给了平准库，但也有不少人，特别是阿合马的亲戚、奴婢及"官豪之家"，"恃势倒讫金银"，低价将金银买出，从中牟利。因此，元廷明确要求对已卖出的金银"追征本物纳官"，阿合马的亲戚、奴婢所买金银直接罚没，不予偿价；从官豪之家追回的金银，则按"元买价折"中统钞，用钞"依数给主"。这说明包括江淮地区在内，不仅用钞"买下"金银是钞法的基本原则，而且有官员敢于坏"银钞相权"钞法，用平准库中的金银牟利。

第二，总体上看，元廷此前对各地平准库中的金银，按照钞法的规定，留在各地平准钞价。直至至元十九年（1282）九月，"各路平准行

---

① 陈高华等点校：《元典章》卷20，《户部》卷之六《打算平准行用库》，第718—719页。

用库元关钞本、买到金银、倒下昏钞，并工墨息钱，不见起纳"。元廷似未动用过各地金银，可有人"将买下金银倒换出库，中间作弊"。也不免存在平准库资金被"侵欺、失陷、短少"等情况。元廷以此为由，强制要求各地把平准库中的金银"造帐册保结呈省"。

元廷这次对各地平准库买卖金银、平准钞法的系统清查，除了解到了官员作弊、低价卖出金银外，还发现了一个十分严重的问题：各地储备的金银与预期的数字存在很大差额，平准库没有足够的白银储备，基本没有发挥平准钞价的作用。不仅如此，民间买卖金银的现象，与官库金银不多形成了巨大反差，白银在民间流通而不按"钞法"入库的问题十分严重。因此，元廷以这次全面核查的情况为依据，在一个月后（十月丁亥）"诏整治钞法"①，并仓促颁布《整治钞法条画》，要求"都省除已札付御史台常切纠察外""遍下合属照会"，并且"仍出榜文，晓谕施行"。《整治钞法条画》的主要条文如下：

[一] 钞库内倒换昏钞，每一两取要工墨三分，不得习蹬多要工本，库官吏人等，令人于街市暗递添搭工墨，转行倒换，一十两以下决杖五十七下……

[一] 买卖金银，赴官库依价回易倒换。如私下买卖，诸人告捉到官，金银价钞全行断没。于内一半付告捉人充赏，应捕人减半，一十两以下决杖五十七下……

[一] 卖金银人自首告者，免本罪，将金银官收给价。买主不首者，价钞断没，更于犯人名下追钞一定与告捉人充赏，买主自首者依上施行。

[一] 金银匠人开铺打造开张生活之家，凭诸人将到金银打造，于上凿记匠人姓名，不许自用金银打造发卖。若已有成造器皿，赴平准库货卖。如违，诸人告捉到官，依私倒金银例断罪给赏。

[一] 如拿获私下买卖金银人等，要讫钱物放了。有人首告，依例追没给赏断罪。放了的人一般罪。本坊隅巡禁应捕官兵人等，不为用心捉拿，取招断罪。

[一] 收倒钞，当面于昏钞上，就使讫毁印封记，将昏钞每季

---

① 《元史》卷12，《世祖本纪》九。

解纳，如不使毁印者，决杖五十七下，罢职。

[一] 钞库官吏侵盗金银宝钞出库，借贷移易做买卖使用，见奉圣旨条画断罪。委本处管民长官总管一月一次计点。如本处官吏通行作弊，与犯人同罪。

[一] 钞库官吏将倒下金银不行附历，却添价倒出，更将本库倒下金银，捏合买金银人姓名，用钞换出，却暗地添价转卖与人，许诸人捉拿得获，不计多寡处死，将价钞给付捉事人充赏。

[一] 如诸人将金银到库，依殊色随即收倒，不得添减殊色，非理刁蹬。如违，决杖五十七下，罢职。①

这一名为"整治钞法"的《条画》，除强调收倒昏钞必须严格执行官定工墨费、用印并封记昏钞外，9条中7条整治的实际是"钞本"金银。不仅反复申明严禁民间买卖金银，而且对金银器加工者、金银使用者、钞库管理金银、金银倒换中统钞的各种情况，都做出了十分严格的明文规定。特别是第三条列出专条，鼓励民间非法参与了金银买卖的双方，在完成交易后互相告发。告者不仅免罪，可以取得买卖金银等值的中统钞，而且还可以获得从对方"名下追钞一定与告捉人充赏"的奖励。

与《条画》同时发布榜谕的，还有《倒换金银价例》，详细规定了"课银""白银""花银""赤金"的入库价和出库价。再一次以全面公告官府银钞兑换价的方式，重申了"银钞相权"的法定关系。然而，元廷在一个月的时间内先后出台的两个办法——核查平准库金银并集中到中央、严格禁止民间金银买卖，却面临着不小的问题，直接引起了市场秩序的混乱和恐慌②：

刘宣称："将随路平准库金银尽数起来大都……是以大失民信，钞法日虚。每岁支遣又逾。向来民所行皆无本之钞，以至物价腾涌，奚止十倍。"强烈要求将"元起钞本金银，发去以安民心；严禁权豪官吏，

---

①　陈高华等点校：《元典章》卷20，《户部》卷之六《整治钞法》，第714—715页。

②　下引刘宣、胡祇遹之言，均将收平准库金银入京的责任归之于阿合马，甚至认为是阿合马为"邀功能"而擅自作出的错误举动。

冒名入库倒买"①。

胡祗遹则说：主之者"不知民情所苦之为可惧，不务均平其法，又将随路诸库钞母，辇至京师，以备不测之用。何不思甚也？积厌苦虐，法之情，又示之不信。傥市井唱呼曰：钞无母，多失吾苦虐法也久矣，又以吾民寄库金银，一旦诈一片纸而巧取之，所存者无用之败楮耳。宝货之法，民不信矣。至此则虽有心计若弘羊、鞭算如刘晏，亦无如之何矣"②。

在中统钞发行量过大、伪钞问题日益严重的情况下，在元廷自身的信誉也不够稳定、甚至南宋旧地的军民中不乏有起而抗元者的情况下，元廷在禁止民间金银买卖的同时，却把中统钞本运往大都，这不仅没有起到收金银入官库、推行"银钞相权"的作用，反而严重危害了中统钞的信誉，加剧了民间藏银拒钞。尽管半年后元廷又再次强调不许民间买卖金银，于至元二十年（1283）"六月丙戌，申严私易金银之禁"③。但从至元十九年（1282）"条画"的情况来看，实际上白银藏于民间而不入于平准库的问题，已不是朝廷"申严"一下就能够解决的问题了。

由此观之，元廷通过大量增发中统钞，不失审慎地对待南宋旧会，步步紧逼地"兑""禁""刮""废"铜钱，最后在江淮等处正式颁行中统钞法，尝试按照"银钞相权"的原则统一全国货币，全面确立"银钞相权"的货币流通格局。但是，中统钞法名义上推行到了包括南宋旧地在内的元朝全境，"银钞相权"的货币流通格局却面临着日益严重的危机：白银藏于民间、流通于街市而不入平准库，中统钞由于缺乏足够"钞本"银，"钞价"持续低落、物价不断上涨。中统钞与白银的价值对应关系，实际上并没有像元廷期望的那样"轻重相权"。两年之后，尽管元廷采取措施集中平准库金银，加强管理，并严厉"整治"钞法，但元廷相关政策实施的收效不大，甚至还适得其反，中统钞进一步贬值，而白银则身价倍增。白银价值与中统钞面额发生了更加严重的背离。即使"整治"之后继之以"申严"银禁，似乎也难以消除危机。

---

① 吴澄：《吴文正集》卷88，《大元故御使中丞赠资善大夫上护军彭城郡刘忠宪公行状》。

② 胡祗遹：《紫山大全集》卷22。

③ 《元史》卷12，《世祖本纪》九。

第二节 "银钞相权"的调适与完善

一 钞法危机的加深与元廷的"挽救"之策

至元十九年至至元二十年（1282—1283），"银钞相权"钞法在法令上已通行全国，但"银钞相权"的货币流通格局却陷入了危机。而在元廷搜刮铜钱、铜器入官之后不久，民间铜钱的行用又悄然活跃起来。市场流通中的货币需求量，在白银和铜钱的双重挤压下继续缩小。中统钞进一步贬值，"银钞相权"货币流通格局的危机日益加深。

程钜夫针对元廷刮铜钱铜器并在江淮等处颁行钞法后的物价上涨问题，明确提出了适应江南市场网络化、层级化、"小民多而用钱细"的特点，恢复铸行铜钱的建议：

> 窃惟江南小民多而用钱细。初归附时许用铜钱，当时每钞一贯准铜钱四贯。自铜钱不用，每钞一贯所直物件，比归附时不及十分之二。在前上司指挥，官收铜钱，有私藏者坐以重罪。其拘收到官者必多，或民间尚有窖藏，亦难尽知。计江南铜钱，比故宋时虽或镕废，其到官者宁无十分之五，在民者宁无十分之一。若尽发在官之钱，使民间以钞一贯就官买钱若干，添贴使用，其有民间窖藏未入官者，立限出首，纳官免罪。如限外不首，私自发掘行用，许邻右主首诸色人捕告，验实坐以元罪。有诬告者亦反坐之。试行一二年，如公私果便，永远行用；如其不便，然后再禁，公私亦无所损。如不复用铜钱，更宜增造小钞。比来物贵，正缘小钞稀少。谓如初时直三五分物，遂增为一钱。一物长价，百物随例。省府虽有小钞发下，而州郡库官不以便民为心，往往惮小劳而不领取。提调官亦置不问。于是小经纪者尽废，民日困而钞日虚。宜令增造小钞，数倍常年，分降江南州郡，特便细民博易，亦利民重钞之一端也。[①]

---

① 程钜夫：《江南买卖微细宜许用铜钱或多置零钞》，《雪楼集》卷10。

　　程钜夫巧妙地把中统钞贬值、物价上涨与元廷废钱不用联系起来，婉转地批评了元廷收兑铜钱作价太低、废钱不用的政策。主张试铸铜钱行用，或多发小钞。实际上他的建议也从一个侧面反映了"银钞相权"在江南推行过程中面临的一系列重要问题。结合前述白银流于民间而不入府库、历禁而不止的情况看，"银钞相权"的江淮钞法在南方颁行后遇到了不小的麻烦。考之于其他材料，这几个问题当时确实存在，有的甚至还比较严重。

　　其中，民间贮藏、使用白银、铜钱、铜器的情况，仍较为普遍。如至元二十年（1283），在设有税务的绍兴五夫市上、长庆寺所铸大钟上的款识①，在一定程度上反映了县以下市镇、乡村的情况。该钟款识详细记录了铸钟衰集经费、物料的来源，其中不仅有"本镇大使欧阳宽同妻唐氏助钞六十贯"，有徐定华等多人助钞、助谷、捐粮。特别值得注意的是：

　　第一，以斤两计"助铜"的近百人。铜本身是铸钟的原料，铜钱已废，人们把铜钱、铜料都改铸器，属于情理中事。但能够"助铜"的人如此之多，说明民间留存铜及铜钱，甚至继续用铜钱，仍旧有深厚的基础。

　　第二，铜钟款识中有"李三助银三斤"。在官府严禁买卖金银和交易用银的情况下，民间存银、使用银器仍旧是合法的，而用银捐助铸钟，那当然没问题了。但这同样意味着，即使是县以下的市镇上，民间用银的基础同样深厚。而且李三所"助"，显然不是铸钟的原料，而是与本镇大使"助钞"一样，为铸钟提供的经费赞助。白银实际上在这里发挥了支付作用，完成了价值的转移与让渡。

　　在白银、铜钱乃至铜器大量入藏、广泛使用的情况下，中统钞的流通范围和空间受到了挤压。即使元廷减少印钞量，中统钞仍不免贬值。至元二十二年（1285）中书省奏："盐每引十五两，国家未尝多取，欲便民食。今官豪诡名罔利，停货待价，至一引卖八十贯，京师亦百二十贯，贫者多不得食。"② 实行国家专卖的盐引，定价未变，但民间盐价

---

　　① 《长庆寺钟款识》。台北新文丰出版公司编辑部《石刻史料新编》第 2 辑第 10 册，第 7275 页。

　　② 《元史》卷 205，《卢世荣传》。

却翻了数番。甚至早在至元十九年（1282）十一月，耶律铸等以"烧埋银伍十两，后止征钞二锭，其事太轻"，请改为"征钞四锭"①。以禁银为核心的钞法开始"整治"时，银钞比价实际上至少上涨了2倍。可以想见，民间如果用金银到平准库兑换中统钞，仍旧只能按银1两兑中统钞2贯的比价兑换；反之用中统钞到平准库买银，却只须付2贯中统钞，平准库就应当支付1两白银。两相比较，如果元廷坚持用白银收兑中统钞、平准钞价的话，库藏的白银不用几天就面临告罄的危险。元廷颁行的"银钞相权"钞法及与之相适应的货币流通格局，在经历了至元十九年（1282）的"整治"及后来的"申严"银禁后，危机不仅没有缓解，反而日益加深。

在至元二十一年（1284）年底，元廷谋划再次"整治"钞法，以期挽救钞法。当年十一月辛丑，以"前右丞相安童复为右丞相，前江西榷茶运使卢世荣为右丞，前御史中丞史枢为左丞"，"敕中书省整治钞法，定金银价，禁私自回易，官吏奉行不虔者罪之"②。这次整治钞法的内容《元史》缺载，但从上揭文中可看出，元廷似乎准备另行制定银钞之间的兑换价，并继续禁止私自回易金银。估计这第二次"整治"，特别是元廷重新定银钱兑换价的工作，并没有收到预期的效果。于是，忽必烈以卢世荣"能救钞法、增课额，上可裕国，下不损民"③，于次年正月同意按他提出的方案"救钞"：

第一，当年印造中统钞2043080锭，是上一年度629904锭的3.4倍，比此前三年印造合计数1909968锭还多133112锭④。

第二，世祖下诏："金银系民间通行之物。自立平准库，禁百姓私相买卖。今后听民间从便交易。"⑤

第三，"依汉、唐故事，括铜铸至元钱，及制绫券，与钞参行"。二月壬戌，"用卢世荣言……诏天下拘收铜钱"⑥。

显而易见，卢世荣的办法实际已不是"救钞法"，而是废钞法：直

---

① 《元史》卷12，《世祖本纪》九。
② 《元史》卷13，《世祖本纪》十。
③ 《元史》卷205，《卢世荣传》。
④ 《元史》卷93，《食货》一。
⑤ 《元史》卷205，《卢世荣传》。
⑥ 《元史》卷13，《世祖本纪》十。

接否定"银钞相权"的基本原则，把没有白银作为价值保证的中统钞的印数增加 3 倍多；不再由官方确定固定的银钞兑换价承认民间白银自由流通；恢复铜钱的货币地位并由元廷括铜铸钱、拘收铜钱。但值的注意的是，从前述民间银、钱颇受欢迎，两者禁而不止、生命力十分旺盛的情况来看，这一政策使金银的市场价格有机会得到了一次真实的体现，为元廷根据市场实际，调整"银钞"之间的价值比例关系，提供了新的信息。从《元史》至元十二年（1275）八月戊辰"敕拘铜钱，余铜器听民仍用"① 的记载判断，似乎铜钱的铸行政策也至少持续了半年以上。只是毕竟时间不长，所费不少，所铸不多，甚至未及在全国普遍行用。

然而，元廷以"救钞法"为名，行"废钞法"之实的货币政策，忽视了当时广袤的全国市场发展与货币流通的总体状况。从市场发展状况来看，银钱兼行的趋势虽然已开始显现，但较为完整的市场体系，特别是小生产者市场的恢复情况，仍有较强的地域性，且主要还集中在南方。而此时随元朝统一的实现，南北之间、农牧区之间市场的整合与互动得到了全面加强。以白银为价值基准的中统钞，在这一空前广阔的市场上，仍旧是最经济、最便捷的流通手段。废钞而单纯称量用银，仍存在不便小用的问题；铸银为币，则存在欺盗失信的问题。至于铜钱则显然不可能独立承担起跨区域市场上主要货币的任务。即使小面额货币紧缺，但解决小面额货币的问题，铸行铜钱也并不是唯一可行、有效的办法。更何况元廷宣布铸钱，还必须能够有效解决铸行小额金属货币成本高、收益低而导致的亏损问题。

因此，至元二十三年（1286）十二月"中书传旨，议更钞用钱"时，曾在浙西道宣慰司同知任上"理算各盐运司及财赋府、茶场都转运司出纳之数"的刘宣认为：宋朝以来在军饷不继的情况下，发行纸币"诱商旅，为沿边籴买之计，比铜钱易于赍擎，民甚便之。稍有滞碍，即用见钱，尚存古人子母相权之意"。如果发行新钞"用权旧钞"，"只是改换名目，无金银作本称提，军国支用，不复抑损，三数年后亦如元宝矣"。而"铸造铜钱，又当详究"。"国朝废钱已久，一旦行之，功费不赀，非为远计。大抵利民权物，其要自不妄用始，若欲济丘壑之用，

---

① 《元史》卷 13，《世祖本纪》十。

非惟铸造不敷，抑亦不久自弊矣。"① 也就是说，"银钞相权"的关键取决于有无"金银作本"，仅仅靠朝廷信誉是无法支撑楮币流通的。而铸钱则成本较高，难以为继。

胡祗遹也在"蒙判送讲究行用铜钱事"时，对用钱与行钞的关系进行了分析。在用钞与用钱的矛盾中，更坚定地坚持用钞，反对用钱。而所言也更为切中要害。他认为铜钱与中统钞"以优劣较之，则交钞优于铜钱"。绝不能"徒以废工难用之钱，沮乱其易造流通之钞"。主要原因略有如下数端②。

从价值关系上看，中统钞以银为母，但须以"贯钞独行，无他货以相杂"。"一有他货以相杂，便有优劣轻重。"只能导致"货立二价，渐不为便"。也就是说，纸币本身没有价值，在当时的条件下，纸币流通的基本前提是代表金属货币的价值，便于流通中使用。但中统钞与金属货币的价值关系，应该是单一代表一种金属货币的价值。如果银钱并用而仍旧行钞，必然导致中统钞在两种金属货币不断变动的比价中，无所适从。

从铸钱的成本来看，在"前代旧钱销费无几"的情况下，"设官置吏，即山冶铜"，铸钱不仅"工本亦不为轻"，而且"少铸则不能遍及天下，多铸则虚费工本，堆积而无用。徒杂乱钞法"。

就实际流通情况而言，铜钱"怀挟赍擎，远近交易，不若贯钞之便利"。"每遇大支发，如襄阳用兵，一岁不下支铸二三万锭。若全支发钞，则不唯钞数不敷，亦致铜钱积滞而不行。必须钱钞兼支。且如支铜钱一万锭，每小钱一贯重七斤，五十贯重三百五十斤，五百贯用车一辆，计用大车一千辆。岂止虚费脚力，实亦失误急速支持。至于西蜀四川之赏，河西诸路之应办，开元辽东等路之调度，上都等路之和籴，又不下数万余锭，必须钱钞相兼。似此斤重，恐失措置。"

从赋税征收的角度看，如果铸钱则必然面临着赋税征收中是否接受铜钱的两难问题。如果不接受铜钱，"不收则法不行"。但是如果接受铜钱，铜钱将在赋税征收中获得法偿地位，不仅与中统钞的法偿地位相

---

① 《元史》卷 168，《刘宣传》；吴澄：《大元故御史中丞赠资善大夫上护军彭城郡刘忠宪公行状》，《吴文正集》卷 88。

② 胡祗遹：《紫山大全集》卷 22，《宝钞法》。

冲突，而且"收钱一万锭，减贯钞一万锭"，在赋税征收总额不变的前提下，用于纳税的铜钱与中统钞此消彼长，"则钞法不减而自减，不涩而自涩"。

因此，卢世荣在中统钞法尚不能轻易废止，"银钞相权"的货币流通格局需要磨合、调适的情况下，实际上废除了钞法。这一举措当然只能是"考其所行与所言者，已不相副。始言能令钞法如旧，弊今愈甚。始言能令百物自贱，今百物愈贵"①。于是，至元二十二年（1285）四月壬戌，卢世荣罢相下狱，世祖诏："安童与诸老臣议世荣所行，当罢者罢之，更者更之。"②

二　中统、至元钞与白银价值关系的重建

在经历了严厉禁银禁钱、卢世荣反其道而行之也宣告失败后，元廷于至元二十四年（1287）闰二月"乙丑……召麦术丁、铁木兒、杨居宽等与集贤大学士阿鲁浑撒里及叶李、程文海、赵孟頫论钞法"。经过系统梳理相关政策，元廷在坚持和完善"银钞相权"的同时，决定在继续流通中统钞、完善钞法的基础上，增发新钞——至元钞。"三月甲午，更造至元宝钞颁行天下，中统钞通行如故。以至元宝钞一贯文当中统交钞五贯文，子母相权，要在新者无冗，旧者无废。凡岁赐、周乏、饷军，皆以中统钞为准。"③

发行至元钞的同时，元廷颁行了"至元宝钞通行条画"④：

  ［一］至元宝钞一贯，当中统宝钞五贯，新旧并行，公私通用。
  ［一］依中统之初，随路设立官库，买卖金银，平准钞法，私相买卖并行禁断。每花银一两，入库官价至元宝钞二贯，出库二贯五分。白银各依上买卖。课银一定，官价宝钞二定，发卖宝钞一百二贯五百文。赤金每两价钞二十贯，出库二十贯五伯文。今后若有私下买卖金银者，许诸人首告，金银价直没官，于内一半付告人充

---

  ①　《元史》卷205，《卢世荣传》；《元史》卷55，《陈天祥传》作"始言能令钞法如旧，钞今愈虚；始言能令百物自贱，物今愈贵……"
  ②　《元史》卷205，《卢世荣传》。
  ③　《元史》卷14，《世祖本纪》十一。
  ④　陈高华等点校：《元典章》卷20，《户部》卷6《行用至元钞法》，第715—717页。

图 6-3 至元通行宝钞（一贯、二十文）

图片来源：内蒙古钱币研究会、《中国钱币》编辑部合编《中国古钞图辑》，第 4、6 页，彩图 4、彩图 6。

赏，仍于犯人名下征钞二定，一就给付。银一十两、金一两以下，决杖五十七下……

［一］民间将昏钞赴平准库倒换至元宝钞，以一折五。其工墨钱止依旧例，每贯三分。客旅买卖，欲图轻便，用中统宝钞倒换至元宝钞者，以一折五，依数收换。各道宣慰司、按察司、总管府常切体究禁治，毋致势要之家并库官人等自行结揽，多除工墨，沮坏钞法。违者痛断，库官违犯，断罪除名。

［一］民户包银愿纳中统宝钞者，依旧上收四贯。愿纳至元宝钞，折收八百文。随处官司并仰收受，毋得阻当。其余差税内有折收者，依上施行。

［一］随处盐课，每引见卖官价钞二十贯。今后卖引，许用至元宝钞二贯、中统宝钞一十贯买盐一引。新旧中半，依理收受。愿纳至元宝钞四贯者听。

［一］诸道茶酒醋税、竹货丹粉锡碌诸色课程，如收至元宝钞，以一当五，愿纳中统宝钞者并仰收受。

［一］系官并诸投下营运斡脱公私钱债，关借中统宝钞，若还至元宝钞，以一折五。愿还中统宝钞者，抵贯归还。出放斡脱钱债人员，即便收受，毋得阻滞。

　　［一］随路平准库官收差办课人等，如遇收支交易，务要听从民便，不致迟滞。若有不依条画，乞取刁蹬、故行阻抑钞法者，取问是实，断罪除名。

　　［一］街市诸行铺户、兴贩客旅人等，如用中统宝钞买卖诸物，止依旧价发卖，无得疑惑，陡添价直，其随时诸物减价者听。富商大贾高抬物价，取问是实，并行断罪。

　　［一］访闻民间缺少零钞，难为贴兑。今颁行至元宝钞，自二贯至五文，凡一十一等，便民行用。

　　［一］伪造通行宝钞者处死，首告者赏银五定，仍给犯人家产。

　　［一］委各路总管并各处管民长官，上下半月计点平准钞库应有见在金银宝钞。若有移易借贷，私已买卖，营运利息，取问明白，申部呈省定罪。长官公出，次官承行。仰各道宣慰司、提刑按察司常切体察，如有看徇通同作弊，取问得实，与犯人一体治罪，却不得因而搔扰沮坏钞法。

　　［一］应质典田宅并以宝钞为则，无得该写斛粟丝绵等物，低昂钞法。如违断罪。

　　［一］随路提调官吏，并不得赴平准库收买金银，及多将昏钞倒换料钞。违者治罪。

　　［一］条画颁行之后，仰行省宣慰司、各路府州司县达鲁花赤、管民长官，常切用心提调禁约，毋致违犯。若禁治不严，流转涩滞，亏损公私，其亲管司县官断罪解任，路府州官亦行究治。仍仰监察御史、按察司常切纠察，如纠察不严，亦行治罪。

　　这确实"可以说是中国也是世界上最早的最完备的币制条例了"[①]。学界已从不同侧面有相当充分的论述。这里需要强调的是，至元钞的发行、至元钞与中统钞的流通，特别是两种纸钞与金银一道，共同构成了一个与市场的整合、重组及磨合、恢复相协调的价值体系，使"银钞相权"的原则得到了充分体现，形成了更加系统、完整、精密的价值兑换关系。我们对比至元钞发行前后纸币与金银的价值关系，可制成表6-3。

---

　　① 萧清：《中国古代货币史》，第269页。

表6-3　　　　　　至元钞发行前后"银钞相权"关系变动比较表

至元钞发行前中统钞与金银比价关系			中统钞、至元钞各面额折算对应关系		至元钞发行后两种纸钞与金银比价关系		
中统钞兑黄金	中统钞兑白银	中统钞实际面额	中统钞	至元钞	至元钞实际面额	至元钞兑白银	至元钞兑黄金
			10两	2000文	2贯	1两	1钱
	无		5两	1000文	1贯	5钱	5厘
			2两5钱	500文	500文	2钱5分	
7钱5分	1两	2贯	2两	400文		2钱	2厘
			1两5钱	300文	300文	1钱5分	
3钱7分5厘	5钱	1贯	1两	200文	200文	1钱	1厘
1钱8分7厘5毫	2钱5分	500文	5钱	100文	100文	5分	
	1钱5分	300文	3钱	60文		3分	
			2钱5分	50文	50文	2分5厘	
	1钱	200文	2钱	40文		2分	
			1钱5分	30文	30文	1分5厘	
5分		100文	1钱	20文	20文	1分	
2分5厘		50文	5分	10文	10文	5厘	
1分5厘		30文	3分	6文		3厘	
			2分5厘	5文	5文	2厘5毫	
1分		20文	2分	4文		2厘	
5厘		10文	1分	2文	无	1厘	
2厘5毫		5文					
1厘5毫		3文					
1厘		2文					

资料来源：《元史》卷93《食货》一；《元典章》卷20《户部》卷6《行用至元钞法》。

　　在表6-3中，从左至右排列的前三栏，列出了中统钞（含厘钞）与金银之间的价值兑换关系。中间的两栏，列中统钞与至元钞之间的面额及换算关系（为便于区别中统钞与至元钞，中统钞的面额按两计，至元钞按文计）；右边最后三栏，则是至元钞与金银的价值兑换关系。即在至元钞发行前，中统钞按前三栏与金银形成相对应的价值兑换关系，而至元钞发行后，中统钞仍继续流通，并继续作为商品计价标准，同时又通过与至元钞之间的面额换算关系，再与金银形成价值兑换关系。表6-3中的数据表明：

（1）至元钞法在继续承认中统钞法定货币资格的同时，承认中统钞贬值的事实。即此前中统钞 1 贯兑白银 5 钱，而至元钞发行后只能兑 1 钱。中统钞对白银贬值，其价值只相当于原来的 1/5。但这里特别值得注意的还有以下三点：

一是中统钞继续作为计价单位，仅仅只对金银贬值。因为此前市场上以中统钞计价而物价已经上涨，中统钞对商品的贬值通过市场完成，但中统钞对白银的贬值此前未经调整银钞比价，而是在这次钞法改革中重新由政府按市场价定价。因此，钞法变更后不允许商品涨价，并且应该不涨价。

二是在厘钞早已停止发行流通后，中统钞原来的最小面额 10 文，通过至元钞与白银的最小单位 1 厘，形成了价值兑换关系，实际上小面额的中统钞变成了厘钞，共 10、20、30、50 文四等。而这样的厘钞已不存在发行成本，因为早已完成发行，业已存在于市场上。

三是中统钞对白银贬值幅度，远低于对黄金的贬值幅度。1 贯中统钞原兑黄金 3 钱 7 分 5 厘，至元钞发行后只能兑 1 厘。只相当于原来的 1/375。但结合不允许商品涨价的情况来看，这反映的不是中统钞贬值问题，而是金银比价变动问题。即中统钞发行初期，白银与黄金的比价是 1：7.5，而此时变成了 1：10。这意味着，元朝市场上黄金大量减少，购买力提高；而白银只是对中统钞升值，而不是购买力提高，对商品的价格没变。而在当时的称量技术条件下，黄金最小单位 1 厘以下，已失去了实际流通的可能，无论与中统钞还是至元钞面额的兑换，都失去了意义。在宋金以来的货币组合中，黄金的实际地位和作用，进一步下降。

（2）根据白银与中统钞价值的背离情况，新增发的至元钞"实际上是中统钞的大钞"[①]。因此，至元钞具有如下特点。

一是至元钞的最大面额 2 贯钞，取代中统钞最大面额 2 贯钞，与白银 1 两等值，保持了原来最大面额的大钞 1 张，与白银 1 两的兑换关系，便于与业已形成的用钞习惯对接，便于大额交易中计数使用，并解决了大额纸钞面额与白银价值背离的问题。

二是至元钞主要用于更大批量的商品流通，既与数量更大的白银、黄金形成直接兑换关系，又减少中统钞因面额较小印发、使用中数量过

---

① 马飞海主编、叶世昌编：《中国历代货币大系》五，《元明货币》，第 11 页。

大的问题。在降低批量贸易中货币流通成本的同时，降低了元廷发行的成本。因此，"昔右丞叶李请造至元钞，谓中统一张仅可一张之用。若以至元一张，抵中统五张，一岁造钞之费无所增益，自可获五倍之利。"① 这对元廷来说，可是颇具诱惑力的。

（3）中统钞与至元钞共同组成多种面额组合，并圆满地与白银的重量关系对应，进一步精密地构建了银钞之间的价值对应关系。

一是至元钞中的 5 文、30 文、50 文、300 文、500 文五等，分别折算为中统钞 2 分 5 厘、1 钱 5 分、2 钱 5 分、1 两 5 钱、2 两 5 钱；中统钞中已有的面额 30 文、200 文、300 文、2 贯，分别可折算为至元钞的 6 文、40 文、60 文、400 文。这进一步提高了元钞的可分性，增加了可灵活组成的价格组合，丰富了中统钞的面额等次，解决了以往不太"便于贴兑"的问题。

二是从至元钞 2 贯到中统钞 10 文，流通中的钞面面额一共 17 个等次。这在实际流通中虽然显得较为复杂、烦琐，但最重要的是，这 17 个等次却分别对应白银 1 两、5 钱、2 钱 5 分、2 钱、1 钱 5 分、1 钱、5 分、3 分、2 分 5 厘、2 分、1 分 5 厘、1 分、5 厘、3 厘、2 厘 5 毫、2 厘、1 厘。中统钞和至元钞，周密地与白银的两钱分厘单位，形成了更严密、细致的对应关系。或者说，白银由此通过两种钞的 17 种面额，圆满地解决了使用中不便于细分的问题。白银价值与元钞面额，形成了完整系统、有机联系、相辅相成的银钞相权关系，实现了白银价值借助元钞在多层级市场上的流通。

总之，新颁行的至元钞法，更加全面地贯彻了"银钞相权"的原则，不仅根据白银与中统钞面额价值的背离情况，发行新钞，继续保持白银与元钞的价值兑换关系，而且化"危"为"机"，把业已贬值的中统钞变成至元钞的零钞，通过中统钞与至元钞的组合，全面体现了白银的细分单位。白银用金属价值保障元钞的价值，而元钞则通过 17 种面额，在市场上实现了对白银价值的精准等分。一个借助官府权威，充分体现并适应市场空间的广袤性、市场层级的复杂性，以贵金属价值为保障并实现贵金属价值细分转移、让渡的纸币系统全面形成。

---

① 杨士奇编：《历代名臣奏议》卷 67，《治道》郑介夫大德七年奏。

三　"银钞相权"的全面恢复与发展

在保留中统钞的同时新印行至元钞，而且使中统钞、至元钞两者共同对白银作价，重建白银价值与纸币面额的兑换关系，已使"银钞相权"的钞法得到了进一步完善。但仅仅重建元钞面额与白银价值的对应关系，对于继续维护银钞相权的货币流通格局来说显然是远远不够的。中统钞法中即已明确提出的设置平准库买卖金银、平准钞价，用白银为元钞提供价值保证"银钞相权"原则，再一次为元廷采用，并在全国范围内全面实施。

以至元钞法为依据，元廷认真贯彻"随路设立官库，买卖金银，平准钞法"的要求，下拨钞本，新建钞库，及时任命官吏、开库发行和兑换银钞。《元典章》载，至元二十四年（1287）：

> 尚书省：钦奉诏书节该："造至元宝钞颁行天下，中统宝钞通行如故。"钦此。奏准立平准行用库，倒换金银昏钞。及奏："如今'外路里入来的金银有'么道，说有。那金银根底交来呵，太府监里不纳，万亿库里另放着。交那金银里开平准库呵，怎生?"奏呵，"那般者"，么道。圣旨了也，钦此。
>
> 又奏："在先行来的旧仓赤内不曾做贼说谎的根底，则依旧就便交行。又管钱物底好人内委付呵，怎生?"奏呵，"那般者"，么道，圣旨了也，钦此。先将紧关去处合用至元钞本，交付已差平准行用库官及另差官一同管押前去，从本省斟酌所辖路分紧慢，分俵立库倒换。外，所据平准行用库合关金银官本，不见本省即无见在并至元钞本。除前项已发外，亦不续合关拨数目。为此，今差同知刘承直驰驿前去，合行移咨，依上照勘本省见在金银、所辖路分合俵官本及所用至元钞本。除已发外，斟酌续合关拨数目拟定，差能干官员将引库子，驰驿赍咨，星夜前来大都关拨。外据库官，除都省已差外，其余去处，从本省于见任并得替无粘带过犯职官，遴选相应提领、大使，即令开库勾当，开具脚色，保结咨来，给降敕牒施行。①

---

①　陈高华等点校：《元典章》卷9，《吏部》卷之三《平准库官资品》，第323—324页。

　　这说明，至元二十四年（1287）原"外路里入来的金银"转用于"奏准立平准行用库"，并且"先将紧关去处合用至元钞本交付"。由各省根据"所辖路分紧慢，分俵立库倒换"。对于既无"见在"、又无下拨"至元钞本"的地方，还可根据需要"斟酌续合关拨数目""星夜前来大都关拨"。而至元二十五年（1288）十二月又重申："钦奉圣旨，节该，钞本根底休交动者，么道，钦此。"① 强调平准库所储金银不得擅自动用。

　　至元钞发行的过程中，元廷进一步通过覆盖全国的路级政权机构，把"银钞相权"的原则及货币流通格局推行到全国各地。不仅在大都设置的直属中央的"元宝库"改为"宝钞总库"，将"昏钞库"分立"烧钞东西二库"，各级官吏相应提级升品。在全国各地，将原设立的正五品"交钞提举司"，改为"诸路宝钞都提举司，升正四品，增副达鲁花赤、提控案牍各一员"。即按全国行政机构的设置，以路为单位建立健全"诸路宝钞都提举司"管理体系，官品从正五品提高为正四品②。

　　不仅如此，元廷还根据各地的具体情况，健全了平准行用库和行用库两种专门从事平准银钞比价、发行和收倒昏钞的机构。陈高华、史卫民根据"外路倒换金银钞，立着平准行用库，倒换钞立着行用库有"③的记载认为，"平准行用库和行用库是有区别的"。"平准行用库既可兑换金银，也能倒换昏钞，而行用库则只能倒昏钞。两者的职能不一样。平准行用库一般设在路一级城市中，行用库则设在县一级。但并不是每个路、县都一定有平准行用库和行用库。如昌国州（今浙江定海）就没有这样的机构。这可能与当地商品流通不活跃、货币需求量有限有关"④。也就是说，元朝除按路级行政机构设置了"诸路宝钞都提举司"这样的管理机构外，还根据银钞相权的实际需要，在部分路、县设置了平准钞价、收倒昏钞的业务机构——平准行用库和行用库。前揭文也说明，至元钞发行后，元廷进一步对这类业务机构的布局进行了调整，并经过"奏准"建立了一批新的平准行用库，以确保银钞相权的全面推

---

①　陈高华等点校：《元典章》卷20，《户部》卷之六《钞本休擅支动》，第720页。

②　《元史》卷85，《百官》一。

③　陈高华等点校：《元典章》卷9，《吏部》卷之三《平准行用库副例》，第328页。

④　陈高华、史卫民：《中国经济通史·元代经济卷》，第438页。

行。其中，大都的行用库也于当年"改置库者三：曰光熙，曰文明，曰顺承。因城门之名为额。二十六年，又置三库：曰健德，曰和义，曰崇仁"①。

除大都外，《元典章》中记载了元廷在腹里和外路设置的59处平准行用库和78处行用库②。包括大都6库在内，这143库当即是此时确定的"紧关去处"的平准行用库，而且除大都原有3库在至元钞发行前即已存在外，不少当为此时新奏准设立。在从地区分布来看，这143个"紧关去处"的平准行用库和行用库具体分布情况如下③。

（一）平准行用库65处

（1）腹里大都在城计6处：顺承、文明、光熙、和义、健德、崇仁。

（2）腹里外任计13处：上都路、辽阳路、大宁路、大同路、太原路、平阳路、保定路、真定路、大名路、东平路、济南路、益都路、长芦。

（3）江南及陕西等46处：扬州、淮安州、庐州、真州、泰州、杭州、嘉兴、湖州、常州、平江、镇江、绍兴、庆元、台州、温州、处州、衢州、婺州、建康、宁国、太平、龙兴、江州、吉安、赣州、抚州、临江、袁州、瑞州、潭州、江陵、武昌、福州、广州、惠州、潮州、静江、雷州、重庆、安西、成都、宁夏、甘州、英德、饶州、泉州。

（二）行用库77处

（1）腹里41处：怀孟、顺德、广平、彰德、河间、般阳、卫辉、济宁、南阳、襄阳、河南府、平滦、隆兴、宣德府、河中府、归德、莱

①《元史》卷85，《百官》一。

② 陈高华等点校：《元典章》卷9，《吏部》卷之三《平准行用库窠名》《行用库窠名》，第321—322页。另，《元典章》卷20，《户部六·钞法·昏钞》《课程许受昏钞》提到："至元 年 月，福建行省准中书省咨，准江淮行省咨，江南镇店，买卖辏集，每倒昏钞，直须远赴立库去处倒换，不惟钞法涩滞，或被盗失事，于民不便。若许令课程内收受昏钞，带收工墨，随解本管上司，令办课官赴库续倒好钞纳官，公私便当。外，州郡见设钞库四十三处，将近下库分并罢，革去冗设官典，省减俸钱，一举兼得数利，请定夺事。"（见该书第724页）虽时间缺载，钞库数量也不同，但说明40余处钞库虽然后有变动，但总量应该相当长的时间内保持在40余处。

③ 陈高华等点校：《元典章》卷9，《吏部》卷之三《平准行用库窠名》《行用库窠名》，第321—322页。

州、邓州、曹州、恩州、泰安州、济州、棣州、冀州、陵州、沂州、许
州、汝宁州、陕州、汾州、单州、奉圣州、丰州、懿州、夏津县、郓城
县、潞州、解州路村、濮州、南（东?）昌、河西务、澥州。

（2）江南36处：杨州、杭州北关门、建德、信州、广德、徽州、高
邮、松江府、鈆山州、南康、建昌、南丰、南安、安庆、池州、兴国、安
丰、常德、辰州、沅州、蕲州、澧州、峡州、岳州、宝庆、郴州、泉州、
道州、桂阳、武冈、衡州、永州、沔阳、安陆、荆门、茶陵。

3. 陕西12处：延安、凤翔、兴元、巩昌、平凉、秦州、潼川、庆
元、夔路、顺庆、嘉定、叙州。

以上述记载为依据，我们已能在地图上绘出元代平准库分布图（图
6-4），以直观地反映银钞相权货币流通格局的空间分布状貌。

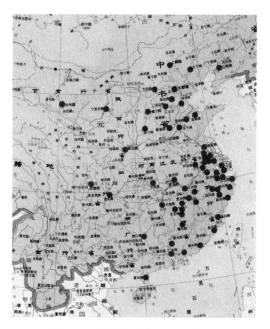

图6-4　元代平准行用库分布图

需要说明的是，除《元典章》列举出的上述平准行用库、行用库
外，元廷还根据实际需要，适时进行增设、废改，既通过机构设置开展
业务，确立、推进、完善银钞相权，又根据市场发展情况和需要，调适
银钞相权货币流通格局的区域分布。例如，此后皇庆元年（1312）二

月壬午，置"德安府行用钞库"①；延祐二年（1315）正月"庚午，立行用库于江阴州"。十一月"庚寅，增置平江路行用库"②。

这样，至元钞法颁行后，元朝不仅建立了更为完整系统的银钞价值兑换关系，而且借助政府行政机构，设置了遍布全国的钞法管理机构，根据市场需求有重点地在全国范围内设立了143个"紧关去处"和部分根据需要调整变动的平准行用库、行用库，下拨白银作钞本，任命官吏，全面开展银钞兑换和昏钞倒换业务。与元朝市场的空间布局和市场层级结构相适应的银钞相权的货币流通格局，通过钞法的完善，全面得到了恢复。

此后，世祖末至成宗时的20多年间，元廷较好地贯彻落实了至元钞法，银钞相权的货币流通格局总体平稳运行。从元钞的发行情况来看，至元二十四年至至大二年（1287—1309）的23年中，以中统钞锭为单位，历年元钞印发总量如图6-5（至元钞折为中统钞计）③。

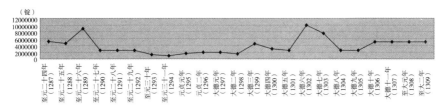

图6-5　至元二十四年至至大二年元钞发行量统计图

从图中可清楚地看到，在至元二十四年至至大二年（1287—1309）的23年间，元钞的印行量总体保持稳定。只有至元二十六年（1289）、大德六年（1302）和七年（1303）3个年度的印量超过至元二十四年（1287），大德十年至至大二年（1306—1309）4个年度与至元二十四年（1287）基本持平，其余16年都没有再超过至元二十四年（1287）的印行量。

从钞本金银来看，元廷除至元二十四年（1287）增设、改设、充实各地"紧关去处"平准行用库的金银，至元二十五年（1288）年强调禁止动用钞本外，此后一段时间也基本能够坚持贯彻"银钞相权"

---

①　《元史》卷24，《文宗本纪》一。

②　《元史》卷25，《仁宗本纪》二。

③　《元史》卷93，《食货》一。

的原则，保证平准行用库有相当量的金银用于与钞兑换，平准钞价。至元二十九年（1292）五月，针对长芦等地平准库官、库子弄虚作假、移用行用库银案，再次重申："平准钞库应有见在金银宝钞，各路总管并各处管民长官，照依元降条画，上下半月从实计点。但有移易借贷违法事理，取问明白，申部呈省。长官差出，次官承行，如无争差，亦须每季一次，保结开申。"① 进一步强调和加强了库银的管理。

同时，元廷加大了从各地开采、购买白银的力度，所掌握的白银量一度有所增加。元廷除曾设立"江南诸省买银提举司"，从江南市场买进白银外，至元二十七年（1290）五月，"尚书省遣人行视云南银洞，获银四千四十八两。奏立银场官，秩从七品"；七月丁卯，"用桑哥言，诏遣庆元路总管毛文豹搜括宋时民间金银诸物"；十一月"辛酉，升宣德龙门镇为望云县，割隶云州，置望云银冶"②。至元二十九年（1292）以前"福建行省参政魏天祐献计，发民一万凿山炼银，岁得万五千两"③。

反之，包括元廷中央、投下乃至斡脱，以往大量用银的主要领域，逐步用钞代银，白银直接使用量大幅度减少。至元二十四年（1287）三月甲午，元廷在通告"至元钞通行天下"的同时，既已明确"凡岁赐、周乏、饷军，皆以中统钞为准"④。据史卫民研究，《元史·岁赐》门记载："世祖六子忽哥赤、阔阔出、奥牙赤、爱牙赤、脱欢、忽都帖木儿岁次各为银五十锭，折钞一千锭；段匹物料，折钞一千六百五十六锭，应当是二十四年前后所定的岁赐额。"⑤ 则诸王岁赐中，相当一部分已干脆折为钞支付。至元二十六年（1289）"十月，令税赋并输至元钞"⑥。此外，不仅至元钞法中已明确规定斡脱钱债可用钞借还，而且至元二十八年（1291）四月"丙戌，诏凡负斡脱银者，入还皆以钞为则"⑦。专门就斡脱钱债用钞归还作出了强制性规定。蒙元以来投下、

① 陈高华等点校：《元典章》卷 20，《户部》卷之六《虚烧昏钞》，第 727 页。
② 《元史》卷 16，《世祖本纪》十三。
③ 《元史》卷 17，《世祖本纪》十四。
④ 《元史》卷 14，《世祖本纪》十一。
⑤ 史卫民：《元岁赐考实》，《元史论丛》第 3 辑，第 146 页。
⑥ 《钦定续文献通考》卷 9，《钱币考》。
⑦ 《元史》卷 16，《世祖本纪》十三。

斡脱聚敛白银的一条重要途径，已被至元钞法拦腰截断，不再直接与白银关联，元钞成为斡脱借贷运营的实际资本形式。

元钞发行量稳定甚至减少，银钞相权原则的贯彻，及元廷通过各种途径掌握的白银量增加而白银使用领域减少，全面维护了银钞相权的原则，大大地提高了银钞相权货币流通格局的稳定性。至元二十七年（1290），江淮浙西等地民间行使元钞，还出现了私下增价倒换的现象。"御史台承奉尚书省札付：体知得江淮浙西路分，民间行使中统宝钞，边栏贯伯完备者，每一贯准折一贯二百文；边栏字样极昏者，准一贯一百文；边栏字样极昏者，每贯止作八百文使用。不赴官库倒换，街市私相转使。"① 伊本·白图泰回忆他到中国时的情况，认为"中国地域辽阔，物产丰富，各种水果、五谷、黄金、白银，皆是世界各地无法与之比拟的"。"全体中国人都重视金银器皿。""中国商人习惯于将所有的金银熔铸成锭。每锭重一堪塔尔左右，置于门框上面。有五锭者，可佩戴戒指一个，有十锭者，可戴戒指两个，有十五锭者，被称为赛蒂，等于埃及的喀勒米。""中国人交易时，不使用金银硬币。他们把得到的硬币，如上所述铸成锭块。他们交易时却使用一种纸币，每纸大如手掌，盖有素丹的印玺。如该项纸币旧烂，持币人可去像我国的造币局一样的机构，免费调换新纸币，引局内主管人员都由素丹发给薪俸。该局由素丹派一大长官主持。如有携带金银硬币去市上买东西者，则无人接受。"②

在这样的情况下，元钞的信誉稳定，已能从市场上通过银钞兑换，在"江南、腹里"用钞"买到"不少金银，存于平准库做钞本。至元三十一年（1294）八月，见于记载的"诸路平准交钞库所贮银"达到了"九十三万六千九百五十两"③。元廷中央库藏白银也有增加。至元二十七年（1290）十二月"乙未，初分万亿为四库，以金银输内府，至是立提举富宁库，秩从

---

① 陈高华等点校：《元典章》卷20，《户部》卷之六《行用宝钞不得私准折》，第748页。

② 《伊本白图泰游记》（校订本），马金鹏译，第539、541—542页译注："堪塔尔：埃及重量名，约等于44.928千克；""赛蒂：是当时的一批巨商。词非阿拉伯文。"一般认为伊本白图泰来华时间在1347年前后。但从元钞的流通情况来看，当时元廷禁止金银流通的政策至少在他眼里仍能得到较好贯彻。但从现有材料来看，迟至大德八年（1304）元廷已放开银禁，且此后除至大二年至至大四年（1309—1311）一度恢复禁银外，元朝中后期已不再禁银。故材料暂系于此。而从民间藏银颇多的情况来看，似乎其时在至大间也很有可能。

③ 《钦定续文献通考》卷9，《钱币考》。

五品，以掌之"。至元二十八年（1291）"二月辛未……徙万亿库金银入禁中富宁库"①。显然，"银钞相权"已不仅仅是一种精密的制度设计和法令文件，而是通行全国大多数地区现实的货币流通格局。

---

① 《元史》卷16，《世祖本纪》十三。

第七章

"银钞相权"的崩溃与
"银钱兼行"的萌发

以至元钞法颁行为代表的银钞相权货币流通格局，借助纸钞印造成本低廉、流通便利、可按钞面灵活细分价值单位的特点，使白银价值与纸钞的印行紧密联系在一起，较好地适应了元朝统一后南北市场的整合及市场结构的恢复，在元朝中期相对平稳运行。可是，市场结构的进一步发展及元廷财政货币政策的变动，很快使精密的至元钞法，面临着市场发展、朝廷弊政以及由此引发的多重压力，一旦在银与钞的价值关系发生严重背离，元廷把纸币变成纯粹信用发行，银钞相权的货币流通格局不可避免的走向崩溃。而在广袤的跨区域市场互动和批量商品交易中直接恢复用银，在小额交易中直接恢复用钱，由白银与铜钱组成的银钱并用货币流通格局，在元朝末年已逐步孕育、萌发。

第一节　银钱钞的消长与至大年间的币制改革

一　零钞危机与铜钱的悄然复行

元朝中叶后南北市场、城乡市场互动加强，商品集散活跃，批零贸易互相承接，市场发展进入了一个新的阶段。相当一部分城市市场上出现了一次交易"价直千有余定者有之""日十定者有之""五七十定之上者有之，三二十定者有之，至微者牛畜之类，不下七八定"①的景象。中统钞与至元钞一道，以统一的白银价值为单位，通行全国市场、贯通各层次市场，进一步促进了市场的发展。但是，市场网络和层级的进一

---

① 陈高华等点校：《元典章》卷22，《户部》卷之八《契本税钱》，第892页。

步发展，再次使小市场上的货币流通问题日益突出。

精密设计的至元钞法中，由于化中统钞贬值之"危"为"机"，实际上把 10 文以下的中统钞变成了厘钞，500 文面额以下的则变成了以分为单位的小钞。中统钞实际上作为畸零使用的小钞，成为当时细分白银价值最便捷的工具，成为体现、转移白银价值的重要载体。但是，在至元钞 2 贯兑银 1 两的银钞兑换价下，继续印造中统钞将面临以往发行厘钞一样的成本问题。元廷虽然认可继续流通中统钞，但除至元二十四年（1287）发行中统钞锭外，从至元二十五年（1288）开始已停止了中统钞的印造，并且毁弃了中统钞版[1]。桑哥等人还计划全面收回中统钞，一方面"令天下盐课以中统、至元钞相半输官"，同时规定"商贩有中统料钞，听易至元钞以行，然后中统钞可尽"[2]。设法通过赋税征收、茶盐专卖回收中统钞后，不再投入流通。

而查中统元年至至元二十三年（1260—1286）累计印中统钞14210963 锭，加上至元二十四年（1287）的 83200 锭，元朝累计一共只印过中统钞 14219283 锭。即使不考虑"水火不到"之类自然销毁、少量被收藏及其他原因不再进入流通等因素，至元二十四年（1287）后每年按 10% 的倒换率计算，10 年后中统钞应已全部收倒销毁完毕[3]。于是，市场上能够作为小面额纸币流通的，只有至元钞中的 100 文、50文、30 文、20 文、10 文、5 文 6 种面额的小钞，其价值分别与 5 分、2分 5 厘、1 分 5 厘、1 分、5 厘、2 厘 5 毫白银相对应。在不考虑至元钞对

---

① 《元史》卷 15，《世祖本纪》十二。

② 《元史》卷 15，《世祖本纪》十二。

③ 对于大德间中统钞及小面额钞的流通情况，文献中有两种截然不同的记载。一是郑介夫大德七年（1303）奏："如一岁造钞一百万锭，五岁该五百万锭。纸之为物安能长久。五年之间昏烂无余，逐年倒换，尽皆烧毁。则五百万锭举为乌有，所存者仅工墨钞十五万锭而已。"（《历代名臣奏议》卷 67，《治道》。郑介夫大德七年奏）中统钞流通寿命按 5 年计，则大德元年（1297）市场上就应该不再有中统钞流通了；一是《元典章》卷 21，《户部》卷之七《钱粮数目以零就整》（第 769 页，录大德十一年（1307）浙江行省检校官呈文称："今照得各道宣慰司、随路官府各衙门申关，遇有收支，多系中统宝钞，往往照依物价分例扣算，至有分以下厘、毫、丝、忽、微、尘，不惟紊繁，实是虚文而已。拟自今后，凡有收支物折中统宝钞，积算到总数。若至五厘，收作一分，五厘以下削去。"似乎流通中的中统钞仍不少。实际上，郑介夫为了强调恢复铸钱的必要性，所言似乎夸大其词。而细审《元典章》录文，其间含义尚值得斟酌。所言似主要强调以中统钞计价而导致的折算数畸零的问题，而不一定有如此之多的中统钞实物在流通。大德七年（1303）距至元二十四年（1287）已 16 个年头，流通 16 年后还能"贯伯分明"、无损毁的中统钞，不可能很多了。

白银贬值的情况下，至元钞法构建的银钞价值兑换关系已变得残缺不全。只是至元钞在流通中的贬值和伪钞盛行，才使其中小面额的零钞，继续艰难地维持着找零、贴兑中的银钞相权关系。

与零钞缺乏形成鲜明对比的是，这一时期乡村市场和城市零售市场不仅逐步恢复，而且获得了新的发展。对小额交易货币、找零贴兑货币的需求全面提升。特别是市场网络体系较为健全的江南地区，小面额元钞紧缺的问题更为突出。至元三十一年（1294）：

> 三月二十八日，江西行省准中书省咨：御史台呈："据监察御史呈：切见至元钞法，自二贯至五文分为一十一等，大小相权，官民甚以为便。即今所在官关到钞本甚多，小钞极少。又为权势之家及库官、库子人等结揽私倒。得及细民者能有几何？致使民间以物易物，及私立茶帖、面帖、竹牌、酒牌，转相行使。非惟小民生受，亦且涩滞钞法。卑职参详，宜于印造宝钞一十一等料例内，斟酌多降下六料零钞，发付随处官库，仍令提点正官厘勒库官、库子人等，常川开库，听从人户随意倒换，毋致权势之家换倒。所据私立茶帖、面帖、竹牌、酒牌等类，省会合属禁断相应。乞照详施行。本台除将权势、库官人等，并私立茶帖、酒牌等类，行下合属禁治，外据多降零钞一节，请早为拨降"事。都省咨请，如遇缺少零钞，开坐各各料例，预为差官，赍咨赴都关拨。仍依上禁治私立茶帖、酒牌等类，无致涩滞钞法[1]。

显然，在中统钞退出流通后，面额自5—100文的6种小面额至元钞已经成为市场上紧缺的货币，甚至成为权势之家与库官垄断倒换，谋取私利的工具。而民间却已出现了以物易物，乃至发明"贴""牌"等替代性的信用工具的现象。

延至大德七年（1303），不仅城市零售贸易零钞缺乏，而且商贾往来、乡村市场更缺乏必要的小额货币。郑介夫为恢复铜钱不遗余力，所言虽不免夸大，但也从一个侧面反映了当时城乡市场上小面额货币缺乏

---

① 陈高华等点校：《元典章》卷20，《户部》卷之六《禁治茶帖酒牌》，第748—749页。

的一些基本情况。他指出①：

> 市井懋迁难以碎贴，店铺多用盐包、纸摽，酒库则用油漆木牌，所在风俗皆然，阻滞钞法莫此为甚；
>
> 商贾往来，途旅宿食无得小钞，或留质当，或以准折，村落细民出市买物，或背负穀粟，或袖携土货，十钱之货不得五钱之物，或应买一钱之物，只得尽货对换，此则农商工贾之通不便者也。
>
> 今穷山僻壤，钞既艰得。或得十贯一张，扯拽不开。若肯物还钞，则零不肯贴。欲尽钞买物，则多无所用。辗转较量，生受百端。或丧婚之家急切使用，只得以家藏货物，贱价求售。货不值钱，而利尽归于商贾之辈，民安得而不贫。

于是，与至元钞发行前类似的铜钱行用问题，再次提了出来。郑介夫还说："即今民间所在，私用旧钱，准作废铜行使，几于半江南矣。福建八路，纯使废钱交易；如江东之饶、信，浙东之衢、处，江西之抚、建，湖南之潭、衡，街市通行，颇是利便。"② 铜钱的非法流通已经达到了"几于半江南"的境地。甚至在朝廷不铸钱、用钱被禁止的条件下，人们以买卖"废铜"的名义、按"废铜"斤重的价值行使铜钱。

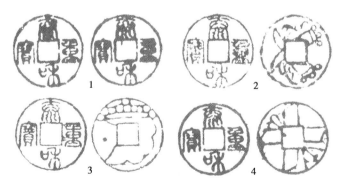

图 7-1　元代私铸的"泰和重宝"铜钱

资料来源：李逸友《论元代私铸泰和重宝铜钱》，《内蒙古金融研究》2003 年第 4 期。

---

① 杨士奇编：《历代名臣奏议》卷 67，《治道》郑介夫大德七年奏。
② 杨士奇编：《历代名臣奏议》卷 67，《治道》郑介夫大德七年奏。

　　不仅如此，历代旧钱在经历了元朝平宋后的收兑、括、销毁、改铸为器乃至贩运下海之后，实际民间可用的历代旧钱已不能满足非法流通的需要。因此，民间行用旧钱除准作"废铜"行使外，已可能自行铸钱，并冒用元朝年号，铸出了"中统元宝""元贞通宝""大德通宝"等各种冠以元朝年号的铜钱。这类冒用元朝年号的铜钱，虽然不是元廷铸币，也不是元廷认可的合法货币，但却是实际流通中使用的铜钱。这正是考古发现中既有元朝年号钱出土、出土的铜钱又版别各异、轻重悬殊，但文献中并没有铸钱记载的原因所在。

　　在民间铜钱恢复流通、甚至自行铸钱的情况下，大德十一年（1307）十一月，是否恢复铜钱的问题，再次提到元廷议事日程。"丁卯……阔儿伯牙里言：更用银钞、铜钱便。命中书与枢密院、御史台、集贤、翰林诸老臣集议以闻。己巳，中书省臣阿沙不花、孛罗铁木儿言：臣等与阔儿伯牙里面论，折银钞、铜钱，非便。有旨：卿等以为不便，勿行可也。"①

　　大德七年至大德十一年（1303—1307）关于是否恢复铜钱的争论，实际上反映了铜钱流通已经成为一个不可忽视的事实。更进一步，铜钱在民间的恢复流通，显然不仅是一个民间留恋铜钱的感情问题，也不是元朝统一初期低价收兑的政策问题，而是小生产者回归市场，市场聚散功能日益恢复，强烈需要小面额货币——零钞、零钱的问题。它深深根源于当时市场结构的恢复和市场体系的健全发展。因此，在没有更恰当的小面额货币出现以前，铜钱仍旧具有强大的生命力，人们仍旧甘冒朝廷严刑酷法之禁，擅自在民间铸造使用。

　　然而，对于元廷来说，朝臣对恢复铜钱合法地位的争议，却还不仅是一个恢复使用小面额货币的问题。它直接涉及了整个银钞相权的钞法及由此确立的货币流通格局。因为承认铜钱的合法地位，就在银钞相权之外出现了另一种合法货币，而它与银与钞之间的关系，就不可能像银钞相权那样完全与白银的价值一一对应，而同样的纸币要同时对应银钱两种金属货币的价值，特别是要适应两种金属货币自身市场价值的变动，那几乎是不可能的。也就是说，一旦承认铜钱流通，至元钞法精密的价值对应关系必然随之被打破，以至元钞法为标志的银钞相权将面临崩溃。也正因为如此，

────────────

　　① 《元史》卷22，《武宗本纪》一。

无论民间铜钱如何流通，元廷却只能视而不见；无论郑介夫如何慷慨陈词，元廷却无动于衷。于是，大德十一年（1307）恢复铜钱之议虽然一度提上朝廷议事日程，但元廷当然只能从维持钞法出发，否决恢复铜钱的提议，仍旧以铸钱"非便"而中止了这次论争。

二　元廷对钞法的背弃与白银的流通

相对于整个银钞相权的货币流通格局来说，铜钱问题已触及了钞法的根本。但铜钱问题与零钞问题却是两个密切相关但有本质区别的问题。也就是说，如果以恰当的方式解决零钞问题，铜钱其实并非不可替代。在银钞相权的货币流通格局下，零钞问题则只是一个局部问题。因为真正支撑银钞相权货币流通格局的，是元廷的信誉和白银的价值保障。在元廷坚持维护钞法、用足够的白银保证元钞价值的情况下，银钞相权的货币流通格局总体上仍能继续维持，要解决零钞问题也并非毫无办法。可是，元朝中期的货币政策，却发生了一系列重大的变化，日益背弃了银钞相权的基本原则。

至元钞法颁行刚两年，元廷就曾违背银钞相权的原则，滥用朝廷信誉，超额增发纸币[1]。至元二十六年（1289）的纸币发行量就一度增加到890万锭，是至元二十四年的1.75倍。所幸的是次年立即收缩到250万锭，且连续保持了3年。3年后不仅没有增加而且还逐年减少，所造成的危害似乎还不太严重。

至元三十一年（1294）成宗即位，朝会赏赐、特赐大量增加，"诸王、驸马赐与，宜依往年大会之例，赐金一者加四为五，银一者加二为三"。六月"中书省臣言：朝会赐与之外，余钞止有二十七万锭。凡请钱粮者，乞量给之"[2]。元廷的财政压力明显增大，而同时期元廷财政收入中的白银却急剧减少。元贞元年（1295）"汉儿、蛮子田地里合办的差发、税粮、盐等诸色钱粮数目"年额为金293锭，银3032锭，钞3036973锭及绢帛、丝绵、仓粮等[3]。大德二年（1298）二月，右丞相

---

① 日本学者前田直典通过对元代物价变动分析，较为充分地阐述了由于元钞贬值导致的物价上涨。其中不少内容很有见地。参见《元代纸币的价值变动》，刘文俊主编《日本学者研究中国史论著选译》，第569页。

② 《元史》卷18，《成宗本纪》一。

③ 陈高华等点校：《元典章》卷9，《吏部》卷之三《恢办钱粮增亏赏罚》，第347页。

完泽会计全国"岁入之数",却只有金 1900 两,银 6 万两(计 1200 锭),钞 360 万锭①。于是,成宗从即位之始,就开始动用储于各地的钞本金银。当年八月,"诏诸路平准交钞库所贮银九十三万六千九百五十两,除留十九万二千四百五十两为钞母,余悉运至京师"②。大德二年因财政收入"犹不足于用","又于至元钞本中借二十万锭"③。大德六年(1302)又一改至元二十六年(1289)后约束纸币发行的政策,制造了至元钞发行以来的最高发行纪录,当年发行 1000 万锭,次年继续发行 750 万锭。两年印造数合计 1750 万锭,与至元三十一年(1294)到大德五年(1301)累计 8 年的印造数 18018455 锭相当。元钞流通中的一系列问题,甚至是一些潜在的问题由此引爆。

此后纸币的印造数虽然回落,但武宗于大德十一年(1307)即位时,已失去了"成宗即位,承世祖府库充富"④的有利条件,面临的财政压力进一步加大,新皇帝即位后朝会赏赐无银可支的形势更为严峻。至大元年(1308)二月"乙未,中书省臣言:陛下登极以来,锡赏诸王、恤军力、赈百姓,及殊恩泛赐,帑藏空竭,预卖盐引。今和林、甘肃、大同、隆兴、两都军粮,诸所营缮,及一切供亿,合用钞八百二十余万锭。往者或遇匮急,奏支钞本。臣等固知钞法非轻,曷敢辄动,然计无所出。今乞权支钞本七百一十余万锭,以周急用,不急之费姑后之"⑤。仅这一次借支钞本即达到了 710 余万锭。而至大元年(1308)及此前大德十年(1306)和大德十一年(1307)印造的至元钞折合中统钞计算,每年为 500 万锭。因此,实际上至大元年(1308)支出的至元钞已达到 1210 万锭,元廷通过借支钞本,实际上使元钞的发行量再次爆发式增长,达到了上一年度的 2.42 倍。

元廷通过印钞与借支两个渠道发行数倍至元钞的同时,府库中的白银储备却严重不足。大德十一年(1307)十二月,中书省臣言:"太府院为内藏,世祖、成宗朝,遇重赐则取给中书。今所赐有逾千锭至万锭者,皆取之太府。比者太府取五万锭,已支二万矣,今复以乏告。请自

① 《元史》卷 19,《成宗本纪》二。

② 《元史》卷 18,《成宗本纪》一。

③ 《元史》卷 19,《成宗本纪》二;卷 93,《食货》一。

④ 《元史》卷 22,《武宗本纪》一。

⑤ 《元史》卷 22,《武宗本纪》一。

后内府所用数多者，仍取之中书。"对此，武宗以"朕特旨"不从，仍动用了内府库存。但两个月后，中书随之告急，提出了"权乞支钞本七百一十余万锭"的要求。而在中书借过钞本 710 万锭后 5 个月，武宗"敕以金银岁入数少，自今毋问何人，以金银为请奏及托之奏者，皆抵罪"①。由此观之，半年前借支的钞本似乎已不全是府库中的金银，所储金银估计已难敷借支之用。所谓钞本逐步变成了元廷新印制的楮币，甚至就是朝廷决定的一个数字。银钞相权已失去银本，至元钞向纯粹信用发行转变。

在元钞贬值而元廷白银储备告急的同时，作为银钞相权的"钞本"白银，却大量散入民间，进入市场，广泛用于价值转移与让渡。银钞相权的钞法和货币流通格局中，禁止用金银交易的原则，受到了市场用银的冲击。至元末年元廷府库中的存银，通过元廷的赏赐，大量转到诸投下手中。他们除向域外购买奇珍异宝，或藏之府库外，当然也纷纷把白银转而投入市场。于是，文献中已不乏用银的记载：

——至元三十年（1293）淮西宣慰使昂吉儿敛军钞六百锭、银四百五十两；②

——至元三十一年雷州李德贤"将土销银一块入场赌博，赢讫龚亮金一条，重三两二钱"；谷禧"将梯已金二块，重四两四钱，与各人赌博"；雷州遂溪县尹赵栒"将银壹瓶一个赌博……"③

——大德五年（1301）江西龙兴路胡参政用"钞和银子"雇人杀了胡总管；④

——大德七年（1303）温州路平准库大使韩溥不仅"擅移本库钞本三定"借与府吏张礼，而且将张礼"本人准还银子，虚捏客人投卖姓名报官……"⑤

——元贞二年二月江浙行省咨："都省议得：今后诸人解典金银，

---

① 《元史》卷22，《武宗本纪》一。

② 《元史》卷17，《世祖本纪》十四。

③ 陈高华等点校：《元典章》卷 57，《刑部》卷之十九《职官赌博断罢见任》，第 1913页。又见［日］岩村忍、田中谦二校定《校定本元典章刑部》第 2 册，第 637 页。

④ 陈高华等点校：《元典章》卷 41，《刑部》卷之三《胡参政杀弟》，第 1394 页。

⑤ 陈高华等点校：《元典章》卷 54，《刑部》卷之十六《多收工墨除名》，第 1841 页；岩村忍、田中谦二校定：《校定本元典章刑部》第 2 册，第 562 页。

二周岁不赎,许令下架。"① 大德年间大都的金银典当更为发达,诚德库、丰义库等典库也直接经营金银典当业务。②

而能够明确属于元代的元曲和杂剧中,出现了更频繁、丰富而生动的各种交易用银的情节。沈伯俊先后两次撰文指出:"在元代至明初的小说中,人们在日常生活和交易中使用的货币是多元化的,白银、铜钱、纸币都有,而白银的使用则明显地居于主导地位。"③ 其中,完全属于元代的4个讲史话本和15个小说话本中,4个讲史话本"均未提到纸币,更谈不上纸币的垄断地位;而是银、钱并用,以钱为主。"15个小说话本中同样"均未提到纸币,自然谈不上纸币的垄断地位;而是银钱并用,以银为主"。这正是元代中期以后社会现实的自然流露和生动反映。元代至明初戏曲和南戏中的货币使用,则反映出"银、钱、钞均可作为货币使用,而白银则明显地居于主导地位。"④

这里,再补充元曲中出现的一个情节。《翠红乡儿女两团圆》云:

　　(社长云)请将老汉来有甚么勾当?

　　(正末云)请将老社长来,别无甚事。我这嫂嫂和俺两个侄儿,要分家哩。我这家私的缘故,老社长你也尽知。庄农人家,止不过有些田产物业、牛羊孳畜、金银钱物,分做两分,我与两个侄儿各得一半。老社长你则平等着。

　　(社长云)老汉知道有多少钞?

　　(福童云)钞有十块。

　　(社长云)韩二你拿一块,与这孩儿九块。

　　(福童云)银子十斤。

---

　　① 方龄贵:《通制条格校注》卷二十七,《杂令》,第632页。"元贞二年"原文作"元贞三年"。据下条引文当为二年之误。

　　② 陈高华等点校:《元典章》卷27,《户部》卷之十三《解典金银诸物并二周年下架》,第999页。

　　③ 沈伯俊:《文学史料的归纳与解读——元代至明初小说和戏曲中白银的使用》,《文艺研究》2005年第1期。

　　④ 沈伯俊:《再论元代至明初小说戏曲中货币的使用》,《内江师范学院学报》20卷第5期。

（社长云）韩二你拿一斤，与这孩儿九斤。①

　　曲中的社长，当然是元代所立的教训"不务本业、游手好闲凶恶之人"的基层组织主管。元朝不仅在"大名、彰德等路在城居民"立社，而且无论是否投下封地，还是各路所属州县、在城关厢，凡是有"见住诸色户计"之地，均立社管理②。而特别值得注意的是，剧中"止不过有些田产物业、牛羊孳畜、金银钱物"的"庄农人家"，家产中不仅有10块钱钞，而且也有10斤银子。白银在民间贮藏、使用的普及程度，由此可见一斑。

　　面对市场上流通的白银，元廷虽然也曾按钞法的要求理应进行禁止。但用银如此普及，元廷已无能为力。因此，这一时期元廷不仅未重申至元十九年（1282）那样严厉的禁银令，而是反其道而行之，实施了放开银禁、不再用金银平准钞价的政策：

　　　　大德八年七月，江浙行省准中书省咨：户部呈："诸路宝钞都提举司备光熙行用库申：'依奉上司文字，于本库兼设平准之法，别无存设辨验金银成色把坛司库，合无照依旧例，存设把坛司库二名。'本部参详，既将平准库革去，权令行用库兼设把坛司库，准除存留一名，与昏钞库子相兼到换。外，余者尽行革去。如蒙[准]呈，其余各处行省亦合一体施行。具呈照详。"得此。施行间，湖广行省咨："钦奉诏书内一款节该：'金银开禁，听从民便买卖。'钦此。除钦依外，将所辖各处平准行用库见设把坛库子革去。看详，今后若有百姓自愿赴官库货卖金银，照依原定价值，差拨银匠辨验收买。中间虑恐未便，缘系通例，咨请定夺。"都省相度，凡赴官库卖买金银者，兼用见设司库，照依已定价直元降对牌收买。咨请依上施行。③

　　这条资料表明：

_____

①　高茂卿：《翠红乡儿女两团圆》，徐征等主编《全元曲》第8卷，5441页。《杂剧》第2，卷5。

②　韩国学"中央研究院"编《至正条格校注本》，第43页。

③　陈高华等点校：《元典章》卷21，《户部》之七《仓库》之《把坛库子》，第757页。

第一，大都设置的6个平准行用库中，至迟在大德八年（1304）光熙库已受命改置为行用库。"既将平准库革去"，也就不再设置"辨验金银成色"的"把坛司库"。只是附带"兼设平准之法"，"把坛司库"人员也只留1名，与"昏钞库子相兼到换"。平准行用库改为行用库后，按钞法规定以库存钞本金银平准钞价的职能萎缩，主要只剩下了倒换昏钞的功能。

第二，此前元廷已明确"金银开禁，听民从便买卖"。正式放弃了银钞相权的一项基本原则，白银已又像行钞禁银以前一样，恢复了直接进入市场流通的功能，甚至可能已无须借助元钞进行细分，即可在市场上流通。因此，元廷已不必再按钞法出银收钞、出钞收银、平准钞价。

第三，"革去平准库"并非仅此一家，这一政策同时也在"其余各处行省"推行。只是是否保留"把坛库子"，尚须根据光熙库的案例，按统一标准执行。而各地平准行用库以前也并非专门设有"把坛库子"。实际遇到需要鉴定金银成色，"差拨银匠辩验"，"缘系通例"。

第四，都省最后的决定，并未允准光熙库关于设置2名"把坛司库"的请求，而是维持"兼用见设司库"的政策，并默许按"通例""差拨银匠辩验"金银成色。都省之所以做出这样的决定，似乎已充分估计到：在金银开禁的情况下，今后"百姓自愿赴官库货卖金银"，且愿意"照依已定价值原降对牌收买"的情况已难遇到了。

相应地，元廷在放开银禁而府库缺银的情况下，开始主动参与市场交易用银，通过市场向民间获取白银。大德十一年（1307）"十二月壬辰朔，中书省臣……又言：今国用甚多，帑藏已乏，用及钞母，非宜。盐引向从运司与民为市，今权时制宜，从户部鬻盐引八十万，便"。有旨："今岁姑从所请，后勿复行。"[1] 这意味着，武宗即位后，虽然在省臣的心目中"帑藏"仍旧属于"钞母"，但元廷不仅继续"用及钞母"，而且明确认为"非宜"。于是一改运司卖盐之制，直接由户部卖引。但这次户部直接卖引，结合《元典章》的记载来看似乎已直接与卖盐收银有关。据《元典章》记载，皇庆元年（1312）"二月二十四日，中书省奏过事内一件节该：预买来年盐引，除边远中粮盐引外，依先例十分中

---

① 《元史》卷22，《武宗本纪》一。

收一分银。在先一定银折二十定钞来，如今添五定，每一定银做中统钞二十五定呵，怎生？奏呵。那般者，么道，圣旨了也"①。中书省所言"先例"，当即是大德十一年（1307）武宗这次"鬻盐引"。因为临近年底下达定额，并由户部直接"预卖"，因此中书称其为"权时制宜"的措施，而武宗也深知其中利害，强调"后勿复行"。

这样，元廷虽然在文字上仍把白银作"钞母"，但在解决财政问题的政策中，却事实上承认了白银在市场交易中的合法地位，并在朝廷的食盐专卖中，按每锭银折中统钞 20 锭的比价，要求盐价的 10% 直接用白银购买。显然，元廷为避免动用自己手中掌握的"钞母"引起信用崩溃，而试图通过食盐专卖取得民间的白银，这种貌似巧妙的做法，实际上不仅无助于解决当时的货币问题，而且将进一步激化银钞关系。

元廷开禁金银、改平准行用库为行用库，甚至已在食盐专卖中直接要求商人用 10% 的白银购买盐引后，白银与元钞的价值兑换关系走向分离，白银已成为独立行用的合法货币，与钞法不再关联。银钞相权的货币流通格局仅仅在名义上还以银为钞本，但已逐步向银钞各自独立、并行流通的格局转变。

三　元钞的贬值与至大年间的币制改革

如果说铜钱的禁而不止只是事实上形成了铜钱的非法流通的话，元廷对金银流通的解禁，及在食盐专卖中要求用银购买，则从国家法令上再次认可了白银合法的上市流通功能。白银与铜钱的流通，不仅从理论上对银钞相权的原则形成了严峻挑战，而且使市场上实际流通的货币发生了重要变化。相应地，白银与铜钱的流通还反过来，挤压了元钞的流通空间，必然地加剧元钞的贬值。而元钞的增量发行，特别是违背银钞相权的借支发行，虽然做法隐蔽，但其结果却很快显现。于是，大德年间的元钞贬值已不可避免。

大德五年（1301）十二月，东平路、曹州、汀州路、河南府等地纷纷报告，陆运、漕运和雇水脚钱市价普遍上涨，希望按市价和雇。其中东平市价已达到每千斤百里中统钞 17 两，比原和雇运价格 10 两高出

---

① 陈高华等点校：《元典章》卷 22，《户部》卷之八《课程·盐课》之《银中盐引》，第 851 页。

70%。兵部、户部反复核查，至元二十五年至大德三年（1288—1299），除大都到上都之间的运费外，各地运费一般为山路 12 两、平川 10 两、水运上水 1 两 2 钱，下水 6 钱。最后元廷同意调整和雇运价，"除大都至上都并五台脚价外，其余路分，比附各处所拟千斤百里，中统钞为则，量添旱脚山路作一十五两，平川一十二两；江南、腹里河道水脚上水作八钱，下水七钱，淮江黄河上水一两，下水七钱"①。部分认可了水脚钱的上涨。

物价上涨还直接影响到了元廷官吏的生活消费。因此，大德七年（1303）闰五月，元廷对全国无职田官吏直接以实物分配的方式"增给俸米"："除甘肃行省与和林宣慰司一体拟支口粮外，其余内外官吏，俸一十两以下人员，依大德三年添支小吏俸米例，每一两给米一斗；十两以上至二十五两，每员支米一石；余上之数，每俸一两，为米一升扣算给付。若无见在验支俸去处，时直给价。虽贵每石不过二十两。上都、大同、隆兴、甘肃各省不系产米去处，每石拟支中统钞二十五两价钱者，从实开坐。"② 其中按俸 10 两以下人员原定中统钞计俸支给的折算价格已是"每一两给米一斗"。实直给价者折价的最高限额为"每石不过二十两"，上都等地则每石 25 两。虽然粮价及本次官俸折价因地而异，但以实物支给以避免因元钞贬值带来的生活水平下降，却是以俸钞折给俸米的根本原因。不仅如此，由于以中统钞计价物价上涨，大德七年（1303）元廷还调整了官吏枉法计赃标准，规定"诸职官及有出身人等，今后因事受财，依条断罪。枉法者，除名不叙；不枉法者，须殿三年，再犯不叙；无禄者减一等，以至元钞为则"③。把原按中统钞计算改为按至元钞计算，实际计赃标准提高了 5 倍。

此外，在元廷不断侵蚀金银钞本、背弃银钞相权的同时，各级官吏、库子及商民也千方百计通过"经营"元钞谋利。库官监守自盗、移用甚至运营钞本、假倒昏钞、多取工墨等一系列问题④，也对钞法和

---

① 陈高华等点校：《元典章》卷 26，《户部》卷之十二《添支水旱脚价》，第 984—985 页。

② 王士点等编，高荣盛点校：《秘书监志》卷 2，《禄秩》。

③ 陈高华等点校：《元典章》卷 46，《刑部》卷之八《赃罪条例》，第 1544 页。

④ 参见陈高华等点校《元典章》卷 54，《刑部》卷之十六《杂犯》一；岩村忍、田中谦二校定《校定本元典章刑部》第 2 册，第 562 页。

银钞相权的货币流通格局造成了一定的危害。特别是伪钞问题，尽管元廷采取了十分严厉的查禁和惩处措施，但在当时的技术条件下，印造与真钞一样的伪钞却没有不可逾越的技术障碍。前述至元间市场上就已广泛出现了真假难辨的伪钞。而在元廷反复要求严格执行昏钞倒换政策的情况下，印造类似昏钞的伪钞，借倒换昏钞之机用伪钞倒取新钞，把伪钞交给钞库烧毁，当然就更容易了。大德七年（1303）十月，仅杭州等路破获的伪钞案即达88起274人，而且"多系追取板钞到官，止是同犯壹、贰名逃亡"①。郑介夫则说："今民间之钞，十分中九皆伪钞耳。……且如一年造钞二百万锭，发出各省倒换，举化为灰，止存工墨钞三十万锭而已。今民问［间］富家巨室庸僧缪道豪商巨贾，一家所藏，有不啻三十万锭者。合而言之，箱箧蓄藏何止百千万亿计，非伪钞而何？善为伪者，与真无异，虽识者莫能辨，或有败露到官，乃造之未善、不堪使用者耳。愚尝留杭，见买卖者就库倒出料钞，于店户使用，反复观之，曰：此伪钞也。试代以伪，反忻然而受之。杭人习于市易尚不能辨，况乎乡落小民哉！昔在仕途，尝推问伪钞公事，犯者谓：一定工本，可以造钞数百定。获利如此，人安得不乐为之。虽赴蹈汤火，亦所不顾。如不以为然，但更改钞法，悉令旧钞赴官，倒换新钞，必数百万倍透出于元发钞本矣。"②甚至大德十一年（1307）浙江行省检校官呈文所言"各道宣慰司、随路官府各衙门申关，遇有收支，多系中统宝钞"③。如果确有其事的话，实际收支的"中统钞"恐怕也是伪钞比真钞还多。

因此，至元末至大德间，尽管见于记载的印钞数除前述3个年度爆发式增长外，其余年份增长不多。但是，朝廷的借支与民间的伪钞，已足以使市场上真假莫辨的元钞数量，比文献记载的印钞数翻几番。仅此显然已足以使银钞相权陷入困境。这进一步与元廷对钞法的背弃、白银在市场上合法流通、小面额货币紧缺但铜钱已非法流通一道，反过来大大挤压了元钞流通的市场空间，抑制了市场对元钞的有效需求，进一步加剧了元钞的贬值。

至大二年（1309）七月乙未，"乐实言钞法大坏，请更钞法，图新

---

① 方龄贵：《通制条格校注》卷20，《赏令》，第580页。
② 《历代名臣奏议》卷67，《治道》之郑介夫大德七年奏。
③ 陈高华等点校：《元典章》卷21，《户部》卷之七《钱粮数目以零就整》，第769页。

钞式以进"。九月庚辰朔,元廷宣布:针对至元钞印造23年来"物重钞轻,不能无弊"的状况,颁行至大银钞:

> 至大银钞一两,准至元钞五贯、白银一两、赤金一钱。随路立平准行用库,买卖金银,倒换昏钞。或民间丝绵布帛,赴库回易,依验时估给价。随处路府州县,设立常平仓以权物价,丰年收籴粟麦米谷,值青黄不接之时,比附时估,减价出粜,以遏沸涌。金银私相买卖及海舶兴贩金、银、铜钱、绵丝、布帛下海者,并禁之。平准行用库、常平仓设官,皆于流官内诠注,以二年为满。中统交钞,诏书到日,限一百日尽数赴库倒换。茶、盐、酒、醋、商税诸色课程,如收至大银钞,以一当五。颁行至大银钞二两至一厘,定为一十三等,以便民用①。

至大银钞的颁行,形式上仿效至元钞法,按1:5的比例认定至元钞贬值,恢复钞法,挽救银钞相权的危机。同时按至元钞法禁金银私相买卖、恢复平准行用库②,对市场上流通的中统钞限期倒换。紧接着,元廷还采取了一系列相关措施,推行新币制。但结合此后的相关政策,我们看到,至大币制没有也不可能挽救钞法,而是继续在放弃和背离钞法的路上越走越远。

第一,至大银钞名义上通过建立银与钞之间1:1的价值兑换的关系,并明确把新发行的纸币命名为"银钞",但实际情况并非如此。银钞面额分13等,似乎参照至元钞面额与白银的价值兑换关系,按照1:1的比价,逐一对应到白银的2两、1两、5钱、2钱、1钱、5分、3分、2分、1分、5厘、3厘、2厘、1厘。但是,19天后尚书省臣言:"今国用需中统钞五百万锭,前者尝借支钞本至千六十万三千一百余锭,今乞罢中统钞,以至大银钞为母,至元钞为子,仍拨至元钞本百万锭,以给国用。"原来,颁行至大银钞的目的并非恢复银钞相权,而是在府库无银的情况下,为业已通过借支方式纯粹信用发行的纸币,虚拟一个以银命名的

---

① 《元史》卷23,《武宗本纪》二。

② 只是平准行用库不仅买卖金银、倒换昏钞,而且兼营丝绵布帛回易。除平准钞价外,还平准物价。因此,同时规定设常平仓平准粮价。但《元史》卷23,《武宗本纪》二记:十月"戊寅,御史台臣言:常平仓本以益民,然岁不登,遽立之,必反害民,罢之便"。

"母本"。有了至大银钞这个虚拟的"母本"及其与至元钞的兑换关系，可以大胆地印至元钞"以给国用"了。半年后，至大三年（1310）二月丁卯，尚书省臣言："昔至元钞初行，即以中统钞本供亿及销其板。今既行至大银钞，乞以至元钞输万亿库，销毁其板，止以至大钞与铜钱相权通行为便。"又言："今夏朝会上都供亿，请先发钞百万锭以往。"对此，元武宗逐一允准，"并从之"①。元廷为了弄到百万锭钞供朝会使用，竟然提出了这样的建议，名为银钞甚至不惜冒险"与铜钱相权"。

第二，行至大银钞的诏令中，明确禁止铜钱下海，但未提及是否禁止流通。19 天后，"大都立资国院，秩正二品；山东、河东、辽阳、江淮、湖广、川汉立泉货监六，秩正三品；产铜之地立提举司十九，秩从五品"。元廷已张官置吏，准备恢复铸行铜钱。十月庚戌"又以行铜钱法诏天下"。宣布正式铸行铜钱。民间已在流通、臣僚反复倡议的铜钱，在元廷直接以银钞命名纸币的同时，取得了合法的货币地位。"其钱曰至大通宝者，一文准至大银钞一厘；曰大元通宝者，一文准至大通宝钱一十文。历代铜钱，悉依古例，与至大钱通用。其当五、当三、折二，并以旧数用之。"② 但诏令刚发出，御史台言："至大银钞始行，品目繁碎，民犹未悟，而又兼行铜钱，虑有相妨。"又言："民间拘铜器甚急，弗便，乞与省臣详议。"③ 铜钱铸行虽然一度明令恢复，可随即又陷入了困境。

显然，至大年间的币制改革，已经不是简单地修正、完善钞法，而是对币制进行全面改革，并直接触动了银钞相权的一些基本精神。

一方面，至大银钞直接以银为名，名义上取消了银与钞之间的差别，银与钞相权而行的价值等值联系，为"银即钞""钞即银"的等同关系所取代。在银钞的发行中，实际上又没有白银保证银钞的价值，银钞变成了纯粹的官府信用货币。决定和支撑银钞价值的唯一依据，仅仅是元廷的政治信誉。

另一方面，元廷虽然明知铜钱"壅害钞法"④，仍决定铸行铜钱，

---

① 《元史》卷 23，《武宗本纪》二。

② 《元史》卷 93，《食货》一。

③ 《元史》卷 23，《武宗本纪》二。

④ 陈高华等点校：《元典章》卷 20，《户部》卷之六《住罢银钞铜钱使中统钞》，第 721 页。

宣布铜钱与"银钞"并行,甚至明确规定银钞与铜钱的等值关系,宣布"与铜钱相权通行",并开始铸行铜钱。这一政策不仅赋予了铜钱合法的货币地位,而且在法定的货币组合中,增加了新的币种,改变了元钞与白银价值一一对应的"相权"关系。然而,元廷却无力恢复铸钱,也无足够的铜钱作为纸钞的价值保证,更未由相关机构负责钱钞兑换。

这样,貌似恢复"银钞相权"的至大币制改革,实际上不仅不可能起到恢复银钞相权货币流通格局的作用,而是以直接发行"银钞"、恢复铜钱铸行、甚至提出以钱为钞本等措施,否定了银钞相权,废止了中统钞、至元钞发行以来的货币政策。银钞相权的钞法及与之相对应的货币流通格局,在经历了中统年间的推广、完善及至元年间的发展之后,受到了前所未有的重创。而结合元朝中期市场恢复发展的情况来看,至大年间的币制改革,又从一个侧面曲折地反映了市场发展状况,特别是跨区域市场整合、市场层级结构恢复发展提出的货币需求,以及市场需求与元廷货币政策之间矛盾和冲突。而在当时的情况下,可供选择且实际在市场上已经流通的既有白银,又有铜钱、纸币,在纸币持续贬值的进程中,银钱分别以自身价值并行流通的趋势初步显现。

第二节 钞法的崩溃与"银钱兼行"的萌发

一 仁宗"复旧制"与"银钞相权"的终结

至大年间的币制改革,在实际上否定了"银钞相权"的同时,曲折反映了市场发展与货币流通格局变动的状况与发展趋势。但是,这次币制改革却存在一系列严重问题,元廷不仅没有由此建立起与市场发展相适应的货币流通格局,反而引起了更加严重的混乱。

就银钞的发行而言,由于银钞直接等同于白银,且其价值没有金属保证,实际上已是完全依靠元廷信誉发行的纸币。在实际流通中,银钞直接以银名、等同于银且无银以兑,人们根本无法看到白银与银钞的价值联系。因此,无论童叟妇孺,无论人们拥有多么丰富的想象力,显然都不可能将二者同等对待。银钞一旦进入市场上,不仅不可能获得与其面额相同的价值,而且反过来危害着元廷的信誉。在这一意义上,元人所说的银钞"以倍数太多，轻重失宜"①，似乎已不仅仅是相对于至元钞"倍数太多"，而是相对于纸张及印造成本来说，倍数太多。至于名义上恢复平准库、禁止金银交易的政策，不仅面临白银已广泛流通、禁而不止且法不责众的问题，而且在银钞毫无信誉可言的情况下，在银钞与白银实际价值的巨大反差中，期盼人们持银到平准库换银钞，不啻是一种不切实际的梦想而已。

再就铜钱的铸行来看，在白银业已作为价值含量高的贵金属货币广泛流通条件下，铸行铜钱不仅便于找零贴兑，而且能以自身的金属价值证明铜钱作为货币的币值，市场当然欢迎。可是，小面额货币的铸造却面临着无利可图乃至严重亏本的问题。这时元廷舍去印制小面额纸钞而代之以铸铜钱，当然也就选择了主动承担更加昂贵的铸钱成本。可以想见，不顾铸钱是否"壅害钞法、深妨国计"②而果断付诸实施，其结果也只能是"鼓铸弗给"，无以为继。朝野上下期盼元廷铸行铜钱的愿望虽然一度如愿以偿，但结果却不能不使他们失望。

不仅如此，元廷还宣布"至大通宝"1文，与1厘银钞即1厘白银等值，尺寸略大、重量略重一些的"大元通宝"当十钱，与10文"至大通宝"等值，并与1钱银钞即1钱白银等值。显然，无论元廷在江淮泉货监铸的铜钱如何精好③，市场却不会相信、不会接受元廷规定的这种价值对等关系。相比之下，银钞与铜钱的比价，显然也不免"倍数太多，轻重适宜"。

由于存在上述诸种严重的问题，至大三年（1310）的币制改革立即引起了货币流通的混乱。至大四年（1311）"闰七月，行台准御史台咨：奉中书省札付：户部呈：切详国家经理钱粮，盐课实为重事。若恢办得宜，法行无弊，官民俱有所益。照得盐课价钱，中统、至元年间每引一十四两，至元二十二年每引二十两，已后递添，至元贞二年一引作中统钞六十五两结课。此时中统一两，可买盐四斤上下。至大二年，尚书省奏准，每盐一引改作至大银钞四两，该至元钞二十两，折中统钞一

---

① 《元史》卷24，《仁宗本纪》一。

② 陈高华等点校：《元典章》卷20，《户部》卷之六《住罢银钞铜钱使中统钞》，第721页。

③ 《元史》卷184，《王都中传》载："武宗诏更钞法，行铜钱，以都中为通才，除江淮泉货监。凡天下为监者六，惟江淮所铸钱号最精。"

百两。较之元价，徒添三分之一。比之流转民间食用，价直已是不轻"。而面对存在严重问题的钞法，"运官营钞之徒，惟欲盐贵，别有冀望。加之商旅又因添课，亦欲增价，把持行市，不肯轻易货卖。以致民间盐价，一向腾涌。至元宝钞二钱不能买盐一斤，实为损民"①。特别是纯粹依靠元廷信誉支撑的银钞的命运，当然也就完全取决于元廷的政治状况了。因此时过一年，包括银钞在内的至大币制改革政策，在又一次引起物价的直线上涨和商人持货观望，导致市场陷入混乱之后，随着武宗之死而宣告终结。

仁宗即位后，于至大四年（1311）四月丁卯下诏：谴责尚书省变更世祖以来的钞法，"既创至大银钞，又铸大元、至大铜钱。钞以倍数太多，轻重失宜；钱以鼓铸弗给，新旧恣用；曾未再期，其弊滋甚。爰咨廷议，允协舆言，皆愿变通，以复旧制。其罢资国院及各处泉货监提举司，买卖铜器，听民自便。应尚书省已发各处至大钞本及至大铜钱，截日封贮，民间行使者，赴行用库倒换"②。

仁宗"复旧制"罢至大银钞后，元廷名义上恢复了至元钞法。并以"中统钞废罢虽久，民间物价每以为准，有司依旧印造，与至元钞子母并行，以便民用。凡官司出纳、百姓交易，并计中统钞数"③。但是对于白银与元钞的关系，元廷明确用中统钞与至元钞的"子母"关系取而代之。并且于至大四年（1311）四月二十六日诏："权禁金银，本以权衡钞法，条令虽设，其价益增，民实弗便。自今权宜开禁，听从买卖，其商贾收买下番者，依例科断。"④ 大德八年（1304）以来业已实行、在发行至大银钞期间中断了不到两年的金银开禁政策，也随之恢复。

这样，至大中制改革政策废止后，仁宗虽然宣称恢复了旧制，可至元钞法的核心"银钞相权"没有再重新提起。元廷虽然禁止了铜钱的铸行，恢复了中统钞和至元钞的印造，但却放开了银禁，而且元钞与白银之间，已没有了价值"相权"的关系。这两种朝廷认可、具有合法地位的货币，实际上根据各自的情况分别流通。

这样，完全依靠朝廷信誉发行的元钞，"钞本"不过是元廷需要的

① 陈高华等点校：《元典章》卷 22，《户部》卷之八《盐袋每引四百斤》，第 847—848 页。

② 《元史》卷 24，《仁宗本纪》一。

③ 陈高华等点校：《元典章》卷 20，《户部》卷之六《住罢银钞铜钱使中统钞》，第 721 页。

④ 方龄贵：《通制条格校注》卷 27，《杂令》，第 644 页。

一个数字和相应的纸张和工墨费。因此，此前印造和使用元钞程序中，形式上"于宝钞总库料钞转拨"的手续也已不再履行①。行用元钞既"简单"又"方便"，当然"勿须"与白银有什么关系。从至治二年（1322）户部与刑部的正式公文来看，元廷对设于大都的钞库也不再称平准库，而称为"在京六行用库"②。平准库的名称也没有、甚至没必要恢复了。钞库的职能不过是通过倒换昏钞维持流通而已。而皇庆以后元钞发行量也开始呈现出逐步减少的趋势。据《元史·食货志》记载，皇庆二年至天历二年（1313—1329）元钞发行量如图 7-2 所示。

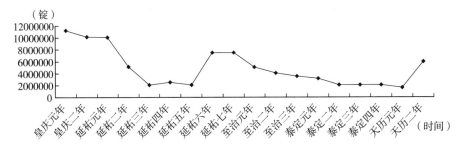

图 7-2　皇庆元年至天历二年元钞发行量统计图

图 7-2 中除延祐六年（1319）、延祐七年（1320）和天历二年（1329）曾出现过 3 年印钞数反弹外，总体趋势已是越来越少。天历二年（1329）后，《元史》本纪关于至顺年间印钞数的记载已不完整，至顺二年至三年（1331—1332）记载，分别折合中统钞 445 万余锭、498 万余锭。元廷虽然还继续凭借朝廷信誉发行纸币，但印钞数持续下降。在元钞的使用方面，用钞的范围也开始明显收缩。似乎至顺年间除了在富产金银、道路遥远的云南尚可用钞换取些白银外③，元钞用于赏赐、支付俸禄的数量明显减少，而主要用于赈济灾荒。甚至至顺二年（1331）连给宿卫岁例钞，中书省也觉得用钞不妥建议"以银易官帑钞

---

① 《元史》卷 97，《食货》五。

② 见《南台备要》，《永乐大典》卷 2611，《台·御史台六》。

③ 参见王文成《元代云南赋税征银考》，《中国边疆史地研究》2001 年第 1 期。《元史》卷 35，《文宗本纪》四：至顺二年（1331）三月"壬寅……给云南行省钞十万锭，以备军资民食"。《元史》卷 36，《文宗本纪》五：至顺三年（1332）五月"癸酉……云南大理、中庆等路大饥，赈钞十万锭。""戊午，给钞五万锭，赐云南行省为公储。"

本,给宿卫士卒"①。

此后的顺帝至元元年至至元六年（1335—1340），元年、二年、五年印钞数缺载，只有三年、四年有记载。但中统钞和至元钞没有分开统计，两年印钞量分别为150万锭和120万锭。即使全部按中统钞计算，最多的一年也不过中统钞750万锭。但顺帝至元四年至至元六年（1338—1340）连续三年用钞情况却进一步下降。为具体反映《本纪》记载的情况，现将有关文字节录如下：

顺帝至元四年（1338）

二月告祭南郊。以国王朵兒只为辽阳行省左丞相，宗王玉里不花为知枢密院事，赐钞一千锭、金一锭、银十锭。

顺帝至元五年（1339）

正月乙亥，濮州鄄城、范县饥，赈钞二千一百八十锭。桓州饥，赈钞二千锭。云需府饥，赈钞五千锭。开平县饥，赈米两月。兴和宝昌等处饥，赈钞万五千锭。

二月戊辰，滦河住冬怯怜口民饥，每户赈粮一石、钞二十两。

五月庚戌，汀州路长汀县大水，户赈钞半锭，死者一锭。

八月庚寅，宗王脱欢脱木尔各爱马人民饥，以钞三万四千九百锭赈之。宗王脱怜浑秃各爱马人民饥，以钞万一千三百五十七锭赈之。

十一月，八番顺元等处饥，赈钞二万二十锭。

十二月，胶、密、莒、潍等州饥，赈钞二万锭。

顺帝至元六年（1340）

正月，察忽、察罕脑兒等处马灾，赈钞六千八百五十八锭。

三月，丁巳，大斡耳朵思风雪为灾，马多死，以钞八万锭赈之。癸亥，四怯薛役户饥，赈米一千石、钞二千锭。成宗潜邸四怯薛户饥，赈米二百石、钞二百锭。是月，淮安路山阳县饥，赈钞二千五百锭，顺德路邢台县饥，赈钞三千锭。

五月辛未，降钞万锭，给守卫宫阙内外门禁唐兀，左、右阿速，贵赤，阿兒浑，钦察等卫军。是月，济南饥，赈钞万锭。

① 《元史》卷35，《文宗本纪》四。

六月，济南路历城县饥，赈钞二千五百锭。

七月丁卯，燕帖古思薨，诏以钞一百锭备物祭之。庚辰，达达之地大风雪，羊马皆死，赈军士钞一百万锭；并遣使赈怯烈干十三站，每站一千锭。

十月，河南府宜阳等县大水，漂没民庐，溺死者众，人给殡葬钞一锭，仍赈义仓粮两月。①

诚然，《元史》本纪的上述记载当非全貌。但连续3年的记载应该能够反映一些基本的情况。这与元代初期、中期的记载相比，用钞的范围及数量都发生了重大变化。3年中，元廷仅在告祭南郊后，有一次用钞赏赐的记载，其余全部是用于赈济。特别是顺帝至元六年（1340）空前的雪灾在七月袭击草原，元廷被迫一次用一百万锭钞赈军士。反之，顺帝至元四年（1338）年成不错，因此元廷赈济支出也没用钞。因此，诸王是否赐钞，与印钞、行钞的关系已不大。而是否有灾，是否需要赈济，似乎成为了元廷用钞与否的决定性因素。

就数量而言，除顺帝至元五年（1339）二月、五月，六年十月三次赈济无法计算总数、包括顺帝至元六年（1340）七月一次性100万锭的支出在内，3年用钞总数不过1231607锭。扣除七月大风雪灾的100万锭，3年支出仅23万锭。这似乎已超出了以往我们对元代滥发纸币的认识。可是，顺帝至元六年（1340）"二月甲申朔，诏权止今年印钞"②。却以元廷的行动再一次向我们证明此前3年用钞不多的真实性。实际上元钞信誉不高，用途不广，多印已没有必要了。因此，如果前几年属于史料缺载但实际印发了元钞的话，这次明文记载标志着，元廷在楮币发行史上第一次主动停止了印钞。无独有偶，在至正元年（1341）造至元钞九十九万锭、中统钞一万锭后，元廷于至正二年（1342）"癸亥，以在库至元、中统钞二百八十二万二千四百八十八锭，可支二年，住造明年钞本"③。元廷再一次因印好的钞存而无用，库存积累下来还够支两年，决定住造。在失去白银的价值保证后，元钞的信誉及行用受

①　《元史》卷40，《顺帝本纪》三。
②　《元史》卷40，《顺帝本纪》三。
③　《元史》卷40，《顺帝本纪》三。

到了严重影响，甚至印造数、使用数都已不多。自宋代发明楮币以来的中国古代纸币史，已差不多临近终结。

元钞行用日益减少的同时，元廷府库中的白银在银禁放开后，没有也不可能有大的增加。重新恢复白银与元钞价值"相权"关系，既没人重新提起，元廷也失去了重新提起的底气。从文献记载来看，这一时期元廷能够掌握的白银估计一般每年难以达到百万两，而且可能主要通过银课收入和援引成例预卖盐引获得。

见于记载的天历元年（1328）"银课"有"腹里一锭二十五两；江浙省一百一十五锭三十九两二钱，江西省四百六十二锭三两五钱，湖广省二百三十六锭九两，云南省七百三十五锭三十四两三钱"。合计 1500 余锭①。天历二年（1329）"会赋入之数"也只有"金三百二十七锭，银千一百六十九锭，钞九百二十九万七千八百锭，币帛四十万七千五百匹，丝八十八万四千四百五十斤，绵七万六百四十五斤，粮千九十六万五十三石"②。元廷每年直接从课税收入中获得 1 千余锭白银，成为财政收入白银的重要来源。

而元廷援旧例通过卖盐引获得白银，则成为面向市场取得白银的主要来源。见于记载的至少有皇庆元年（1312）③、延祐七年（1320）和至治元年（1321）连续两年④、天历二年（1329）⑤、至顺二年（1331）⑥ 元廷均以银中盐引。其中，天历二年留下了实际卖盐收银所得数量的记载，仅此一项"凡得银二千余锭"，超过了通过银课取得的白银量。商人每年可用 2 千余锭白银购买盐引，意味着民间白银的流通与元廷缺银的情况形成了鲜明的对比。

如果银课与盐引收入是元廷白银的主要来源的话，估计元末通过这两个渠道取得的白银，每年也不过 4000 锭。这 4000 锭白银计 20 万两，只相当于金朝每年从南宋获得的岁币。至正八年（1348）元廷

---

① 《元史》卷 94，《食货》二。

② 《元史》卷 33，《文宗本纪》二。

③ 陈高华等点校：《元典章》卷 22，《户部》卷之八《银中盐引》，第 851 页。

④ 陈高华等点校：《元典章》，《新集·户部·课程·盐课》，第 2096 页。

⑤ 《元史》卷 35，《文宗本纪》。

⑥ 《元史》卷 35，《文宗本纪》四："诸盐课钞以十分之一折收银，银每锭五十两，折钞二十五锭。"

虽然以"楮币壅不行，廷议出楮币五百万锭易银实内藏"。① 可所议却因部分臣僚反对而作罢。而结合至正年间纸币与银两各自引用的情况来看，元廷以楮币易银的设想既使付诸实施，但这样的想法其结果也不难预料。

因此，在白银广泛流通于民间而不入于官府的情况下，元廷即使希望恢复银钞相权，重新以金银平准钞价，提升元钞的价值，也将心有余而力不足，实际上做不到了。于是，从仁宗"复旧制"开始，尽管元钞发行量减少并且不断贬值，元廷也只能视而不见，不再以曾经行之有效的银钞相权法，挽救其日益衰退的命运。至此，从太宗八年（1236）行交钞、宪宗元年（1251）史楫立"银钞相权法"以来逐步形成、完善、发展的银钞相权钞法及与之相应的货币流通格局，经历了半个多世纪变化，已经逐步走向崩溃。此后一段时期，元钞与白银没有价值联系分别流通，还出现了明显的钞退银进的趋势。

二　至正"更张"与"银钱兼行"的萌发

仁宗"复旧制"后，实际流通的货币已有三种。其中，两种是没有直接价值联系但元廷许可流通的合法货币，即在民间通行的白银和完全以元廷信誉做价值保证的元钞：一种是元廷认为"壅害钞法，深妨国计"、明令"截日住罢不使，违者治罪"，但实际禁而不止的铜钱。三种货币中，与元钞发行量减少、行用范围缩小的衰退之势相反，白银与铜钱的流通则逐步发展，并反过来进一步挤压元钞的市场需求，与伪钞泛滥等问题一道，使日益衰退的元钞逐步走向消亡。

白银流通在元代中后期的普及情况，在前文中已有论说，这里不再赘述。就铜钱流通情况来说，不仅仁宗废止至大币制改革政策"复旧制"、废铜钱时，朝臣杨朵儿只就明确表示反对，认为"法有便否，不当视立法之人为废置。银钞固当废，铜钱与楮币相权而用之，昔之道也。国无弃宝，民无失利，钱未可遽废也"。他的这一看法还得到了不少人的认同，"言虽不尽用，时论是之"②。元统元年（1333）朵

---

①　《元史》卷186，《归旸传》。

②　《元史》卷179，《杨朵儿只传》；事又见《道国学古录》卷16，《御史中丞杨襄愍公神道碑》。

尔直班条陈九事，又提出了"铸钱币"的建议①；至正三年（1343）
元廷"集议朝堂"，揭傒斯又在朝堂上"抗言：当兼行新旧铜钱，以
救钞法之弊。执政言不可，傒斯持之益力，丞相虽称其不阿，而竟莫
行其言也"②。尽管元廷对这些言论充耳不闻，继续长期坚持禁钱政
策，但实际上民间铜钱的铸行、流通却不断发展。彭信威指出，"至
大以后的年号也多有钱"。诸如皇庆通宝、延祐通宝、元宝，至治通
宝、元宝、大元、至治、泰定通宝、至和元宝、至顺通宝、元宝、元
统通宝等，"大抵都是民间铸的，同国家制度无关，因为文字制作都
不规矩。不过若是混在普通钱中，也能流通，所以在经济意义上，历
代的私钱同官炉没有多大差别"③。元末铜钱流通的情况，还得到了考
古资料的有力支持，如集宁路古城出土了三万多枚钱币。这些钱币大
多属宋、金、元等朝代，也有一些其他朝代，涉及十几个年号。宋钱
有"皇宋通宝""祥符通宝""至和通宝""端平通宝""大观通宝"
等，金代钱币有"正隆元宝""大定通宝"两种，元代钱币有"至大
通宝""大元通宝""至正通宝"等，五代钱币有"唐国通宝"，除此
之外，甚至还有汉代五铢钱④。

除白银与铜钱的流通排挤了信誉不高、单纯信用发行的元钞外，元
钞与生俱来的痼疾——昏钞特别是伪钞问题，这一时期同样没有也不可
能消失。文献中不仅有延祐五年（1318）七月因曹州库子刘琼"不识
昏钞"检出昏钞中有1312锭伪钞⑤的例子，而且还有天历二年（1329）
陕西干脆用1085万余锭未毁昏钞"给散贫乏"⑥等案例。至顺二年
（1331）元廷仅印造新钞445万余锭，可是一次"烧在京积年还倒昏

---

① 《元史》卷139，《朵尔直班传》。
② 《元史》卷181，《揭傒斯》；又见《圭斋文集》卷10，《揭公墓志铭》。
③ 彭信威：《中国货币史》，第567页。
④ 参见陈永志《发掘集宁路元代城址及第三批窖藏》，《文物天地》2004年第3期。
⑤ 陈高华等点校：《元典章》，《新集·户部·钞法·倒钞》，第2082页。
⑥ 《元史》卷175，《张养浩传》："天历二年，关中大旱，饥民相食，特拜陕西行台中
丞。……时斗米直十三缗，民持钞出籴，稍昏即不用，诣库换易，则豪猾党蔽，易十与五，累
日不可得，民大困。乃检库中未毁昏钞文可验者，得一千八十五万五千余缗，悉以印记其背，
又刻十贯、五贯为券，给散贫乏。"另《元史》卷139，《乃蛮台传》记其事，称："乃蛮台取
官库未毁昏钞，得五百万缗，识以省印，给民行用，俟官给赈饥钞，如数易之。"

钞"就达"二百七十余万锭"①。虽然在京所烧昏钞中，当有不少属于倒换来的伪钞。尤为值得注意的是，尽管元钞印造数量不断减少，可币值却持续下跌。元廷出售盐引收取银两，每两折钞价从大德十一年（1307）的每两20锭，皇庆二年（1313）的25锭，上升到了延祐七年（1320）的40锭。13年翻了一番。显然其中除元廷信誉下降的因素外，实际上也少不了伪钞的功劳。而且《元史》中还出现了这样的记载：搠思监居相位久，无所匡救，而又公受贿赂，贪声著闻，物议喧然。至正末，"监察御史燕赤不花劾奏：搠思监任用私人朵列及姜弟崔完者帖木儿印造伪钞，事将败，令朵列自杀以灭口"。连当朝宰相也涉嫌参与印造伪钞②。因此，皇庆以后，虽然元廷的印钞量已不多，且总体呈递减趋势，但钞价在白银合法流通、铜钱非法流通以及伪钞、昏钞的挤压下，仍旧只跌不升。

至正年间，面对各地武装反抗元廷的起义兴起，特别是修治黄河的浩大工程及由此引发的起义，元廷财政状况进一步恶化。于是，试图通过整治钞法、提高钞价以便增发新钞，解决财政压力的币制改革再一次被提起。至正年间武祺撰《宝钞通考》，大旨谓：③

> 自世祖至元二十四年至武宗至大四年，二十五年中印者多，烧者少，流转广而钞法通。自仁宗皇庆元年至延祐七年，共九年，印虽多而烧亦多，流转渐少，钞法始坏。自英宗至治元年至三年，共八年，印虽多而烧者寡，流转愈多，钞法愈坏。自泰定元年至至顺三年，印者少而烧者多，流转绝无，钞法大坏。复合计六十四年中，总印钞五千九百五万六千余锭，总支五千六百二十余万锭，总烧三千六百余万锭，民间流转不及二万锭。

彭信威虽然曾对武祺所言表示不解。但他也认为："钞价的下跌，也由于私钞的猖獗。随着蒙古政权的削弱，从事私钞的人更加多了。"

---

① 《元史》卷36，《文宗本纪》五。
② 《元史》卷205，《搠思监传》。
③ 《四库全书总目》上册，第721页。遗憾的是，四库馆臣以为"此书在当日为洞悉利弊之言，在今日则钞法之不可行，无智愚皆能知之，无待缕陈矣。故撮举大要，附存其目，而书则不复录焉"。

并以《元史·林祖兴传》为据，说明"顺帝时有人因造私钞而致富，甚至派遣四五十人打进政府做官，作内应，以防有人告发，前后继续了十几年之久"①。武祺自己对此做出的解释是："钞法自世祖时已行之后，除拨支料本、倒易昏钞以布天下外，有合支名目，于宝钞总库料钞转拨，所以钞法疏通，民受其利。比年以来，失祖宗元行钞法本意。不与转拨，故民间流转者少，致伪钞滋多。"②

结合武祺的这一解释和本文前面的分析来看，所言不无道理。特别是关于印钞、行钞与烧钞、伪钞之间的数量关系的阐述，当属实情。只是他一仍大德以来，特别是至大以后元廷纯粹信用发行的惯例，把钞法大坏的原因仅仅归结到"宝钞总库料钞转拨"的程序未坚持，并未切中要害。同时也没有看到银钱流通对元钞贬值的影响。然而，他据此向元廷提出了恢复"转拨"程序的建议，元廷"遂准其所言，凡合支名目，已于总库转支"。在此基础上，至正十年（1350）"吏部尚书偰哲笃及武祺，俱欲迎合丞相之意。偰哲笃言更钞法，以楮币一贯文省权铜钱一千文为母，而钱为子"。元廷不顾吕思诚等人的反对，决定"更张拯弊"，十一月己巳，顺帝下诏云：③

> 惟我世祖皇帝，建元之初，颁行中统交钞，以钱为文，虽鼓铸之规未遑，而钱币兼行之意已具。厥后印造至元宝钞，以一当五，名曰子母相权，而钱实未用。历岁滋久，钞法偏虚，物价腾涌，奸伪日萌，民用匮乏。爰询廷臣，博采舆论，佥谓拯弊必合更张。其以中统交钞壹贯文省权铜钱一千文，准至元宝钞二贯，仍铸至正通宝钱与历代铜钱并用，以实钞法。至元宝钞，通行如故。子母相权，新旧相济，上副世祖立法之初意。

此后，元廷"置宝泉提举司，掌鼓铸至正通宝钱、印造交钞，令民间通用"，再一次变更币制。然而，这次被称为"至正更张"的变革，却造成了更大的混乱。铸行铜钱、印造交钞"行之未久，物价腾涌，价

---

① 彭信威：《中国货币史》，第602—603页。
② 《元史》卷97，《食货》五。
③ 《元史》卷97，《食货》五；《元史》卷185，《吕思诚传》。

图 7-3 "一贯文省"中统元宝交钞

资料来源：内蒙古钱币研究会、《中国钱币》编辑部合编
《中国古钞图辑》，第 2 页，彩图 2。

逾十倍。又值海内大乱，军储供给，赏赐犒劳，每日印造，不可数计。
舟车装运，轴轳相接，交料之散满人间者，无处无之。昏软者不复行
用。京师料钞十锭，易斗粟不可得。既而所在郡县，皆以物货相贸易，
公私所积之钞，遂俱不行，人视之若弊楮，而国用由是遂乏矣"①。

　　至正十年（1350）元廷的币制改革，实际上不可避免地触及银钞
关系、新旧钞关系诸方面的问题。其主要措施在部分反映当时市场需求
与货币流通状况的同时，试图对这三种关系做出新的调整。然而，从当
时的情况及所实行的新政来看，却存在很大问题。

　　在银钞关系方面，至正币制改革似乎发现了纸币价值不可能同时与

---

① 《元史》卷 97，《食货》五。

图 7-4 至正印造元宝交钞五百文省（背）

资料来源：内蒙古钱币研究会、《中国钱币》编辑部合编
《中国古钞图辑》，图 3.19B。

白银、铜钱相联系的问题，吸取了发行至大银钞失败的教训，不再给靠
自身金属价值已能细分并在市场上流通的白银穿衣戴帽，不再把白银的
价值与元钞的价值挂钩。似乎对白银视而不见，避而不提，任其流通。
在借口世祖中统钞法已具"钱币兼行之意"的同时，公然对元廷曾经
明文规定的至元钞与白银的"相权"关系不做任何交代，而直接以钞
权钱取而代之。这一方面反映了银钞相权的货币政策和现实的货币流通
格局都已经终结，另一方面也说明至正币制改革缺乏统筹谋划，在白银
已经广泛流通的情况下，变动币制而又对白银视而不见。这样的鸵鸟政
策，显然是至正"更张"的一个重大缺陷。因此，至正"更张"忽视
了白银流通所占有的货币市场份额，依旧发行面额及数量巨大的新钞，
必然造成新钞贬值。

　　在新旧钞关系方面，元廷的"更张"看到了元钞贬值与伪钞泛滥之间的关系，试图援用元廷以往承认现行纸币贬值的办法，发行至正钞，打击日益萌生甚至可称为猖狂的"奸伪"及由此导致的"物价腾涌"。在维持和提高纸币币值的同时，通过发新钞增加财政收入，解决因农民起义爆发带来的军费巨增问题。或者至少可以通过新钞对伪钞的替代，减少伪钞的危害，获取一定的纸币发行收益。

　　然而，至正"更张"没有从根本上看到导致纸币贬值的原因——纯粹靠官府信用发行而朝廷信誉已陷入危机。在这样的情况下仅仅变更币制，当然不可能解决问题。更何况此时各地旨在推翻元廷政权的起义全面爆发，朝廷信誉崩溃。元廷印在楮纸上的价值已一文不值。印钞不过是把白纸变成废纸，"不知适以起天下人心之疑"①，当然逃脱不了"人视之若弊楮"的命运。而且仓促出台的这一政策，却连新钞版也没有另行设计，而是完全照抄中统钞的名称、版式和文字，仅将其中已经不存在的发行机构"行中书省"的名称中，减少了"行"字，改为"中书省"，并在钞面上增加了八思巴文。其中，至正钞的名称与元廷原来发行的中统钞相同，但元廷又规定至正钞与至元钞的面额按 1：2 折算，更易于与此前中统钞按 5：1 折至元钞相混淆，流通和使用中必然造成混乱。加之至正钞短期内印量过大，质量难以保障，刚一印行就昏软不堪使用。

　　在至正钞与铜钱的关系方面，元廷再一次恢复铜钱作为货币的合法地位，并宣布朝廷将担负起铸行铜钱的责任。这显然是民间广泛使用历代旧钱的直接反映。正如至大年间恢复铸钱一样，元廷能够承担这种小额金属铸币的成本的话，当然顺应了市场层级发展、特别是小额交易发展的需要。然而这对于当时的元廷来说却是不可能的。

　　不仅如此，元廷试图把铜钱价值与纸币联系起来，重建钱楮并用的货币流通格局。"更张"政策之一即是把朝廷信用货币作为金属货币铜钱之"本"，明确宣布"以钞权钱"，用朝廷的权威给铜钱定价。显然这一政策不仅在理论上与传统的"轻重相权"相矛盾，而且实质上公然藐视铜钱的金属价值，背离了市场对金属货币的价值决定机制。恢复铸钱时执行这样的政策，当然只能加剧至正钞对铜钱贬值，亦即铜钱对

---

① 王祎:《王忠文集》卷 12,《泉货议》。

至正钞升值，并按至正钞 1 贯折至元钞 2 贯的比例，对继续流通的至元钞加倍升值。正所谓"钞乃虚文，钱乃实器，钱钞兼用，则民必舍虚而取实"①。藏钱不用及销毁铜钱、经营钱钞兑换牟利，必然随之全面泛滥。至正十六年（1356）二月乙丑，元廷"禁销毁、贩卖铜钱"②，说明历代旧钱甚至元廷所铸新钱，都已不可避免地陷入了因民间销毁、贮藏而有去无回的尴尬境地。

这样，至正"更张"虽然在一定程度上曲折地反映了当时货币流通格局发展的状况，但元廷的政策却事与愿违，新的政策出台后立即遭到了市场的强烈抵制，货币流通陷入混乱。特别是完全依靠元廷信誉维持的各种元钞，遭到了严重冲击。亲历其时的孔齐说：至正十年（1350）"天下大乱，钞法颇艰。癸巳，又艰涩。至于乙未年，将绝于用。……丙申，绝不用，交易惟用铜钱耳"。可是，"钱之弊亦甚，官使百文，民用八十文，或六十六，或四十文，吴越各不同。至于湖州、嘉兴，每贯仍旧百文，平江五十四文，杭州二十文，今四明漕至六十文，所以法不归一，民不能便也。且钱之小者薄者易失坏，愈久愈减耳"。在经历了这样的货币混乱之后，他进一步提出：

> 予尝私议，（货币）用三等。金银皆作小锭，分为二等，须以精好者铸成，而凿几两重字，旁凿监造官吏工人姓名，背凿每郡县名。上至五十两，下至一两重。第三等铸铜钱，止如崇宁当二文、大元通宝当十文二样，余细钱，除五铢、半两、货泉等不可毁存古外，唐宋诸细钱并用毁之。所铸钱文曰大元通宝，背文书某甲子字，如大定背上卯酉字也。凡物价高者用金，次用银，下用钱。钱不过二锭，盖一百贯也。银不过五十两，金不过十两，每金一两重，准银十两。银一两准钱几百文。必公议铜价工本轻重，定为则例可也。如此则天下通行无阻滞，亦无伪造者。纵使作伪，须金银之精好，钱之得式，又何患焉。近赵子威太守亦言之颇详，其法与此小异耳。③

---

① 王祎：《王忠文集》卷 12，《泉货议》。
② 《元史》卷 44，《顺帝本纪》七。
③ 孔齐撰，庄敏、顾新点校：《至正直记》卷 1，《楮币之患》。

　　无论孔齐本人还是太守赵子威，都已形成了废钞而银钱并用的看法。而所提出的看法中，首先把金、银、铜列为"三等"货币，三者之间的比价为金 1 两准银 10 两，银 1 两准钱几百文。此时白银与铜钱的合理比价，似乎已低于银 1 两兑铜钱 1 贯。北宋中叶以后银钱价格突破每两 1 贯，经过南宋兑换价每两 3—4 贯、金元两朝 2 贯至 1 贯之后，竟回落到了银 1 两不足铜钱 1 贯。因此孔齐同时设想，"必公议铜价公本轻重，定为则例可也"。即在银钱并行的货币流通格局中，铜钱重新回到基准货币地位，金银兑换价以铜钱为准。这样不仅货币流通无阻无伪，而且"纵使作伪，须金银之精好，钱之得式，又何患焉"。

　　如果说孔齐的上述看法尚停留在理论上的话，王祎的记载则向我们讲述了元钞崩溃时，银钱并用货币流通格局逐步在江南地区形成的事实：

　　　　自变法以来，民间或争用中统，或纯用至元，好恶不常。以及近时，又皆绝不用二钞，而惟钱之是用。而又京师鼓铸寻废，所铸钱流布不甚广，于是民间所用者悉异代之旧钱矣。……泉货之弊，莫此时为甚矣。诏旨屡饬，禁令愈严，民顽然相视而弗之恤，而上之人亦坐视其法之弊，举无策以救之。

　　　　今外宰相得承制行事，亦既审察民情，既江浙省府治鼓铸，累月之间，国用颇赖以资给，则其为效固有不可诬者。然其所铸，乃当十大钱，止用于杭城，而不足以行远，间有流布诸路者，民亦易视之弗信，泉货之弊自若也。愚窃以为今日钞法宜置弗问，而钱法当在所速讲……

　　　　今诚使官民公私并得铸黄金、白金为钱，随其质之高下轻重而定价之贵贱多寡，使与铜钱母子相权而行，当亦无不可者。且今公私贸易，苦于铜钱重不可致远，率皆挟用二金，藉使有司不明立之制而使之用，公私之间有不以为用者乎？是则用黄金、白金为钱，与铜钱并行，亦所谓因其利而利之者也。[①]

　　在元钞崩解后，实际上"公私贸易"因"苦铜钱重不可致远"，已经"率皆挟用二金"。虽然朝廷不立制，"公私之间有不以为用者乎"？

---

　　① 王祎：《王忠文集》卷 12，《泉货议》。

至此我们看到,宋辽金元以来的城乡市场结构的演进,不仅对货币流通格局提出了新的要求,为制定货币政策提供了广阔的空间,也界定了货币政策和货币流通格局的有效边界。蒙元朝廷或顺时而行、任其自然、或周密策划,审慎探索,或强权横行、随意造作,在市场提供的广阔舞台上,书写了一部精彩跌宕的货币政策史。而在市场与元廷的双向互动中,货币流通格局兴衰变迁,经历了银钞相权的确立、发展,最终在元钞单纯凭朝廷信誉发行而朝廷失信的情况下崩溃,白银在民间广为流通,铜钱铸行日渐恢复,初步形成了银钱并用的发展趋势。在元明之间的货币史上,走过了上承旧制、下开新路的关键一步。

第八章

明代全国市场体系的曲折发展

元明之际，传统市场发展受到多方面的制约，持续发展的趋势放缓，甚至一度呈现出明显的紧缩。永乐以后，以小农市场的恢复为先导，全国市场逐步得到恢复，市场空间结构和层级结构进一步健全完善，全国市场体系更加有机地整合成为空间广阔、层级复杂的网络体系，完成了从"水墨画"式全国市场，向"工笔画"式全国市场的转变。城乡市场和区域市场发展的深度与全国市场发展的广度，为货币流通格局的变动提供了广阔的舞台，也提出新的需求，也对明廷如何适应市场发展、制定恰当的货币政策，提出了更高的要求。

第一节　元明之际市场的紧缩与恢复

一　元明之际的市场紧缩

元代末年，朝廷府库空虚，全国自然灾害频繁。特别是黄河水患，对华北平原经济社会造成了严重影响。元廷虽试图有所作为，对黄河进行大规模的治理。但在官府的横征暴敛下，一般百姓已是苦不堪言。正如时人王祎所言："今也，粟米力役之征，盖无艺也。取之以非所产，役之以非所能，民力且已竭矣。民力既竭，有不堪命，而长民者，徒以催科期会为急务，于是笼之以智以愚之，使不敢喘息；钳之以威以之，使不得怨嗟，而民情益以蹙矣。"同时他又对元末农民起义前期的社会经济状况做了一个比较概括的叙述："国家数年以来亦可谓多事矣。（至元）十一年（1345），充济之间塞，决河，十三年（1347），京畿之内开营田，二者皆大役，其费累巨万。……自十二年（1346）以来，频岁用兵，天下骚动……凡转输供亿，县官不足，则尽征诸民，而所在之民，大札大侵之余，存者无几，疮痍未瘳，悉剔剔脂髓以应上之科敛。又楮币者，天下之大命也，乃沮不克行，上下均知其弊莫或有以救之。"① 元末的经济状况由此可见一般。

泰定三年（1326），河南息州赵丑厮、郭菩萨首先暴动反抗蒙元政权，揭开了元末农民战争的序幕。此后，黄河流域、长江流域到处出现了反元的武装力量：朱元璋在浙东、陈友谅在江汉、方国珍在温庆台地区、明玉珍在蜀中、张士诚在吴中、陈友定在福建……这些武装力量既与蒙元对抗，又彼此征伐，一时之间，中华大地狼烟四起，尸横遍野。元末农民战争对社会经济的发展造成了严重破坏，史书中有关的记载俯拾皆是：

> （至正）十四年（1354），汝颍盗起，蔓延南北，州县几无完城。……十七年春，乞致仕，以中原道梗，（欧阳玄）欲由蜀还乡，帝复不允。②

> 今燕赵、齐鲁之境，大河内外，长淮南北，悉为丘墟，吴陕之区，所存无几。③

> 自兵兴以来，锋镝之下，劫烧之余，荆榛骨骸，渺莽萧瑟，亘数千里无复人烟。兵祸之惨，未有甚于今日。其幸存而窃活者，沟壑是忧，又何知寿考康宁之意乎？④

> 河淮厌兵祸，城邑多荒榛。百里无几家，但见风起尘。燕雀归巢树，豺虎饥食人。向来脂膏地，死骨今如银。流亡使复业，牛种当及春。安得百龚召，错落为拊循。征讨尚未息，奈何尔遗民。⑤

> 夫自辛卯（至正十一年，1351）兵兴，闾庐所在，往往荡为灰烬。狐狸昼舞，鬼磷宵发，悲风倏然袭人，君子每为之永慨。⑥

> 何况十年来，无岁无干戈。黄尘迷道路，白骨被陂陀。原田自膴膴，孰种麦与禾。遗黎转茕茕，短褐不至踝。⑦

---

① 王祎：《王忠文集》卷6，《送吏部员外郎伊君序》。
② 《元史》卷128，《欧欧阳玄传》。
③ 《元史》卷186，《张桢传》。
④ 郑元祐：《侨吴集》卷7，《世寿堂铭》。
⑤ 张羽：《张蜕庵诗集》卷1，《杂诗》。
⑥ 宋濂：《宋学士文集》卷1，《见山楼记》。
⑦ 苏伯衡：《苏平仲文集》卷15，《送李丞赴堂邑》。

自军兴来，民不幸兵死者，无所诉其诸误。系诸有司者，幸而有诉已，有司又付之不理，讫与叛人戮死。盖杀民者，殆狗豕之不若。官以李口为职，亦莫之下已。呜呼，民之涂炭也极矣。①

自乱世以来，名门巨室，往往散落。而乡间之中，老成凋丧。②

经过 20 多年的长期战争、连年的灾荒以及元廷在镇压农民起义过程中的肆意掠夺，不少地区出现"商贾路绝"的状况。从市场的层级结构来看，小农经济受到严重破坏，城市经济也大为衰退，各级市场之间的联系也因战争不得不中断，市场进一步萎缩。从税收方面看，洪武时，全国有税课司局 400 多处，其中岁收课额米不及 500 石者，共 364 处，超过 500 石的有 30 多处③。许多全国市场的重要聚散、转运中心，商业繁盛的名城大邑也多凋敝荒凉。如顺天府，"户口凋残，十室九空"。真定府"地多荆棘，人烟萧条"。重镇大同，"城郭空虚"。河州，"城邑空虚，入骨山积"。颍州，"居民逃亡，城野空虚"。工商城市苏州，"邑里萧然，生计辞薄"④。

这样，元明之际的全国市场上，不仅基层市场受到了严重破坏，支撑区域市场乃至全国市场的不少市场中心地受到严重破坏，而且在战争中大江南北到长城内外，市场的空间关系也受到明显影响。商业的发展依赖社会和政治的稳定，在混乱的年代不仅商业发展遭到破坏，原先整个社会的商业基础也往往随着动荡的社会一并消失。特别是各方起义军与元代统治者之间的混战，以及之后各方起义军之间的混战，都对社会经济造成了巨大的破坏性影响。尽管在中国历史上不乏随军商人，但是商业发展的基础毕竟是市井，战争只能破坏其生存和发展的基础而无法真正促进其发展。因此，至明朝建立，全国范围呈现出一派荒凉凋敝的景象，人口减少，土地荒芜，北方尤甚，如河北州县，"时兵革连年，道路皆榛塞，人烟断绝"⑤。山东、河南受战争破坏尤重，"多是无人之

---

① 杨维祯：《东维子文集》卷 1，《监宪决狱诗序》。
② 张羽：《张来仪文集》之《晚翠轩记》。
③ 《明太祖实录》卷 129。
④ 《明太祖实录》卷 5、61、56、33；王锜：《寓圃杂记》卷 5。
⑤ 《明太祖实录》卷 28。

地"①，"兵难之后，流离失业者多"②。

二　明初经济政策对市场恢复发展的影响

明朝建立后，对恢复经济给予了高度重视，但对市场发展特别是富商大贾经营的批量贸易却并不支持。而明朝一系列经济政策的实施，对市场发展还产生了明显的制约，在一定程度上延缓了社会经济和市场的恢复与发展。

首先，明朝推行的户役制度，特别是在手工业领域实行的匠户制度，对市场恢复发展产生了明显影响。《大明律·户律》将户役列为第一目，足见其重要性。户役制度的核心，是官府把全国居民以户为单位，编制成若干类别役户，不同类别的役户承担相应的赋税和徭役。王毓铨统计明代全国各种名目的户役共有80多种，并指出："今天就个人有限的力量从明朝诸实录、地方志、文集、政书等文献中找到了约80几种。这80几种中最基本的都有了，但不能说那就是明朝朝廷役户的全部。"其中，最主要的四大役户是民户、军户、匠户和灶户。"民户自备牛具种田输租，以供徭役；军户自备军装盘缠守御，以供徭役；匠户祗应造作，灶户煮海制盐，马户牧养军马，牛户畜养官牛，乃至蛋户采珠，乐户供乐午宴乐，也全属徭役。"③ 总体来说，当时全国的户役大体可分为两类，一是贡纳物品，也就是向政府缴纳粮、布、绢、钱、钞等；二是提供劳役，也就是提供劳动力供统治阶级役使，如修建土木工程等。明廷建立了规模庞大的官营手工业体系，工匠由匠户充任，人数众多。洪武年间，聚集在南京的工匠，除轮坐匠外，仅轮班匠每年可达十二三万人。到了宣德年间，"天下工匠，数倍祖宗之世"④。但值得注意的是，明代规模庞大的官营手工业主要是为官府服务。明廷需的大量手工业产品，主要由这些官营手工业提供。这不仅大大束缚着工匠们的人身自由，挫伤了他们的生产积极性，而且也使民营手工业失去了巨大的商品市场，对商品经济和市场的发展造成极不利的影响。

明代役户承担的一切赋税和徭役，再加上明王朝以各种名义征调而

① 顾炎武：《日知录》卷10。

② 《明史纪事本末》卷8，《北伐中原》。

③ 王毓铨：《明朝的配户当差制》，《中国史研究》1991年第1期。

④ 《明宣宗实录》卷39。

来的各种方物等，通过财政分配渠道支撑明朝机构的运行，而不再仰仗于市场。因此有学者评价说："这种户役制的确在巩固、维护明朝政权方面是起了一定的作用，但它毕竟是一种原始的低级的劳役制，在封建社会进入后期阶段，商品经济日益发展的趋势下，对于社会经济的发展所起的作用，必然是消极的。"①

其次，明朝推行路引和市籍制度，实行海禁政策，对市场恢复发展，产生了严重制约。

明初，官府为了防止人们逃避赋役和随意外出经商，制定了路引制度。即规定凡出远门者，必须身带官府发给的路引。"若军民出百里之外，不给引者，军以逃军论，民以私度关津论。"② 商人外出从事商业活动也必须持有官府签发的"商引"，以供沿途巡检司查验。夜宿旅店，也要在"店历"上登记姓名、人数、起程日期及货物情况等，以供官府查照③。官府在盘验路引时，一经发现无引者，即逮捕治罪。如明初，南京检校高见贤与兵马指挥丁光眼等，"巡街生事，无引号者，拘拿充军"④。又洪武六年（1373）七月，常州府吕城巡检司，"盘获民无路引者，送法司论罪"⑤。由此可见，明初对路引的盘验非常严格。

明王朝在全国推行市籍制度，把坐商牢牢控制在城镇中。商人要在城市中取得居住与营业的合法权利，必须取得市籍，定期向官府申报自己行业、资本、营业状况及盈利多少等。洪武初年，官府还"命在京兵指挥领市司每三天一校勘街市度量权衡，稽牙侩物价"⑥。城镇中铺户的开业、歇业、迁徙、转行等变化，也都要受到政府的制约和束缚。朱元璋对商人的管束非常严厉，规定："无物引老者，虽引未老，无物可鬻，终日支吾者，坊厢村店拿捉赴官，治以游食，重则杀身，轻则鲸窜化外。设若见此不拿，为他人所获，所安之处，本家邻里罪如之。"⑦

---

① 王毓铨主编：《中国经济通史：明代经济卷》（下），第659—660页。
② 《大明律》卷15，《兵律三》。
③ 《明会典》卷35。
④ 刘辰：《国初事迹》。
⑤ 《明太祖实录》卷83。
⑥ 《明史》卷81，《食货五》。
⑦ 《御制大诰续编》《验商引物第五》。《续修四库全书》第862册，第270页。

也就是说，对于那些不务实的商人，国家给予的惩治非常严重，不仅自身性命难保，还要株连里甲四邻。这种市籍制度，实际上是套在商人身上的一副沉重的枷锁，因此对于全国工商业以及市场的发展，起到了一定的约束作用。

在对外贸易方面，明朝实行海禁政策，阻碍了与海外市场的联系。唐宋元时期，政府对海外贸易的态度不尽相同，但总的来看，仍比较重视海外贸易，甚至鼓励商人出海经商。但明朝建立后，对海外贸易进行严格的控制。明太祖朱元璋严令"片板不许下海"，"敢有私下诸番互市者，必置之重法"①，"凡将马牛、军需、铜钱、锻匹、绸绢、丝绵私出外境货卖及下海者，杖一百，挑担驮载之人减一等，货物船只并入官"②。在陆上也禁止商人与周边民族进行互市，洪武九年（1376），"禁秦蜀军民入西番互市"③。永乐年间，"严边关茶禁"④。正统年间，"禁外夷市铜铁器"⑤，"禁瓷器与外夷交易"⑥。明初的海外贸易，不仅在商品种类、商船数量以及来往时间上受到严格限制，而且随时面临船货被没入官和被捕处死的危险，这与唐宋元时期提倡、鼓励海外贸易的状况相比，自不可同日而语。明代这种封闭的政策，阻碍了国内外市场的联系，对于国内商业和市场的发展产生了极为不利的影响。

在明代前期有关经济政策的制约下，全国大部分地区商业不景气，市场发展缓慢，农村中经商的人很少，商业利润较低，贸易大多为短途运贩。在北方，宣德年间北京昌平地区商业发展水平仍然很低，商人"奔走负贩二三百里外，远或一月，近或十日而返，其获利厚者十二三，薄者十一，亦有尽丧其利者"，"计其终岁家居之日不一二焉"⑦。又如河南省汜水县"地瘠民贫，而性椎鲁，不善治生，以故积逋赋，多逃亡。"曾本清出任汜水县典后，"乃教民入山探药，伐

---

① 《明太祖实录》卷231。

② 《明会典》卷167。

③ 朱国祯辑：《皇明史概·大政记》卷3。

④ 朱国祯辑：《皇明史概·大政记》卷9。

⑤ 朱国祯辑：《皇明史概·大政记》卷13。

⑥ 朱国祯辑：《皇明史概·大政记》卷14。

⑦ 《明宣宗实录》卷64。

材治薪炭，为网罟渔于河。又召工为造舟，俾往来汴泗，易货财，于是民皆能自给，流亡四归，田野尽治，官无负租，民有余力[①]。商业贸易方初步兴起。在南方，在福建山区，"凡可以养生送死者，皆不待外求"，"乘势射利者亦鲜"[②]。也就是说该地区的人民生活基本可以自给，而且从事商业的人员也很少，因而与市场的联系相对较少。在江西一些交通不方便地区的农民，凡是"奉口体者皆足，而不外求"[③]，与福建山区的情况相似，基本与市场无缘。这些现象都反映了明初市场之不景气。

需要说明的是，明代全国各地经济发展水平不平衡，导致市场的发展状况也存在很大的差异。南京为代表的部分城乡市场较早恢复发展。朱元璋定都南京后，动用大量人力、物力和财力大修工程，遂成为全国政治、军事中心，较早成为全国最发达的商业城市之一。南京城内市集贸易发达，不仅商品种类繁多，而且各种货物均有固定的市场，如三山街是"时果所聚"，新桥市是"鱼菜所聚"，北门桥市则"多卖鸡鹅鱼菜等物"，内桥市则"聚卖羊只牲口"，位处交通方便的沿江沿河地带的来宾街市和龙街市为"竹木柴薪等物所聚"，江东市则"多聚客商船只米麦货物"，六畜场"买卖马牛驴骡猪羊鸡鹅等畜"，上中下塌房是"买卖缎匹布帛茶盐纸线等物"，草鞋夹则"屯集椴木"[④]。"斗门、淮清之桥，三山、大中之街，乌倮、白圭之俦，骈背项会交加，日中贸易，哄哄咤咤。"[⑤] 又如海外贸易发达的广东，"地产白金、丹砂、水银、珠玑、玳瑁、钟乳诸物，可包可筐，又贾舶一至，则奇货交集，光耀眩人"[⑥]。"珍异所出，得其物盈握，立可以致富，故人之冒险取利者，视死如假寐，虽伏欧刃者相踵，终不悔也。"[⑦] 但这显然不足以支撑起明朝初年的全国市场体系。

诚然，明朝建立之初，明廷也采取了一系列恢复经济的措施。

---

① （明）王直：《抑庵文集·所集》卷31，《曾本清墓志铭》。

② （明）王直：《抑庵文集·后集》卷20，《送陆太守序》。

③ （明）王直：《抑庵文集·后集》卷6，《送郑知县之泰和序》。

④ （明）陈沂：《洪武京城图志》。

⑤ （明）桑悦：《南都赋·明文海》卷1。

⑥ （明）吴俨：《吴文肃摘稿》卷4，《送广东参议徐群之任序》。

⑦ （明）丘濬：《重编琼台稿》卷11，《送宪副徐君赴广东诗序》。

朱元璋认为"农为国本，百需皆其所出"①。奖励垦荒、组织屯田、兴修水利、修治运河、减免赋税、大力支持经济作物种植等，不仅促进了农业生产的恢复发展，而且对城乡市场的发展，产生了重要影响。特别是经济作物种植的发展，直接推动着明初小农市场的恢复发展。

明初政府十分重视经济作物的种植，尤其注重桑、枣、柿、漆树的栽培②。洪武元年（1368），朱元璋下令农民有田 5—10 亩者，要种桑、棉、麻各半亩，10 亩以上者倍之。如果不种桑则要罚绢 1 匹，不种棉、麻的要罚棉布或麻布 1 匹③。洪武二十七年（1394）又命工部发文各司、府、州、县，务必督民种植桑、枣，并教以种植之法。又规定，各地农民有余力开地种棉者，免征其税。洪武二十八年（1395）十二月，湖广布政司上报省内所属各州县果树之数，记载桑、枣、粟、胡桃等8439 万株④，明太祖收到报告后认为湖广各县宜桑而种之者少，遂命由淮安府及徐州等处取桑种 20 万株，派人送往湖广辰、沅、靖、权、道、永各州及宝庆、衡州等处，各给 1 万株，与民种植⑤。

尤为值得注意的是，在明廷的积极倡导下，棉花种植和蚕桑业得到较快的发展。《明太祖实录》记载，洪武二十五年（1392）广平、大名等七府"（收）花千一百八十万三千余斤"⑥；洪武二十八年（1395），大名、广平、顺德、真定等七府分别收租"棉花二百四十八万斤"，"棉花五百二万五千五百余斤"⑦。明前期各地的田赋中夏税常有桑丝，如保定府洪武二十四年（1391）夏税税目中就有丁丝和农桑丝两种，"丁丝七万六千七百六十九两，桑丝三万九千一百九十八两四钱三分"⑧。桑丝即农桑丝，是根据农民植桑养蚕按株或按亩征课的丝；丁丝即人丁丝，是类似元代户丝的一种按丁户征课的丝。洪武二十六年

---

① 《明太祖实录》卷 41。

② （明）刘辰：《国初事迹》。

③ 《明史》卷 77，《食货》一。

④ 《明太祖实录》卷 243。

⑤ 《明太祖实录》卷 246。

⑥ 《明太祖实录》卷 223。

⑦ 《明太祖实录》卷 243。

⑧ 弘治《保定郡志》卷 6，《食货》。

（1393）政府规定夏税中有绢的输纳项目，共计数额为 32962 匹，所纳数额仅次于浙江、直隶（南直隶），居全国第三位，这也反映当时北平地区蚕桑生产的发展。显然，植棉纺纱、种桑养蚕的小农不可能将大量的经济作物完全留于自身消费，而是通过交换将大部分经济作物换成自己所需要的产品。这客观上为小农重返市场参与交换、促进市场体系的恢复发展，奠定了重要基础。

　　从总体上来看，元代末年市场已出现紧缩之势，在改朝换代战争的打击下，不管是市场的空间结构，还是市场的层级结构，均遭到进一步的破坏，直至明代建国，这种情形仍没有得到多大改善。洪武时期，全国社会经济正处在恢复时期，加上一系列不利于商业发展的政策的推行和实施，阻碍了市场的恢复发展，市场仍处于一片不景气的现象。甚至美国学者史乐民、万志英认为："随着汉化统治在长江三角洲地区的恢复，尤其是在集镇地区，城市规模急剧下降。即使在明代建立以前，朱元璋与张士诚之间，以及其他军阀间的战争严重破坏了三角洲地区的许多城镇"，而"朱元璋日渐显现的酷政对长江三角洲的市镇造成了毁灭性的影响。正如在元朝时交织在一起的商业和宗教活动带动市区扩展一样，这次打压运动对富庶之家、地区的繁荣和宗教文化产生极为消极影响，极大地破坏了市镇的经济、社会生活。由于必不可少的行政干预和日趋集中在国家掌控下的资源以及地方资本灌输的缺失导致城镇市场极度缺乏。三角洲地区的商品经济的下滑伴随着地区市镇的衰败持续了一个多世纪"[①]。建文帝时又发生了"靖难之变"，使北方广大地区再度遭到严重破坏，拖长了社会经济的恢复期。在这样的大背景下，全国性的批量贸易较之前代大为衰退。但同时我们也看到，明朝为了恢复和发展社会经济，采取了一系列促进农业经济发展的政策，农业经济得以快速恢复发展。特别是官府推广棉、桑等经济作物政策的实施，促进了农业中产品商品化的发展，为市场提供了更多的原产品，为后来小生产者市场的逐渐繁荣打下了基础。

---

① Paul Jakov Smith, Richard von Glahn eds. *The Song-Yuan-Ming Transition in Chinese History*. Cambridge：Harvard University Asia Center Press，2003.

第二节　永乐以后全国市场体系的恢复与发展

一　永乐至成弘前后的市镇与城乡市场

永乐至成化、弘治间，深深植根于广大农村、与小生产者紧密联系的市镇经济，首先得到了恢复发展，全国各地市镇再一次大规模增加。以市镇发展为基础的城乡市场日益活跃，对全国市场发展，起到了基础性、决定性的作用。

随着农业生产的恢复和发展，国内不少地区的社会分工和生产结构发生了较大的变化，这种变化在农村尤为明显。如南直隶应天府的溧阳县，史载："当时人皆食力，市廛之民，布在田野。""今人皆食人，田野之民，聚在市廛。奔竞无赖，张拳鼓舌，诡遇博货，淌胇胅为愚矣。"① 这两处记载说的是嘉靖朝以前明代的事情，虽然其中充满了对工商业者的蔑视，但却清楚地表明了溧阳地区社会分工发展变化的状况：最初溧阳县的社会分工还很不明显，那些从事工商业的人，主要还是"布在田野""人皆食力"的农民，这些人依然以农业为主，也就是说该地的工商业者依然没有脱离农业，其与市场的联系也不多；以后那些兼营工商业者，逐渐成为"聚在市廛"、依靠市场的手工商业者。

再如，山东临朐县："临朐民勤耕农，务蚕织作绸绢，山居民或拾山茧作绸。……亦颇种棉花为布，西南乡以果树致饶益，多麦收者好造曲交易以为利。抑或养蜂收蜜。怀资者或辇其土这所有，走江南回易以生殖，或贩鱼盐。其西南山社无业者，或伐木烧炭，烧石作灰，陶土作器，负贩以给徭役。近社之贫者，大抵以菜为业，又或织苇若秫为席薄，或编荆为筐筥，以供衣食。饼师、酒户则鳞次于市，鲜不勤者。古称通工商之便，鱼盐之利，至今为近之。"② 这段记载表明，嘉靖或更早之前，山东临朐县的农民营生的方式就已多种多样，除从事农业生产以及为手工业提供原料外，还有一部分人员从事运输业、手工业及商业，不仅增强了农业的商品性生产，还加深了与市场间的联系。

---

① （明）何乔远：《名山藏》卷60，《货值记》。
② 嘉靖《临朐县志》卷1，《风土志·民业》。

又如，河南尉氏县："工有陶工，有缝衣絮衣之工，又有麦帽、麻鞋、线屦、柳斗、簸箕、织布、结岗、熬糖、织苇席、织簿子之工，其攻金石者则间有之，为商者甚少，每月遇日赶集，间有贩竹木于万村河上者，亦有贩粮食、棉花、棉布、靛、碱于颍州溜上者，若贩油于市师，止有一二家，亦不能常。此外又有假货以取息者，有骡驴以代步者，有大车以运载者，有小车以近贩者，有以警为卜为巫祝为僧道者，皆欲贸易，乞求以谋生，亦其常业也。"[①] 说明该县分工细密，操持工商业者越来越多。

以上这些例子都是变化比较大的地区。据此，我们可知明代中期农业有了长足的发展，从而导致了农村经济一系列的变化：农业生产上出现了多种经营，为市场提供的商品化产品也越来越多；社会分工越来越细，一部分农民从农业中脱离出来，或从事单一的手工业，或从事商业；商人经营的内容和范围也越来越广，有的开铺摆摊，有的从事近地贸易，有的还从事长途贩运。这些变化不仅说明明代中期农村社会经济发生了重大变化，更说明了农民与市场的联系越来越紧密。

图 8-1　江南水乡古镇——千灯

随着农村经济的恢复和发展，社会分工的进一步加强，以及从事工商业人员的增多，集市也得到相应发展。集市的发展，首先表现在集市

数目的增多上。嘉靖前期河南境内许多县都具有数十个定期市集，如"固始县，吴楚交会，淮汝辐辏，民繁货殖，水陆转输，藉贸易以利民，资农末以通变，是故货聚有集，民趋为市焉，处凡三十七"①。再如珠江三角洲地番禺、顺德等十余州县，永乐年间只有墟市33个，嘉靖时已增至95个，万历时更发展到176个②。又如，福建顺昌县弘治年间只有墟市4个，嘉靖时增至8个③。

其次，表现在集市开市频率的增长上。如河南南阳府内乡县的西峡口，原不开集，且离县城较远，商民贸易不便，知县沃赖根据商民的需要，在此设集，每月一、五日为集期。又该县之半川里，"先亦不开集"，"陕西等处往来买卖贩枭商旅数多，艰于贸易"。最后也根据商民的要求，在此设集，"每月二七日开集生理"④。根据统计内乡县有市集27个，邓州有市集50个，其中有的市集期数，还在不断增加。其开市日期一般为10日1集，有的5日1集⑤。再如，河南柘城县的关厢集，"原间日一集"，正德五年（1509），"易为常市"。更有些商业发达的地区，可以说每天都开市，如邓州的宽埠口店，因地处丹江之东，"界三者之间，舟车四通，商贾交至，日为常市"⑥。集市开市频率的增加，显示了当时社会分工的日益深化，更有力地表明了农村集市贸易的发展。

再次，庙会开始兴起。如畿南广平府："庙之会，国初未有。自正德之初，始有此俗。先期货物人集，酒肆罗列。男女入庙烧香，以求福利。无赖之徒云集，乘机赌博，甚至斗杀淫盗，争讼由之起，如永年之娘娘庙，肥乡之赵王庙，曲周之龙王庙尤甚。"⑦ 又南直隶常州府江阴县的观音会，在广福寺中，每年六月十九日为会期，届时"吴会、金陵、淮、楚之商，迎期而集，居民器用多便之，既月而退"⑧。庙会的

---

①　嘉靖《固始县志》卷3，《集市》。

②　叶显恩、谭棣华：《明清珠江三角洲农业商业化与墟市的发展》，《广东社会科学》1984年第2期。

③　陈铿：《明清福建农村市场试探》，《中国社会经济史研究》1986年第4期。

④　成化《内乡县志》卷2，《食货略》。

⑤　王毓铨：《中国经济通史·明代经济卷》（下），第685页。

⑥　嘉靖《邓州志》卷8，《舆地志》。

⑦　嘉靖《广平府志》卷16，《风俗志》。

⑧　嘉靖《江阴县志》，《风俗记第三》；《提封记第二上》。

兴起和发展"既方便群众的采购，又沟通了生产者与消费者之间的联系以及一定范围和地区之间的物资交流，更反映了社会物质生产的提高和农工产品的商品化成分增多，从而使封建市场经济趋于兴盛，并从整体上提高了商品经济发展的力度"①。

农村集市的发展对于当时全国市场的发展具有十分重要的意义，正如许檀所评价："农村集市网是明清时期全国规模的商品流通网中一个极为重要、不可分割的组成部分。正是由于这一农村集市网的形成，才能沟通城乡市场，使商品流通几乎覆盖全国每一个角落，从而将处于不同发展阶段的各个经济区域联结为一个整体，形成分工互补。"②

明初以降，植根于农村市场土壤之中的市镇较早得到恢复发展。其中江南地区出现的市镇最多，学界对此研究成果丰硕③，兹不赘述。除江南外，全国其他地区也兴起不少市镇。位于南直隶长江北岸的瓜洲镇"镇南临大江，北距扬州府治四十五里，隶江都县，其镇有五里正，烟火几两千家，士笃于行，女安其室，淳厚之风蕴然。旧有上中下三马头，皆可济渡。又有十骐车往来之，舟小者由京口，大者由孟渎，而悉达于闽浙诸处，实乃江淮之要津也"④。可见，瓜洲镇因其位于长江北岸，是长江重要的交通渡口，因而商贸发达。淮河流域寿州的正阳镇，也是个商业兴盛的大镇。"正阳镇在寿州南六十里，淮水自桐柏来，直走其西，人家负水而居，几十千户，舟楫所通，四方商贾，无有远迩毕会于此。货物之委积，精粗美恶，交易而后退，惟人物曼丽，惟声伎繁，惟居室美好，惟服食器用侈于昔，由淮西望之，帆樯林立，屋瓦栉比，烟火云接，南北数里，连络如绣，盖中都第一镇云。"⑤ 北方卫河

---

① 王毓铨：《中国经济通史·明代经济卷》（下），第685页。

② 许檀：《明清时期农村集市的发展》，《中国经济史研究》1997年第2期。

③ 关于明代江南市镇的研究的成果颇丰，主要代表人物和著述有：傅衣凌《明清时代江南市镇经济的分析》；李国祁《清代杭嘉湖宁绍五府的市镇结构及其演变初稿》，载《中山学术文华集刊》第27期；樊树志《明代江南市镇研究》；王家范《明清江南市镇结构及历史价值初探》；陈学文《论明代江浙地区市镇经济的发展》；陈学文《明清时期嘉兴地区市镇经济的发展》；刘石吉《明清时代江南地区的专业市镇》，载《思与言》16卷2期；刘石吉《明清时期江南市镇之数量分析》；等等。

④ （明）王恕：《王端毅公文集》卷1，《重修江海潮庙祠记》。

⑤ （明）王九思：《美陂集》卷10，《寿州正阳镇新修河渠记》。

一带也出现了不少的市镇，如河南省新乡县，其城厢主要有"弦歌街集、崇化街集、安仁街集、匝恩关集、乐水关集，每日一集，周而复始"。其中"乐水关在县北门外，卫河南岸，以水路通便，故商贾蚁附，物货山集，目今最为繁广"①。新乡县位于卫河南岸，具有便利的水路交通，又是南北陆路交通要道，成为豫北的重要商业城镇，商贸繁荣，集市连日不断。直隶故城县的郑家口镇也是卫河沿岸的重要商镇之一，该镇在弘治年间已有一定规模，商业兴盛，四方商人云集。"吾邑西南有镇市目郑家口，前临卫河，接南北水陆通衢，居民殷富，商估丛集，四方货利及远地难致诸珍异，舟涉舆载，率于此驻泊，故居此者，比他镇生计颇饶。然地虽故城属，而不皆故城人也，悍而秦晋，黠而齐鲁，狡而吴越，巧倭而韩梁魏博，有所挟而勋戚校卒貂珰，厮养混处，阛阓鸥蹲虎踞，横于市，藐于法，以乾没攫取于利区，呼稽不前，征需不应，故比他镇为难治。"② 三原县，位于八百里秦川的中心，是明朝关中地区商业最繁荣的城市，早在成化年间就已发展成为一个具有相当规模的商业城市。该县城青河贯穿其中，形成南北二城，苏杭的丝绸、松江的棉布多集中于此，然后再流转西北各地。所谓"凡四方及诸边服用，率求给于此"③，因而又成为东南和西北两大地区货物交流的枢纽地。同时西北的各种药材、毛皮等特产，也是由商人收集于此，经过加工精制后，再转运远销东南沿海各地。所以此地商铺多属布庄、药材行。在当时的西北地区来说，商业兴盛，各地商贩往来，"贾人所聚"，则"三原为最"。

城市是商品的集散地，转运贸易的起落点和各地农村市场的联结点。明代永乐、成弘之后，随着社会分工的进一步扩大，商品生产的发展，农村集市的发展，交通的开辟以及社会环境的相对稳定等因素，城市市场也有了相应的发展，逐渐呈现出一派繁华的景象。

根据韩大成的研究，明代城市主要分为政治性城市、工商业性城市、海外贸易城市和边塞城市四种。④ 而这四种城市，均与明初以降的市场发展密切相关。特别是政治性城市和工商业城市，在全国市场体系

---

① 正德《新乡县志》卷1，《关厢》。

② 孙绪：《沙溪集》卷1，《赠李从周序》。

③ 马理：《溪田文集》卷3，《明三原创修新城记》。

④ 见韩大成《明代城市研究》第二章。

中发挥着十分重要的支撑作用。

政治性城市是在各种政治和行政管理中心的基础上逐渐形成和发展起来的，一般为京师、省会所在地，或为府、州、县衙所在地。一些政治型城市到了明代中叶，虽然仍具有一定的政治性，但随着商品经济的发展，其工商业和市场都比较繁荣，因而其在经济上消费性大于生产性的特点较前代为弱，当时这类城市中最具代表的就是南京、北京和开封。这三大城市在明中叶，聚集了众多的人口，城内店铺林立，工商业较发展，市场较繁荣。

工商业城市或由政治性城市转变而来，或是在集市和镇市的基础上形成的，一般分布在经济发达的地区、水陆要冲，其中一部分可能是省城、府城或州城。到了明代中期，这类城市数目不断增加，影响不断扩大，逐渐成为城市体系中充满活力的重要组成部分，在城乡市场体系和全国市场体系中扮演着越来越重要的角色。与政治性城市相比，经济性城市工商业非常繁荣，经济性功能特别突出。从产生的途径来看，这类城市是社会经济发展的直接产物，因此更能反映出一个时期、一个地区社会经济的发展水平。韩大成对这类城市中最具代表性的杭州、苏州、临清、扬州、济宁州、天津、通州、武昌、芜湖和上海做了详尽的分析，其中临清和天津则是自明代中叶才开始兴起来的城市。与政治性城市相比，这类城市政治性相对较弱，经济更加发达，商贸更加繁荣。

明代中叶，城市市场的发展也可从官府的商税征收中体现出来。随着商品经济的发展，城市中的民间商业逐渐突破官府的藩篱和限制，不断发展壮大，政府也日益加强对商税的征收。以北京为例，英宗时规定"每季缎铺纳钞一百二十贯，油磨坊机粉茶食木植剪裁绣作等铺三十六贯。余悉量货物取息及工艺受直多寡取税"[①]。正统九年（1443），"王佐掌户部，置彰仪门官房，收商税课钞，复设直省税课司官，征榷渐繁矣"[②]。至景泰二年（1451），正式颁布"收税则例"，具体规定有300多种物品的征收额，"其余估计未尽物货，俱照价值相等则例收纳"[③]。商税呈逐渐上升之势。据不完全统计，弘治时全国商税共4610090贯，

---

① 《续文献通考》卷18，《征榷考一》。
② 《明史》卷81，《食货五》。
③ 《明会典》卷35，《商税》。

至嘉靖时增至 52068109 贯①。

从城市的发展来看，随着社会的稳定和农业的恢复，明代中叶以后，城市商业贸易逐渐得到发展，除南北两京以外，宋元以来形成的一些商业城市逐渐复兴，如杭州、苏州、松江、常州、扬州等。南北大运河疏通之后，沿河的城市，如淮安、济宁、东昌、临清、德州、直沽等地，都成为比较繁荣的商业城市。而沿边的城市，如大同、开原、洮州、河州、大理等城市多与边境民族进行茶马互市或土产交易。随着商贸的繁荣，这些城市在区域市场内发挥的作用越来越大，有的甚至成为区域市场的中心。

明代中后期，以往延续下来的城镇，无论是居民规模，还是工商业繁荣程度都有所恢复，有的甚至超过前代，工商业贸易中心的经济功能明显上升；一批新的工商业城市、市镇、集市开始蓬勃兴起，构成城镇发展的新特色。城市高级市场、市镇中级市场、集市初级市场层层相连，逐渐把各地城乡联络成商业贸易网络和全国市场。

二 明中叶的区域市场与全国市场

明代中期，各地经济发展不平衡呈扩大之势，地域差异更加突出，但这一时期以一些中心城市为支点，幅射一省乃至数省的区域市场逐步恢复形成，如南方的江南市场、江西市场、湖广市场等，北方的齐鲁市场、京津市场、中原市场等。其中，有些区域市场在宋元时期就已形成，最典型的为江南市场。因此，这一时期，有些区域市场基本是以自身的历史继承性而发展来的。而区域市场的进一步拓展，则把全国市场体系的健全和发展、推进到了一个新的阶段。

明代中期的区域市场以一个或几个区域城市市场中心，它把本区域所出现的城市市场联结在一起，调剂着本区域内的商品余缺，并与其他区域市场发生联系，相互交换。比如江南的市场中心城市有苏州、南京、杭州、松江等；湖广市场的中心城市有汉口；江西市场的中心城市有南昌、赣州；齐鲁市场的中心城市有济南、青岛、临清；京津市场的市场中心城市有北京、天津、通州；中原市场的中心城市有开封、洛阳、南阳等。

---

① 郑学檬：《简明中国经济通史》，第 449 页。

以苏州为例。苏州地处长江三角洲，濒临太湖，位于大运河与娄江的交会处，城内外水道纵横，湖泊星罗棋布，是名副其实的水乡泽国；而且土地肥沃，物产丰富，是闻名全国的鱼米之乡。元末明初，苏州受战影响较小，朱元璋统治时期，将其富户迁往外地，并征调工匠服役，苏州商贸经济一度下滑。随着生产力的不断发展和社会分工的日益深入，苏州人口不断增加，商业繁茂，市场发达。明代王锜记载明初至弘治中叶苏州的发展状况时指出：

> 吴中素号繁华，自张氏（张士诚）之据，天兵所临，虽不被屠戮，人民迁徙，实三都，戍远方者相继，至营籍亦隶教坊。邑里萧然，生计鲜薄，过者增感。正统、天顺间，余尝入城，咸谓稍复其旧，然犹未盛也。迨成化间，余恒三、四年一入，则见其迥若异境。以至于今，愈益繁盛。间檐辐辏，万瓦瓷鳞，城隅濠股，亭馆布列，略无隙地。舆马从盖，壶觞罍盒，交驰于通衢。水巷中，光彩耀目，游山之舫，载妓之舟，鱼贯于绿波朱阁之间，丝竹讴舞与市声相杂。凡上供锦绮、文具、花果、珍馐奇异之物，岁有所增，若刻丝、累漆之属，自浙宋以来，其艺久废，今皆精妙，人性益巧而物产益多。①

弘治时，朝鲜官员崔溥说：

> （苏州）控三江，带五湖，沃野千里，士夫渊薮，海陆珍宝，若纱罗绫缎，金银珠玉，百工技艺，富商大贾，皆萃于此。自古天下以江南为佳丽地，而江南之中，以苏杭为第一州，此城尤最。②

这些记载足以显示明中叶苏州工商业的繁荣景象，在此基础上，苏州逐渐成为江南市场乃至全国的经济中心。

再以明代中叶新出现的城市临清为例，临清的商品市场，既为本城居民、手工业者和附近州县的农民服务，又为鲁西和直隶东部部分州县

---

① （明）王锜：《寓圃杂记》卷5，《吴中近年之盛》。
② （明）崔溥：《锦南先生漂海录》卷2。

服务。临清的商品市场，是一个以中转为主的商品市场。临清的粮食，每年销量 500 万—1000 万石，是北方的最大的粮食交易中心。临清又是南方棉织品，丝织品北销的中转站，山西、陕西、辽东的布商从这里购货北销，山东、河南各州县的布商也从这里购货回到当地发卖，这是北方的最大的纺织品市场中心，故有"冠带衣履天下"之称。山东盛产棉花。棉花收成季节，这里每天都汇集棉花数万斤，转售江南。其他如山东各州县，特别是鲁西地区所使用的山西铁器，江西瓷器，安徽、福建的茶叶都由这里进货。而山东所产的梨、枣、羊皮和其他毛织品，以及辽东的人参、貂皮等也由这里转售外省。明清时期，临清是山东也是北方重要的商品转运市场①。

　　明中叶以后区域市场的发展，不仅表现在本区域内各州县之间商品交换增加，也表现在各区域市场之间商品交换增加，以及北方各区域市场和南方各区域市场商品交换的增加。明中叶已经形成了几种主要商品的跨区域专业性市场②。

　　粮食市场。明中叶，北方各区域市场都不同程度的缺粮，实际上，这种情况在整个明清都很突出。当然各地缺粮的原因不同。山东主要是由于土地大量被用来种植棉花，种植粮食作物的耕地面积相对减少而造成；直隶则主要是因为明清两代的京师都设置在北京，这里聚居着众多的官吏与军队的结果；而山西、陕西位居要冲，特别是明代，北方蒙古一直威胁明朝的统治，这里设置了九边重镇，驻扎着庞大的军队，清代，西北战争不断，这里临近前线，但是这里山地较多，土地瘠薄，生产力水平较低，因而当地所产粮食不敷需要。总之，北方各省缺粮的因素，很多是北方地区自己所解决不了的。为此，明清政府都十分重视解决北方的粮食问题。无论是明代还是清代都存在一个南粮北运问题。当然，北运的粮食并非都属商品而进入市场，其中相当大的部分属于江南田赋，通过运河输往北方的漕粮。但是也不能否认南方的一些粮食也同时进入了北方市场。

　　棉花棉布市场。明代，棉花是种植地域最广的经济作物之一。宋代我国就已有种植棉花的记载，但到宋末元初，棉花种植才得到较迅速地

---

①　参见许檀《明清时期的临清商业》，《中国经济史研究》1986 年第 2 期。

②　参见姜守鹏《明清北方市场研究》，第 141—152 页。

推广。进入明代后，南于政府的鼓励，在地域上推广更快，成化、弘治时已是"其种已遍布于天下，地无南北皆宜之，人无贫富皆赖之"①。当时北方以河南、山东，南方以松江府、苏州府及嘉兴府种植棉花最广。

但值得注意的是，明代以棉花为原料的棉布生产却主要集中在江南。北方的山东、河南虽生产棉花，但是织布业却没有南方发达，因而棉布不足自给，靠自江南贩运棉布供应，如正德年间，松江布销路非常广泛，史载"衣被天下，虽苏杭不及也"②。其所产之布，"用之邑者有限，而捆载舟输行贾于齐鲁之境者常什六。彼氓之衣缕，往往为邑工也"③。

丝织品市场。明代中叶，山东等北方个别地区的丝织业也有一定的发展，但主要供应本地市场，因此北方其他市场上的丝织品主要来自江南。正如文献所载："秦、晋、燕、周大贾，不远数千里而求罗、绮、缯、帛者，必走浙之东也。"④ 苏州的丝织业很出名，史载，"绫绵纻丝纱罗绸绢皆出自郡城关房，产兼两邑，而东城为盛。比屋皆工织作，转贸四方，吴之大资也"⑤。温州所产克丝为温州丝织品中的精品，早在弘治以前就已闻名国内，"温克丝之名遍东南，言衣者必资焉……而精好夺绮谷，近年他郡往往转致"⑥。

此外，以山东聊城、临清、直隶事鹿县等为中心的皮货区域市场，以福建、江西等为中心的纸张区域市场，以山东、河南、河间府等为中心的果品区域市场，以福建、江苏、云南等地为中心的药材区域市场，以景德镇为中心的瓷器区域市场等在明中叶也开始兴起。

显然，各区域市场间交换的商品主要是与民生密切相关的手工业产品和经济作物产品。从区域市场发展的总体情况来看，全国许多地区市镇网络的联系不断加偿、不少地区已形成有机、完整的区域市场。而跨区域市场的专业性市场，则进一步推动着全国市场体系的健全和发展。

---

① 徐光启：《农政全书》卷5，引丘浚《大学衍义补》。
② 正德《松江府志》卷4，《风俗》。
③ 嘉靖《常熟县志》卷4，《食货志》。
④ 张瀚：《松窗梦语》卷4，《商贾记》。
⑤ 嘉靖《吴邑志》卷14，《土产物货谷菽蔬果上》。
⑥ 弘治《温州府志》卷7，《物产》。

尤为值得注意的是，边贸市场的发展、钞关设置的变迁和大商人群体的兴起，分别从不同角度，反映出全国市场体系的发展，逐步进入了一个新的阶段。

明代中叶，边贸市场的发展主要表现在北方的茶马贸易上。从官方贸易来说，正统三年（1438），始设大同马市。成化十四年（1477），增开原城东与广宁马市，并规定：开原每月开市一次，市期为初一至初五，广宁每月开市两次：初一至初五一次，十六至二十一次①。嘉靖三十年（1551），增开宣府马市。后一度停罢，隆庆和议后又重新开设②，然后又根据满、蒙、汉各族的要求，在他们居住接壤处，增开了多处马市；马市之后，又开有民市、月市、小市和木市③。明代中叶，由官府主导的茶马互市依然带有浓烈的强制性的特点，但仍在很大程度上体现了中原地区与边境地区（或者说农业地区与畜牧地区）商贸的往来。从民间贸易来看，虽然明朝多次禁止民间私商进行的茶马贸易，但实际上民间的这种贸易比较兴旺，在一定程度上冲击了官方茶马互市的贸易，甚至超过了官方贸易的发展，如正统十三年（1448年）二月，陕西洮州茶马司再次建议禁止私商进行茶马贸易，并说："近年府卫军民兴贩私茶者多，是以产茶处所，竞以细茶货卖，而以粗茶纳官。价既不伦；粗茶复非番人所好，所买不完，职此之故。"④于是朝廷令四川等产茶地严禁民间私贩茶叶，务必纳官细茶。然而，民间的茶马贸易仍然禁而不止，所以朝廷又不得不实行"开中法"，即允许私商到藏区贩茶易马。弘治年间，杨一清整顿茶课和茶运制度，将茶运制度由官运改为商运⑤。自此，商人合法介入完全由政府控制的茶马贸易。正德年间，明政府实行抽分制后，"官商皆得易马，而善马尽易于商茶矣"⑥。这样做的结果，不但增加了政府的租税收入，而且扩大了马匹的输入，从而加速了边疆地区与内地进行各项物资的交流，促进了汉族与边疆各少数民族之间的友好往来和经济文化的发展。此后，明代茶马贸易的主要形

① 《辽东志》卷3。
② 《明史》卷81，《食货五·马市》。
③ 韩大成：《明代城市研究》第134页。
④ 《明英宗实录》，正统十三年四月。
⑤ （明）杨一清：《为修复茶马旧制以抚驭番夷安靖地方事》，《明经世文编》卷115。
⑥ 乔世宁：《丘隅意见》。

图 8-2　云南山区茶盐贸易小镇——沙溪
（王文成　摄）

式逐渐转为以商人为核心的私市交易。

钞关设置的变迁也反映了全国商贸的发展与互动。宣德四年（1428），明政府设漷县、临清、济宁、徐州、淮安、扬州、上新河七大钞关。正统四年（1438），裁撤济宁、徐州两处钞关。正统十一年（1445），将漷县钞关移至河西务。景泰元年（1450），增设苏州浒墅关、杭州北新关、九江、湖广金沙洲四处钞关。成化八年（1471），增设凤阳正阳关钞关。嘉靖六年（1526），裁撤上新河钞关。崇祯三年（1629）又增设芜湖钞关①。以上即为明代钞关设置的沿革变化，从中可以看出，钞关之制始于明初，但到了明代中期已基本稳定下来。其建立的目的虽在于增加税收，解决财政困难，所造成的结果也有很多不利因素，但却在很大程度上反映了明代商贸的发展水平。从明代所设钞关所处的地理位置来看，它们大多位于运河和长江这两条在当时国内运输中占有十分重要地位的水路运输线上。有学者认为："由于南北运河和长江在当时国内运输中的重要地位，可以认为这是明政府将钞关在全国范围内的推广。"② 钞关作为一种征税制度和机构，其在全国范围内的

①　参考魏林《明钞关的设置与管理制度》，《郑州大学学报》（哲学社会科学版）1986 年第 1 期。

②　参考魏林《明钞关的设置与管理制度》，《郑州大学学报》（哲学社会科学版）1986 年第 1 期。

推广确能反映当时商贸的发展，很多学者的成果也证实了这一点，如姜晓萍在对明代商税进行深入研究后，发现"（明代）各个时期征税状况的变化，恰恰反映了明代商业由复苏、繁荣走向重创的曲折过程。关税的发达亦表明明中后期国内市场规模的扩大和商品流通的活跃"①。林葳认为："明代钞关税收可视为当时跨区域大市场上商品流通量的一个反映"；"钞关税收之变化，说明在明代中后期已出现了以江南经济区为中心的各区域间商业联系的新型经济格局，并反映出当时长途贩运的商品内容开始了以民生用品为主的定向性演变趋势"②。余清良通过对明代钞关制度与区域商品经济发展之间的关系的考察，认为："明王朝于景泰元年时大规模地增建南方四个钞关，扩展钞关建置的整体布局，并不是在主观上随意进行的，实际上是由当时南部区域商品经济的迅速发展所带来的全国商品贸易格局的急剧变化所最终决定的。换言之，区域商品经济和商品贸易发展所带来的客观经济基础的变迁才是明政府最终考虑增建钞关和调整整体布局的决定性因素。"③

　　明代中期，随着经济的恢复和发展，商品市场进一步开拓，全国经济联系进一步加强，于是富商大贾再次大量出现在人们的视野中。史书中关于他们的记载也随之增多。如活动于成化至正德年间的大商人查岩振，"岭南塞北，饱谙寒暑之劳；吴组荆襄，频历风波之险"④。弘治、正德时期的黄崇敬，"初游齐、鲁、燕、赵之间，既而止淮扬，效猗顿氏，治赀能择人任时……赀大饶浴"⑤。成化、嘉靖年间的时席铭"……于是历吴越，游楚魏，泛江湖懋迁居积，起家巨万金，而蒲称大家必曰南席云……"⑥ 正德、嘉靖年间的黄豹，"挟赀以游荆襄南楚……（后又）辈其资斧之淮南，淮南南楚都会之地，鱼盐之饶，公

---

　　① 姜晓萍：《明代商税的征收与管理》，《西南师范大学学报》（哲学社会科学版）1994年第4期。

　　② 林葳：《明代钞关税收的变化与商品流通》，载《中国社会科学研究生院学报》1990年第3期。

　　③ 余清良：《明代钞关制度研究中的四个问题》，《学术月刊》2009年第41期。

　　④ 《休宁西门查氏祠记·风湖处士彦辉查公墓志铭》。

　　⑤ （歙县）《竦塘黄氏宗谱》卷5，《明处士竹窗黄公崇敬行状》。

　　⑥ （明）韩邦奇：《苑洛集》卷6。

绝机诈，一为廉贾，久之，一年给，二年足，三年……为大贾矣"①。
正德、嘉靖年间的汪福光，"贾盐于江淮间，艘至千只，率子弟贸易往
来……用是赀至巨万"②。正德、嘉靖年间的程澧，其经商范围"东北
吴会，尽松江，遵海走维扬，北抵幽蓟"③。嘉靖年间，阮弼在芜湖立
局染纸，"五方购者益集，其所转谷遍于吴、越、荆、梁、燕、豫、齐、
鲁之间，则又分局而贾要津"④。这样的例子还有很多。当时的富商大
贾主要来源有二：地主缙绅以及小手工业者和小商贩中的发财致富
者⑤。自这些记载可以看出，自明中叶后，从富商大贾的数量来看，呈
日益增多的趋势；从其活动的地区来看，极为广泛，从城市到乡村，从
内地到边疆，从陆地到海岛，几乎全国各地都有他们的踪影。富商大贾
人数的增多及其活动范围的扩大，既是当时全国商贸和市场发展的结
果，又是商贸和市场发展的重要表现之一。

　　从总体上来看，明代中叶，生产力进一步发展，社会分工进一步深
化，经济发展，商贸发达，城乡市场较为繁荣，宋元以来形成的区域市
场、水墨画式的全国市场也在此基础上得以继续发展。为全国性市场的
形成奠定了坚实的基础。这一时期，就市场的层级结构而言，农村集市
全面恢复，城镇市场也得到相应发展，商业性的城市逐渐增多，政治性
城市的经济功能也得到加强。到明中叶，全国各主要省区，尤其是经济
较为发达的地区，市场层级逐步健全，城乡市场体系进一步完善；就市
场的空间结构来看，沿边市场、边贸市场与内地市场的整合加强，幅射
范围扩大，常态化的批量商品贸易，进一步突破了地域的限制，成为联
系全国各地的重要纽带。这些反映在商品流通上，小农与市场的联系进
一步密切，投入市场的农产品及手工业产品无论在规模上还是在种类上
都有所发展，南北交流进一步扩大，商品的市场进一步开拓，大规模、
远距离的贩运贸易长足发展，富商大贾也随之日益增多，市场机制发挥
的作用也越来越大健全的、成熟的全国性统一市场体系，进入了"工笔
画"式的新阶段。

---

① （歙县）《竦塘黄氏宗谱》卷5，《明故处士黄公豹行状》。
② （歙县）《竦塘黄氏宗谱》卷5，《益府典膳福光公暨配金孺人墓志铭》。
③ 《太函集》卷52，《明故明威将军新安卫指挥金事衡山程季公墓志铭》。
④ 《太函集》卷35，《明赐级阮长公传》。
⑤ 韩大成：《明代城市研究》，第159页。

第九章

"银钱钞相兼"的尝试与
"银钱兼行"的确立

在元代市场发展与元廷货币政策的作用下，"银钞相权"的货币流通格局已出现了两个明显的发展趋势，即把纸币作为纯粹的朝廷信用工具，完全依托朝廷的信誉维持其价值；同时白银已在大宗交易、批量贸易中广泛流通，并成为大额财富保值的工具，铜钱复出，成为零碎交易和价值贮藏的工具。特别是至正币制改革，再一次证明了银、钱、楮三者之间已难以维持并行流通的格局。明朝建立前后，首先基于江淮地区铜钱流通的现实，恢复铜钱的铸行。统一全国后继而发行了同时以白银和铜钱作价的"大明宝钞"，并禁止白银流通，尝试银钱钞相兼并用。然而，明钞实际上却不再与银、钱的价值相联系，成为纯粹依托朝廷信誉发行的纸币。明廷通过同时取缔白银与铜钱进入市场的资格，维持宝钞的流通。最终宝钞在白银禁而不止、铜钱时停时铸、禁行反复中，完全退出市场。市场上只留下了民间广泛流通的白银与铜钱，"银钱兼行"的货币流通格局随之确立。

第一节　铸钱、行钞、禁银与"银钱钞相兼"

一　铜钱铸行的逐步恢复

元末农民起义首先在南方形成燎原之势，决定了南方农民起义军政权接触到的、希望获得的是适宜于小生产者交换的货币。因此各农民起义政权建立后，纷纷开始在占领区内铸行铜钱。从至正十三年（1353）张士诚铸"天佑通宝"、韩林儿铸"龙凤通宝"、徐寿辉铸"天启通宝"

和"天定通宝"、陈友谅铸"大义通宝",直至朱元璋铸"大中通宝"[①],无一例外都是以自己定的年号,铸元朝历经禁、废、括、拘而不止,最终只能恢复其货币地位的铜钱。而明朝建立后,铜钱不仅当然地继续充当朝廷认可的合法货币,而且也是与小生产者市场恢复和发展相适应的货币。

朱元璋除正式称帝之前已于至正二十一年(1361)在应天设宝源局铸行"大中通宝"钱外,至正二十四年(1364)又"命江西行省置货泉局,颁大中通宝钱五等钱式"[②]。也就是说,大中通宝前后铸造了两次,即至正二十一年和至正二十四年两次。

至于铸行大中通宝钱的原因,《明太祖实录》载:至正二十一年"置宝源局,铸'大中通宝'钱。先是,中书省议,以国家新立,钱法未定,民以米麦与钱相贸易,每米一石官值钱千,而民间私易,加至三千,然钱货低昂岂能久而不变,今请置宝源局于应天府,铸'大中通宝'钱,使与历代钱兼行,以四百为一贯,四十为一两,四文为一钱,其物货价值,一此民便,设官以主其事。上从之"[③]。

从中书省提议铸大中通宝钱的理由来看,可归纳为以下几点:一是当时政府没有颁布新钱法,民众以实物与历代古钱相交易,市场较为混乱;二是民间市场上"物贵钱贱"问题凸显;三是铸新钱可以通过稳定铜钱价值达到稳定物价目的,同时也方便民众交易。

大中通宝作为官府铸行的铜钱,其法定货币地位显然是没有疑问的。明确规定:"以四百为一贯,四十为一两,四文为一钱,设官专管。江西等行省各置货泉局,颁大中通宝大小五等钱,设官铸造。"[④]可以看出,从应天府设宝源局开始,随后在各省分设宝泉局进行鼓铸。从各省所铸钱背面局名来看,"计有北平、豫、济、京、浙、福、鄂、广、桂等"[⑤]。这五等钱即平钱(当一钱)、当二钱、当三钱、当五钱、当十钱,重量分别依次为1钱、2钱、3钱、5钱、10钱。《明书·食货志》云:"洪武初,置宝源局于应天,铸大中通宝钱,与历代古钱兼行,以

---

① 参见彭信威《中国货币史》,第570—571页。
② 张廷玉等:《明史》卷81,《食货》五。
③ 《明太祖实录》卷9,至正二十一年二月己亥。
④ (明)李梦阳:正德《明会典》卷34,《户部十九·钱法》。
⑤ 彭信威:《中国货币史》,第469页。

四百为一贯，四文为一钱。其货钱相贸从民便，设官以主其事。已，敕户部及各行省铸洪武通宝钱，当十、当五、当三、折二、若小钱，凡五等。当十钱重一两，余各如其当之数，而小钱以一钱为准。"①《皇朝世法录》也将大中通宝钱形制与洪武通宝钱混在一起："洪武初，置宝源局于应天府。铸大中通宝钱，与历代钱兼行。……大中通宝，大小五等钱，设官铸造，令户部及各行省铸造洪武通宝钱。其制凡五等：当十钱，重一两；当五钱，重五钱；当三当二，重皆如其当之数，小钱重一钱。"② 形成了大钱与小钱并用的铜钱流通格局。总体来讲，由于明初仍然在一定范围使用元钞，而铜料难得，因此铸钱的量并不大。大中通宝"两次铸造总共只有四万二千二百二十贯，其中一部分大钱后来用来改铸洪武小钱"③。从上述史料来看，显然是将大中通宝两次铸造时间与铸造洪武通宝钱时间混为一体了，而且介绍的五等钱式看起来是洪武通宝钱的钱式，事实上也是大中通宝钱的钱式④。如果我们仔细分析，还是可以清晰地看到大中通宝钱的铸造进程和所铸钱式。

明朝建国前在流通铜钱方面有几点需要补充：一是流通中所铸行的"大中通宝"钱五等共同在市场上流通，即大钱与小钱相辅相通；二是除了流通并新铸的大中通宝钱外，原来的旧钱照样可以流通，这一方面说明新铸铜钱数量不足以应付市场对铜钱的需求量，另一方面说明当时市场上流通的铜钱类型较多，情况较为复杂；三是针对市场上元钞仍然流通的事实，对元钞和铜钱间的比价作了规定"四十（文）为一两，四文为一钱"⑤。

1368 年，明朝建立，定为洪武元年。朱元璋铸行"洪武通宝"钱，

---

① （清初）傅维鳞纂：《明书·食货志·钱法》。

② （明）陈仁锡：《皇明世法录》卷 33，《钱法》。

③ 彭信威：《中国货币史》，上海人民出版社 2007 年版，第 499 页。

④ "大中通宝"钱和"洪武通宝"钱同是五等钱式：即当十钱、当五钱、当三钱、当二钱、小钱。且重量要求都相同：当十钱重一两，当五钱重五钱，当三钱重三钱，当二钱重二钱，小钱重一钱。

⑤ 《明太祖实录》卷 9，辛丑年二月癸未。彭信威先生认为交钞一贯等于十两的价格体系在元朝从未出现过，因而认为有可能"使交钞一两作实钱四十文使用，十两钞作一贯使用"。参见彭信威《中国货币史》，上海人民出版社 2007 年版，第 468—469 页。

并命"各行省皆设宝泉局，与宝源局并铸"①。洪武通宝钱与大中通宝钱式样一样，也同样分别铸行一钱、当二、当三、当五、当十共五等钱。"洪武元年三月辛未，命户部及行省鼓铸洪武通宝。其制凡五等：当十钱重一两，当五钱重五钱，当三钱重三钱，当二钱重二钱，小钱重一钱。"②该史料对洪武通宝钱的鼓铸过程和钱制情况描述得已相当清楚。这样看来，令各省与京城均设铸钱局，充分体现了明朝建国后在全国实行统一的铜钱流通制度的精神，只是这种期望实际上无法真正实现而已③。

洪武通宝钱在铸行过程中有一定的反复。洪武四年（1371）二月，"命改铸大中、洪武通宝大钱为小钱"④。这一举措有恢复刚开始铸造大中通宝时只行一文平钱的想法，即企图实行单一的铜钱制。但是，这一改革并未长期坚持下去，洪武八年（1375）因发行大明宝钞而停止宝源局的鼓铸。次年，又紧接着停止了各省局的铸造。到洪武十年再次恢复各省宝泉局，铸造小平钱，与钞兼行，并明文规定百文以下用钱。洪武八年（1375）在诏造大明宝钞时，明太祖就以法令形式规定："凡商税课程钱钞兼收，钱十三，钞十七。一百文以下，则止用铜钱。"⑤洪武十年，又令各省宝泉局"铸小钱与钞兼行，百文以下止用钱"⑥。洪武二十年时又出现了一次停止铸钱的反复，洪武二十二年（1389）再一次恢复五等铸钱制度。并据《明史》卷81《食货五·钱钞》记载，重新改革以后的新钱在其后背都要铸上记重钱文，如"一钱""二钱""三钱""五钱""一两"（"一两"钱还在穿孔上方加铸一个"十"字，表示其值当平钱十文）。

---

① 《明史》卷81，《食货五·钱钞》。

② 《明太祖实录》卷31，洪武元年三月辛未。

③ 王俪阎在《大明通行宝钞考》中说："一方面，由于政府财政力量不足，铜源短缺，铜钱铸造数量有限，出现供给困难，同时官府为了得到足够铜材，令人民以私铸钱及铜器输官的做法，引起民间的抱怨与不安。另一方面，随着商品经济发展，贸易用钱量增大，不便携带的铜钱成为商业周转的弊端，已经习惯于用纸币交易的商贾们不愿意为铜钱所累。在这样的情形下，明太祖决定改用纸钞。"载《中国钱币》2009年第3期。

④ 《明太祖实录》卷61，洪武四年二月丁卯。

⑤ 《明太祖实录》卷98，洪武八年三月辛酉。

⑥ 《续文献通考》卷11，《钱币五·明钱》。

至于洪武通宝的铸造量，史书并没有完整、一致的记载，《太祖洪武实录》只记载有洪武元年（1368）的八万九千多贯和洪武八年（1375）的十九万九千八百四十九贯八百三十二文。而对于洪武二十六年（1393）的铸钱量虽多有记载，却各有出入。《明会典》记载全国有226座半铸炉，铸钱数为一亿八千九百四十一万四千八百文（十八万九千四百一十四贯八百文）①；《明书》说洪武时全国共有225座铸炉②，按当时每座炉较为固定的铸额计算，与《明会典》记载的铸钱量有偏差数；而彭信威先生则认为铸钱数应为一亿九千零四十一万四千八百文（十九万零四百一十四贯八百文）③。明初由于有几朝并未新铸钱，加之还不时对行钱加以禁止，因此，明初总体来讲铸钱并不多。这也是为什么不仅仅在明初，即使有明一代，在铜钱流通中基本上都允许本朝制钱和历代旧钱一起流通的重要原因。

二 宝钞的发行与银禁政策的实施

明朝建立后不久，政府就有仿宋、元两代传统发行纸币的考虑。事实上，明代在发行大明宝钞之前，市场上元钞仍然在流通。换言之，明代建国后政府并未以法律形式取消元钞。明初元钞仍然有流通，在史书记载中也存在。《续文献通考》记载至正二十一年（1361）朱元璋铸造"大中通宝"时，"凡商税三十取一，收钞及钱"④。《明太祖实录》中记载有洪武二年（1369）六月，明太祖赏赐"思州万户张思温绮帛钞锭"一事⑤。大明宝钞是在洪武八年才发行的，因此，上述文献记载中的"钞"当属元钞无疑。不仅如此，朱元璋铸"大中通宝"时，曾明确"以四百文为一贯，四十文为一两，四文为一钱"，按元钞的"贯""两""钱"确定铜钱在流通中的价值，而且在洪武元年（1368）颁行的《计赃时估》中，详细列出了各种商品计赃折算为钞价，其中白银1两折80贯，铜钱1千文也折80贯⑥。银、钱的价值单位仍旧按钞贯

---

① 《明会典》卷194，《铸钱》。

② 傅维鳞：《明书》卷81，《食货志》。

③ 彭信威：《中国货币史》，第499页。

④ 《续文献通考》卷18，《征榷一》。

⑤ 《明太祖实录》卷43，洪武二年六月丁卯。

⑥ 《明会典》卷179，《计赃时估》。

（两）计算。也正是在"商贾沿元之旧习用钞，多不便用钱"① 的情况下，明廷承袭了元朝用钞的余绪，开始发行大明宝钞。

图 9-1　大明通行宝钞一贯钞版及三百文钞

图片来源：《中国古钞图辑》，彩图七、九。

大明宝钞虽然是在洪武八年发行的，但洪武七年（1374）设宝钞提举司负责统筹印行纸币一事当为其前奏②。明洪武八年（1375）三月，明太祖命中书省印行"大明宝钞"，以桑树皮作为原材料。"诏造大明宝钞。时中书省及在外各行省皆置局以鼓铸铜钱，有司责民出铜，民间皆毁器物以输官鼓铸，甚劳，而奸民复多盗铸者。又商贾转易，钱重道远，不能多致，颇不便。上以宋有交会法，而元时亦尝造交钞及中统、至正宝钞，其法省便，易于流转，可以去鼓铸之害。遂诏中书省造之。"③ 从诏书中来看，印行大明宝钞的原因已交代得十分清楚。黄阿明将发行大明宝钞的原因归纳为五点：一是大量铸造铜钱则铜料不足而伤民，二是行铸钱易促使私铸之风，三是铜钱价值小、笨重不便商贾流转，四是宋、元行钞经验可以借鉴，五是"明初政府空竭，金银储备缺

---

① 《明史》卷，《食货》五。

② 《明史》卷 81，《食货志五》。

③ 《明太祖实录》卷 98，洪武八年三月辛酉。

乏，财政窘迫，因此发行宝钞以济金银不足"①。并认为第五点原因是明太祖在诏书中不便明言的。

上述原因的确在当时是存在的。明初铸造"大中通宝""洪武通宝"一方面大量缺乏铜料，政府被迫向民间收铜料，使得百姓苦不堪言，抱怨极大。更重要的是，铜料缺乏无疑会提升铜钱的购买力，铸钱成为有厚利可图之事，从而诱发私铸之风；另一方面，铜钱自身价值小的缺陷又不利于大额交易和长途转运贸易。铜钱显然是无法适应明初社会经济发展的客观需要的。那么在大额贸易和长途转运贸易中使用何种货币是必须要认真考虑的。其实，在当时政府的选择并不复杂，无非是金银和钞两种而已。而明初官府掌握的金银是无法以其支持巨大财政开支的，行钞自然成为首选。宋元行钞无疑会给明代行钞带来借鉴，但是有一点需要说明一下，即明代政府只学宋、元两代行钞解决财政困境的经验，却并未能学习前代在维持钞值和稳定钞的信用度方面的宝贵经验②。

大明宝钞的形制方高一尺，阔六寸许③，正上方有"大明通行宝钞"的横题。最下端写有"中书省奏准印造大明宝钞，与铜钱通行使用，伪造者斩，告捕者赏银二百十五两，仍给犯人财产……每钞一贯，准铜钱一千，银一两，其余皆以是为差"。面额共分为六等："其等凡有六：曰一贯、曰五百文、四百文、三百文、二百文、一百文。"④ 即分为一贯（1000 文）、500 文、400 文、300 文、200 文、100 文共 6种，最大面值一贯，最小面值 100 文。

洪武二十二年（1389）四月，户部奏请复造小钞，遂印造自十文至五十文五等小钞，"以便民间"⑤。明廷更造新钞，增加发行的小面值纸币有 10 文、20 文、30 文、40 文、50 文共五等，体现了政府想以小

---

① 黄阿明：《明代货币白银化与国家制度变革研究》，第 31—32 页。

② 没有建立金银或铜钱作为准备金的制度，也没有通过定期换届回收旧钞。这两点无疑是大明宝钞自发行起持续价值下跌的关键因素。

③ 参见丘光明《中国古代度量衡》一书中对中国历史博物馆藏完整的 39 张大明宝钞进行实物测量，发现这些明钞长宽误差不大，纸边平均长 34 厘米，纸边宽则应为 20.4 厘米。第 181—182 页。

④ 《明太祖实录》卷 98，洪武八年三月辛酉。

⑤ 《明太祖实录》卷 196，洪武二十二年四月戊申。

面值宝钞代替一部分铜钱，以银钱为价值基准，以大钞与小钞、铜钱同行，代替大额交易用钞、小额交易用铜钱的格局。

洪武三十一年（1398），户部再议"改铸造钞铜板"，自 20 文至 50 文凡 63 版①。此次更造小钞之板，似乎因为太祖的去世而搁置下来。因此，大明宝钞实际发行有两类：一类是大钞，面值从百文至一贯六等；另一类是小钞，面值从十文至五十文五等。

大明宝钞发行后，洪武中前期大额交易中在政府的强制推行下较好地行用。这一点可以通过徽州土地买卖契约中得到一定的印证。张纯厅摘抄下来的洪武二十六年（1393）徽州《休宁县朱宋涛卖田赤契》记载："十二都九保住人朱宋涛，今为日食不给，同母亲吴氏已姑商议，愿将承父户下有田二号……自情愿奖前项二号四至内田，尽行立契出卖与汪猷名下，面议时值钞九贯文……"②可见，洪武二十六年时徽州地区的大额交易（土地买卖当属大额交易）是用钞进行的。

即使到了永乐年间民间土地交易中仍大量用钞。又以张纯厅摘抄的另一份永乐十四年（1416）徽州地契《祁门谢俊杰等卖火佃住宅基地赤契》为例："十西都谢俊杰同弟俊贤、俊良，今为户门家缘无钞支用，奉母亲凌氏，自情愿将火佃汪祖住基地一片，坐落本宅门前……其地并屋与兄祯祥兄弟相共。祯祥兄弟九分内得六分，俊杰兄弟九分中给三分，内取一分尽数立契卖与叔谢振安名下，面议时值钞二百一十贯，其钞当日收足无欠。"③无疑永乐时期徽州在土地交易中以钞交易仍然是常见的。

大明宝钞的发行先后由中书省和户部印行。明代一直没有建立系统的宝钞发行制度，其发行渠道正如黄仁宇所言，主要是通过皇帝赏赐、政府开支和救济的形式④。从史料记载来看，皇帝赏赐量是很大的，以洪武二十三年（1390）为例，据黄仁宇估计当年赏赐总额可能已高达

---

① 《明太祖实录》卷 257，洪武三十一年四月丁丑。

② 张纯厅：《明代徽州散件卖契之研究——兼论土地所有权的变化》，硕士学位论文，台湾成功大学历史研究所，2003 年，第 90 页。

③ 张纯厅：《明代徽州散件卖契之研究——兼论土地所有权的变化》，硕士学位论文，台湾成功大学历史研究所，2003 年，第 90 页。

④ 黄仁宇：《万历十五年》，生活·读书·新知三联书店 2003 年版。第 154 页。

9500 万贯，而该年政府的收入按纸币计算才有 2038.299 万贯①。明代政府开支中官员和军人的俸给主要是以实物和宝钞一起支付，唐文基以洪武十三年（1380）为例，统计出当时在京官员共有 1681 人，每年俸给钞合共 33995 贯②。

明代宝钞与前代纸币在发行上有两大不同：一是明代纸币前后只发行"大明宝钞"一个版本。建文四年（1402）户部尚书夏原吉言："宝钞提举司钞板岁久，篆文销乏，且皆洪武年号。明年改元永乐，宜并更之。"太宗曰："板岁久则当易，但不必改洪武为永乐。盖朕所遵用皆太祖成宪，虽永用洪武可也。"③ 二是大明宝钞没有分界。我们知道，宋代交子、会子发行以三年为一界，以新换旧④。由于以三年为一个纸币发行周期，则有一个以新换旧的过程，即以新钞回收旧钞过程。加之旧钞还可以兑换白银、铜钱等金属货币，这些举措无疑大大加强了民众对纸币的信心。

明代的白银仍然是一种称量货币，基本单位为两，依据形状可以分为银锭、碎银。其中，银锭形如马蹄形，在民间俗称为"元宝"。元宝一锭多为 50 两，当然也有 10 两一锭的中等银锭。民间甚至还流通 3—5 两不等的小银锭。明代从起初的货币制度上来看，并末明令取缔市场上用银的合法性。但洪武钞法颁行后，这一政策却发生了重大变化。一方面，白银仍旧是宝钞的价值基准之一，按每钞一贯值银一两的比价、决定纸币价值。宝钞发行之初，民间银两可兑换为纸币行用，"若有以金银易钞者听。"另一方面，明确规定："禁民间不得以金银物货交易、违者治其罪。"⑤ 白银成为官府收贮入库、不得在民间市场上流通，却禁而不止。⑥

---

① 黄仁宇（Ray Huang）：《十六世纪明代中国之财政与税收》（Taxation and governmental finance in sixteenth-century Ming China），阿风、倪玉平、徐卫东译，第 82 页。

② 唐文基：《论明朝的宝钞政策》，载《福建论坛》（文史哲版）2000 年。

③ （明）徐学聚：《国朝典汇》卷 94，《户部八·钞法》。

④ 彭信威认为"所谓三年为一届应当是指官交子，而且所谓三年只是说挂带三个年头，并不是说满三年。中国人算年岁一向是不算足年的。所谓三年一换，实际上就是两足年一换。"见彭信威《中国货币史》，第 316 页。

⑤ 《明太祖实录》卷 98，洪武八年三月辛酉；卷 251，洪武三十年三月甲子。

⑥ 王文成：《明朝洪武八年（1375）钞法与元末明初的金银钱钞》，《中国经济史研究》2020 年第 4 期。

　　洪武、永乐年间，为了维护宝钞的流通，明廷曾数次颁布法令禁止金银在民间市场上的流通。洪武三十年（1397）政府再次明令禁用白银，但是效果并不佳。史载永乐二年（1404）三月，"刑部尚书郑赐等奏，湖广江夏县民有父死以银营葬具者，在法以银交易，当徒边"①。永乐元年（1403），政府禁银令更加严厉，"以钞法不通"，于是"令民间有用金银交易者，以奸恶论。有能首捕者以所交易金银充赏"②。永乐二年，又诏"自今有犯交易银两之禁者，免死徙家兴州屯戍"③。永乐十七年（1419），再次诏告严申"交易金银之禁"④。但是，禁止的效果却不理想。从政府颁布禁止金银流通的法令来看，有两点可以肯定：一是宝钞在流通中已开始不被民众欢迎，二是金银在民间市场上仍旧广为流通。

　　明仁宗和明宣宗也行金银禁令，但明显比洪武、永乐两朝宽松。洪熙元年（1425）禁止金银布帛交易。但其禁银效果从宣德元年（1426）由于"民间交易惟用金银，钞滞不行"，政府再次重申"严钞法之禁"⑤来看，洪熙元年的禁银令效果肯定不理想。而从违者只是罚钞——用银一钱者重罚钞千贯⑥来看，对违背禁银令的惩罚已较前为轻。从禁银的目的看，此次"严钞法之禁"仍然是想通过禁止金银的流通来挽救宝钞的行用。但从总体看禁银交易效果依旧甚微。宣德三年（1428）十一月江西又有人主张禁银⑦，说明在江西民间肯定仍存在用银交易的事实。长期的屡禁不止，也使统治者看到了禁银的困难，因而当宣德四年户部官员再次提出政府要严治"交易金银之罪"时，明宣宗的态度亦有了明显的变化："交易金银，罪亦未著，勿究。"⑧从表面上看，明宣宗认为交易金银罪责并不大。但事实上是对民间流通金银屡禁不止的默认，是对民间流通金银的让步。从禁金银的目的看，完全是为了维护大

---

①　《明太宗实录》卷27，永乐二年三月庚戌。

②　（明）何乔远：《名山藏·钱法记》。

③　《明太宗实录》卷27，永乐二年正月戊午。

④　《明太宗实录》卷212，永乐十七年四月壬寅。

⑤　《明宣宗实录》卷19，宣德元年七月癸巳。

⑥　《明史》卷81，《食货志五·钱钞》。

⑦　《明宣宗实录》卷48，宣德三年十一月乙丑。

⑧　《明宣宗实录》卷55，宣德四年六月庚子。

明宝钞的地位和信用度。从政府禁金银的措施力度来看，前期最为严厉，违者可以致死，但永乐后违者可以免死，降为流放。洪熙、宣德初年则再次降为罚钞。宣德四年（1429）政府已开始默认民间用银的事实。因此，从禁止金银的效果来看，禁则禁矣，而银照常私下流通。

三 铜钱禁、行、铸、罢的反复与 “银钱钞相兼” 的破产

洪武八年（1375）明廷行宝钞的同时禁银，旨在以宝钞 “统摄” 银钱，在收银入官的同时，在市场上流通且朝廷认可的流通手段，只剩下了铜钱和名义上与银钱有数量折算关系的宝钞。[①] “银钱钞相兼” —— 一种实际上钞与银钱都没有价值关系的货币政策，以国家法令形式，规定了明朝官方认可的货币组合[②]。从法令上看，它既不像宋楮那样，与铜钱相关；也不像金元交钞，与白银相权。虽然纸币名义上同时对银钱作价，但实质上却与元末的至正钞、至正钱十分相像，与金属货币的价值不再相关。如果确有不同，那就是明廷规定的赋税征收则例中，洪武八年规定为钱钞兼收，其中钞为 7/10，钱为 3/10[③]。即朝廷明文规定赋税征收由钞和钱按比例上交。

可是，除了禁银政策难以推行外，在钱与钞之间，也存在不少问题。钞七钱三，首先意味着两者都不具备完全的法偿能力，而且相比之下没有金属价值保证的钞的地位更高，有金属价值保证的铜钱，却只有1/3 的法偿能力。仅此一条市场显然已难以接受。而宝钞发行量的大增，则将进一步加剧钱钞之间的价值背离，迫使民间拒绝用钞而主要用钱。洪武八年（1375）初造大明宝钞时规定 “每钞贯准铜钱一千，银一两，其余皆以是为差”[④]。即规定官价每钞一贯折钱 1000 文；洪武十九年（1386）规定官价钞每贯折钱 200 文[⑤]；洪武二十三年（1390）十月，明太祖对户部尚书赵勉说：“近闻两浙市民有以钞一贯折钱二百五

---

① 王文成：《明朝洪武八年（1375）钞法与元末明初的金银钱钞》，《中国经济史研究》2020 年第 4 期。

② 王裕巽：《明代钱法变迁考》，《文史哲》1996 年第 1 期。

③ 《明太祖实录》卷 98，洪武八年三月辛酉。

④ 《明太祖实录》卷 98，洪武八年三月辛酉。

⑤ 此数据为彭信威先生的估算。见彭信威《中国货币史》 “大明宝钞价格表”，第494 页。

十文者，此甚非便"①。可见当时两浙地区市场价每贯钞只能折钱 250
文左右。

于是，钱钞之间的矛盾首先凸显出来。铜钱开始成为明廷眼中阻滞
钞法的罪魁祸首。因此，明太祖针对两浙地区民众"重钱轻钞"现象，
于洪武二十七年（1394）采取了与禁银类似的措施，明确规定："令有
司悉收其钱归官，依数换钞，不许更用铜钱行使，限半月，凡军民商贾
所有铜钱悉送赴官，敢有私自行使及埋藏弃毁者，罪之。"②据《续文
献通考》记载该年市场价钞每贯折钱 160 文。"银钱钞相兼"的货币政
策维持了不到 20 年，已被明廷命令废止。可是，禁止铜钱的政策却像
禁银政策一样，没能收到明廷预期的效果。此后，每贯钞折钱的官价和
市场价一路下滑③，到正统十三年（1448）钞钱比价已至钞一贯不能值
钱一文④。在明廷的钞法中，宝钞是与银钱都有折算关系的，上述宝钞
与铜钱之间比价的不断变动关系，事实上体现出的是银钱钞价值的进一
步背离。

在明廷舍本逐末为了维护大明宝钞的流通而禁银禁钱的政策失效
后，明廷对银两、铜钱与宝钞的关系陷入了困境。王裕巽《明代钱法变
迁考》对此进行了系统梳理、分析，并把此后至隆庆朝（1567—1572）
时期明廷货币政策总结为"单行钞、钞银钱并行、银钱并行"等几个
阶段⑤。但实际上除宝钞不断贬值、白银在市场上履行流通手段的职能
逐步恢复外，这一时期的变动主要是明廷铜钱政策的反复摇摆。仅就铜
钱的铸、行、禁情况来看，此后至弘治朝以前，铜钱的铸行虽然不得不
恢复，但却时铸时停。从史料记载来看，洪武朝至弘治朝前期间的明惠
帝建文朝（1399—1402）、明仁宗洪熙朝（1425）、明英宗正统朝
（1436—1449）、明代宗景泰朝（1450—1457）、明英宗天顺朝（1457—
1464）、明宪宗成化朝（1465—1487）共六朝皆未新铸钱。直至明孝宗
弘治十六年（1503）才再次开始铸"弘治通宝"钱。建文和洪熙年间

---

① 《明太祖实录》卷 205，洪武二十三年十月。
② 《明太祖实录》卷 234，洪武二十七年八月丙子。
③ 详见彭信威《中国货币史》"大明宝钞价格表"，第 494 页。
④ 《明史》卷 81，食货志五之钱钞。
⑤ 王裕巽：《明代钱法变迁考》，《文史哲》1996 年第 1 期。

并没有铸钱①。而永乐年间（1403—1424）和宣德年间（1426—1435）则有铸钱是可以肯定的。永乐六年（1408）铸行"永乐通宝"小平钱②，即铸造的是单一型一钱小铜钱，并未像洪武通宝铸五等钱式。而且京师与各行省所铸基本相同，较为精致。

最后，宣德八年（1433）明宣宗不得不放弃禁钱政策，再次恢复铸钱，铸行"宣德通宝"，分别由南京和北京的工部和浙江、江西、福建、广东四布政司鼓铸。有学者认为明代铜钱在流通过程中经历了与白银相类似的遭遇，它们都是因为纸钞而经历了一个由合法到非法，再由非法到合法的过程③。实际从明代国家货币政策方面而言，铜钱遭受到禁而复铸、铸而复禁、禁而不止、铸而不行的反复折磨，比白银还多。

然而，明廷恢复铜钱的铸行，使货币政策再次回到了"钱钞相兼"。但这却不能解决货币发行与流通中面临的问题。从铜钱的角度来看，明廷承认铜钱的合法货币地位，就必须承担起铸钱的责任。可是铸钱的成本却迫使明廷在铸钱问题上步履艰难。因此，明廷大量缺乏铜料，政府被迫向民间收铜料，使得百姓苦不堪言。此外，铜钱自身价值小的缺陷又不利于大额交易和长途转运贸易。也决定了以铜钱一种货币流通显然是无法适应明初社会经济发展的客观需要的。

不仅如此，在钱钞价值背离的情况下，铜钱官铸难行而私铸却有利可图，私钱泛滥已不可避免。景泰七年（1456）据《续文献通考》记载，当时的私铸钱主要在南方的苏州、松江等处，但却往往运送到北京去贩卖。而北京的军匠人等，也有从事私铸的。"以内外私铸者多，通行禁约"④。这种情况一直持续到成化十三年（1477）仍有私铸现象存在。《续文献通考》记载，成化十三年苏州、松江、常州、镇江、杭州、临清等地的人还在从事私铸铜钱活动，而各地商人则至上述地区加

---

① 彭信威认为建文年间和洪熙年间似乎没有铸钱。见彭信威《中国货币史》，第470—471页。

② 史料关于"永乐通宝"的铸造时间记载不一：《明会典》说为永乐六年，《续文献通考》说永乐八年，《明史·食货志》说为永乐九年。彭信威认为铸"永乐通宝"时间出现不同记载的原因，"可能是六年先由京师开铸，八年或九年由浙江、江西、广东、福建四布政司鼓铸"。见彭信威《中国货币史》，第471页。

③ 王毓铨主编：《明朝经济史》（下），第835页。

④ 王毓铨主编：《明朝经济史》（下），第835页。

以收购贩卖以获利，政府又通令禁止①。

其实，铜钱私铸严重的一个很重要的因素是铜钱购买力的上升，特别是铜钱对宝钞的升值。明初推行大明宝钞，并在一段时期内实行"银钱钞相兼"的货币政策，规定了银钱钞之间形成了可兑换的比价。然而，宝钞本身并无价值，而且明代的宝钞没有准备金制度。这样一来，宝钞的流通和价值和体现完全依赖的是政府的信誉和强制性。但是，随着宝钞的不断贬值，宝钞的购买力不断下降，加之明代制钱铸造的总量有限，宝钞的贬值和制钱的不足共同抬升了铜钱的购买力，铸造铜钱自然变得有高额利润可图，在这种利益驱动下，私铸自然就盛行了。换言之，私铸问题和铜钱的购买力变动是有一定关系的，而这两者的变动又与市场上铜钱的供求关系变化有着莫大的关系。

再从钞法的角度来看，如前所述，明代宝钞沿元钞的方式，取消了立界倒换制，不再以立界收回的方式进行以旧换新，对于旧钞问题②想通过采取"倒钞法"来解决。倒钞法主要是提供了一个旧钞回收的渠道，但事实上并不能解决全部旧钞换新问题，只能解决极少数烂钞的回收。《明太祖实录》对行"倒钞法"的原因、具体操作及所换旧钞标准给了较详细的描述：洪武九年（1376）七月甲子，中书省奏："国家行钞日久，岂无昏烂，宜设收换，以便行使。于是，议令所在置行用库，每昏烂钞一贯收工墨直三十文③。五百以下递减之。仍于钞面贯百文下用墨印'昏烂'二字，封收入库，按季送部。若以贯百分明而倒易之，同沮坏钞法论。混以伪钞者，究其罪。"④洪武十三年（1380）再次颁布"倒钞法"⑤。《续文献通考》记载有洪武二十五年（1392）再次重申"倒钞法"，又分别设立了三个宝钞行用库⑥。

---

① 《续文献通考》卷11，《钱币五·明钱》。

② 黄阿明认为洪武八年初造宝钞时似乎连宝钞更新问题都未予考虑，直至洪武九年宝钞生旧问题在实际流通中已很严重情况下，明代统治者才制定新旧宝钞更换的"倒钞法"。见黄阿明《明代货币与货币流通》，博士学位论文，华东师范大学，2008年。

③ 每换一贯钞收取30文工墨费用是沿袭了元代旧例。

④ 《明太祖实录》卷107，洪武九年七月甲子。

⑤ 《明太祖实录》，洪武十三年己亥。

⑥ 王圻：《续文献通考》卷18，"皇明钞法"条，第257页。

《明会要》①也有与《续文献通考》类似记载。黄阿明认为"倒钞法"可以达到两个方面的效果:一是可以解决流通领域中宝钞旧软昏烂问题;二是在一定范围内回笼一部分支放出去的纸钞,减少流通中的宝钞数量②。

但是,"倒钞法"的推行并不能取得上述第二方面的实际效果:首先,明代"倒钞法"制度并不能如宋、元纸币立界那样长期制度化,推行时间并不长,时停时行,进行倒钞的行用库也时置时废。从制度层面讲,"倒钞法"的随意性较大。其次,回收能力极为有限,因为"倒钞法"只回收坏烂旧钞,能回收的旧钞只是大量旧钞中的极少一部分,因此,很难到减少流通中宝钞数量的作用;而如果以"贯百分明"旧钞而进行倒易,则同破坏钞法行为论处,与"混以伪钞"相提并论。将明代"倒钞法"与宋、元纸钞换界相比较,由于明代"倒钞法"只限宝钞新旧钞间的更换(而且只是一部分旧钞可以换新钞),而非像宋、元时纸钞可以兑换金属货币。因此,明代"倒钞法"既无法通过回收旧钞限制纸钞的发行量和流通量,也无法有效地打击伪钞,故而无法维护明钞的信用。

于是在明代初年的市场、货币与货币政策的相互关系上,我们看到:明廷从一开始就看到了铜钱流通的必然性,及时恢复了铜钱的铸行,适应了以小农为主体的市场恢复发展的需要。但是,在整个层级化的市场上,单一的铜钱已完全无法承担起货币流通的职能。对此,明廷试图通过发行宝钞、设定银钱钞的比价来解决问题。但在白银与广泛流通上百年、朝廷信誉与白银的金属价值保证相比较显得特别脆弱的情况下,不免面临严重问题。更何况明廷在单向出钞收银的情况下,又通过无限制发行宝钞,以实际行动摧毁自己弱不禁风的朝廷信誉,钞法崩溃在所难免。相应地,在银钱关系方面明廷当然也不可避免地重新面临着元廷经历过的问题,最终只能在不到 20 年的"银钱钞相兼"之后禁钱流通,使宝钞成为单一依靠朝廷信誉发行的纸币。与元末惊人相似的情况再次重演,而钞法的崩溃和银钱兼行的确立,实际只是时间问题了。

---

① 《明会要》卷 55,《食货三》,第 1048 页。

② 黄阿明:《明代货币与货币流通》,博士学位论文,华东师范大学,2008 年,第 23—24 页。

第二节　宝钞的消亡与"银钱兼行"的确立

一　大明宝钞的持续贬值与购买力的变化

随着社会经济的发展，明代商品经济以及货币经济亦获得了极大地发展。社会经济的发展无疑会影响到货币流通格局的发展，即对货币有了更高地要求。随着宝钞的不断贬值和购买力的不断下降，宝钞很快已不被民众所接受。禁银禁钱政策反复失败且大明宝钞作为一种信用货币崩溃后，正如弗里德曼所说：从人类经济理性角度来说，在实际社会经济生活中人们必然会选择另外一种替代货币，而不会回到直接的物物交换状况①。因此，明代成弘以后，银钱兼行的货币流通格局全面确立。

明代宝钞自发行起就处于不断贬值的困境，民间用钞情况从初期的行用钞，到永乐以后钞、银并行，成化、弘治以后宝钞已不再被民间所接受，而改以白银为主。对于这一转变进程，傅衣凌先生就进行了阐述。他通过对明初期徽州土地买卖交易地契的研究表明：洪武、永乐年间徽州的土地交易是以宝钞支付的；永乐以后则用钞、银，甚至倒退到用谷、帛等实物；成化、弘治以后主要以白银支付②。具体来说，洪武年间的8张地契，其中用宝钞交易的7张，用银交易的只有1张。建文年间的地契有1张，为用钞交易。永乐年间16张地契，全部用钞交易；宣德年间地契有17张，其中用钞的只有4张，用布交易的11张，用谷交易的2张。正统年间的地契有48张，其中用银交易的上升为17张，用布交易的29张，用谷交易的2张，已经出现没有用钞交易的情况。景泰年间有地契12张，其中用银交易的有10张，用布交易的有2张，用银交易比例大为提高。天顺年间地契有7张，其中6张用银，1张用谷；成化年间有地契32张，已全部用银。弘治年间有地契14张，亦全

① ［美］米尔顿·弗里德曼：《货币的祸害——货币史片段》，第15页。

② 傅衣凌：《明代前期徽州土地买卖契约中的通货》，载《明清社会经济史论文集》，第242页。

部用银①。这些地契反映的民间行用货币交易情况虽说只是区域性的代表，但是，也能从中看出全国货币流通的大致情况。

事实上，即使是明前期徽州土地交易中用钞为主的时期，宝钞贬值一直未能阻止。民间土地交易之所以还行用宝钞，只是由于土地交易在民间已属于大额交易，而用于大额交易的货币在当时没有其他替代品（金银是被政府严厉禁止在民间流通的，而铜钱不适合大额交易）的情况下，只能被迫使用宝钞。换言之，这时使用宝钞是被动的选择。而后来出现以实物作为交易媒介的现象，无疑是宝钞信用值持续下降的体现。当明廷银禁政策破产后，弃钞而用银当是大势所趋。

我们知道，明代为了疏通钞法，一再要求官店和税课司保证收宝钞，想通过官店收钞和课税收钞的办法来扩大行用宝钞的范围，增强宝钞的信用度。然而，即使景泰二年（1451）制定的一份专门适用于北京官店的税额清单"收税则例"②是以钞标示各种商品的税课额的，但是，正如高寿仙所言"但这并不意味着钞是当时北京市场上行用的主要货币"③。换言之，用钞标示商品税课额并不能掩盖宝钞在北京市场上已不被接受的事实。

大明宝钞购买力的变化首先从官俸米钞折价上反映出来。《明史》记载，明朝官俸用米计算，但用宝钞进行折支。洪武年间钞一贯抵米一石，到永乐元年（1403）改为钞十贯抵米一石，到洪熙元年（1425）增加为钞 25 贯抵米一石④。正统九年（1444）官俸虽仍为十五贯至 25 贯抵米一石⑤，但与市场真正的米价⑥相差极大，只能说是官俸打了折扣。也就是说，从官俸的角度看，用宝钞折算成米，洪武年间一贯可以折算一石米，但到了永乐元年须以 10 贯钞才能折算一石米，比洪武年间宝钞折算数下降了 9 倍。而洪熙元年宝钞的折算米数则比洪武年间下

---

① 根据傅衣凌《明代前期徽州土地买卖契约中的通货》（载《明清社会经济史论文集》第 243 页）整理而得。

② "收税则例"收录于正德《大明会典》卷 32，《户部七·库藏一·课程》。

③ 高寿仙：《明代北京三种物价资料的整理与分析》，载中国明史学会主办《明史研究》第 9 辑。第 101 页。

④ 《明史》卷 82，《食货志六》。

⑤ 《明史》卷 82，《食货志六》。

⑥ 当时市场上的米价为每石折钞一百贯。见《明会典》卷 29，《征收》。

降了 24 倍之多。

上述官俸折钞时，钞价有可能官方在支出宝钞时对钞价估算有点过高，因为在收进宝钞时则估价更低。彭信威引《明会典》以各种税粮的折纳为例，认为在洪武九年也是一贯钞抵一石米，但永乐五年就加成30 贯抵一石了。并认为这个倍数大概比较更接近市价①。宣德四年（1429）米一石折钞则为 50 贯②。而到了正统年间，因内外有战事，正统九年（1444）米价每石折钞一百贯③。这样算来，正统九年米价比洪武初期上涨了 99 倍，就是比宣德四年也上涨了近 1 倍。宝钞购买力下降趋势十分明显。再以麦、豆为例。洪武元年令中规定小麦每石 120贯，豆每石 18 贯。而永乐五年（1407）的折价，小麦、豆每石 25贯④。宝钞购买力的下降仍然明显。以宝钞折价绢布来看亦是如此。洪武时绢一匹折米一石二斗⑤，按当时钞一贯抵米一石来计算，洪武初年一匹绢折钞一贯二百文。宣德八年（1433）绢一匹折钞四百贯⑥。洪武初大棉布一匹二十贯⑦，宣德四年棉布一匹五十贯⑧，宣德八年布一匹二百贯⑨。从中可以看出，用钞所折绢价宣德八年比洪武初高了 330 倍多（以绢来计算宝钞购买力下降了 330 倍多），布价宣德八年比洪武初高了 9 倍（以布来计算宝钞购买力下降了 9 倍）。

宝钞购买力的变化（或者说宝钞的贬值）还可以从官方在宝钞与白银、铜钱间的比价变动中得以体现。彭信威先生指出⑩：《明史》记载中洪武九年（1376）每贯钞官方折价银 1 两、钱 1000 文；《明会典》记载洪武三十年（1397）每贯钞折价银已降为 0.07153 两、钱 71 文；《续文献通考》记载永乐五年（1407）每贯钞折价银 0.0125 两、钱 12

---

① 彭信威：《中国货币史》，第 492 页。

② 《宣德实录》卷 58，宣德四年九月壬子。

③ 《明会典》卷 29，《征收》。

④ 《明会典》卷 179，《计赃时估》。

⑤ 《明会典》卷 19，《征收》，洪武十八年。

⑥ 《宣德实录》卷 100，宣德八年三月庚辰。

⑦ 《明会典》卷 179，《计赃时估》。

⑧ 《宣德实录》卷 58，宣德四年九月壬子。

⑨ 《宣德实录》卷 100，宣德八年三月庚辰。

⑩ 彭信威：《中国货币史》，《大明宝钞价格表》。

文；《明会典》记载宣德四年（1429）每贯钞折价银 0.01 两、钱 10 文；《续文献通考》载景泰三年（1452）每贯钞折价银 0.002 两①、钱 2 文；《明会典》记载成化元年（1465）每贯钞折价银 0.005 两、钱 4 文；弘治元年（1488）每贯钞折价银 0.001428—0.003 两、钱 1—2 文；《明史》记载正德二年（1507）每贯钞折钱 0.311 文，正德六年（1511）每贯钞折银 0.00143 两；《明史》记载嘉靖四年（1525）每贯钞折银 0.003 两、钱 2.1 文，即白银对宝钞涨了 2500 倍，铜钱对宝钞涨了 3570 倍②。嘉靖四十五年（1566）5000 贯宝钞才能折得白银 1 两③。

明代与元代一样，为了维持钞的流通，同样实行了禁止金银、铜钱流通的方式，"元朝实行了在财政收支中以货币方式进行的部分专用纸币，交易中也原则上禁止使用铜钱、金、银等支付，而使用专用纸币为基本方针的货币政策"④。但是，与宋、金、元流通纸币的情况相比，明初政府发行的纸币在实际的流通过程中问题很多，不但没有宋、金、元纸币的良好表现，甚至很难维持其流通。大明宝钞价值的持续下跌和民众接受度的偏低，致使大明宝钞最终以被民众淘汰的结局结束。

对于大明宝钞失败的原因分析，史学界的看法多有雷同之处。全汉升认为：明政府初期发行的纸币，"但明中叶前后，由于发行量激增，价格低跌，人民拒绝使用，而改用白银"⑤，即认为大明宝钞贬值的主要原因是政府滥发所致。叶世昌认为是由于"宝钞回笼渠道不畅通而发行无度，宝钞很快贬值"⑥。与全汉升的观点基本一致。赵善轩、李新华对大明宝钞行使失败的原因提出了新的认识："发现问题的关键在于宝钞的设计及制度已存在先天性的缺陷，足以令到宝钞失败，才会被其

---

① 500 贯钞折银 1 两，这就是公认宝钞对白银已跌成 1/500。

② 《明会典·课程四》。

③ 《续文献通考》隆庆元年八月："令南京新旧课钞，分别折银，命应天府属诸税课衙门，嘉靖四十五年以前课钞每贯折银二毫，先行上纳。隆庆元年以后，每贯折银六毫。"

④ ［日］高桥弘臣：《宋金元货币史研究——元朝货币政策之形成过程》，林松涛译，第 1 页。

⑤ 全汉升：《明清经济史研究》，第 19 页。

⑥ 叶世昌、潘连贵：《中国古近代金融史》第 97 页。叶世昌在《论大明宝钞》（载《平准学刊》第四辑下册，1989 年 2 月）中也认为宝钞失败的主要原因是政府滥发所致。

他货币所驱逐。"① 并对大明宝钞推行失败的原因在前人研究成果的基础上归纳为五个方面：一是未能建立准备金制度，二是人民对政府的信心不足，三是明代纸币只有一个版本导致旧钞贬值比新钞快，四是发钞过多，五是没有稳定纸币的供应。并认为致命伤在于没有设立准备金制度②。所作的分析确实揭示了明代初年货币政策的主要缺陷。更进一步，集中就明迁洪武八年颁行钞法的情况看，其实质是通过国家法令设定宝钞与金银、铜钱的比价，尝试构建由宝钞、铜钱、金银共同构成的复合货币体系。但钞法背离了货币流通规律，实施中很快陷入危机。③因此，白银与铜钱总是禁而不止，宝钞在银、钱的双重冲击下，最终退出流通，银钱兼行更符合市场对货币的选择。

二 银禁的终结与白银的流通

如前所述，在经历了宋元时期白银货币化、货币白银化之后，白银不仅已经成为市场上流通的货币，而且不止一次成为国家法令明确承认的合法货币。明初为了维护宝钞的价值和正常流通，才存在像禁钱一样，一再禁止白银在市场上流通。于是，随着明代钞法的危机与崩溃，白银当然已经不需要再货币化就直接在市场上流通了。而朝廷弛银之禁，不过是再一次为白银平反，在法令上恢复白银的市场流通功能而已。

明正统元年（1436），英宗即位后即下诏 "弛银禁"：英宗即位，收赋有米麦折银之令，遂减诸纳钞者，而以米银钱当钞。弛用银之禁，朝野率皆用银，其小者仍用钱；惟折官俸用钞，钞壅不行④。明代政府长期以来的禁银政策开始改变。从英宗时开始放松白银禁令来看，"白银的使用，至少在洪武末年便已盛行"⑤。而英宗的弛银禁，是对市场上实际长期流通白银的认可，同时也是对禁止白银流通失去信心，自认为无能为力的体现。

---

① 赵善轩、李新华：《重评 "大明宝钞"》，载《江西师范大学学报》2005 年第 1 期。

② 赵善轩、李新华：《重评 "大明宝钞"》，载《江西师范大学学报》2005 年第 1 期。

③ 王文成：《明朝洪武八年（1375）钞法与元末明初的金银钱钞》，《中国经济史研究》2020 年第 4 期。

④ 《明史》卷 81，《食货五》。

⑤ 彭信威：《中国货币史》 "大明宝钞价格表"，第 484 页。

事实上，开放用银无疑为政府进一步扩大在赋税折银方面的力度提供了契机。正统年间，明政府开始推行税粮折银措施，即所谓的金花银。明代银钱兼行货币体系开始成形。张纯宁引用日本学者清水泰次的研究指出：由于自永乐年间连续的米谷丰收，导致京官领取的俸米受到物价波动下跌的影响，因此，英宗除了原有的"折色"外，更进一步将田赋改折为银，以方便征收运送①。并认为《明史》卷七八《食货二》将田赋改折为银的折银制度，主要推行于南直隶、浙江、江西等地，除了起运和边粮两项仍以实物征收外，其余依照粮四石折换银一两的比例折银，此即为金花银由来②。金花银的实行，无疑说明民间用银已相当普遍，即民间用银直接迫使朝廷适应市场发展的新情况，舍宝钞而取金花银。天顺中期，明英宗再次复位，进一步放松行使白银的禁令③。

明代虽然洪武八年（1375）发行大明宝钞时为维护宝钞的正常流通而持续禁银，并于正统元年（1436）才开始解禁。白银进入市场流通的资格，被明廷取缔了 61 年。但是，由于市场上用银一直存在，因而一直存在两种适合大额交易货币间的比价——银钞比价。事实上，禁止用银期间官方银钞间比价的存在，从另一个侧面也说明民间仍然存在用银的事实。洪武八年造宝钞时规定"每钞贯准铜钱一千，银一两"④。万历《明会典》也记载说：洪武八年规定，每钞一贯折银一两⑤。《国朝会典》亦说："每钞一贯折铜钱一千文，纹银一两。"⑥可见，在洪武八年初发行大明宝钞时银钞比价为银一两折钞 1 贯；洪武十八年（1385）据《续文献通考》载两浙及京畿官田折收税粮，"钞五贯准米一石……银每两准米二石"⑦。万历《明会典》也说洪武十八年规定，

① 参见郑永昌《中日有关明代白银史研究之回顾》，载《台湾师范大学历史学报》1992年第 20 期。

② 张纯宁：《明代徽州散件卖契之研究——并论土地所有权的变化》，硕士学位论文，台湾成功大学历史研究所，2003 年，第 44 页。

③ 黄阿明：《明代货币与货币流通》，博士学位论文，华东师范大学，2008 年。

④ 《明太祖实录》卷 98，洪武八年三月辛酉。

⑤ （万历）《明会典》卷 28，《户部十八·钞法》。

⑥ （明）徐学聚：《国朝典汇》卷 94，《户部八·钞法》。

⑦ （明）王圻：《续文献通考》卷 4，《田赋考四》。

钞五贯准米一石，银一两准米二石。① 即银一两折钞 10 贯；洪武三十年（1397）更定，钞三贯五百文折米一石，银一两准米四石。② 则洪武末年银一两仍值钞 14 贯。永乐五年（1407）折收钞令：金一两折钞四百贯、银一两折钞八十贯、茶一斤一贯③。即永乐五年银 1 两折钞 80 贯，这一点与彭信威的统计一致。但高寿仙认为银 1 两折钞 80 贯是宣德七年（1432）根据当时广东的"时价"而定的，并非是当时的实际比价，除估赃外也不能用于其他场合④。

据彭信威统计的官方银钞比价，洪武二十八年银一两折钞 10 贯，永乐五年为银一两折钞 80 贯，宣德元年银一两折钞 400 贯，景泰三年银一两折钞 500 贯，成化元年银一两折钞 200 贯，弘治六年银一两折钞 333 贯，弘治十四年银一两则可以折钞 1600—2252 贯。正德六年（1511）银一两折钞 699 贯，嘉靖四年（1525）银一两可折钞 333 贯，嘉靖十九年（1540）银一两则只折钞 3125 贯，嘉靖四十五年（1566）则发展到银一两折钞 5000 贯⑤。银钞比价变动的总体趋势是银价相对钞价而言越来越高，钞价则一路在贬值。

其实，银钞间比价的变动还不能完全准确地看出明代白银购买力的变动情况，我们还可以用米价来比较一下明代白银购买力的变动过程。据彭信威先生"明代米价表"统计：洪武年间（1368—1398）每公石米折银 0.461 两，永乐年间（1403—1424）每公石米折银 0.285 两，宣德年间（1426—1435）每公石米折银 0.291 两，正统年间（1436—1449）每公石米折银 0.254 两，景泰年间（1450—1457）每公石米折银 0.413 两，天顺年间（1457—1464）每公石米折银 0.256 两，成化年间（1465—1487）每公石米折银 0.441 两，弘治年间（1488—1505）每公石米折银 0.518 两。正德年间（1506—1521）每公石米折银 0.475 两，嘉靖年间（1522—1566）每公石米折银 0.584 两⑥。从洪武至嘉靖

---

① 万历《明会典》卷 29，《户部十六·征收》。
② 万历《明会典》卷 29，《户部十六·征收》。
③ 万历《明会典》卷 179，《刑部二十一·计赃时估》。
④ 高寿仙：《明代北京三种物价资料的整理与分析》，载中国明史学会主办《明史研究》第 9 辑，第 97 页。
⑤ 数据依据彭信威《中国货币史》"大明宝钞价格表"整理换算而得。第 494—495 页。
⑥ 数据见彭信威《中国货币史》"明代米价表（一）"，第 518 页。

年间米价变动情况看，白银的购买力一直处于变动当中，洪武年间、景泰年间、成化年间、弘治年间、正德年间、嘉靖年间米价都较高，说明当时白银的购买力下降。相反，永乐年间、宣德年间、正统年间米价则相对较低，说明白银的购买力在当时是较高的。从米价变动的整个过程来看，白银的购买力总体是趋于下降的。

明初虽然政府禁用白银，但从洪武二十七年（1394）禁用铜钱后，许多地方专用白银交易：洪武三十年（1397），"禁民间无以金银交易。时杭州诸郡商贾，不论货物贵贱，一以金银定价，由是钞法阻滞，公私病之，故是有命"①。这样看来，白银的使用已不是禁令所能阻止的。

自正统初"弛银禁"以后，白银和铜钱已逐渐成为流通领域中事实上的主要通货。《皇明条法事类纂》记载了广东、广西、福建等地区已形成以铜钱与白银一起流通的格局：正统元年（1436），都御史陈智等鉴于"广东、广西、福建等处民间，将铜钱、银两相兼行使，往往事发到官，将铜钱一千个依法律准作钞一贯"，并重申"银一两估钞八十贯，坐以绞罪"②。虽然政府对银钞比价再次重申，但不难看出，上述地区银钱兼行已成事实。

张纯宁所摘抄的景泰四年（1453）徽州《休宁陈以成等卖田赤契》；还出现了这样的情况："休宁县三十一都陈以成，同弟陈以璇，承祖父有田二号……其二号田弟合得分数田骨八分有零星，尽行出卖与祁门十一都程兴名下，面议时值价白银六两四钱正。"③从该地契中可以看出，这次大宗交易中使用的已全是白银。土木之变后，政府在正统末、景泰之初动员军民运输粮饷时都是以银作为脚钱和赏钱④。这充分说明政府在用银方面已开禁，并且白银已逐渐成为政府认可的占主导地位的货币。正德朝后，在官员的俸给方面，已是 9/10 用白银，1/10

① 《明太祖实录》卷 251，洪武三十年三月甲子。

② 戴金：《皇明条法事类纂》卷 1，《过失杀人绞罪赎钞三十三贯六百文铜钱八贯四百文例》。

③ 张纯宁：《明代徽州散件卖契之研究——并论土地所有权的变化》，硕士学位论文，台湾成功大学历史研究所，2003 年，第 95 页。

④ 《明英宗实录》卷 185，正统十四年十一月丁酉。卷 203，景泰二年四月甲申；卷 224，景泰三年十二月已亥。

用铜钱①。嘉靖时，公私用银情况更加普遍，以至于嘉靖后期，"课税及官俸俱用银"②。嘉靖四十二年（1563），"停鼓铸，自后税课征银而不征钱"③。

这里有必要简单说明的是，"税课征银而不征钱"的赋役征银政策，显然已不属于恢复白银货币地位的政策。其实这一政策与唐代两税法确定赋税征收用铜钱情况十分相像。当时铜钱早就是货币，根本用不着通过两税法来确定铜钱的货币地位。这时的赋税统一征银，当然也不是白银是否用作货币的问题。更何况明代赋役改革，前后有多次，有些是区域性的，有的是向全国推行的，而且都有一个共同的特征——大多与折银有关。这正是白银作为货币广泛流通、禁而不止的情况下，明廷调整财政政策跟进的结果。把赋税征银与货币化联系起来，将面临着倒因为果的危险。当然，正如两税法确定赋税征钱加剧了钱荒一样，明代一条鞭法确定赋税征银，同样加剧了明代的"银荒"，并在一定程度上诱致了明代中后期美洲白银的大量输入。两者的关系，万志英早多年前就已明确指出，此不用再费笔墨。只是鉴于他的大作尚未见中文译本出版，且为避免翻译有失原意，此仅将其最后的结论原文转引如下：

The silver economy was not a product of the massive influx of foreign silver in the century between 1550 and 1650. Silver displaced coin as a store of value and measure of value during the Yuan period, and Ming monetary policies from the outset abetted the ascendancy of silver over coin. It would be more correct to say that the rise of the silver economy was a precondition of the influx of foreign silver, which was triggered by the conjuncture of escalating demand in China and falling costs of production in the silver-mining regions of the world. Ultimately, it was the particular institutional character of the market system, rather than the choice of means of exchange, that determined the course of China's monetary history. To fully appreciate the dynamics of the silver economy we must

① 彭信威：《中国货币史》，第 483 页。

② 《明史》卷 81，食货五钱钞。

③ 《明史》卷 81，食货五钱钞。

train our gaze on the infinite numbers of daily transactions in markets throughout China as well as the macrohistorical trends in global bullion movements. ①

三 钱禁的终结与铜钱的铸行

如前所述,经过明初一段时间的恢复,小农经济有了一定的发展。小农经济的恢复推动了以小农为市场主体的初级市场的发展,与之相适应的铜钱需求量在大为增加。在银钱冲击宝钞、宝钞退出流通的情况下,恢复铸钱、开放铜钱使用已是大势所趋。宣德十年(1435)十二月,英宗即位,马上下诏"弛用钱之禁"②。虽然明景泰三年(1452),"以钞法不通",又一次"命申明钱禁"③。但此次禁止铜钱流通完全是因为宝钞已难以流通之故,想通过禁钱方式来挽救宝钞的继续行用。由于宝钞不被接受已成为定局,因此,此次禁钱之举势必难以持久。

明宪宗成化元年(1465)再次开放用钱,但却并未新铸年号钱。虽未能新铸钱,但在恢复和提高铜钱的法偿地位方面仍然做出了努力,"凡征商税课程,钱钞中半兼收"④。"令天下诸司,凡征收支给之额,钱钞兼用。"⑤ 同时,规定明代此前所铸钱与历代旧钱都可以流通:"令民间除假钱、锡钱外,凡历代并洪武、永乐、宣德铜钱及折二、当三,依数准使,不许挑拣。"⑥

明孝宗弘治十六年(1503)再次正式新铸造"弘治通宝",铸钱成色也有变动,弘治十八年规定每铜一斤加好锡一、二两⑦。而接下来的再次铸新钱到嘉靖时期才又开始。从铜钱的使用来看,仍然实行新铸弘治通宝钱与大中通宝、洪武通宝、永乐通宝、宣德通宝及历代旧钱混用,但不许杂以薄小伪钱。并规定赎罪和收税,洪武等钱与历代旧钱兼

---

① Richard von Glahn, *Fountain of Fortune*: *maoney and monetary polisy in China*, 1000 – 1700. p. 257. University of California Press, 1996.

② 《续文献通考》卷11,《钱币五·明钱》。

③ 《明英宗实录》卷216,景泰三年五月壬寅。

④ 《明宪宗实录》卷19,成化元年七月丁巳。

⑤ 《明宪宗实录》卷41,成化三年四月己未。

⑥ 《明会典》卷31,《钱法》。

⑦ 《明武宗实录》卷2,弘治十八年六月戊寅。

收，如果没有洪武等本朝铜钱，则以历代旧钱以二当本朝钱一折交①。弘治十八年（1505）规定每枚铜钱重 1.2 钱。

　　明代官钱钱价波动较小，但私钱价值的波动却较大。"而私钱问题，自洪武初年就发生了。洪武六年（1373）便因私钱的使用，使制钱不能顺利流通，当局乃作价收买，以为改铸。"② 每斤给官钱 190 文③。也就是说，明代自洪武年间就严禁私钱的铸造。明代在成化以后开放禁钱后，严禁私铸。景泰年间，以"内外私铸者多，通行禁约"④。成化十七年（1481）二月，又说京城内外，私钱滥行，旧钱阻滞，钱轻物贵，再下禁令⑤。然而，禁铸私钱令一再重申，本身就说明禁令效果不佳。究其原因，一个很重要的原因就是明代虽禁铸造私钱，"却不严禁私铸之钱的流通"⑥。适当放弃小面额货币的铸造权，同时把朝廷承担公共管理职能的成本——部分铸行小面额货币的成本交给民间去承担，这对明廷来说确乎是一个不错的选择。

　　就官方铜钱的购买力而言，与宝钞购买力不断下降相比，官铸铜钱的购买力总体较高，且较为稳定。洪武初期 500—1000 文就可以购买一石米。成化十八年（1482），因为灾荒在大江南北普遍发生，即使在如此缺乏粮食的情形下，一斗米也才卖到七八十文⑦。官铸铜钱购买力在明代不但较为稳定，而且还有所上升。这一点可以通过与钞、银比价的变化看出来。如前文介绍的钱钞比价可以看出，洪武八年（1375）时每 1000 文才折一贯钞，洪武二十三年（1390）两浙地区 250 文就可以折钞一贯。洪武二十七年（1394）"时两浙之民重钱轻钞，多行折使，至有以钱百六十文折钞一贯者；福建、两广、江西诸处大率皆然，由是物价涌贵，而钞法益坏不行"⑧。可见 160 文钱就可以在两浙、福建、

　　① 《明孝宗实录》卷 196，弘治十六年二月丙辰。

　　② 彭信威：《中国货币史》，第 501 页。

　　③ 《明太祖实录》卷 86，洪武六年十一月丙午。

　　④ 《续文献通考》卷 11，《钱币五·明钱》。

　　⑤ 《明宪宗实录》卷 212，成化十七年二月戊午。

　　⑥ 王裕巽：《明代钱法变迁考》，载《文史哲》1996 年第 1 期。

　　⑦ 彭信威：《中国货币史》，第 498 页。

　　⑧ 《明太祖实录》卷 234，洪武二十七年八月丙戌。

两广、江西等处折钞一贯了。正统十三年（1448）则钞一贯已不值 1 文钱①。铜钱与宝钞间比价在 73 年间竟有上千倍的变化。即铜钱与宝钞的购买力相比，铜钱在 73 年间购买力上升了 1000 倍。

如果说宝钞购买力持续下降是因为自身无价值，却发行过量致使信用度逐渐丧失所致，可能还无法说明铜钱购买力的稳定性的话，我们拿铜钱与贵金属货币白银再进行折价比较，仍然能看出铜钱购买力的持续稳定这一特征，甚至还可以看到即使是与价值大的白银相比，铜钱不但维持了较高的购买力，而且其购买力还略有上升。从彭信威先生辑录出来的"大明宝钞价格表"中官方每贯钞折白银和铜钱的比价来看当时银钱比价：洪武年间铜钱 1000 文折银一两，永乐年间铜钱 960—980 文折银一两，宣德至景泰年间又恢复至铜钱 1000 文折银一两，成化年间基本上是铜钱 800 文左右折银一两，弘治以后维持在铜钱 700 文左右折银一两②。可以看出，与白银相比，铜钱的购买力不但有较为稳定的维持，而且在成化以后还有所上升。

至于铜钱购买的上升，彭信威先生总结出了三大原因：一是铜材价格的上涨。彭信威先生按洪武元年的计赃时估来推算，"当时一百斤铜值银五两；景泰四年红铜是每百斤六两；万历五年……每百斤是银七两；万历二十五年以后是每百斤十两五钱"③。二是制钱分量一再增加，自身价值增大。洪武通宝钱五等钱中的平钱最初重一钱。洪武二十三年，改定为"每小钱一文，用铜一钱二分"④。弘治钱重一钱二分，嘉靖钱重一钱三分⑤，隆庆四年定钱重为一钱三分，万历四年定钱重为一钱二分五厘⑥。总体来看，每枚铜钱自身的重量后期比初铸洪武通宝时有所增加，铜钱自身价值增大。三是政府为了维护宝钞信用度而铸钱少，且时有禁钱措施。加之铜钱还不时流出国门，史载铜钱自海陆两路"所出常数千万"⑦。铜材作为铸钱原材料价格的上涨、铸钱重量增加而

---

① 《明史》卷81，食货志五钱钞。

② 上述数据依据彭信威《中国货币史》"大明宝钞价格表"整理而得，第494—495页。

③ 彭信威：《中国货币史》，第498页。

④ 《明会要》卷55，《食货三·钱法》。

⑤ 彭信威：《中国货币史》，第499页。

⑥ 见《明穆宗实录》卷40，隆庆四年三月辛巳；《明会典》卷194，《铸钱》。

⑦ 《续文献通考》卷11，《钱币五·明钱》。

增大了自身价值量、铸钱总量有限和铜钱外流等因素结合在一起，无疑会抬升铜钱的购买力。

从有明一代来看，铜钱对于明廷来说，不啻形同鸡肋，食之无味，可又禁而不止。明代铜钱的铸行与流通日益分离。朝廷也曾认可铜钱并铸钱，但很快就难以为继。只是由于铜钱适合小农经济的交换并具有较为稳定的金属价值，特别是在朝廷没能很好地履行零钞铸行职责的情况下，随市镇经济的发展而购买力提高。因此，明代的铜钱实际上是通过参用历代旧钱、默认私铸及朝廷偶尔为之的铸币三结合的方式，维持铜钱的流通。

四　"银钱兼行"货币流通格局的全面确立

分别探讨了明代的银钱钞关系之后，我们再把眼光转回到市场，在市场与货币的相互关系中，更能清晰地看到市场结构变动对明代货币政策及货币流通格局变动的基础性决定作用。

先从市场的空间结构来看，在区域市场这一层面，在宋、元、明初市场发展的基础上，明代区域市场的空间结构主要体现为区域内部不同地方间的市场关系。这决定了不同商品跨地区流通时与其相对应的流通中货币形态和货币流通需求量。因此，不同的区域可以使用不同的货币，而同一区域当中则流通同一种货币。同一区域流通同一种货币的事实也反映着这一区域内市场间联系已相当紧密，甚至可以叫作相对独立的区域市场。

铜钱在明代是前后流通时间较长的货币。但铜钱却并非明代各朝各地市场上通行的货币。不仅明廷经常停铸铜钱，甚至禁止用钱，更重要的是无论历代旧钱、明廷新铸铜钱还是私钱，实际上都主要是在一定地域范围内流通，商人很少把它搬运出所在的市场区域。特别是私铸钱，通常按当地各类商品与铜的金属价值及铸钱成本，在本地市场上形成与商品流通相适应的比价，并在当地流通。连明廷新铸钱也采取了在各地就地铸钱、就地使用的办法。也正因为如此，各地无论公、私铸成的铜钱，继续缴纳赋税进入明廷财政时，将面临价值不等的危险，而明廷及相当一部分朝臣对此当然不免耿耿于怀，并反复强调禁私钱、恶钱。

不仅如此，明代仍然存在一些地方不用钱的情况，如云南在明代仍然以流通海贝为主，李家瑞在《古代云南用贝的大概情形》里收录了很多明代云南民间用贝做货币买卖房屋、田产、借贷时的契纸①。可以说海贝是云南区域内独自流通的货币，而贝币也将云南市场联系在一起。而云南与中原内地市场间的联系则以白银或铜钱作为纽带。天启六年（1626）以前，云南的货币流通状况是以银两和贝币为主。大数用银、小数用贝是明代云南的货币行用状况。天启七年云南巡抚闵洪学推行钱法，制钱始成为云南的法定通货。但制钱数量很少，因而在云南流通货币中所占比例也小，实际上仅仅是在佐海贝之用。

然而，从全国市场的层面上看，不同的区域市场却共同组成了统一的全国市场。因此，在全国市场上，跨出此区域就可以流通另外一种货币，甚至在两个区域中流通的货币常常不是这两个区域内部流通的货币。当区域市场联结为全国性的统一市场时，全国市场内就流通统一的货币，而且这种货币已非白银这样的贵金属货币不可。因此，大数用银主要体现在与外界市场（包括中原地区市场和周边国家间的国际区域市场）的联系方面。换言之，前述云南使用的贝币虽然是当时云南特有的货币，但这并不妨碍云南与中原内地其他市场间的交流，甚至也不妨碍云南与周边国际区域市场间的联系②。至于其他地区市场上使用的铜钱，虽然都被称为铜钱，但却可以像云南的贝币一样，只要符合当地市场的需要，铸成什么样并不重要，甚至不一定必要。于是，在工笔画式的全国市场上，货币明显分出了层次。明代白银在各区域民间市场及区域市场间的普遍流通，因之而成为与全国市场相吻合的大额交易中使用的货币。"全国用银""地方用钱"的银钱关系由此确定。

再从市场的层级结构来看，市场的层级结构与空间结构相关联，即具体到每个区域市场，其内部都可以体现出不同的市场层级关系：市场的最低层主要分布在区域内的广大农村，如草市镇、集市（包括西南的街子）这一类就是小市场、市场的最低层；再高一层级的市场如城市中的小额零售贸易；而更高一级的市场则是区域性的批量贸易（这些批量贸易一般在市场的中心地进行），它联系着无数个草市镇、集市和零售点，逐级联系后形成了一个区域性的都会，又通过都会把不同的区域间

---

① 李家瑞：《古代云南用贝的大概情形》，载《历史研究》1956年第9期。
② 云南贝币的长期广泛流通本身就是云南对外贸易长期持续存在和不断发展的体现。林文勋教授更是将云南与东南亚、南亚间的商道命名为"贝币之路"。见林文勋《钱币之路：沟通中外关系的桥梁和纽带》，载《思想战线》1999年第5期。

联系起来。在不同的层级市场中，由于贸易层次的不同，所要求与之相适应的交换货币也不同。最低级的市场主要以小额贸易为主体，因此，这类市场需要与小额贸易相匹配的小价值货币，如铜钱。在再高一个层级的零售点贸易中，仍以小额贸易为主，但是存在部分大额交易，因此，在货币流通方面需要适应大额贸易与小额交易两种形式的货币同时存在，在明前期是大数用钞、小数用钱，在明后期则是大数用银、小数用钱。而由更高一级市场形成的大都会，以大都会为中心，将逐层下去的零售点、集市有机地联系在一起。因此，在以都会为中心的市场网络中，批量贸易、转运贸易、大额贸易、小额贸易同时并存，因此，需要在本区域市场内流通不同的货币形态，从而促成了明代的银钱兼行货币流通结构。

而市场的空间结构和层级结构的有机结合，即个别的交换、零星的交换与批量贸易在区域内部的发展，加上转运贸易在区域市场间的发展，从而形成了一个较为完整的市场体系。而在这个市场体系中的任何变动，都有可能引起流通中货币的变动。

宣德十年（1435）十二月，明英宗即位，即诏"弛用钱之禁"①。正统元年（1436），又"弛用银之禁"②。虽然宝钞仍具有法定货币的地位，但仅仅在理论上保持着"银钱钞相兼"，市场上的货币流通格局已向银钱兼行转变。成化、弘治以后，钞法全面崩溃，明廷以法令形式设定的银钱钞相兼货币组合中的钞已失去了实际行用意义。事实上，从明英宗正统元年（1436）以后白银在法令上重新恢复了流通手段职能。"到1430年代，明朝政府就放弃了纸币体系，同时也暂停了铜币的铸造。国家被迫接受民间早已广泛使用的散碎白银作为新的货币本位。"③从明宪宗成化元年（1465）七月又开放用钱。自此以后，"朝野率皆用银，其小者乃用钱"④的货币流通格局正式形成。嘉靖以后，"白银在中国币制中是主要的因素，各种铜钱，都是同白银发生联系，规定比价。大数用银，小数用钱，好像是一种银钱两本位制"⑤。

---

① 《续文献通考》卷11，《钱币五·明钱》。

② 《明史》卷81，食货五钱钞。

③ 万志英：《剑桥中国经济史——古代到19世纪》，崔传刚译，第245页。

④ 《明史》卷81，食货志五钱钞。

⑤ 彭信威：《中国货币史》，第483—484页。

　　白银与铜钱直接面对，两者之间的主次及相互间的比价问题不可避免地凸显出来。洪武八年（1375）初造大明宝钞时规定"每钞贯准铜钱一千，银一两，其余皆以是为差"①。即宝钞同时对银钱作价，两者似无主次之分，且官方规定银一两折钱 1000 文；洪武九年（1376），明太祖曾"令民以银、钞、钱、绢代输今年租税"，并规定银一两，钱千文，钞一贯，可折米一石②，银钱间比价仍是银一两折钱 1000 文，而且把银钱钞之外的商品也纳入了进来。据彭信威"大明宝钞价格表"显示，如果以每贯钞为标准，根据每贯钞折银和折钱情况大致可以得出当时银钱间的比价：洪武十九年、二十八年银钱折价仍为银一两折钱 1000 文。永乐五年为银一两折钱 960 文，宣德四年、景泰三年仍然是银一两折钱 1000 文。总体来看，银钱间的比价是较为稳定的。洪武至景泰年间基本维持在银一两折钱 1000 文左右。银钱钞的关系在钞法中仍旧保持着较为均等的地位。

　　如前所述，铜钱在明代初期（更准确地说是在洪武八年大明宝钞发行之前）曾出现了重新恢复基准定价货币地位的趋势。但大明宝钞的发行，却再一次宣告了铜钱基准定价地位的丧失，白银与铜钱从法令上成为共同决定明钞价值的定价货币。此后铜钱"不再是最重要的计价和流通手段。但铜钱作为民间日常交易支付所普遍使用的小额货币，在货币经济结构中仍占有重要地位"③。可是明廷又放弃铸钱并从法令上禁止铜钱流通，把白银与铜钱的基准定价地位一揽子取消。于是在市场上实际流通的银钱，开始在市场机制作用下自发确定各自的地位。

　　正是在明廷放弃朝廷运用行政手段调控银钱主次地位及比价关系后，市场上的银钱比价在成化元年（1465）开始发生了重要变化。当年按银钱钞比价折算，银一两折钱减少到了 800 文，弘治六年（1493）银一两折钱 700 文④。正德七年（1512），改定银钱折价为"每七十文

---

①　《明太祖实录》卷 98，洪武八年三月辛酉。

②　《明太祖实录》卷 105，洪武九年三月己丑。

③　王裕巽：《明代钱法变迁考》，载《文史哲》1996 年第 1 期。

④　根据彭信威"大明宝钞价格表"整理而得。详见彭信威《中国货币史》"大明宝钞价格表"，第 494 页。

折银一钱"[1]，即银一两折钱700文。嘉靖四年银一两折钱700文[2]。弘治后基本维持在银一两折钱700文左右的水平。放到有明一代来看，缓慢出现了"铜贵银贱"趋势。

"铜贵银贱"的趋势，正是银钱之间在市场上自发定价的具体表现。也正是在这一过程中，白银与铜钱之间的关系进一步此消彼长。随着白银与铜钱比价的变动，使用范围更加广泛。结合宋代以来的情况看，白银由于价值重大而不适小用、甚至借助楮币等分白银的情况，发生了根本性的改变。北宋时期白银与铜钱的比价曾经达到过1两值铜钱1贯的水平，可是自白银货币化开始后，这一比价被逐步打破，北宋末至南宋初已上升到银1两兑铜钱2贯的水平。南宋绍兴末这一比价更高达银1两兑铜钱3300文，以至南宋规定的银钱兑换法定价——省则，也只有按此比例执行。此后从孝宗朝至南宋末，这一比价在宋境内维持了一百多年。也正因为如此，南宋时期白银始终难以克服"不适小用"的问题。金朝的情况要好得多，银钱比价长期维持在1两兑2贯的水平。这也正是金朝所体现的白银使用情况及白银率先在金朝取得货币基准定价资格的重要原因。此后金元时期总体上一直保持这一兑换比例。元末及明初银钱兑换价降至每两1贯，仅就这一数字而言，已是降到了北宋初期的水平。宣德十年（1435）和正统元年（1436）在仅隔一年的时间中先后放开钱禁和银禁后，通过市场的自发作用，30年后已初见分晓：成化元年（1465）银钱比价改而变为1两兑800文，此后进一步降至700文，数百年来白银不适小用的问题，总体上已得到了解决。按照南宋时期无为军矾场称量白银的"法物"最小单位为1钱来计算，此时1钱银已适宜于70文铜钱的交易。相应地，1分白银已可用于7文铜钱的交易。而按北宋以来专门称量金银的戥子的基本单位1厘来计算，则已"一文不值"了。至此，白银实际已成为朝野率用之物，而铜钱却始终不便大额交易，以银直接作为基准定价货币的条件完全成熟，主币地位随之确立。

因此，成化二十三年（1487）明孝宗即位后，丘濬上《大学衍义补》，其中对货币问题的论述中说："以银为上币，钞为中币，钱为下

---

① 《明武宗实录》卷83，正德七年正月庚午。

② 彭信威：《中国货币史》"大明宝钞价格表"，第495页。

币,以中下二币为公私通用之币,而一准上币以权之焉……宝钞、铜钱通行上下,而一权之以银。"① 丘濬之所以主张以白银为上币,正是因为他看到了"朝野率用银"的趋势,再一次认可了市场上白银直接面对铜钱时取得的主币地位。只是他所主张的"中币",已没有了行用的空间。因为在白银已适小用,而自宋以来铸行了大量折二、当三、当五、当十钱,还发明了地方性、行业性的各种"省陌"的情况下,实际交易中银钱所代表的价值关系已实现了完整的衔接,市场已不需要"中币"介乎其间了。

---

① 丘濬:《大学衍义补》之《铜楮之币》下。

结　　语

从北宋到明中叶，前后历时 5 个世纪。带着本书"前言"中的 5 个问题，在这 500 年中匆忙而艰难地走了一次。数年来或驻足细观，或匆匆而过，但无论如何，都应该交出一份答卷。于是在前述几章分别阐述之后，还须作一个简单的小结。而对照"前言"中的问题，把宋金时期的两个问题结合起来一起回答，把关于货币政策的 5 个问题寓于各个时期，就形成了这个小结主要的三个部分。当然，作为经济史课题，我还是宁愿按照时间的顺序，以叙述的方式作答。按时间顺序叙述的表述方式，与纯粹的论证方式相比，缺点是让人读起来难免觉得论点及论证过程不够干脆鲜明。优点是可以把时间序列和逻辑关系结合起来，把主要观点在一维时间的序列中再作一次检验。

一　宋金时期的城乡市场、"钱楮并用"与白银货币化

唐宋之际的城乡市场，以草市镇的兴起和坊市制度的终结为标志，进入了一个全新的发展时期。对此，李埏先生曾明确指出："像草市、墟市这类初级市场，不是唐宋才有的。依据社会经济发展规律，只要生产力带上个体性质，个体经济初有发展之后，就可能出现了。""不过，直到唐、宋时期，这种市场才多见于载籍，则说明它此时有了很大发展。"更重要的是，"假若在这种集市上，只有附近的小生产者彼此进行交换，对以外的世界并无什么联系，那么，它不过是些孤立的点，还没有很大的意义。反之，假如它和外界有了较密切的联系，它的商品由此进入外界的商品流通，那么，它的意义就不可同日而语了。唐代中叶以降，在江南、西川等最发达的经济区内，这种与外界商品流通有联系的集市，已经不少"。与"农民必须乡居地著，附着在土地上"，导致"在农村，是市场去相就产品，出现了草市、墟市"的情况不同，"在城市，则是产品去相就市场，出现了行肆邸店"。因此，从交换关系开

始把广大的农村与城市联系在一起的角度上看，唐宋之际"全国性的市
场已经形成了"，只是"这个商业网还是漫画式的，全国性市场也还处
于它的幼年阶段"①。

　　宋金时期城乡市场持续发展，特别是以草市镇为代表的乡村市场，
与区域内具有一定规模的城市市场之间，联系与交往更加密切，不少地
区形成了"城乡交相生养"的互动关系："城郭乡村之民，交相生养。
城郭财有余，则百货有所售；乡村力有余，则百货无所乏。"而城市对
于维系日益扩大的城乡交流发挥了重要的作用，"城郭之民，日夜经营
不息，流通财货，以售百货，以养乡村"②。而在条件具备的地方，不
仅城乡之间的交换日益活跃，而且城与城之间的"市"——商品流通和
交换，也随之发展起来。市场在逐步渗入农村的同时，通过"城与
乡"—"城与城"—"城与乡"的联系，形成了一定区域范围内，不
同地区、不同政区城乡之间持续的商品流通，形成了区域内的城乡市场
互动。而依托这种一定区域内的城乡市场互动，出现了下图所示的区域
市场及区域市场内部的层级关系如图1。

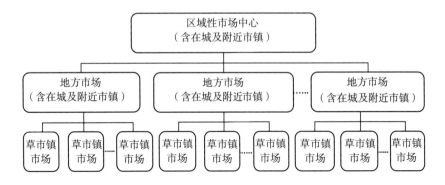

图1　宋金时期区域市场层级结构示意图

　　值得注意的是，在这样的区域市场上，小生产者的货币——铜钱不
仅适应了他们细碎、零星的小额交易的需要，而且能适应小生产者季节
性商品销售与常年购买商品的需要。因为铜钱以其自身的金属价值，保
证货币不因生产和消费周期的不一致而贬值。在铜钱不足的时候，即使

---

① 李埏：《从钱帛兼行到钱楮并用》，见《不自小斋文存》，第281—282页。

② 李焘：《续资治通鉴长编》卷394，元祐二年正月辛巳。

改用铁钱也没太大关系。只是单日一次往返的距离——市场半径更短一些而已。这也正是四川的草市镇不仅发达，而且密度更高、数量更多、相间距离更近的原因所在。四川由于用铁钱的关系，市场去相就茶农、粮农和绢户，走得更近一些、更深入一些。

可是，把小生产者的商品集中起来，在多个城市市场中经营、贩卖，小生产者的货币——铜铁钱却显得笨重不便。宋太祖问身强体壮的御前侍卫周仁美"力能负钱几许？"周仁美虽称能"胜七八万"，可太祖却忍不住脱口而出："可惜压死！"既而赐钱，"止命负四万五千"[①]。四川铁钱单位重量与单位价值比更低，批量商品流通、大额资金的调度经营，所面临的矛盾更加尖锐。

于是人们一方面大量贮藏铜铁钱以备不时之需、积累财富，把笨重的铜铁钱委托存放于柜坊、邸店时，要求柜坊、邸店"书填贯，不限多少，收入人户见钱，便给交子"[②]；另一方面把存放铜铁钱甚至借贷钱物的依据——"交子"，转手交给售货人，让他们自己到柜坊、邸店取钱。因为此时乡土社会中的传统信用关系，已发展到了"房族、亲戚、邻居，其贫者才有所阙，必请假焉"，甚至"虽米、盐、酒、醋计钱不多，然朝夕频频"的程度[③]；城乡市场之间、城市市场之间的商业信用关系，更达到了抚州民陈泰"每岁辄出捐本钱"贷崇仁等县债户，"各有驵主其事"，只需每半年一次"自往敛索"结账的程度[④]。而在"交相生养"的城乡区域市场上，乡土社会传统的信用关系，与蓬勃发展的商业信用还交织在了一起。亲邻、同乡、保人、牙人、行人互为担保，售货人接受这样的"契券"，尽可放心。更何况接受书填贯文的"交子"后，确实能够再次转手出去，或者到指定的柜坊如数兑到铜铁钱，又能省去搬运之苦，何乐不为？

至此，交相生养的区域市场上，以铜铁钱在乡间、在零碎交易及贴兑找零中的广泛使用和大量贮藏、委托存放为保证，以乡土社会信用、商业信用交织而成的信用网络为基础，不需要特别费心，就实现了信用手段的流转、使用。它以铜铁钱的贯文为单位，代表铜铁钱价值，部分

---

① 《宋史》列传三十八，《周仁美传》。

② 李攸：《宋朝事实》卷15。

③ 袁采：《袁氏世范》，《亲戚不宜频假贷》。

④ 洪迈：《夷坚志》，《夷坚支癸》卷5，《陈泰冤梦》。

履行货币流通手段的职能。接下来，宋廷把它收之入官，盖上朝廷的印章，用皇权和朝廷财政为刻印在"交子"上的贯文数字担保，业已能在市场上顺利转手的"交子"，摇身一变，就成了有国家信誉保证的纸币。与特定区域市场体系的形成相适应，"钱楮并用"货币流通格局在该区域内正式确立。

当然，即使楮币有如此坚实的价值保证和朝廷权威，也还是不能取代乡间市场、零碎交易市场上有金属价值保证的铜铁钱。因为区域市场体系的根基仍旧是小生产者商品的聚散。在这里仍旧需要铜铁钱以其金属价值作保证，不允许舍铜铁钱而它就。而楮币也只用于解决城市市场、规模较大的市镇市场上批量交易中钱荒与钱重的问题，而不可能解决所有货币问题。因此，聪明的商人、豪右和宋廷，乃至伪齐刘豫政权发行的"交子""会子""钱引"等各种楮币①，通常面额都在 1 贯以上。南宋和金朝楮币流通范围进一步扩大，面额也在 300 文以上。甚至崇宁间专门用来收兑当十大钱的小钞，最小的面额也是 100 文。相应地，即使人们手边有足够的金银一类价值重大的贵金属，显然也不适宜于在这样的市场上用作货币。北宋初年不仅计量单位的十进制还没有用于金银，称量工具还没能够准确秤出 1 厘白银，把金银在城乡市场的交易中反复切割、组合、鉴定成色，显然没有计数纸币方便，甚至不如书填交子方便。在业已形成的区域性市场体系中，白银仍旧价值重大而不适小用。于是，与前述区域性市场层级关系相对应，我们看到了下图所示的"钱楮并用"但分层流通现象。

不仅如此，这种层级结构显现、城乡交相生养的区域市场，却没有也不可能在各地均衡推进，同步发展。而是率先在经济发达、市场基础条件较好的地区形成。其中以成都城市市场为中心、以川西平原和周边茶山为依托的川峡区域市场，正是其中发育程度较高的典型地区之一。于是益州 16 户富户率先用"交子"流通，用"交子"结算。经过宋廷的整顿，率先发行了世界上第一张纸币。而南宋初年同样的情况又在杭州重演，临安豪右们同样以所藏的巨额铜钱为保证，以区域市场体系上的乡土信用、商业信用为基础，把"便钱会子"用于流通、结算。宋

---

① 《中兴小记》卷 23，《绍兴七年十一月壬寅》记载："豫初僭位，作楮币，自一贯至百贯。"

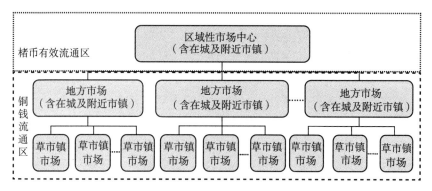

图 2　区域市场层级与钱楮并用分层流通示意图

廷随之也把它变成了以铜钱为价值保证、以贯文为单位、以朝廷信誉为担保，南宋时期影响最大、流通最广的纸币——东南会子。

需要说明的是，两宋时期也在其他地区先后发行了各种各样的纸币，但效果却不尽一致。其中如淮交、湖会，与益州交子、东南会子类似，与当地区域市场体系及信用关系的发育程度相适应，能够得到市场的认可和接受。但有的却缺乏必要的市场基础，或超越了信用关系所能达到的范围，不可避免地遭遇市场的冷遇。楮纸更由于印上了文字、图案，加盖了朝廷的印章，失去了纸张本身的用途，变成了不能再用的"弊楮"。其中最典型的当数北宋中叶在陕西发行的交子，甚至崇宁三年（1104）行于京西北路、崇宁四年（1105）行于淮南的交子均也当属此[1]。而以汴京为中心的华北市场，虽然区域市场体系发育程度也不低，但这一区域中的茶盐钞、便钱钞运用范围广泛，在相当程度上化解了小生产者需要铜钱而钱重难行的困难，基本能够满足大宗批量商品贸易在区域内流通的需要、巨额资金经营的需要。因此北宋时期以一种类似于钱楮并用的"钱钞"并用（铜钱与茶盐钞和便钱钞）方式，适应了区域市场体系发展的需要，形成了"钞"不具备完全货币形态的"用钱"辅以"钞"的货币流通格局。崇宁四年（1105）宋廷令准"新样印制"、除闽浙湖广之外"通行诸路"的钱引，不到一年就权罢印制，且"在官者如旧法更印解盐钞；民间者许贸易，渐赴买钞所如钞

---

① 《不自小斋文存》，云南人民出版社 2001 年版，第 336—373 页。

法分数计给”，逐步收回①。

金朝灭北宋占领华北后，虽然华北地区小生产者的市场一度受到破坏，但很快恢复。而且金朝继辽之后，大力开发东北，拓展草原市场，使黄河以北、特别是长城以北的集镇市场快速发展，长城内外农牧区市场的交流与互动，远远超越了宋辽榷场贸易、走私贸易及贡使贸易的规模，形成了以上京—燕京—南京为支点，以警巡院城市、录事司城市、司候司城市和建制镇、草市镇分层组成的 5 级城乡市场体系。于是境内沿用的宋、辽旧钱大量流往东北，支撑长城以北城乡市场的发展。而在华北地区，北宋时期的城乡市场体系虽然受战火影响而一度萎缩，但茶盐绢帛和跨越长城内外的批量贸易快速发展，对大额货币的需求更为强烈。因此金廷还没来得及铸钱，就于贞元二年（1154）“复钞引法，遂制交钞”②。把北宋时期的不具备完整货币形态的“茶盐钞”“便钱钞”转化成了纸币，继续以“钞”名之，并明确限制在黄河以南流通。与华北城乡交相生养的区域市场体系相适应的“钱钞并用”货币流通格局正式确立，华北“钱钞并用”货币区形成。

至此我们看到，宋金时期以区域性的城乡市场互动发展为前提，在形成了区域性市场体系、具有较为完整的市场层级结构的地区，先后确立了“钱楮并用”的货币流通格局，形成了不止一个“钱楮并用”货币区。虽然地域有南北之别，朝廷有宋金之异，但以小生产者卷入市场、民生商品在城乡间聚散为特征的区域市场体系，及与之相适应的以铜钱为保证、以朝廷信誉担保的交会钞引，在特定的货币区内广泛流通。龙登高所说的“币制的复杂性与割据性”③、高聪明提出的“宋代货币流通的不统一”问题④，随之产生。

然而，在城乡市场互动并形成区域性市场体系的同时，商品流通却没有也不可能局限于区域市场。反之，跨区域的商品流通还呈现出了更大批量的特点。而这却是区域性的“钱楮并用”货币流通格局所无法解决的货币问题。于是不适小用的白银在这样的市场交易中，被大量用于“回货”贸易，用于“折博”交易，用来兑现便钱钞，甚至直接投

① 《宋史》卷 181，《食货》下三。
② 《金史》卷 48，《食货》三。
③ 龙登高：《中国传统市场发展史》，第 244—245 页。
④ 高聪明：《宋代货币与货币流通研究》，第 104 页。

入市场以解决部分地区的"钱荒",在宋廷每年给辽金两朝连续多年交纳 20 万—25 万两岁币银的同时,却从宋金榷场贸易中取回了大量白银。在跨越区域市场、跨越宋金政权界线的批量商品流通中,白银已然"无往不可",发挥了重要作用。

　　而在北宋中叶以降的 100 多年中,白银正是通过日益频繁地用于"折博"交易,与各种商品及铜钱广泛而持久地进行价值比较和交换。通过与各种商品的价值比较及互换,不仅茶、盐、绢帛、粮草、马匹等商品的价值,共同体现在了白银身上;而且这些商品完成价值比较和交换后转而进入消费,白银却留在了市场上。与各种商品来而不往的流通相对应,白银开始了以货币身份周而复始的循环流通。不仅如此,在"折博"交易中,白银还与铜钱进行了更为频繁和广泛的价值比较,并与铜钱一样留在了市场上周而复始地流通,银钱之间从商品与货币的关系,变成了货币与货币之间的关系,银钱稳定的价值兑换关系随之形成。至迟在南宋乾道间,宋廷已正式公布了官方的兑换价格——"省则"。在远距离批量贸易市场上,在铜铁钱过于细碎而"不适大用"、楮币所依托的商业信用无法覆盖、无法适应的市场上,白银从商品变成了货币。相应地,在跨区域的商品贸易中总是被用作"回货"的白银,当然地成了与商品流通相适应的跨区域货币流通。

　　在以往的研究中,人们由于直接用白银"表示物价"的材料不多,对宋代白银货币化已经实现的结论不无疑虑。实际上,认真梳理有关史料,白银单一地表示物价、总计一类商品乃至家财的记载也不难找到。更重要的是,当我们从宋代铜钱仍然流通、朝廷明令公布并维持上百年的银钱兑换"省则"的基本事实出发,从市场上同时流通两种金属货币的角度,去考察此时白银"表示物价"的具体情况时,则可看到更多的白银"表示物价"的材料:铜钱继续作为基准定价货币流通,白银则与铜钱通过法定兑换价表示物价——"兑银计值"。这正是宋代批量商品市场上更广泛、更普遍存在的"表示物价"的方式。我们当然不能因为没有从两种金属货币同时流通的角度收集、阐释史料,而怀疑白银已经成为货币。

　　于是,我们在宋金时期的市场上,看到了与全国市场的空间布局与层级结构相适应的货币流通格局。

　　第一,在宋金各地日益发展的市镇市场,及城市在城小额交易市场上，铜铁钱仍旧很受欢迎，广泛流通，在整个货币流通格局中，仍发挥着基准定价作用。

　　第二，在宋金各地城乡交相生养的区域市场体系中，批量贸易和大额资金的调动使用，以铜铁钱贮藏为价值保证，朝廷提供信誉担保，发行和流通楮币。楮币与当地市场上流通的铜铁钱，虽然有不同流通领域，但两者密切相关，形成了相对独立的"钱楮并用"货币区。

　　第三，在远距离批量贸易中，特别是"钱楮并用"不能覆盖的领域开始广泛使用白银，并以银计价。而基于当时铜钱仍旧是基准定价货币的情况，白银还以另一种被学界长期忽视的方式表示物价：通过白银与铜钱的兑换价，"兑银计值"。

　　以宋金时期最具代表性的四川区域市场与钱引铁钱并用区、东南区域市场与会子铜钱并用区、金朝中原区域市场与交钞铜钱并用区为例，我们可制成宋金时期全国市场结构与货币流通格局示意（图3）。

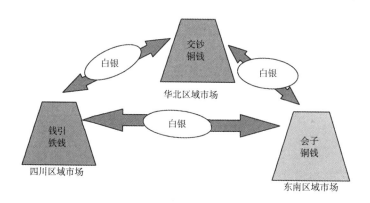

图3　宋金三大区域市场与货币流通格局示意图

　　这样，以成都、汴京、临安以及正在兴起的鄂州为支点，以跨越不同政权辖区市场的榷场为补充，以长江水运、运河与汴河河运及驿路运输为骨架，全国三大区域市场之间的互动不断加强。宋金之际的全国市场，承唐宋之际的发展势头，漫画色彩减弱，脉络与骨架更加清晰，向我们呈现出了一幅水墨画式的全国市场图景。而与这样的市场结构相对应的，正是区域性的钱楮并用与跨区域的白银流通。至迟南宋初年的宋金市场上，已经形成了钱银楮相对分区域、分层次流通的货币流通格局。

二　金元之际的市场结构与"银钞相权"

从 1206 年成吉思汗统一蒙古诸部，到 1279 年元朝统一全国，半个多世纪中国传统市场发生了一系列重大变化，市场的空间结构与层级结构由北而南，急剧改组。但是，从漠北草原市场、畏兀儿市场、长城沿线农牧交错区市场、华北市场、长江流域市场到岭南市场，逐步在同一个政权辖区内相互激荡、整合，华北、四川区域市场体系遭到严重破坏，市场层级关系萎缩。货币流通格局在承接宋金时期钱楮并用、白银货币化及货币白银化的基础上，向单一的"银钞相权"过渡。

蒙古诸部统一前，宋金市场上同时流通着白银和铜钱两种金属货币及以铜铁钱为价值保证的纸币。于是宋孝宗称："朕以会子，十年睡不着。"[①] 宋廷小心审慎地调整、维持银钱比价及楮币与银钱之间的关系。但在便钱关子用与白银异地汇兑、发行银会子、金银见钱关子的同时，通过银钱钞品搭行用、以银称提楮币等途径，推进白银流通。南宋银钱楮三种货币中，白银的地位日益提升。因此彭信威认为："南宋的会子，有时用金银来收兑，主要是用白银来收兑，白银成了纸币的兑现基金。"[②] 哈特维尔、万志英甚至认为：南宋"1160 年创设的新纸币（会子），使货币体系与白银联系在了一起。白银成为维持会子价值的主要准备金"[③]。在白银货币化实现后，宋朝货币的白银化——白银在多种货币组合中逐步成为主要货币的过程，随之展开。南宋臣僚乾道二年（1166）就已经认为："楮币可行于无事之时，而不可行于有事之际。或边方有风尘之警，则楮币难行，银价增贵，见钱必出。以银代钱，无往不可。"[④] 数十年之后，在楮币贬值、铜钱逃逸市场的情况下，白银与楮币之间的价值折算关系，出现了"官会与银价，常相为消长。会子

---

① 戴埴《鼠璞》卷上，《楮券源流》。

② 彭信威：《中国货币史》，第 418 页。

③ Hartwell, *Foreign Trade, Monetary Policy, and Chinese Mercantilism*, pp. 463-464. Richard von Glahn, *Fountain of Fortune: maoney and monetary polisy in China, 1000-1700.* p. 257. University of California Press, 1996.

④ 《宋会要辑稿》，《食货》五六之七。

轻则银价重，会子重则银价轻"互为轻重的趋势①。白银在银钱钞的相互关系中，开始获得货币的基准定价地位；而楮币则向人们充分展示了其面额可随意分割和流通中便于携带的特性。为人们用楮币代表白银价值、便捷地等量分割白银价值在市场上流通，形成银钞相权的货币流通格局，奠定了基础。

金朝在占领华北并恢复、发展了华北区域市场的同时，地跨长城内外的农牧区市场交流空前活跃。不仅上京—燕京—南京城市间批量贸易兴盛，而且沿着辽朝在草原上兴筑的城市和金蒙之间的榷场，把市场空间进一步向北拓展。金朝不仅依托上京—燕京—南京为支点的5级城乡市场体系和跨区域市场发展，依托检视北宋库藏获得的上亿两黄金、2亿—4亿两白银②为基础，以每年20万两以上的岁币银为补充，明昌二年（1191）"天下见在金千二百余铤，银五十五万二千余铤"③（约合2700多万两），较快地实现了白银货币化，而且在交钞严重贬值、铜钱更大规模藏而不用的情况下，承安二年（1197）十二月"改铸银名'承安宝货'，一两至十两分五等，每两折钱二贯，公私同见钱用"④。

承安宝货按交钞的等分比例铸成银锭，刷新了中国银币史的记录，以民间市场的白银流通为基础，通过朝廷法令肯定了白银货币化及货币白银化的成果，确立了白银在金朝货币中的主币地位。此后，金朝"民但以银论价""赎铜计赃""皆以银价为准"，白银取代铜钱成为基准定价货币。对于藏而不出、铸而不给的铜钱，贞祐三年（1215）四月"遂罢铜钱，专用交钞、银货"⑤。用朝廷法令明确宣布取缔铜钱作为合法货币的地位。此后金廷发行的各种楮币，虽然仍旧沿用铜钱的贯文单位，但实际上已不再与铜钱的价值相关联，而是通过银1两折算为2贯的数量换算，与白银的价值相联系。

---

① 卫泾：《后乐集》卷15，《知福州》。

② 李心传：《建炎以来系年要录》卷1：靖康元年（1126）十二月"癸亥，帝还宫，金遣官检视库藏。［原注：此据三国谋谟录，二帅上渊圣录附见。耿氏编有检视数云：绢五千四百万匹……金三百万铤，银八百万铤］"按宋代金银每铤50两计，为金1.5亿两，银4亿两。即使按每铤23两计，黄金也达8000万两，白银2亿两。

③ 《金史》卷50，食货五。

④ 《金史》卷48，食货三。

⑤ 《金史》志27，食货一。

不仅如此，金廷铸承安宝货，还明确规定"与钱兼用，以代钞本"①。通过银钱之间 1 两兑换 2 贯的价值兑换关系，"权"钞而行。"银钞相权"的货币流通格局开始萌发。但承安宝货既作为"与钱兼用"的钞本之一，由朝廷强制规定两者之间的兑换价，又作为铸币直接投入市场流通，交钞急剧贬值和银钱之间的巨大价差，必然导致市场上"私铸'承安宝货'者多杂以铜锡"，最终陷入"浸不能行，京师闭肆"②的困境。这充分说明：如果白银与铜钱同为钞本，与交钞同时在市场上流通，朝廷强制规定其间的兑换价，必然因银、钱、钞三者市场价的激烈波动而失败。反之，朝廷强制规定兑换价，就必须禁止白银流通。在废止铜钱后，以银为"本"但禁银流通，以银权钞、以钞等分白银的银钞相权关系已粗具雏形。

在宋金时期全国市场发展、白银逐步取得基准定价货币地位、"银钞相权"粗具雏形之际，蒙古诸部从草原上兴起。1206 年蒙古诸部统一后，承接了辽金时期城市市场从中原跨过长城、向草原北向拓展的趋势，进一步促进了草原市场的发展，促进了蒙古草原与长城内外农牧区的经济交流。特别是蒙古灭夏、金之后，草原本地财富增值、周边地区财富向草原聚集，全面提高了草原市场的购买力，强化了长城内外农牧区经济交流。以诸投下、斡脱商人、汉人世侯为主体的北方远距离批量贸易快速发展。同时北方市场上的小生产者，在战争的摧残下和蒙军的掳掠中，大量逃离市场，甚至失去了参与市场活动的资格。北方市场的空间布局结构北移，而市场层级关系萎缩。因此，与蒙古诸部兴起后北方市场结构的重组相适应，蒙廷不仅没有恢复金朝已经废除了的铜钱，而且全面推进赋税征银，进一步提升白银的地位，使之成为唯一合法的货币，并以宋金银锭（波斯文 ـــــبالش ，音 Balish，汉语音译"巴里失"；回鹘语、突厥语 yastuq，汉语音译"雅斯特科"）的形制和称量使用的方式，在华北市场、草原市场、畏兀儿市场乃至与西域的贸易中，广泛使用。

蒙古太宗八年（1236），耶律楚材主持下首次发行的交钞，已可能与白银建立了密切的价值联系。在赋税征银、斡脱贷银的双重压力下，

---

① 《金史》卷 48，食货三。
② 《金史》卷 48，食货三。

以华北为主体的北方市场上白银严重短缺，更促成了汉地世侯依托斡脱信用和世侯权威，以白银为价值基准发行纸币。至迟宪宗元年（1251）史楫在真定"请立银钞相权法"，明确以"法"的方式规范银钞关系，收到了"度低昂而重轻，变涩滞为通便"①的效果。忽必烈即位后，正式颁行中统钞法，按"银钞相权"的原则，以白银为"钞本"，为中统钞提供价值保证；中统钞则以贯文为单位，与白银建立2贯兑银1两的等价兑换关系，简单而便利地用纸钞对白银价值进行小额等分，并代表白银在市场上流通。以完整、严格的法律规范为依据，中统钞与白银"相权"而行的货币流通格局在北方农牧区市场上全面确立。

1279年元朝统一南方之际，四川区域市场、荆湖市场、岭南市场受到战火影响较重，但江南区域市场体系较为完整地延续下来。入元以后，全国市场进一步整合，各地市场之间的联系空前加强，以长城内外农牧区市场、华北平原市场、长江沿线市场为主体，全境市场交流与互动全面发展。其辐射的地域范围不仅完整地覆盖了大漠南北、黑山白水、畏兀儿地，而且深入青藏云贵，远达岭表海疆，形成了"适千里者如在户庭，之万里者如出邻家"②的全国市场景观。特别是长江、运河水运及海运、驿站陆运进一步发展，还使全国市场的核心区依托成本低廉的水运和繁盛的商业都会，更多地向东部倾斜。大都、杭州两大都会及长城内外、大江南北的一批区域性中心城市的地位进一步凸显，全国市场得到了进一步发展。

与全国市场的发展相适应，"银钞相权"的货币制度及相应的货币流通格局随之推向全国市场。在元廷以中统钞收兑南宋旧会、在江淮颁行钞法，暂时"存""兑"及严厉"禁""刮""拘"历代旧钱甚至铜器的基础上，以至元二十四年（1287）"至元钞法"的实施为标志，"银钞相权"法经历了反复、调整，进一步完善；按银钞相权法确立的货币流通格局，在广袤而复杂的全国市场上重新建立。

至元钞法全面、精密地体现和贯彻"银钞相权"原则，中统钞与至元钞并用，面额与白银1两、5钱、2钱5分、2钱、1钱5分、1钱、5分、3分、2分5厘、2分、1分5厘、1分、5厘、3厘、2厘5毫、2

---

① 《元史》卷147，《史楫传》；王恽：《秋涧集》卷54，《史公神道碑》。

② 王礼：《麟原前集》卷6，《义冢记》。

厘、1 厘共 17 等一一对应，实现了对白银价值最精密的等分。同时，元廷据此系统地建立了一整套相关制度，以必要的白银储备为保证，与各行省和诸路钞法管理机构及遍及全国主要商贸城市的 65 个平准行用库、78 个行用钞库一道，形成了较为完善的货币发行、流通、管理体系，"银钞相权"的货币流通格局较为完整地在元朝全境确立。

在不包含行省、诸路钞法管理机构的情况下，65 个平准行用库已覆盖了全国市场发展水平较高的地区。其中相当一部分与《元典章》所载商税额千锭以上的城市、与 97 个在元代稳定发展的录事司城市①相吻合。这标志着"银钞相权"不仅作为一项国家法令，而是作为一种现实的货币流通格局，适应了全国城市市场空间布局和层级结构变动的新形势，在全国较为完整地确立。而中统钞和至元钞在白银的支持下，在元朝境内广泛流通。特别值得注意的是，不仅其通行的地域范围，同样完整地覆盖了大漠南北、黑山白水、畏兀儿地，深入青藏云贵，远达岭表海疆，"适千里者如在户庭，之万里者如出邻家"② 的广阔市场，更重要的是，其通行的市场层级全面拓展，除少量中统钞、至元钞组合难以通达的边远市场外，"银钞相权"的货币流通格局覆盖了全国市场。由此，我们看到了如图 4 所示市场结构与货币流通格局的景观。

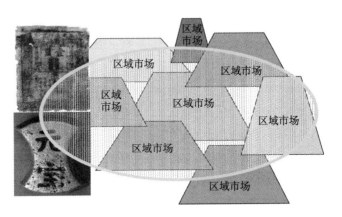

图 4　元代市场结构与货币流通格局示意图

---

① 韩光辉、林玉军、王长松：《宋辽金元建制城市的出现与城市体系的形成》，《历史研究》2007 年第 4 期。

② 王礼：《麟原前集》卷 6，《义冢记》。

　　但是，对照元代城乡市场特别是区域市场的层级结构关系，我们也不难发现，银钞相权的货币流通格局主要适应了城市市场特别是跨地区批量商品流通的需要，它必然面临着与多层次的市场层级结构之间的调适问题。其中最突出的问题，是江南以小生产者参与交换的市镇市场，及由此而形成的复杂多层市场结构，对单一的"银钞相权"货币流通格局形成了严峻的挑战。于是铜钱禁而不止的问题从一开始就困扰着元朝统一南方之初的货币流通。随着各地小生产者市场的恢复和市场层级结构的健全、完善，这一问题的波及面还直接扩展到包括草原市场在内的元朝全境。不仅如此，银钞相权的原则还严重束缚着元廷的皇权，要求朝廷严格按照货币的公共性、社会性，在彻底垄断货币发行权的同时，诚实地为纸币承担信誉担保，承担小额货币的发行成本。

　　中统、至元钞对白银价值的有效等分及流通中的便利性，全面实现了"银钞相权"。而"银钞相权"的货币流通格局，提升了元朝全国市场的整合程度，有力地促进了全国市场体系发展。但同时，在巨大的区域市场差异和复杂的市场层级结构的挑战中，在伪钞泛滥、元廷放弃银钞相权原则、把朝廷权威作为元钞唯一的价值保证实行粹纯信用发行的情况下，元钞逐步背离了所代表的白银价值，双方之间的对应关系、"相权"关系被割断。反之，元钞贬值的过程中，银两却在民间广泛行用，铜钱的流通日益恢复。特别是元朝至大四年（1311）四月废止至大银钞和至大钱后，禁止白银流通、以银平准钞价的政策被彻底放弃，"银钞相权"的货币流通格局终结。

　　此后正大四年至正十三年（1227—1353）的20多年，元朝的货币流通格局已陷入了白银独立地广泛流通、元钞单纯靠朝廷信誉发行、铜钱在民间铸行，三者自发激荡、银钱同时冲击元钞的混乱局面。至正十三年（1353）的又一次币制改革，在反映了银钱钞三者独立行用导致的各种问题的同时，正式给危机四伏的元廷信誉以最后、最致命的一击，终于"堂堂大元，奸佞专权，开河变钞祸根源，惹红巾万千"[①]，以"钞买钞"的至正币制宣告了元钞的终结，单一朝廷信用保障的元钞最终变成了"弊楮"。而白银则与元廷曾经铸行的至大钱、至正钱及民间私铸钱一道，在市场上广泛流通。银钱兼行的货币流通格局已粗具

---

① 陶宗仪：《辍耕录》卷23，《醉太平小令》。

雏形。

三　明代前期的市场结构与"银钱兼行"的确立

元末明初的人口流亡、灾荒及战火对全国市场的发展造成一定的负面影响。最发达的市场核心区江南市场的发展及长城内外农牧区的经济往来，受到了严重制约，元朝大都在农牧区经济交流中的市场中心地位受到动摇。明朝初年打击豪商的政策，进一步迟滞了跨区域的全国市场的恢复和发展。但是，明朝初年恢复农业、维护小生产者经济地位的一系列措施，也使以小农为主体的小商品生产获得了较快的恢复和发展，为小生产者货币——铜钱的恢复和流通，奠定了一定的市场基础。明朝建立后，在既定的市场环境中，在市场秩序的恢复与货币流通格局的恢复重建中，最初理所当然地把注意力较多地放在了铜钱上。

不仅如此，元末农民起义和随之而来的改朝换代首先从南方开始，还决定了各地农民起义军政权首先接触到的、希望获得的首先是适宜于小生产者交换的货币。因此各农民起义政权建立后，纷纷开始在占领区内铸行铜钱。从至正十三年（1353）张士诚铸"天祐通宝"、韩林儿铸"龙凤通宝"、徐寿辉铸"天启通宝"和"天定通宝"、陈友谅铸"大义通宝"，直至朱元璋铸"大中通宝"①，无一例外都是以自己定的年号，铸元朝历经禁、废、括、拘而不止，最终只能恢复其货币地位的铜钱。而明朝建立后，铜钱不仅当然地继续充当朝廷认可的合法货币，而且也是与小生产者市场恢复和发展相适应的货币。

明初全国性市场虽然一度出现紧缩的迹象，但跨区域的商品流通没有也不可能终结。特别是明朝与蒙古诸部沿长城一线的互市贸易的恢复，以及明廷以贸易方式解决"九边"军需供给带动的批量贸易，西南开发和山区开发带来的市场扩容，都有力地促进了全国市场体系的健全、完善和发展。于是，在市镇市场逐步恢复发展的同时，全国市场体系发展的广度、深度都进一步拓展，市场容量扩大，具有写意色彩的水墨画市场，进入了"工笔画"时代。

铜钱与小生产者经营活动的恢复之间的关系已如前述。可在全国性的远距离批量贸易中，在全国性的市场层级中使用铜钱，当然"商贾转

---

① 参见彭信威《中国货币史》，第570—571页。

易，钱重道远，不能多致，颇不便"；更何况如果专用铜钱的话，靠"中书省及在外各行省皆置局以鼓铸铜钱，有司责民出铜，民间皆毁器物以输官，鼓铸甚劳"亦不妥。加之元朝以来民间早已熟悉甚至擅长代朝廷之劳，铸地方小市场上行用的私钱的"奸民""复多盗铸者"①。对于铜钱不适大用、鼓铸不继、私钱通行的问题，明廷倒没像北宋那样顽强地坚持专以钱为币，在"令私铸钱作废铜送官，偿以钱"②的政策碰壁后，不再勉为其难期盼铜钱成为通行全国市场的唯一货币。因此，对于元末市场上实际存在的至正钞和白银，朱元璋最初都予认可，照单收下。如王毓铨先生所言，明初"不仅国家在财政上用银，从刘辰《国初事迹》所记的朱元璋的一道命令中有'历代铜钱与金银相兼行使'等文字看，民间用银也是合法的"③。对元钞的态度更为积极，不仅铸"大中通宝"时，明确"以四百文为一贯，四十文为一两，四文为一钱"，按元钞的"贯""两""钱"确定铜钱在流通中的价值，而且"凡商税三十取一，收钞及钱"④。洪武元年（1368）颁行《计赃时估》，详细列出了各种商品计赃折算为钞价，其中白银1两折80贯，铜钱1000文也折80贯⑤。银、钱的价值单位仍旧按钞贯（两）计算。洪武二年（1369）六月还赏赐"思州万户张思温绮帛钞锭"⑥。

于是，在"商贾沿元之旧习用钞，多不便用钱"⑦的情况下，洪武八年（1375）三月，明廷针对前述三个问题，远追"宋有交会之法"，近思"元时亦尝造交钞及中统、至正宝钞"，认为"其法省便，易于流转，可以去鼓铸之害"，决定"诏造大明宝钞"⑧。《明史》载：

> 其等凡六：曰一贯，曰五百文、四百文、三百文、二百文、一百文。每钞一贯，准钱千文，银一两；四贯准黄金一两。禁民间不

---

① 《明太祖实录》卷98，洪武八年三月。
② 《明史》卷，《食货》五。
③ 王毓铨主编：《中国经济通史·明代经济卷》下册，第806页。
④ 《续文献通考》卷18，《征榷一》。
⑤ 《明会典》卷179，《计赃时估》。
⑥ 《明太祖实录》卷43，洪武二年六月丁卯。
⑦ 《明史》卷，《食货》五。
⑧ 《明太祖实录》卷98，洪武八年三月。

得以金银物货交易，违者罪之；以金银易钞者听。遂罢宝源、宝泉局。越二年，复设宝泉局，铸小钱与钞兼行，百文以下止用钱。商税兼收钱钞，钱三钞七。十三年，以钞用久昏烂，立倒钞法，令所在置行用库，许军民商贾以昏钞纳库易新钞，量收工墨直。①

明廷发行宝钞，似乎试图在不否定铜钱法定地位的同时，恢复元朝时期的"银钞相权"。即通过国家法令明确宝钞同时与白银和铜钱的法定数量关系，实际流通中则"钱钞并行"，尝试构建银钱钞相兼而行的多元复合货币体系。这种表面上看起来择善而从的货币政策，似乎不仅统筹兼顾，系统完整，而且钞票一印，财富到手，令马可·波罗等人惊奇不已的生财魔术传承下来。但实际上明廷的钞法、钱法，却存在一系列严重问题：

第一，把铜钱与金银并列，同时与宝钞面额所标明的价值相联系。这必然面临两种甚至三种金属比价变动导致宝钞无所适从的问题；

第二，金银禁止流通且仅能以金银易钞，不过是单方面用宝钞收兑民间金银，而不再以金银收钞、平准钞价。对金银是否对宝钞起价值保证作用，既不承诺，也不实行。

第三，朝廷不再铸钱，至于铜钱是否用于保证宝钞价值，干脆只字不提。两年后被迫恢复铸钱，规定与钞兼行。但钱与钞都不具备完整的法偿地位，商税按"钱三钞七"的比例征收。

第四，像元朝一样，设置行用库，但只买进金银，倒换昏钞。似乎忘了"银钞相权"最根本的买卖金银的机构平准库。而且行用库实际职责，也只是以新兑旧，倒换昏钞。

因此，明廷的货币政策实质是把两种货币制度——传统"钱法"和"银钞相权法"截头去尾后拼合在了一起。这样的"银钱钞兼行"勉强推行了20年，问题日益凸显，很快面临危机。如何处理银、钱、钞三者的关系，从此成为明廷必须面对的主要货币问题。而遗憾的是，明廷在相当长的一段时期内，没有找到能够解决问题的办法。

至迟洪武末年明钞的贬值即已十分明显，而明廷也发现了导致明钞贬值的主要原因之一：民间或用银，或用钱，但无论如何不欢迎宝钞，

① 《明史》卷，《食货》五。

银钱的流通在不断地排挤宝钞。市场如此挑战朝廷权威，明廷当然是难以接受的。因此，洪武二十七年（1394）八月丙戌明太祖"诏禁用铜钱"，三十年（1397）三月甲子"禁民间无以金银交易"①。原来与宝钞还有数量上的折算关系的银、钱，干脆全部禁止流通。大明宝钞回到了元末完全凭朝廷信誉发行的状况，铜钱与白银一样，在法律上都失去了直接进入市场的资格。在这样的情况下，无论明廷发行的宝钞数量或多或少，但其结果只能是人们更加珍藏银、钱，拒用宝钞。在银钱的挤压下，使宝钞变成废纸。

洪武以后，明廷反复采取措施，坚定、顽强地维护钞法，强抬钞价，继续印发宝钞。而对银、钱则分别对待，实行了不同的货币政策。对白银长期坚持银禁，而且从不肯拿出真金白银收兑宝钞。但禁银的态度却日渐缓和，惩处逐步减轻。明廷最终也抵挡不住诱惑，逐步扩大用金银纳税。在银禁不止、不断扩大纳税范围的情况下，"英宗即位，收赋有米麦折银之令，遂减诸纳钞者，而以米银钱当钞，弛用银之禁。朝野率皆用银，其小者乃用钱，惟折官俸用钞，钞壅不行。十三年复申禁令，阻钞者追一万贯，全家戍边。天顺中，始弛其禁"②。明廷用自己的实际行动，在正统、天顺间（1436—1464），站到了市场一边——取银而弃钞。洪武八年（1375）发行大明宝钞确立的"银钱钞并行"之外，白银再次摆脱银钱钞关系的纠缠，恢复了独立进入市场流通的资格。

洪武以后与铜钱相对应的"钱法"，则多次反复，而且铸钱与罢铸、禁钱与弛禁相互交替：太宗永乐六年（1408）至永乐九年（1411）间恢复铸钱，宣宗宣德八年（1433）铸行"宣德通宝"。但宣德十年（1435）正月英宗即位罢铸铜钱，年底虽不铸钱但"弛用钱之禁"。正统十三年（1448）再次禁铜钱。"此后很长一段时间里，明王朝的铸钱活动便完全停止了。直到弘治十六年（1503）铸钱活动才重新开始。"但与铸钱一停50多年相比，禁钱则仅维持了5年，景泰四年（1453）明廷令钱钞听民相间行使，成化元年（1465）规定商税钱钞中半，弘治三年（1490）六月戊子，"命天下诸司发所贮洪武、永乐、宣德通宝

---

① 《明太祖实录》卷234、251。

② 《明史》卷81，《食货》五。

钱，与历代铜钱兼行"①。至弘治十六年（1503）恢复铸钱。"至此，铜钱作为仅次于白银的货币，再度具有了合法地位"②。在"钱法"的反复中，出现了禁钱且不铸钱、行钱而不铸钱、铸钱且行钱等多种组合政策，总体上在洪武禁钱令后的100多年间，经历了铜钱禁而不止、朝廷铸钱时兴时废，在遭受明廷更多的反复折磨之后，铜钱才像白银一样，重新恢复合法的流通手段职能。

值得注意的是，大明宝钞发行时规定"每钞贯准铜钱一千，银一两，其余皆以是为差"③。即宝钞同时对银钱作价，白银与铜钱在对宝钞作价方面，无主次之分，且官方规定银一两折钱1000文；洪武九年（1376），明太祖曾"令民以银、钞、钱、绢代输今年租税"，也规定银一两，钱千文，钞一贯，可折米一石……④通过宝钞折算的银钱间比价，仍是银一两折钱1000文，而且把银钱钞之外的商品也纳入了进来。据彭信威"大明宝钞价格表"显示，如果以每贯钞为标准，根据每贯钞折银和折钱情况大致可以得出当时银钱间的比价：洪武十九年、二十八年银钱折价仍为银一两折钱1000文。永乐五年为银一两折钱960文，宣德四年、景泰三年仍然是银一两折钱1000文。总体来看，通过宝钞折算的银钱比价是较为稳定的，洪武至景泰年间基本维持在银一两折钱1000文左右。银钱关系在明廷颁行的钞法中，似乎保持着较为均等的地位。

但是，明廷前述银钱政策的实施，却不时放弃了对银钱关系的调控。特别是银禁、钱禁废弛后，白银与铜钱直接在市场上相遇，双方的价值比例关系、在货币中的主次地位，都直接通过市场自发调节。于是我们看到，市场上的银钱比价在成化元年（1465）开始发生了重要变化。当年按银钱钞比价折算，银一两折钱减少到了800文，弘治六年（1493）银一两折钱700文⑤。正德七年（1512），改定银钱折价为"每

---

① 《明孝宗实录》卷39。

② 王毓铨主编：《中国经济通史·明代经济卷》下册，第822、836—837页。

③ 《明太祖实录》卷98，洪武八年三月辛酉。

④ 《明太祖实录》卷105，洪武九年三月己丑。

⑤ 根据彭信威"大明宝钞价格表"整理而得。详见彭信威《中国货币史》"大明宝钞价格表"，第494页。

七十文折银一钱"①，即银一两折钱 700 文。嘉靖四年银一两折钱 700
文②。也就是说，经过成化、弘治间的市场调节，银钱比价在弘治后基
本维持在银一两折钱 700 文左右的水平。从明初以来的情况看，明显出
现了"铜贵银贱"趋势。

　　"铜贵银贱"的趋势，正是银钱之间在市场上自发定价的具体表
现。也正是在这一过程中，白银与铜钱之间的关系进一步此消彼长。而
结合宋代以来的情况看，白银由于价值重大而不适小用、甚至借助楮币
等分白银的情况，发生了根本性的改变。北宋时期白银与铜钱的比价曾
经达到过 1 两值铜钱 1 贯的水平，可是自白银货币化开始后，这一比价
被逐步打破，北宋末至南宋初已上升到银 1 两兑铜钱 2 贯的水平。南宋
绍兴末这一比价更高达银 1 两兑铜钱 3300 文，以至南宋规定的银钱兑
换法定价——省则，也只有按此比例执行。此后从孝宗朝至南宋末，这
一比价在宋境内维持了一百多年。也正因为如此，南宋时期白银始终难
以克服"不适小用"的问题。金朝的情况要好得多，银钱比价长期维
持在 1 两兑 2 贯的水平。这也正是金朝所体现的白银使用情况及白银率
先在金朝取得货币基准定价资格的重要原因。此后金元时期总体上一直
保持这一兑换比例。元末及明初银钱兑换价降至每两 1 贯，仅就这一数
字而言，已是降到了北宋初期的水平。宣德十年（1435）和正统元年
（1436）在仅隔一年的时间中先后放开钱禁和银禁后，虽然银钱关系在
正统十三年（1448）至景德四年（1007）间曾受到朝廷禁钱令的干扰，
但通过市场的自发作用，30 年后已初见分晓：成化元年（1465）银钱
比价改而变为 1 两兑 800 文，此后进一步降至 700 文。300 年来白银不
适小用的问题，总体上已得到了解决。按照南宋时期无为军矾场称量白
银的"法物"最小单位为 1 钱来计算，此时 1 钱银已适宜于 70 文铜钱
的交易。相应地，1 分白银已可用于 7 文铜钱的交易。而按北宋以来专
门称量金银的戥子的基本单位 1 厘来计算，则已"一文不值"了。至
此，白银实际已成为朝野率用之物，而铜钱却始终不便大额交易，以银
直接作为基准定价货币的条件完全成熟，主币地位随之重新恢复。以银
为主、银钱并用的货币流通格局形成。至此，结合明代市场结构的情况

---

① 《明武宗实录》卷 83，正德七年正月庚午。

② 彭信威：《中国货币史》"大明宝钞价格表"，第 495 页。

来看，我们又可看到如图 5 所示的全国市场与银钱并用景象。

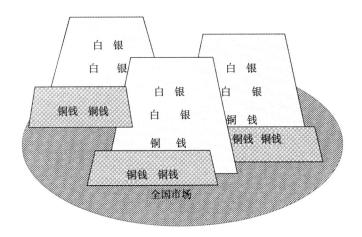

图 5　明代全国市场体系与银钱兼行货币流通格局示意图

因此，成化二十三年（1487）明孝宗即位后，丘濬上《大学衍义补》，其中对货币问题的论述中说："以银为上币，钞为中币，钱为下币，以中下二币为公私通用之币，而一准上币以权之焉……宝钞、铜钱通行上下，而一权之以银。"① 丘濬之所以主张以白银为上币，正是因为他承认了"朝野率皆用银"的现实，再一次认可了市场上白银直接面对铜钱时取得的主币地位。只是他所主张的"中币"，不仅因为朝廷背弃信誉只发不收而崩溃，而且在市场上也已没有了行用的空间。因为在白银已适小用，而自宋以来铸行了大量折二、当三、当五、当十钱，还发明了地方性、行业性的各种"省陌"的情况下，实际交易中银钱所代表的价值关系已实现了完整的衔接，"大数用银、小数用钱"的"银钱兼行"货币流通格局已经形成，市场已不需要"中币"介乎其间。也正是基于这样的市场基础，嘉靖年间才以正统，乃至成弘、正德间前后近百年的财政白银化（既非货币白银化、也非白银货币化）为基础，在田赋、徭役、盐课等方面，全面征银，实施一条鞭法。当然，随之而来的白银紧缺和美洲白银输入问题，特别是市镇经济再一次全面勃兴而导致的铜钱问题，以及银钱关系问题，接踵而至。但那似乎已超出了本课题的研究范围，是"银钱兼行"货币流通格局确立之后的

① 丘濬：《大学衍义补》之《铜楮之币》下，万历刻本。

事了。

通过上面的叙述，我们在宋金元明时期的这个长时段上，首先看到市场—货币史首尾毕具，前后连贯，依次承袭接转，体现了阶段性与连续性的有机统一。就市场方面而言，北宋到明朝市场发展既体现了明显的阶段性，又保持着很强的连续性。从城乡市场关系、区域市场体系，到市场辐射空间和市场层级结构，都在不断地变化、发展。但是，从唐宋以来的市场发展总趋势却没有停止，而是步步深入、渐次拓展。也就是说，市场总在变动，但市场的变动却没有割断历史。无论是金灭北宋、蒙古灭金，以至宋元鼎革、元明易代，市场发展虽不免受到抑制，或结构调整，或重心迁移，或辐射范围消长进退，但却没有长时期、大幅度的倒退。至少就市场发展而言，在宋明之间不仅没有不可逾越的鸿沟，金、元时期起到了十分重要的承前启后的作用。自唐宋以来黎民百姓之间通过市场发生的经济联系，不仅没有因为王朝易代而终止或被割断，经受住了各种外部影响，继续不断加强。以市镇市场为基础的区域市场体系、全国市场体系，经历了 500 年的发展更加健全和成熟，"工笔画"式的全国市场体系全面形成。

同时我们看到，基于市场发展的连续性与阶段性，货币流通格局相应呈现出钱楮银密切相关、此退彼进的阶段性特征，但货币流通格局的主线乃至宋金元明四朝的货币政策，都体现了更加明显的连续性、承袭性。因此，北宋在河北用钞，金人继而发行了交钞；北宋北方市场用银及宋辽榷场、岁币用银，金朝入汴京后也不惜一切搜刮白银；以从宋廷获得的 2 亿—4 亿两库藏白银和每年 20 万两以上的岁币银为基础，把白银变成了基准定价货币，尝试实行"银钞相权"；而鉴于北宋铸了中国历史上最多的铜钱却仍旧无效，干脆反其道而罢之。蒙古诸部兴起时也欣赏白银，但主要用作器饰甚至马槽。金元之际却不仅欣赏白银，而且在不用钱、不铸钱的同时，广泛用银交易，仿效金人发行交钞，并把白银与交钞有机地结合起来，借助交钞流通的便利性，用"银钞相权"统一了辖境的货币。此后，随着白银流通的发展和铜钱废而复行，元廷精密设计的钞法面临严峻的考验与挑战。钞法崩溃后，"银钱并用"的货币流通格局业已萌发。明朝建立后，不仅承元之余绪，先铸钱后行钞，而且继续单纯以朝廷信誉发行宝钞，禁银禁钱。在差不多重演了元末充满矛盾的货币组合流通之后，朝廷才不得不改弦更张，恢复银钱合法的流通手段功能，承认了"银钱兼行"的货币流通格局。

更进一步，我们从市场、货币与货币政策相互关系的角度来看，自宋至明500年的市场发展，无疑是货币流通格局演进的直接推动者。它从根本上决定着货币流通格局形成、确立、演进的基本方向和可能性边界。如果没有市场需求，人们无论手中持有的是铜铁、金银，抑或纸张、绢帛，它们都与货币无关。市场还具有自发从商品中筛选货币的能力，或者说在市场的作用下，人们能够把适宜于作货币的商品选出来，甚至借助民间商业信用手段，有针对性地解决具体的货币问题。因此，宋元明时期的市场发展，从根本上决定着同一时期货币流通格局的形成、发展、演变。

——基于草市镇兴起、坊市制终结，在"城乡交相生养"的互动中，特定区域内城乡市场联为一体，形成了区域性的市场体系。区域市场体系的形成，决定了货币需划区流通，出现了特定的"钱楮并用"货币区；基于区域之间市场联系的加强，在漫画式的全国市场向水墨画式全国市场的演进中，白银在跨区域、跨政权辖区的市场上从商品变成为货币；铜钱面对快速发展的市镇市场已颇感不足。在全面发展的市场体系中，它不再是唯一的货币，主要用于地方性小额交易、贴兑找零、小生产者贮藏价值的趋势开始显现。因此，宋廷尽管费尽力气，铸出了中国历史上空前绝后的巨额铜钱，但还是解决不了"钱荒"的问题。

——金元之际全国市场空间拓展、结构重组，导致了白银货币化之后继之以货币的白银化；而白银在取得基准定价资格后，在更广阔的华北市场、牧区市场、农牧区互动的市场上，商业信用、朝廷信用才与白银（而不是铜钱）相结合，以白银支撑纸钞，借纸钞等分白银，两者之间价值"相权"，功能互补，形成了"银钞相权"的货币流通格局，并反过来又加速了全国市场的整合。

——在"银钞相权"货币流通格局下全国市场进一步整合，市镇市场延续、恢复和发展，"水墨画"式的全国市场体系向"工笔画"市场体系发展。因此，铜钱虽然从主要货币变成了小额货币，但以其自身金属价值为保证，无视朝廷法令，禁而不止、废而复行。在范围广阔、层级丰富、交易繁盛的全国市场上，靠自身金属价值就能与商品价格完整衔接的白银、铜钱，显示出了无可比拟的优势。因此，白银与铜钱直接进入市场，强力冲击"钞法"，挑战朝廷权威，并最终迫使朝廷接受现实，与市场发展水平相适应的"银钱兼行"货币流通格局全面确立。

此外，我们也看到，无论宋、金还是元、明，朝廷的货币政策无疑十分重要。特别是依托商业信用、借助朝廷权威发行楮币，把金属货币的价值符号化，如果没有公共权力的作用，是难以想象的。因此，从飞钱、便钱开始，到交子、会子、交钞、宝钞的发行，既充分体现了朝廷在其中的重要作用，也展示了朝廷应对市场发展的能力与智慧。然而，朝廷滥用公共权力，背弃信誉，超越市场边界超额发行纸币；在充分运用公共权力发行纸币的同时，却难以圆满履行禁绝伪钞、维护朝廷信誉的责任，拒不履行铸造小额金属货币、发行"零钞"的义务，最终只能导致朝廷"失信"，价值符号中的价值逃离、消失，只剩下了毫无意义的符号，使楮币变成"弊楮"；市场在否决朝廷纸币发行权的同时，靠自身金属价值就能流通的白银与铜钱，相应成为了市场上通行的货币。

因此，市场发展状况及由此而产生的货币需求，也是历代王朝制定货币政策、发行货币、调整货币流通乃至废除货币的基本前提。没有市场需求，货币不再是货币，朝廷也没有必要发行货币，更没有必要制定货币政策。即使朝廷偏爱的货币，离开了市场发展的状况，终究也要被抛弃。相应地，朝廷的货币政策无论是仁是智，一到市场上就见分晓了。形象地说，市场不仅为朝廷制定货币政策搭建了一个舞台，而且既赋予朝廷货币发行权，又赋予朝廷承担相应的公共职能，并对朝廷的举措做出最终的裁决。

征引文献

一　古籍文献

（唐）杜牧：《樊川文集》，陈允吉校点，上海古籍出版社 2007 年版。

（宋）戴埴：《鼠璞》，四库全书本。

（宋）范成大：《吴船录》，四库全书本。

（宋）洪迈：《夷坚志》，何卓点校，中华书局 1981 年版。

（宋）李焘：《续资治通鉴长编》，中华书局 2008 年版。

（宋）李心传：《建炎以来系年要录》，中华书局 1956 年版。

（宋）李心传：《建炎以来朝野杂记》，徐规点校，中华书局 2006 年版。

（宋）李攸：《宋朝事实》，中华书局 1957 年版。

（宋）陆游：《剑南诗稿》，北京图书馆出版社 2003 年版。

（宋）陆游：《入蜀记》，四库全书本。

（宋）吕陶：《净德集》，中华书局 1985 年版。

（宋）罗叔韶修，（宋）常棠纂：《澉水志》，中华书局《宋元方志丛刊》据清道光十九年刻本影印。

（宋）罗愿：《鄂州小集》，文渊阁四库全书本。

（宋）孟珙、（清）曹元忠校注：《蒙鞑备录》，《续修四库全书》影印清光绪二十七年刻笺经室丛书本。

（宋）耐得翁：《都城纪胜》，四库全书本。

（宋）彭大雅撰，徐霆疏证：《黑鞑事略》，《丛书集成初稿》，商务印书馆 1937 年版。

（宋）沈括撰，胡道静校证：《梦溪笔谈校证》，上海古籍出版社 1959 年版。

（宋）宋祁：《景文集》，四库全书本。

（宋）苏轼：《东坡全集》，四库全书本。

（宋）苏辙：《栾城集》，曾枣庄、马德富校点，上海古籍出版社2009年版。

（宋）谈钥：《嘉泰吴兴志》，中华书局1990年版。

（宋）王炎：《双溪类稿》，四库全书本。

（宋）王之望：《汉滨集》，上海古籍出版社1995年版。

（宋）卫泾：《后乐集》，四库全书本。

（宋）吴自牧：《梦粱录》，浙江人民出版社1984年版。

（宋）熊克：《中兴小记》，福建人民出版社1985年版。

（宋）徐梦莘：《三朝北盟会编》，上海古籍出版社1987年版。

（宋）薛季宣：《浪语集》，四库全书本。

（宋）杨简：《慈湖遗书》，四库全书本。

（宋）叶隆礼著（旧题），林荣贵点校：《契丹国志》，上海古籍出版社1985年版。

（宋）叶适：《叶适集》，《水心文集》，中华书局1961年版。

（宋）佚名：《皇宋中兴两朝圣政》，国家图书馆出版社2007年版。

（宋）佚名：《宋季三朝政要》，上海古籍出版社1987年版。

（宋）宇文懋昭撰，李西宁点校：《大金国志》，《二十五史别史》，齐鲁书版2000年版。

（宋）袁采：《袁氏世范》，四库全书本。

（宋）章如愚：《群书考索》，上海古籍出版社1992年版。

（宋）周密：《癸辛杂识》，中华书局1997年版。

（宋）周密：《齐东野语》，中华书局1983年版。

（宋）周密：《武林旧事》，中华书局1970年版。

（宋）周去非：《岭外代答》，上海远东出版社1996年版。

（宋）祝穆：《方舆胜揽》，《四库全书》本。

（元）脱因修，俞希鲁纂：至顺《镇江志》，中华书局《宋元方志丛刊》影印清道光二十二年丹徒包氏刻本

（元）《大元圣政国朝典章》，中国广播电视出版社影印元刊本，1998年版。

（元）《至正条格》，韩国学"中央研究院"编至正条格校注本，

2006 年版。

（元）孛兰盼等：《元一统志》，赵万里校辑，中华书局 1966 年版。

（元）陈旅：《安雅堂集》，四库全书本。

（元）程矩夫：《雪楼集》，四库全书本。

（元）傅若金：《傅与砺诗文集》，四库全书本。

（元）顾瑛编：《草堂雅集》，四库全书本。

（元）高茂卿：《翠红乡儿女两团圆》，徐征、张肿、张圣洁、奚梅主编《金元曲》，第 8 卷，河北教育出版社 1998 年版。

（元）郝经：《临川集》，四库全书本。

（元）胡助：《京华杂兴诗》，《纯白斋类稿》，四库全书本。

（元）胡祗遹：《紫山大全集》，四库全书本。

（元）孔齐：《至正直记》，庄敏、顾新点校，《宋元笔记丛书》，上海古籍出版社 1987 年版。

（元）李志常：《长春真人西游记》，党宝海译注，河北人民出版社 2001 年版。

（元）刘孟保等：《南台备要》，见《永乐大典》（残本）卷 2611，《台·御史台六》。

（元）刘敏中：《平宋录》，四库全书本。

（元）陆文圭：《墙东类稿》，四库全书本。

（元）陆友：《研北杂志》，四库全书本。

（元）马端临：《文献通考》，中华书局 1986 年版。

（元）纳新：《河朔访古记》，四库全书本。

（元）苏天爵：《元朝名臣事略》，中华书局 1996 年版。

（元）苏天爵：《元文类》，四库全书本。

（元）脱脱、阿鲁图等：《宋史》，中华书局 1977 年版。

（元）脱脱：《金史》，中华书局 1975 年版。

（元）脱脱：《辽史》，中华书局 1974 年版。

（元）王礼：《麟原前集》，四库全书本。

（元）王士点等编：《秘书监志》，高荣盛点校，《元代史料丛刊》，浙江古籍出版社 1992 年版。

（元）王恽：《秋涧集》，四库全书本。

（元）魏初：《青崖集》，四库全书本。

（元）吴澄：《吴文正集》，四库全书本。

（元）熊梦祥著，北京图书馆善本组辑：《析津志辑佚》，北京古籍出版社 1983 年版。

（元）徐硕纂：《嘉禾志》，中华书局《宋元方志丛刊》影印袁氏贞节堂钞本。

（元）徐元瑞：《吏学指南》，浙江古籍出版社 1988 年版。

（元）杨譓纂修：至正《昆山郡志》，中华书局《宋元方志丛刊》据清宣统元年《汇刻太仓旧志五种》本影印。

（元）杨维祯：《东维子集》，四库全书本。

（元）姚燧：《牧庵集》，四库全书本。

（元）耶律楚材：《西游录》，向达点校，中外交通史籍丛刊本，中华书局 1981 年版。

（元）于钦纂修：《齐乘》，中华书局《宋元方志丛刊》影印清乾隆四十六年刻本。

（元）虞集：《道园学古录》，四库全书本。

（元）张铉：（至正）《金陵新志》，四库全书本。

（元）张翥：《张蜕庵诗集》，上海书店 1985 年版。

（元）赵孟頫：《松雪斋集》，四库全书本。

（元）赵世延、揭傒斯等纂：《大元海运记》，《续修四库全书》据清抄本影印。

（元）郑元佑：《侨吴集》，北京图书馆古籍珍本丛刊影印弘治九年刊本。

（元）周伯琦：《近光集》，四库全书本。

（明）《明实录》，台北"中研院"历史语言研究所，1963 年校印本。

（明）《永乐大典》（残本），中华书局 1986 年影印本。

（明）陈洪谟、张瀚：《松窗梦语》，中华书局 1985 年版。

（明）陈建撰，沈国元订补：《皇明从信录》，《四库禁毁书丛刊》影印明刻本。

（明）陈让、夏时正纂修：成化《杭州府志》，齐鲁书社 1997 年影印本。

（明）陈仁锡：《皇明世法录》，四库禁毁书丛刊，史部第 13 册，北京出版社 1999。

（明）陈威、顾清纂修：正德《松江府志》，天一阁藏明代方志选刊，上海古籍书店 1963 年版。

（明）陈沂：《洪武京城图志》，南京出版社 2006 年版。

（明）陈子龙：《明经世文编》，中华书局 1962 年版。

（明）储珊修，李锦纂：《正德新乡县志》，天一阁藏明代方志选刊，上海古籍书店 1963 年版。

（明）崔溥：《锦南先生漂海录》，中国社会科学文献出版社 1979 年版。

（明）戴金：《皇明条法事类纂》，《中国珍稀法律典籍集成》乙编，第 6 册，科学出版社 1994 年版。

（明）樊深撰：《嘉靖河间府志》，上海古籍书店 1981 年版。

（明）冯汝弼、邓韍纂修：（嘉靖）《常熟县志》，北京图书馆古籍珍本丛刊，第 27 册，书目文献出版社 1998 年版。

（明）顾炎武著，黄汝成集释：《日知录集释》，栾保群、吕宗力校点，上海古籍出版社 2006 年版。

（明）韩邦奇：《苑洛集》，上海古籍出版社 1993 年版。

（明）何乔远：《名山藏》，北京大学出版社 1993 年版。

（明）解缙、姚广孝等编：《永乐大典》（残本），中华书局 1986 年版。

（明）朱国祯辑：《皇明大政记》，《续修四库全书》第 428 册，影印明崇祯刻本。

（明）李梦阳：《明会典》，中华书局 1989 年版。

（明）李昱：《草阁诗集拾遗》，上海古籍出版社 1987 年版。

（明）林世远纂修：《正德姑苏志》，北京图书馆古籍珍本丛刊，第 26 册，书目文献出版社 1990 年版。

（明）刘惟谦等：《大明律》，怀效锋点校，法律出版社 1999 年版。

（明）潘庭楠修：（嘉靖）《邓州志》，上海古籍出版社 1963 年版。

（明）乔世宁：《丘隅意见》，丛书集成初编，商务印书馆 1936 年版。

（明）邱浚：《大学衍义补》，林冠群、周济夫校点，京华出版社 1999 年版。

（明）邱浚：《重编琼台稿》，上海古籍出版社 1991 年版。

（明）任洛等纂修：《辽东志》，《续修四库全书》影印明嘉靖刻本。

（明）申恩科修，周世昌纂：（万历）《昆山县志》，成文出版社中国地方志丛书本。

（明）宋濂：《宋学士文集》，四部丛刊本，商务印书馆 1936 年版。

（明）宋濂：《元史》，中华书局 1976 年版。

（明）孙世芳修：（嘉靖）《宣府镇志》，成文出版社《中国地方志丛书》，1960 年版。

（明）孙绪：《沙溪集》，四库全书本。

（明）陶宗仪：《南村辍耕录》，《元明史料笔记丛刊》，中华书局 2004 年版。

（明）汪道昆：《太函集》，胡益民、余国庆点校，黄山书社 2004。

（明）王祎：《王忠文集》，四库全书本。

（明）王家士修：（嘉靖）《临朐县志》，天一阁藏明代方志选刊，上海古籍书店 1962 年版。

（明）王圻：《青浦县志》，由李官、庠生、徐梦征等 12 人校刊，1597 年版。

（明）王圻撰：《续文献通考》，《四库全书存目丛书》影印明万历三十一年曹时聘等刻本。

（明）王锜：《寓圃杂记》，中华书局 1994 年版。

（明）王恕：《王端毅公文集》，四库全书存目丛书，集部第 36 册。齐鲁书社 1997 年版。

（明）王僖征修，程文纂：（弘治）《句容县志》，《天一阁藏明代方志选刊》，上海古籍书店 1963 年版。

（明）王瓒、蔡芳编纂：（弘治）《温州府志》，上海社会科学院出版社 2006 年版。

（明）王直：《抑庵文集》，四库全书本。

（明）吴俨：《吴文肃摘稿》，上海古籍出版社 1987 年版。

（明）徐光启：《农政全书》，四库全书本。

（明）徐溥、刘健等纂修：《诸司执掌》，续修四库全书影印明刻本。

（明）徐学聚：《国朝典汇》，四库全书存目丛书，史部第 267 册，齐鲁书社 1997 年版。

（明）徐一夔著，徐永恩校注：《始丰稿校注》，浙江古籍出版社 2008 年版。

（明）杨士奇、黄维等：《历代名臣奏议》，四库全书本。

（明）杨循吉、苏佑纂：（嘉靖）《吴邑志》，天一阁藏明代方志选刊续编，第 10 册，上海书店 1990 年版。

（明）杨子器、桑瑜：（弘治）《常熟县志》，四库全书存目丛书，史部第 185 册，齐鲁书社 1997 年版。

（明）姚宗仪：《常熟私志》，南京图书馆，1988 年。

（明）叶良佩纂，曾才汉修：（嘉靖）《太平志》，《天一阁藏明代方志选刊》，上海古籍书店 1962 年版。

（明）叶子奇：《草木子》，《元明史料笔记丛刊》，中华书局 1959 年版。

（明）佚名：《风土志·民业》，孔宪易校注，中华书局 1980 年版。

（明）余继登：《典故纪闻》，中华书局 2006 年版。

（明）曾嘉诰修，汪心撰：（嘉靖）《尉氏县志》，天一阁藏明代方志选刊，上海古籍书店 1963 年版。

（明）张铎修：（嘉靖）《湖州府志》，明嘉靖二十一年（1542）刻本。

（明）张士诚：（弘治）《吴江县志》，台北新文丰出版公司（中国方志丛书）影印原刊本。

（明）张梯修，葛臣撰：（嘉靖）《固始县志》，天一阁藏明代方志选刊，上海古籍书店 1963 年版。

（明）张萱辑：《西园闻见录》，杭州古旧书店影印版 1984 年。

（明）张羽：《张来仪文集》，江西新昌胡思敬刊刻 2009 年。

（明）赵锦修，张衮等纂：《嘉靖江阴县志》，凤凰出版社 2011 年版。

（明）周瑛、黄仲昭：（弘治）《兴化府志》，蔡金耀点校，福建人民出版社 2007 年版。

（明）祝允明：《祝子志怪录》，《四库全书存目丛书》据明万历四十年祝世廉刻本影印。

（明）董纪：《西郊笑端集》，四库全书本。

（清）毕沅：《续资治通鉴》，中华书局 1979 年版。

（清）曹焯纂：《沙头里志》，巴蜀书社 1990 年影印本。

（清）戴锡章：《西夏纪》，罗矛昆校点，宁夏人民出版社 1988 年版。

（清）傅维鳞：《明书》，四库全书存目丛书影印清康熙三十四年本诚堂刻本。

（清）谷应泰：《明史纪事本末》，中华书局 1977 年版。

（清）胡聘之：《山右石刻丛编》，山西人民出版社 1988 年版。

（清）黄以周等：《续资治通鉴长编拾补》，中华书局 2004 年版。

（清）嵇璜、曹仁虎等：《钦定续文献通考》，四库全书本。

（清）厉鹗：《辽史拾遗》，四库全书本。

（清）龙文彬：《明会要》，中华书局 1956 年版。

（清）屠寄：《蒙兀儿史记》，《元史二种》，上海古籍出版社 1989 年版。

（清）吴广成：《西夏书事》，龚世俊校证，甘肃文化出版社 1995 年版。

（清）徐达源：《黎里志》，巴蜀书社 1990 年版。

（清）徐松辑，陈志超整理：《宋会要辑稿补编》，全国图书馆文献缩微复制中心 1988 年版。

（清）徐松辑：《宋会要辑稿》，中华书局 1957 年影印本。

（清）于敏中等编：《日下旧闻考》，北京古籍出版社 2000 年版。

（清）永瑢、纪昀主编：《四库全书总目提要》，中华书局 1965 年版。

（清）张承先：《南翔镇志》，上海古籍出版社 2003 年版。

（清）张金吾：《金文最》，中华书局 1990 年版。

（清）张廷玉：《明史》，中华书局 1984 年版。

二　国内今人论著

安吉县博物馆：《浙江省安吉县出土一罐钱币》，《考古》1982 年第 1 期。

宝音德力根：《成吉思汗建国前的金与蒙古诸部》，《内蒙古社会科学》1990 年第 4 期。

陈铿:《明清福建农村市场试探》,《中国社会经济史研究》1986 年第 4 期。

陈世松:《绍熙府与元代四川盐业的兴衰》,《盐业史研究》1988 年第 2 期。

陈学文:《论明代江浙地区市镇经济的发展》,《温州师专学报》1981 年第 2 期。

陈学文:《明清时期嘉兴地区市镇经济的发展》,群言出版社(北京)1993 年版。

陈永志:《发掘集宁路元代城址及第三批窖藏》,《文物天地》2004 年第 3 期。

杜建录:《宋夏商业贸易初探》,《宁夏社会科学》1988 年第 3 期。

杜建录:《西夏与周边民族关系史》,甘肃文化出版社 1995 年版。

高聪明:《论白银在宋代货币经济中的地位》,《河北大学学报》1994 年第 3 期。

高树林:《元朝匠户户计研究——元朝"诸色户计"研究之二》,《河北学刊》1993 年第 5 期。

郭平梁:《高昌回鹘社会经济管窥》,《新疆社会科学》1990 年第 2 期。

韩光辉、何峰:《宋辽金元建制城市的出现与城市体系的形成》,《北京大学学报》2008 年第 2 期。

韩光辉、林玉军、王长松:《宋辽金元建制城市的出现与城市体系的形成》,《历史研究》2007 年第 4 期。

韩光辉:《辽金元明时期北京地区人口地理研究》,《北京大学学报》(哲学社会科学版)1990 年第 5 期。

湖北省博物馆:《黄石市发现的宋代窖藏铜钱》,《考古》1973 年第 4 期。

黄石市博物馆:《湖北黄石陈伯臻出土窖藏南宋银铤》,《中国钱币》1995 年第 3 期。

吉林省文物考古研究所:《长春市郊南阳堡金代村落址发掘》,《北方文物》1998 年第 4 期。

贾敬颜:《从金朝的北征、界壕、榷场和宴赐看蒙古的兴起》,《元史及北方民族史研究辑刊》第 9 辑。

姜晓萍：《明代商税的征收与管理》，《西南师范大学学报》（哲学社会科学版）1994 年第 4 期。

靳华：《宋、金榷场贸易的特点》，《华中师范大学学报》1990 年第 4 期。

瞿商：《加州学派的中国经济史研究述评》，《史学理论研究》2008 年第 1 期。

雷润泽、于存海、何继英：《宁夏拜寺口双塔发现的大朝通宝和中统元宝交钞》，《中国钱币》1989 年第 4 期。

李干：《元代屯田的发展和演变》，《中南民族学院学报》1984 年第 1 期。

李家瑞：《古代云南用贝的大概情形》，《历史研究》1956 年第 9 期。

李逸友：《蒙古汗国和元朝的草原丝路及货币》，《内蒙古金融研究》2003 年第 4 期。

李逸友：《内蒙古巴林左旗出土北宋银铤》，《考古》1965 年第 12 期。

李逸友：《元应昌路故城调查记》，《考古》1961 年第 10 期。

林葳：《明代钞关税收的变化与商品流通》，《中国社会科学研究生院学报》1990 年第 3 期。

林文勋：《钱币之路：沟通中外关系的桥梁和纽带》，《思想战线》1999 年第 5 期。

林州市文物保护保护管理所：《河南林州市北宋雕砖壁画墓清理简报》，《华夏考古》2010 年第 1 期。

刘秋根：《十至十四世纪的中国合伙制》，《历史研究》2002 年第 6 期。

刘石吉：《明清时代江南地区的专业市镇》，《思与言》16 卷 2 期。

刘石吉：《明清时期江南市镇之数量分析》，《思与言》1978 年第 2 期。

龙登高：《中西经济史比较的新探索——兼谈加州学派在研究范式上的创新》，《江西师范大学学报》2004 年第 1 期。

钱伯泉：《大理国铸发的宋朝"南部马市金一两"代用币》，《新疆钱币》2000 年第 1 期。

乔幼梅：《宋金贸易中争夺铜币的斗争》，《历史研究》1982年第4期。

沈伯俊：《文学史料的归纳与解读——元代至明初小说和戏曲中白银的使用》，《文艺研究》2005年第1期。

沈伯俊：《再论元代至明初小说戏曲中货币的使用》，《内江师范学院学报》20卷第5期。

舒振邦：《元朝统一后漠北地区经济文化的发展》，《内蒙古社会科学》1986年第6期。

舒正方：《元代的中统、至元二钞》，《经济·社会》1992年第4期。

唐先华：《湖南祁东出土窖藏钱币》，《考古》1985年第8期。

汪江汀：《马市通货，风格独特》，《中国文物报》1995年5月23日第4版。

王德朋：《金朝铜钱及铜钱制度的演变》，《博物馆研究》2008年第3期。

王家范：《明清江南市镇结构及历史价值初探》，《华东师范大学学报》1984年版。

王俪阎：《大明通行宝钞考》《中国钱币》2009年第3期。

王维臣、温秀荣：《辽宁抚顺千金乡唐力村金代遗址发掘简报》，《北方文物》2000年第4期。

王文成：《从铁钱到银两：两宋金元纸币的价值基准及其演变》，《清华大学学报》（哲学社会科学版）2020年第3期。

王文成：《明朝洪武八年（1375）钞法与元末明初的金银钱钞》，《中国经济史研究》2020年第4期。

王文成：《两宋"以银计价"史料考释——宋代白银价值尺度职能补论之一》，《云南社会科学》2009年第5期。

王文成：《丝路贸易与北宋白银货币化》，《云南社会科学》1998年第2期。

王文成：《元代云南赋税征银考》，《中国边疆史地研究》2000年第1期。

王禹丰、王禹浪：《金代货币制度初探》，《学习与探索》1988年第3期。

王裕巽：《明代钱法变迁考》，《文史哲》1996 年第 1 期。

王毓铨：《明朝的配户当差制》，《中国史研究》1991 年第 1 期。

魏林：《明钞关的设置与管理制度》，《郑州大学学报》1986 年第 1 期。

吴丽娱：《食盐的货币作用与折博制的发展——兼论钞引制的起源》，《中国经济史研究》1994 年第 4 期。

西藏自治区文物管理委员会：《西藏萨迦寺发现的元代纸币》，《文物》1975 年第 9 期。

许檀：《明清时期的临清商业》，《中国经济史研究》1986 年第 2 期。

许檀：《明清时期农村集市的发展》，《中国经济史研究》1997 年第 2 期。

杨富学：《回鹘文书所见高昌回鹘王国的纸钞与金属币》，《中国钱币》1993 年第 4 期。

叶世昌：《论大明宝钞》，《平准学刊》1989 年第 2 期。

叶显恩、谭棣华：《明清珠江三角洲农业商业化与墟市的发展》，《广东社会科学》1984 年第 2 期。

余清良：《明代钞关制度研究中的四个问题》，《学术月刊》2009 年第 11 期。

袁一堂：《宋代市籴制度研究》，《中国经济史研究》1994 年第 3 期。

张虎婴：《元代纸币在西藏地方流通考》，《中国钱币》1984 年第 4 期。

张亮采：《辽宋间的榷场贸易》，《东北师范大学科学集刊》1957 年第 3 期。

张新斌、蔡玉海：《辉县金代窖藏铜钱及其相关问题》，《中原文物》1991 年第 4 期。

赵善轩、李新华：《重评"大明宝钞"》，《江西师范大学学报》2005 年第 1 期。

郑思淮：《浅谈中国历史博物馆收藏的金代货币》，《北方文物》1986 年 10 期。

郑永昌：《中日有关明代白银史研究之回顾》，《台湾师范大学历史学报》1992 年第 20 期。

周尚意:《元明清时期北京的商业指向与城乡分界》,《北京师范大学学报》1999 年第 1 期。

阿岩、乌恩:《蒙古族经济发展史》,远方出版社 1999 年版。

陈高华、张帆、刘晓、党宝海点校:《元典章》,中华书局、天津古籍出版社 2011 年版。

陈高华、史卫民:《元上都》,吉林教育出版社 1988 年版。

陈高华、史卫民:《中国经济通史·元代经济史》,经济日报出版社 2000 年版。

陈国灿、奚建华:《浙江古代城镇史》,安徽大学出版社 2003 年版。

陈育宁、汤晓芳:《成吉思汗与西夏》,载《蒙古史研究》第 8 辑。

戴裔煊:《宋代钞盐制度研究》,中华书局 1981 年版。

党宝海:《蒙元驿站交通研究》,昆仑出版社 2006 年版。

樊树志:《明代江南市镇研究》,载《明史研究论丛》第一辑。

方龄贵:《通制条格校注》,中华书局 2001 年版。

傅衣凌:《明代前期徽州土地买卖契约中的通货》,载《明代社会经济史论文集》,人民出版社 1982 年版。

傅衣凌:《明清社会经济史论文集》,人民出版社 1982 年版。

傅衣凌:《明清时代江南市镇经济的分析》,《历史教学》1964 年第 5 期。

盖山林:《从内蒙古考古发现看元代汪古部社会经济生活》,《中国蒙古史学会成立大会纪念集刊》,中国蒙古史学会出版,1979 年。

高聪明:《宋代货币与货币流通研究》,河北大学出版社 2000 年版。

高寿仙:《明代北京三种物价资料的整理与分析》,《明史研究》第 9 辑,中国明史学会主办,黄山书社 2005 年版。

葛剑雄:《中国人口发展史》,福建人民出版社 1991 年版。

郭正忠:《等子的创制与行用——古代秤衡的精密化发展》,云南大学历史系编《纪念李埏教授从事学术活动五十周年史学论文集》,云南大学出版社 1992 年版。

郭正忠:《两宋城乡商品货币经济考略》,经济管理出版社 1997 年版。

郭正忠:《宋代盐业经济史》,人民出版社 1990 年版。

韩大成：《明代城市研究》，中国人民大学出版社 1991 年版。

韩光辉：《北京历史人口地理》，北京大学出版社 1996 年版。

韩国学"中央研究院"编：《至正条格校注本》，2007 年。

韩茂莉：《宋代农业地理》，山西古籍出版社 1993 年版。

韩儒林：《元朝史》，人民出版社 1986 年版。

杭侃：《辽夏金元——草原帝国的荣耀》，上海辞书出版社、商务印书馆（香港）2001 年版。

侯仁之主编：《北京城市历史地理》，北京燕山出版社 2000 年版。

胡道修：《宋代人口的分布与变迁》，载《宋辽金史论丛》第 2 辑，中华书局 1991 年版。

胡昭曦主编，邹重华副主编：《宋蒙（元）关系史》，四川大学出版社 1992 年版。

黄阿明：《明代货币与货币流通》，博士学位论文，华东师范大学，2008 年。

黄阿明：《明代货币白银化与国家制度变革研究》，广陵书社 2016 年版。

黄纯艳：《宋代茶法研究》，云南大学出版社 2002 年版。

黄时鉴：《关于汉军万户设置的若干问题》，《元史论丛》第 2 辑。

姜守鹏：《明清北方市场研究》，东北师范大学出版社 1996 年版。

李伯重：《理论、方法、发展趋势——中国经济史研究新探》，清华大学出版社 2002 年版。

李幹：《元代民族经济史》，民族出版社 2010 年版。

李华瑞：《宋夏关系史》，河北人民出版社 1998 年版。

李经纬：《回鹘文社会经济文书研究》，新疆人民出版社 1996 年版。

李埏：《不自小斋文存》，云南人民出版社 2001 年版。

李逸友：《黑城出土文书（汉文文书卷）》，科学出版社 1991 年版。

李治安：《元代政治制度研究》，人民出版社 2003 年版。

李逸友：《论元代私铸泰和重宝铜钱》，《内蒙古金融研究》2003 年第 4 期。

梁方仲编著：《中国历代户口田地田赋统计》，《梁方仲文集》，中华书局 2008 年版。

梁太济、包伟民：《宋史食货志考证》，杭州大学出版社 1994 年版。

林满红：《中国的白银外流与世界金银减产（1814—1850）》，中研院孙中山社会人文科学研究所，1991 年。

林文勋：《宋代四川商品经济研究》，云南大学出版社 1994 年。

刘森：《宋金纸币史》，中国金融出版社 1993 年版。

刘文俊主编：《日本学者研究中国史论著选译》，中华书局 1993 年版。

刘文俊主编：《日本中青年学者论中国史：宋元明清卷》，上海古籍出版社 1995 年版。

刘迎胜：《〈回回馆杂字〉与〈回回馆译语〉研究》，中国人民大学出版社 2008 年版。

刘迎胜：《西北民族史与察合台汗国史研究》，南京大学出版社 1994 年版。

龙登高：《宋代东南市场研究》，云南大学 1994 年版。

马飞海主编，叶世昌编：《中国历代货币大系》五，《元明货币》，上海人民出版社 2009 年版。

马建春：《元代东迁西域人及其文化研究》，民族出版社 2003 年版。

蒙古族通史编写组：《蒙古族通史》，民族出版社 1991 年版。

内蒙古钱币研究会、《中国钱币》编辑部合编：《中国古钞图辑》，中国金融出版社 1992 年版。

彭信威：《中国货币史》，上海人民出版社 1958 年第 1 版，1965 年第 2 版，2007 年版。

漆侠：《宋代经济史》，上海人民出版社 1987 年版。

乔幼梅：《辽夏金经济史》，河北大学出版社 1994 年版。

丘光明：《中国古代度量衡》，商务印书馆 1996 年版。

曲英杰：《20 世纪中国文物考古发现与研究丛书·古代城市》，文物出版社 2003 年版。

全汉昇：《北宋汴梁的输出入贸易》，中研院《历史语言研究所集刊》，第八本第二分册，1943 年。

全汉昇：《明清经济史研究》，联经出版社 1994 年再版。

上海博物馆青铜器研究部编：《上海博物馆藏钱币·外国钱币》，1995 年出版。

史卫民：《元岁赐考实》，《元史论丛》第 3 辑，中华书局 1986年版。

台北新文丰出版公司：《石刻史料新编》第 2 辑，据中研院史语所傅斯年图书馆藏本影印，1979 年版。

泰亦赤兀惕·满昌：《蒙古族通史》，辽宁民族出版社 2004 年版。

唐文基：《论明朝的宝钞政策》，《福建论坛》（文史哲版）2000年版。

汪圣铎：《两宋货币史》，社会科学文献出版社 2003 年版。

汪圣铎：《两宋货币史料汇编》，中华书局 2004 年版。

王承礼：《辽金契丹女真史译文集》，吉林文史出版社 1990 年版。

王菱菱：《宋代矿冶业研究》，河北大学出版社 2005 年版。

王文成、程震：《从〈长编〉看北宋折博的多样性》，《宋史研究论文集》，云南大学出版社 2009 年版。

王文成：《宋代白银货币化研究》，云南大学出版社 2001 年版。

王秀丽：《元代东南地区商业研究》，博士学位论文，暨南大学，2002 年。

王毓铨：《中国经济通史·明代经济卷》，经济日报社出版社 2000年版。

王治来：《中亚通史》，新疆人民出版社 2004 年版。

魏坚：《元上都的考古学研究》，博士学位论文，吉林大学，2004 年。

魏之俞：《磁州窑陶瓷》，河北人民出版社 1980 年版。

吴宏岐：《元代农业地理》，西安地图出版社 1997 年版。

向南：《辽代石刻文编》，河北教育出版社 1995 年版。

萧清：《中国古代货币史》，人民出版社 1984 年版。

新疆钱币图册编辑委员会编：《新疆钱币》，香港文化教育出版社1991 年版。

叶世昌、潘连贵：《中国古近代金融史》，复旦大学出版社 2001年版。

云南大学中国经济史研究所、云南大学历史系编：《李埏教授九十华诞纪念文集》，云南大学出版社 2003 年版。

张彬村、刘石吉：《中国海洋发展史论文集》，"中央研究院"孙中山社会人文科学研究所，1993 年。

　　张纯宁：《明代徽州散件卖契之研究——并论土地所有权的变化》，硕士学位论文，（台湾）成功大学历史研究所，2003 年。

　　张文平：《内蒙古地区蒙元城镇研究》，博士学位论文，内蒙古大学，2009 年。

　　张忠山：《中国丝绸之路货币》，兰州大学出版社 1999 年版。

　　郑学檬：《简明中国经济通史》，人民出版社 2004 年版。

　　周清澍：《蒙元时期的中西陆路交通》，载《元史论丛》，第 4 辑，中华书局 1992 年版。

　　周清澍：《内蒙古历史地理》，内蒙古大学出版社 1993 年版。

三　国外论著

　　［俄］E. A. Davidovich：《中亚的钱币和货币制度》，华涛、陆烨译，《新疆师范大学学报》2007 年第 2 期。

　　［日］爱宕松男：《斡脱钱及其背景——十三世纪蒙古元朝白银的动向》，李治安节译，《蒙古学资料与情报》1983 年第 7 期。

　　［日］白石典之：《日蒙合作调查蒙古国哈拉和林都城遗址的收获》，袁靖译，《考古》1999 年第 8 期。

　　［日］宫泽知之：《唐宋时代的短陌与货币经济的特质》，《史林》1988 年第 2 期。

　　［日］加藤繁：《宋金贸易论》，《食货半月刊》第 5 卷 9 期。原载《史学杂志》昭和十二年一月号。

　　［日］前田直典：《元代纸币的价值变动》，刘文俊主编《日本学者研究中国史论著选译》第 5 卷，中华书局 1993 年版。

　　［日］斯波义信：《宋都杭州的商业》，见《日本学者研究中国史论著选译》第 5 卷，中华书局 1993 年版。

　　［日］小林高四郎：《成吉思汗》，阿奇尔译，内蒙古人民出版社 1982 年版。

　　［苏］H. H. 捷列霍娃：《古代蒙古城市的铁器制作业》，皓古译，《蒙古学资料与情报》1986 年第 1 期。

　　［苏］M. B. 沃罗比约夫：《滨海地区的女真遗藏铜币》，那炎译自《东方国家与民族》1968 年第 5 册。见王承礼主编《辽金契丹女真史译

文集》。

Richardvon Glahn, *Fountain of Fortune*: *maoney and monetary polisy in China*, 1000-1700. University of CaliforniaPress, 1996.

Pau l Jakov Smith, Richard von Glahn eds. *The Song - Yuan - Ming Transitionin Chinese History*. Cambridge: Harvard University Asia Center-press, 2003.

［波斯］拉施特主编《史集》，余大均、周建奇译，商务印书馆1983 年（第 1 卷）、1985 年（第 2 卷）、1986 年（第 3 卷）。

［德］冯·佳班：《高昌回鹘王国的生活（850—1250 年）》，邹如山译，吐鲁番市地方志编辑室，1988 年印。

［德］傅海波、［英］崔瑞德编：《剑桥中国辽夏金元史》，史卫民等译，中国社会科学出版社 1998 年版。

［法］勒尼·格鲁塞：《草原帝国》，魏英邦译，青海人民出版社1991 年版。

［美］韩森：《变迁之神——南宋时期的民间信仰》，包伟民译，浙江人民出版社 1999 年版。

［美］黄仁宇：《万历十五年》，生活·读书·新知三联书店 2003年版。

［美］黄仁宇：《十六世纪明代中国之财政与税收》，阿风、倪玉平、徐卫东译，生活·读书·新知三联书店 2001 年版。

［美］米尔顿·弗里德曼：《货币的祸害——货币史片段》，商务印书馆 2006 年版。

［美］施坚雅主编：《中华帝国晚期的城市》，叶光庭等译、陈桥驿校，中华书局 2000 年版。

［美］万志英：《剑桥中国经济史——古代到 19 世纪》，崔传刚译，中国人民大学出版社 2018 年版。

［法］威廉·鲁不鲁乞：《东游记》，载［英］道森编《出使蒙古记》，吕浦译、周良霄注，中国社会科学出版社 1983 年版。

［摩洛哥］伊本·白图泰：《伊本·白图泰游记》，马金鹏译，宁夏人民出版社 2000 年版。

［日］高桥弘臣：《宋金元货币史研究——元朝货币政策之形成过程》，林松涛译，上海古籍出版社 2010 年版。

　　［日］宫泽知之：《北宋的财政与货币经济》，载《日本中青年学者论中国史：宋元明清卷》，上海古籍出版社 1995 年版。

　　［日］宫泽知之：《中国铜钱的世界》，佛教大学鹰陵文化丛书，思文阁，2007 年版。

　　［日］黑田明伸：《货币制度的世界史——解读"非对称性"》，何平译，中国人民大学出版社 2007 年版。

　　［日］护雅夫：《回鹘文消费借贷文书》，《西域文化研究》4，京都，法藏馆，1961 年版。

　　［日］加藤繁：《中国经济史考证》第二卷，吴杰译，商务印书馆1963 年版。

　　［日］斯波义信：《宋代江南经济史研究》，方健、何忠礼译，江苏人民出版社 2001 年版。

　　［日］田村实造：《辽宋间的交通及辽国内经济的发展》，《满蒙史论丛》第二册，日满文化协会刊，1993 年版。

　　［日］外山军治：《金朝史研究》，李东源译，黑龙江朝鲜民族出版社 1988 年版。

　　［日］岩村忍、田中谦二校定：《校定本元典章刑部》，京都大学人文科学研究所元典章研究班，1972 年。

　　［瑞典］多桑：《多桑蒙古史》，上海书店 2006 年版。

　　［伊朗］志费尼著，翁独健校订：《世界征服者史》，何高济译，内蒙古人民出版社 1980 年版。

　　［意］鄂多立克：《鄂多立克东游录》，何高济译，《海屯行记；鄂多立克东游录；沙哈鲁遣使中国记》，中华书局 2002 年版。

　　［意］马可·波罗：《马可波罗行纪》，冯承钧译，上海书店出版社2001 年版。

　　［意］约翰·普兰诺·加宾尼：《蒙古史》，见［英］道森编《出使蒙古记》。

　　［英］道森编，周良霄注：《出使蒙古记》，吕浦译，中国社会科学出版社 1983 年版。

　　［英］乔·克里布等：《世界各国铸币史》，刘森译，万永彬校，中华书局 2005 年版。

后　记

　　2001年，我在李诞先生指导下，完成了博士学位论文《宋代白银货币化研究》，集中就白银与宋代市场发展诸问题，进行了初步研究和探讨。李诞先生精心的指导，把我引入了传统中国市场史、货币史的研究领域。毕业之际及毕业后的日子里，先生继续指导、鼓励我从事商品货币史的研究，特别是对宋代以后的白银与货币问题，继续深化和拓展相关研究。转眼20年过去，先生的教导一直萦绕、回旋在耳际，而笔者不才，时至今日，方才在诸位师友同好的鼎力支持下，完成了这本不尽如人意的续作……

　　承蒙林文勋教授支持，他曾屈驾参加课题组，并与当时云南省社科院文献研究所的刘景毛、江燕、康春华、顾胜华一道，组成课题组，申请国家社科基金项目。国家社科基金年度项目立项后，我们开展了一系列的研究工作。刘景毛、江燕研究员参与了《万历会计录》等资料的收集、整理，康春华结合课题的思路，完成并发表了《元钞在云南的行用》一文；顾胜华收集了大量明代云南市镇方面的资料，并与我一道，合作完成发表了阶段性课题成果《区域史视野中的明代云南市镇研究》。上述几位课题组最早的成员，虽然或由于其他要务在身，或先后攻读学位，没再继续参与本书的撰稿，但他们对本课题的完成，都给予了大力支持。

　　课题进行过程中，程震同学参加进来，与我一道合作完成并发表了课题的阶段成果之一《从〈长编〉看北宋时期的"折博"》（收入《宋史研究论文集》，2009）。中国钱币博物馆高聪明博士屈驾参加了本课题重要参考资料《财富之源：十至十七世纪中国的货币与货币政策》的翻译，云南省社会科学院马骥、陈亚辉、邓云斐、杜娟（小）、黎志远、赵娟、代丽等也参与了本课题外文资料的翻译、整理和数据库资料的录入、处理等工作。为课题的完成，付出了辛勤的劳动。

课题最后撰稿阶段，承蒙云南大学赵小平博士、云南省社科院刘欣博士、云南师范大学丁琼博士鼎力支持，参与完成了第九章（赵小平）、第一章（刘欣）、第八章（丁琼）的撰写，并由我进行了的统改编定。书稿临近付梓，有幸得到李伯重老师指教并惠赐序言，对我们给予了极大的鼓励。

在这本历时多年的小书出版之际，我深深怀念恩师李埏先生，感恩先生，感谢伯重老师，感谢各位师友同好！

最后，云南省社会科学院、昆明学院的领导和同人，对完成本课题给予了大力支持，特别是在文稿撰稿的最后阶段，他们的鼓励、支持和帮助，对我们集中时间，坚定信心，及时完成撰稿、统稿、出版工作，起到了十分重要的作用。此谨向他们表示衷心感谢。

王文成

2021 年 10 月